VICENTE BLASCO IBÁÑEZ EN LA ARGENTINA

VICENTE BLASCO IBÁÑEZ EN LA ARGENTINA

Del emprendimiento cultural al proyecto colonizador
(1909-1914)

Alicia San Martín Molina

CONSEJO SUPERIOR DE INVESTIGACIONES CIENTÍFICAS

Madrid, 2024

Cómo citar: *Vicente Blasco Ibáñez en la Argentina. Del emprendimiento cultural al proyecto colonizador (1909-1914)* / Alicia San Martín Molina. Madrid: CSIC, 2024.

Catálogo de publicaciones de la Administración General del Estado: https://cpage.mpr.gob.es

Editorial CSIC: *http://editorial.csic.es (correo: publ@csic.es)*

ISBN: 978-84-00-11307-0
e-ISBN: 978-84-00-11308-7
NIPO: 155-24-161-X
e-NIPO: 155-24-162-5
Depósito Legal: M-15705-2024

Coordinación editorial: Enrique Barba (Editorial CSIC)
Corrección: Marta López
Maquetación: Docecalles
Impresión y encuadernación: Naturprint
Impreso en España. *Printed in Spain*

Índice

Agradecimientos

Varias personas colaboraron para que este libro fuera posible y me acompañaron con sugerencias y críticas.

Concepción Navarro Azcue y Gustavo H. Prado fueron mis directores de tesis, mi deuda con ellos es invaluable. El profesor Prado fue quien me introdujo en el tema de los viajeros españoles en el contexto migratorio español, y más concretamente en el caso de Vicente Blasco Ibáñez como objeto de estudio. Le agradezco la confianza incondicional y la generosidad intelectual, sus consejos resultaron inspiradores. La profesora Navarro me incluyó en el Proyecto I+D «La prensa de la emigración española: acción cultural, patriotismo y recreación identitaria. Estudios de caso en Argentina, Cuba, México y Uruguay, 1870-1960» (HAR2015-64494-R), financiado por el Ministerio de Economía y Competitividad. Deseo agradecer su infinita generosidad y sugerencias, así como el apoyo brindado por este proyecto que financió parte de mis investigaciones en España y en Argentina.

De manera muy especial, quiero agradecer a Ascensión Martínez Riaza su apoyo durante la elaboración de este libro, pero también su tiempo, sus aportes precisos y generosos, y, ante todo, su amabilidad constante. Siempre estuvo disponible cuando lo necesité, en cada encuentro me he visto beneficiada.

Gracias a Esmeralda Broullón Acuña por su confianza y por impulsarme a elaborar este libro. Ya en el proceso de elaboración editorial, gracias a Laura Giraudo por su profesionalismo y atención, y por sus sugerencias.

Muchos investigadores tuvieron la amabilidad de aportarme bibliografía, pistas para hallar documentos, u ofrecerme enfoques que traté de incorporar en este libro; debo mi gratitud a Rosa Martínez de Codes, a Dolores Domingo Acebrón, a Juan Bosco Amores Carredano, a Emelina Martín Acosta, a Asunción Merino Hernando, a Katarzyna Porada, a Amorina Villarreal Brasca, y, en especial, a Pilar Cagiao Vila y a Adelaida Sagarra Gamazo, por sus lecturas y comentarios.

Agradezco a todas aquellas personas que me ayudaron durante mi estancia en Argentina, en especial, a Paula Bruno, a Marcelo Garabedian, a Alejandro Fernández, a Ángeles Castro Montero, a Mariano Rodríguez Otero y a Nadia de Cristóforis.

Me he visto beneficiada por los comentarios que he recibido en los eventos acadé-micos y seminarios organizados por el Seminario de Estudios Históricos Rioplatenses (SEHRIO) y por el grupo de investigación «Organización del poder y redes sociales en la Historia de América Latina» (UCM). Explicito mi gratitud a mis compañeros del área de Historia de América de la Universidad Complutense de Madrid por sus consejos.

Agradezco también al personal de las siguientes bibliotecas y archivos: Biblioteca Na-cional de Argentina, Hemeroteca Nacional de Argentina, Hemeroteca Archivo General de la Nación Argentina, Biblioteca de la Academia Nacional de la Historia, Biblioteca de la Legislatura de la Ciudad Autónoma de Buenos Aires, Biblioteca de la Universidad Tor-cuato Di Tella, Instituto de Historia de España Claudio Sánchez Albornoz, Biblioteca Va-lenciana Nicolau Primitiu, Hemeroteca Municipal de Valencia, Biblioteca de la Facultad de Geografía e Historia de la UCM, Biblioteca y archivo de la Casa-Museo Blasco Ibáñez.

Este libro también ha sido posible gracias al sostén de mis seres queridos. Gracias a mis amigas Alejandra y Martina, y a Alberto, a Carlos y a Nayeli por su apoyo. Gracias a mis padres, Aurencio y Rocío, a mi hermano, Sergio, y a mi cuñada, Rocío, por su con-fianza, incondicionalidad y acompañamiento, siempre impulsan mis proyectos.

Introducción

Bien es sabido que, a partir de 1898, se produjo en las repúblicas latinoamericanas una paulatina reorientación favorable hacia España suscitada, fundamentalmente, por la intervención político-militar estadounidense en la Guerra de Cuba y su proyección hegemónica en América. En esa misma coyuntura, emergió en España un hispanoamericanismo que propugnaba un encuentro cultural y espiritual con las naciones surgidas de sus antiguas colonias. Desde entonces y al compás de la migración de masas española, varios intelectuales españoles e hispanoamericanos apelarían a una tradición cultural hispana común como soporte de sus proyectos nacionalistas, apoyados por las élites de la colectividad española, que actuaron como cauce para afianzar las relaciones entre España y las naciones americanas que los acogían. Este nuevo espíritu de confraternización trasatlántica se concretó no solo en el hecho demográfico del trasplante, o en la emergencia de nuevos vínculos y relaciones derivadas de él, sino también en acontecimientos culturales que simbolizaron el reencuentro. Entre ellos destacaron las embajadas e intercambios culturales que se establecieron en las primeras dos décadas del siglo XX y que contribuyeron a construir un espacio de encuentro entre el mundo intelectual español y el hispanoamericano.

De todos estos países, fue Argentina el que suscitó la mayor atención por parte de España. El caso argentino ofrecía ciertas particularidades: un progreso acelerado; la consolidación del régimen liberal; la apertura de canales de reforma social y política; pero, sobre todo, su capacidad para atraer a millones de inmigrantes europeos que cambiaron la constitución demográfica de toda la zona pampeana y de parte del interior del país. Superadas las guerras civiles, enriquecida por el modelo primario exportador, receptora de intensos flujos de inversiones y de mano de obra, la Argentina entraría en el siglo XX con temores y dudas suscitadas por un crecimiento y una transformación radical y vertiginosa, los cuales terminarían generando exploraciones identitarias y respuestas nacionalistas. Teniendo la apoteosis del centenario como escenario, la cultura argentina desde sus márgenes comenzaría una búsqueda de una identidad nacional en la que se vislumbraría, por primera vez, la posibilidad de un «retorno a España». La antigua metrópoli terminaría por ser rescatada y rehabilitada como uno de los fundamentos de su nacionalidad. Su legado histórico y cultural será recuperado como una herencia a partir de la cual redefinir la Argentina de principios del siglo xx como una nación hispana. Será este contexto, abierto a principios de siglo, el que facilitaría que las relaciones culturales entre España y la Argentina se extendieran y consolidaran —no sin tensiones o claroscuros— abriendo una etapa de rico intercambio a partir de los años veinte.

Las conmemoraciones de los centenarios de la independencia, así como las celebraciones que llevaron aparejadas, proporcionaron un escenario sumamente propicio para que intelectuales españoles, como otros extranjeros, ya fuese de manera oficial o privada, visitaran los países hispanoamericanos. Sus estancias les permitieron acercarse a aquellas realidades y ofrecer su particular mirada a través de posteriores escritos y otras manifestaciones públicas. Resulta de interés advertir cómo esta coyuntura también permitió, en el contexto de intercambios bilaterales, emprender proyectos personales, colectivos, oficiales e institucionales de diferente naturaleza y envergadura. Entre los intelectuales españoles que viajaron y/o residieron en aquellos países destacó por su impacto y singularidad Vicente Blasco Ibáñez. Su trayectoria personal y profesional ha sido abordada desde distintos enfoques porque se movió en diferentes ámbitos, especialmente la política, la literatura, el periodismo y la empresa cultural. El éxito espectacular de algunas de sus novelas y de artículos en prensa coexistió con su talante crítico hacia el ambiente cultural y editorial en el que se movía y el cuestionamiento del sistema de la Restauración monárquica desde posiciones republicanas que le acarrearon la marginación, la persecución y el exilio. La última etapa de su vida transcurrió en Francia disfrutando de los beneficios logrados como escritor consagrado. Durante la Segunda República española sus restos fueron trasladados a Valencia.

Su atracción por América se sitúa en los inicios del siglo xx cuando comenzó a mostrar sus deseos de alejarse de la política para intentar vivir no solo de su talento como novelista, sino también de su visión como empresario de las letras. La idea de acudir al continente americano estaba en su horizonte desde hacía varios años, pero diversas circunstancias, como su compromiso con la política española y la edición de su periódico *El Pueblo,* retrasaron sus planes.

Después, en sus viajes demostró capacidad para armonizar el turismo con la literatura y los negocios editoriales. Antes de viajar al continente americano dejó constancia de su viaje a Turquía en 1907 en su obra *Oriente.* En Estados Unidos (1919-1920) se convirtió en un autor universal con *Los cuatro jinetes del Apocalipsis;* el resultado de su viaje a México en 1920 fue su impactante recopilación de artículos en *El militarismo mejicano;* finalmente, su periplo por Asia Oriental (1923) quedó reflejado en *La vuelta al mundo de un novelista.*

El viaje que realizó a Argentina en 1909, que dio lugar a su posterior estancia de cuatro años en esa república, se distinguió de los demás al desplegarse en dos proyectos sucesivos e imbricados: uno de carácter cultural, literario y editorial, y otro de naturaleza migratoria, colonizadora y agraria.

Poseedor de un considerable capital simbólico[1] que trascendía el escenario cultural español, acudió a Argentina con el objetivo de impulsar su editorial y sus propias no-

---

[1] El concepto «capital simbólico» fue desarrollado por el sociólogo francés Pierre Bourdieu, cuya fuente principal de inspiración en la elaboración de la noción y de una economía de los bienes simbóli-

velas, y a la vez establecer vínculos que le redituaran comercialmente, a corto o medio plazo. Con este objetivo planificó y consiguió invitaciones para ofrecer una serie de conferencias con las que no solo pretendía obtener importantes ganancias, sino también utilizarlas como plataforma para promocionarse como intelectual y literato. Entre junio y diciembre de 1909 pronunciará decenas de conferencias por todo el país, muchas de ellas vinculadas con los temas e ideología de la generación del 98 o con el hispanoamericanismo. Sería arropado por los líderes de la colectividad española, agasajado por sectores de élites políticas nacionales, y asistiría a numerosos banquetes y homenajes organizados en su honor. Este éxito le llevará, sorprendentemente, a explorar otras vías para alcanzar fama y riqueza en la Argentina, un país que atraía a millones de paisanos con la promesa de un rápido ascenso social. Su figura como literato se convertirá en un reclamo para las élites políticas y culturales del país, pero también será utilizada por los principales líderes de la colectividad española para sus propios fines.

Blasco Ibáñez desarrollará en el lustro 1909-1914 distintos perfiles que, intuitivamente, podrían parecer contradictorios si los abordamos asumiendo dicotomías clásicas que contraponen lo intelectual a lo material, lo ideológico a lo empresarial, la experiencia pensada a la experiencia vivida: el de escritor, el de periodista, el de publicista, el de editor, el de viajero, el de empresario colonizador y el de emigrante. Más que contraponer estos *diferentes Blasco Ibáñez* o transitar por el seguro carril de fragmentar su biografía, estudiar el viaje cultural de 1909 a la Argentina y su experiencia colonizadora (1910-1914) permite observar las conexiones entre sus distintas facetas como hombre público. Su experiencia en el país ilustra muy bien cómo se armonizaron para impulsar, alternativamente, dos proyectos de naturaleza muy diferente que mostraron su enorme capacidad para adaptarse a las oportunidades que se le presentaron tras desembarcar en Buenos Aires.

Este hombre, calificado de polifacético, ha sido, sin duda, una personalidad destacada en las letras españolas. Su marcada ideología republicana y anticlerical provocó que, durante los años marcados por la dictadura de Miguel Primo de Rivera, la Guerra Civil española, la Segunda Guerra Mundial, y la censura de la dictadura franquista, su obra y legado se «eclipsaran». Esto explicaría el vacío bibliográfico existente durante esos años que afectó a la memoria de la mayor parte de la intelectualidad republicana, liberal y progresista española, exiliada o ya desaparecida. Aunque a partir de la década de 1960 comenzaron a retomarse los estudios sobre este personaje, será hacia finales de la década de 1990 cuando las obras se multipliquen al calor del centenario de la publicación de *La barraca* (1898). La mayoría están centradas en el análisis de sus novelas, en el estudio de su obra literaria, y en su etapa como político y viajero.

Es indudable que fue un personaje que ha levantado grandes pasiones tanto entre sus defensores como entre sus detractores. Estos últimos no solo podemos encontrarlos entre sus contemporáneos, sino entre autores posteriores que han ofrecido categóricas críticas, algunas de ellas, incluso, bajo la forma de ofensivos libelos, destinados a demoler

---

cos fue Max Weber, véase: Bourdieu, 1986. El francés distingue entre cuatro tipos principales de capital: capital económico, capital cultural, capital social y capital simbólico; en este último pueden convertirse los demás tipos de capital, véanse: Boschetti, 2014, p. 77 y Fernández Fernández, 2013, pp. 37-38.

su figura y descalificar sus variadas actividades. Su casa de la Malvarrosa, convertida hoy en un Centro de Estudios y donde se encuentra buena parte de su legado material y documental, lleva años difundiendo las distintas facetas de su vida. Su biblioteca alberga numerosas ediciones de su obra, así como abundante bibliografía de consulta sobre la biografía de éste. A su vez, el Ayuntamiento de Valencia también ha dedicado un gran empeño a la publicación de estudios sobre el autor. En el 2013 comenzó a publicarse la *Revista de Estudios sobre Blasco Ibáñez,* dirigida por Paul Smith y Cristopher Anderson, quienes ayudaron a preservar el legado de Blasco Ibáñez y ampliar el conocimiento sobre el autor a ambos lados del Atlántico. Efemérides como la celebración del 150º aniversario de su nacimiento en el año 2017 también contribuyeron a rendirle un postergado tributo, y potenciar el estudio de su obra y de su labor como político, editor, periodista o viajero.

El estudio de su viaje al Río de la Plata, así como su etapa migratoria en la Argentina, ha tendido a ser subsumido en el relato de su biografía. A pesar de que existe un amplio abanico de estudios sobre Blasco Ibáñez, se ha detectado que son escasos los trabajos que han relacionado su viaje y estadía en Argentina con procesos políticos, sociales e intelectuales americanos. Sus primeros biógrafos y posteriores estudiosos indagaron en sus actividades como colonizador agrícola, como un periodo de cuatro años que «eclipsó» al hombre de letras. También hay aportaciones que se han ocupado de la evolución de su escritura tras su periodo en Argentina, de su papel en este viaje como mediador cultural o como agente cultural trasatlántico, de las conexiones de su discurso con diversas corrientes como el regeneracionismo español o con el nacionalismo del centenario, y, aunque en menor medida, de su papel como editor antes, después y durante el tiempo que vivió en tierras americanas. De la bibliografía analizada, la investigadora que más extensamente ha estudiado su estancia en Argentina es Martínez de Sánchez (en obras publicadas en 1991, 1994 y 2011). Sus trabajos, especialmente *Blasco Ibáñez y la Argentina,* constituyen una referencia insoslayable para cualquier investigador que se acerque al tema, y a partir de ellos se pueden formular nuevas preguntas y emprender nuevas investigaciones.

Volver sobre los pasos de Blasco Ibáñez permite plantear una serie de interrogantes relacionados con la organización del viaje, su recepción, el desarrollo de sus actividades culturales y literarias en Argentina, con los resultados obtenidos y con su etapa como colonizador; entre ellos, cuáles fueron los motivos que lo impulsaron a embarcarse al continente americano, qué tenía de innovador o interesante su proyecto, cómo se promocionó, qué papel desempeñaron las élites de la emigración española en la organización y desarrollo de sus actividades, de qué vínculos políticos e intelectuales se valió para desarrollar su misión, qué le diferenció de otros intelectuales que viajaron en ese mismo periodo, por qué su visita, discurso y actividades suscitaron tanto interés, quiénes fueron sus principales críticos, por qué tras su gira como conferenciante y con un nuevo proyecto editorial decidió convertirse en colonizador, cómo se gestó su emprendimiento agrario, de qué medios se valió para atraer agricultores españoles a sus proyectos de colonización, cuál fue el balance de su experiencia migratoria, qué impacto tuvo la Argentina y su etapa como colonizador en sus posteriores proyectos editoriales.

Para responder a estas preguntas, nuestra investigación ofrece, a través de fuentes poco conocidas, un nuevo enfoque para estudiar el viaje de 1909, así como las actividades tan distintas que desarrolló. Es por ello por lo que proponemos observarlo como una iniciativa planificada, desarrollada y ejecutada en función de los intereses crematísticos de su protagonista. En este sentido, partimos de la hipótesis de que el viaje a la Argentina de 1909 fue una iniciativa personal, con un claro componente comercial y que, dados los objetivos del propio Blasco Ibáñez, debe ser entendido y estudiado como un *emprendimiento cultural* y no como una *embajada intelectual,* que es como algunos medios de la época y algunos trabajos han tendido a denominarlo. Es por ello por lo que aquí asumimos el planteamiento de Prado de que, entre principios del siglo xx y 1936, coexistieron distintas formas de intervención cultural española en Hispanoamérica, así como su propuesta de desarrollar tipos ideales o modelos diferenciados de las mismas, como el de *embajada intelectual, emprendimiento cultural* y *circulación burocratizada de intelectuales.*[2]

Consideramos que el concepto que, a nuestro juicio, mejor define la misión principal con la que el valenciano partió al continente americano, es el de *emprendimiento.* Blasco Ibáñez fue un emprendedor porque, además de establecer y desarrollar un negocio, dispuso de poco capital, no tuvo el respaldo de una trayectoria previa ni un saber hacer, el negocio fue fruto de la reacción ante una oportunidad, hubo un alto grado de incertidumbre, y arriesgó, sobre todo, su prestigio y su capital material. Consideramos que este concepto resulta más útil que el de empresario, en la medida en que introduce un matiz sobre un hombre de negocios que incursiona en un ámbito, sin tener un dominio consolidado de la actividad e invirtiendo recursos que obtuvo como un agente del campo cultural. En ese sentido, evoca más la imagen de un artesano que, poseyendo los medios de producción, genera un producto —obras literarias, artículos periodísticos, ensayos— que posee un mercado propio, que la de un burgués que invierte capital en función de su rentabilidad a largo plazo y se sirve del trabajo de otros. En todo caso, el uso de este concepto apunta a comprender la naturaleza de la intervención de Blasco Ibáñez en el campo cultural argentino, y no pretende negar que en España pueda ser caracterizado, en ese momento, como un pequeño empresario editor, ni que este emprendimiento pudiera haber tenido efectos beneficiosos sobre su sello editorial. Resulta sintomático que debiera asumir todas las tareas, obligaciones y roles que entrañaba su presentación como conferenciante y como promotor de sus propias obras.

Ese *emprendimiento cultural,* tal y como se ha apuntado anteriormente, le permitió regresar a la Argentina en 1910 no solo para continuarlo, sino también para llevar a cabo nuevos proyectos, esta vez relacionados con el mundo agrario. Estos también pueden ser conceptualizados como un nuevo emprendimiento por compartir los mismos patrones de intervención e inversión anteriores, ahora en el mundo, aún más desconocido para él, de la producción primaria de la que solo tenía noticia como novelista naturalista de su tierra.

Los objetivos planteados en esta obra son, por lo tanto: examinar el viaje de Vicente Blasco Ibáñez a la luz del concepto de *emprendimiento cultural*, reconstruyendo la or-

---

[2] Algunas de estas propuestas están recogidas en las investigaciones de Gustavo H. Prado sobre Rafael Altamira, citadas a lo largo de este trabajo y expuestas en Prado, 2015a [inédita]. También puede verse un avance del modelo de *embajador intelectual* en Prado, 2016, pp. 723-751.

ganización y la hoja de ruta, para comprender y explicar las expectativas que generó su periplo; el impacto de su discurso en el contexto de la preparación de las celebraciones del Primer Centenario de Independencia, y la intervención de los distintos actores que desde España y Argentina contribuyeron a este viaje.

Por otro lado, estudiaremos la gestación y desarrollo de su proyecto colonizador analizando la interacción de sus distintas facetas en este periodo de cuatro años para así detectar los motivos que llevaron a este célebre intelectual a «abandonar la república de las letras» para convertirse en un inmigrante cuyo objetivo era ser un colonizador; explorando los vínculos y plataformas de los que se valió para llevar a cabo este proyecto y valorando el peso que su estancia en Argentina tuvo en su producción literaria y empresarial posterior.

Para poder alcanzar estos objetivos, no solo se han reconstruido los hechos, sino que también se lo ha puesto en relación con procesos y fenómenos de su época tales como: la literatura emergiendo como profesión; la problemática de la industria editorial española y el interés por expandirse por el mercado hispanoamericano; la prensa como plataforma publicitaria y como estrategia de intervención cultural; el compromiso hispanoamericanista de ciertos intelectuales españoles; la importancia de la redefinición de las relaciones intelectuales, culturales e incluso políticas entre España y América; la migración española de finales del siglo XIX y principios del XX, o la política de colonización argentina.

Así pues, aunque se trata de un caso particular, nuestro propósito es más ambicioso, ya que esperamos contribuir a conocer mejor la evolución de las relaciones culturales hispanoargentinas —que experimentaron un acelerado viraje en la consideración de la tradición española en el centenario—. Además, observaremos la maduración del campo intelectual argentino de principios del siglo XX desde la perspectiva de una de las visitas intelectuales más relevantes en aquella coyuntura y el aporte de las élites de la migración española al acercamiento entre los dos países.

En relación con esto último, buena parte de nuestra investigación se inserta dentro de una línea historiográfica que ha cobrado fuerza en los últimos años en el área de los estudios americanistas relacionados con la migración española de finales del siglo XIX y principios del XX. Esta nueva tendencia se ha interesado, no tanto por los rasgos estructurales de la migración —económicos y demográficos, entre otros— sino por las vivencias y experiencias de los emigrantes. En este sentido, desde la historia y la antropología se han mirado con creciente interés los testimonios de aquellos que cruzaron el Atlántico, prestando atención a los fenómenos culturales y políticos asociados con esta migración de masas: al asociacionismo, el liderazgo étnico, la acción cultural y la prensa étnica, entre otros. Así se han ido recuperando los testimonios de viajeros, miembros de las élites emigrantes —empresarios, profesionales liberales, periodistas, maestros— que más allá de su propia experiencia actuaron como puentes entre España y América.

Ejemplo de ello son los estudios de los colectivos de inmigrantes y sus centros organizativos, algunos de estos, incluso, abordados desde perspectivas sociológicas, antropológicas o de género.[3] Los notables avances logrados por estos estudios sobre las migraciones ultramarinas nos revelan el papel de determinados individuos que, desde uno y otro lado del Atlántico, incentivaron este tipo de relaciones como líderes étnicos y mediadores culturales.[4] De ahí que se haya centrado la mirada en los estudios de caso —teniendo en cuenta las trayectorias de vida, los itinerarios singulares—[5] de determinados individuos notables que formaban parte de la comunidad española en América. Estas élites, que mediaban en las relaciones hacia dentro y hacia fuera de la colectividad, estaban formadas por individuos insertos en los márgenes del mundo periodístico, de la cultura, del derecho, de la educación. Precisamente se valieron de la prensa étnica,[6] del asociacionismo y de las iniciativas culturales para, por un lado, crear espacios de mediación social, así como lazos comunitarios, y por otro, para movilizar a la colectividad.

Estos estudios alejados de las «hagiografías» buscan reconstruir, a través de la vida de estos individuos, el contexto de ideas, proyectos e iniciativas en torno a los cuales se vincularon y experimentaron los fenómenos de integración y asimilación, siguiendo criterios de la prosopografía y la microhistoria.[7] El caso de Blasco Ibáñez nos permite ob-

---

[3]   Sin ánimo de ser exhaustivos, algunos ejemplos: Blanco Rodríguez, 2001, 2005, 2008a y 2008b; Blanco Rodríguez y Dacosta, 2014; Cagiao Vila, 1997 y 2013; García Sebastiani, 2020; González Martínez y González Leandri, 2015; González y Reguera, 2010; Irazuzta, 2001; Llordén Miñambres, 1992 y 1995; Martín Acosta, 2007.

[4]   Dalla-Corte Caballero y Fernández, 1998; Duarte, 1998; García Sebastiani, 2005 y 2010a; Giaccio, 2018; Navarro Azcue, 2017; Navarro Azcue, Prado y Amadori, 2014; Navarro Azcue y Prado, 2016. Para un estudio del papel de los mediadores culturales en los procesos de interacción intercultural, la conceptualización de los diferentes tipos de mediación y mediaciones y sus papeles plurales y superpuestos en las transferencias, véase: Roig Sanz y Meylaerts, 2018. En el marco de los estudios de historia literaria y cultural, el concepto de «religación» ha adquirido importancia y en este fenómeno existe una figura, el mediador cultural, que contacta y relaciona sujetos, véanse: Meibilhaá, 2015 y Zanetti, 1994.

[5]   Con estos estudios se busca profundizar en el análisis de las dinámicas locales, en las dinámicas de una época. Diversas historiografías han propuesto pensar una época por medio del rastreo de trayectorias. Precisamente la investigadora Paula Bruno, para el caso de viajeros y figuras argentinas que dan cuenta dinámicamente de una época, abordará en diversos trabajos el estudio de itinerarios singulares: Bruno, 2005, 2011, 2014a, 2014b, 2017 y 2018. Para un estudio de la aproximación biográfica para iluminar una época, véanse también: Altamirano, 2005 y Dosse, 2007.

[6]   Recientes trabajos han analizado estudios de caso relacionados con la prensa y las publicaciones que desarrollaron las colectividades migrantes que nos aproximan a la prensa étnica desde distintos ámbitos geográficos, ángulos y perspectivas. Todos ellos representan magníficos aportes en una nueva línea historiográfica para el estudio de los flujos migratorios, como la utilización de la prensa como recurso heurístico y hermenéutico. A su vez, dicha línea está siendo utilizada de manera transversal por distintos investigadores del campo de la historia, la comunicación, la economía, la sociología, el derecho y la antropología: Bresciano, 2020; Garabedian, 2017; García Sebastiani, 2004 y 2006; González Leandri y Minguzzi, 2020; Navarro Azcue y Yanes Mesa, 2019.

[7]   García Sebastiani, 2010a, p. 8, señala que, para aquellos partidarios de la teoría de la asimilación, los líderes étnicos eran intermediarios del proceso de aculturación de los inmigrantes en la sociedad receptora. Para los que siguen las teorías del pluralismo cultural, estos eran catalizadores y agentes de una «conciencia étnica dormida». Por último, para los que proponen nuevas vías en el estudio de las migraciones y sociedades globalizadas, dichos líderes pueden ser considerados como «sujetos trasnacionales» implicados en las diferentes vías de la construcción social y cultural de una nación.

servar en su complejidad varias de estas aristas teniendo en cuenta su condición simultánea de viajero, *emprendedor cultural, emprendedor agrario* y emigrante, en una época en la cual millones de españoles miraban a Argentina y otros países sudamericanos como destinos atractivos para su ascenso social y económico. En este periodo, por tanto, la vinculación entre España y América no solo se produjo como resultado de la emigración de masas, sino también por determinadas intervenciones individuales de ciertos sectores que aprovecharon la articulación de contextos estructurales y coyunturales favorables, aunque no determinantes, para acercar a ambos países.

De acuerdo con lo expuesto, la obra se estructura en cuatro capítulos. El capítulo primero explora el contexto que Blasco Ibáñez encontró en su primer viaje de 1909 y cómo la favorable recepción que recibió se explica por la reactivación de las relaciones intelectuales y culturales entre España y Argentina. Los preparativos de la conmemoración del centenario de la Revolución de Mayo generaron interés entre las élites reformistas, en el incipiente nacionalismo de orientación tradicionalista y estirpe hispánica, y entre los miembros más destacados de la numerosa colectividad de emigrantes españoles. Se analiza su situación personal y profesional en los años previos a su viaje con la intención de comprender las razones que lo impulsaron a realizarlo.

En el capítulo segundo se reconstruyen las actividades sociales y culturales que simultaneó con sus conferencias y manifestaciones públicas, tanto en Buenos Aires como en su recorrido por el interior de la república. Su gira por los distintos puntos de la geografía argentina tuvo un doble objetivo: por un lado, dar conferencias de temática variada, por otro, recopilar información para escribir una obra sobre el país. Esta reconstrucción y análisis trata de mostrar que la forma en la que afrontará su entrada y estadía le diferenciará de otros intelectuales que también viajaron a la Argentina en aquellos años.

El capítulo tercero está centrado en el análisis del discurso de Blasco Ibáñez y en su negocio editorial. Se interesa por su faceta como conferenciante. Se describen y analizan las conferencias que pronunció, se atiende a los objetivos que perseguía y a cómo los adaptó a los escenarios en los que se presentó, que comprendían foros elitistas y populares. También se da cuenta de los lugares en los que fueron ofrecidas, tanto en Buenos Aires como en ciudades provincianas. Se muestra su faceta como gestor de eventos y su versatilidad en la puesta en escena, «el espectáculo», que provocaría entusiasmo y rechazo entre el público al que iban dirigidas. Se trata de contextualizar esta iniciativa cultural en el marco de los múltiples modelos alternativos de intervención cultural hispanista en América. Un resultado de este primer viaje, en que ya anuncia lo que sería su segunda estancia como empresario colonizador, es *Argentina y sus grandezas*. En el capítulo se calibra el significado de esta obra, y cómo mostró su habilidad como escritor-editor para redactarla y difundirla.

El cuarto y último capítulo se dedica al emprendimiento agrario de Blasco Ibáñez y a su condición simultánea de empresario y emigrante durante el periodo 1910-1914. Se analizan las causas que motivaron su decisión de establecerse en Argentina para fundar una serie de colonias de explotación agrícola en Río Negro y en Corrientes. Se atiende a su gestación, ubicación y descripción, y a cómo la atracción de los colonos se relacionó con su ideología y vínculos políticos. Se sigue el desarrollo del proyecto incidiendo en sus logros y sus dificultades, y se explican las razones del fracaso y el regreso a las actividades literarias y a Europa. Para entender esta experiencia se acude a sus testimonios, así como a los de colonos que lo defendieron y a los de detractores que lo desacreditaron.

Por último, para la elaboración de este texto ha sido fundamental el acceso a archivos y hemerotecas, tanto españoles como argentinos. Se destaca la consulta del epistolario personal de Blasco Ibáñez,[8] la correspondencia de la legación diplomática española,[9] la información de diversos diarios y revistas argentinos, y de prensa española. Se ha prestado especial atención a *El Diario Español* de Buenos Aires, principal periódico de la colectividad de inmigrantes desde comienzos del siglo XX, y al diario valenciano *El Pueblo* fundado por Blasco Ibáñez. Entre las fuentes impresas destacan el libro de *Conferencias completas. Dadas en Buenos Aires por el eminente escritor y novelista español Don Vicente Blasco Ibáñez,* la mencionada *Argentina y sus grandezas,* el folleto editado por el Círculo Valenciano de Buenos Aires como tributo al escritor, el libro elaborado por su secretario Julio Cola centrado en su etapa como colonizador, o el de José Sors Cirera, *Verdades Amargas para don Vicente Blasco Ibáñes*, crítico con el paso del novelista por Argentina.

---

[8] El resultado es un volumen de más de una veintena de cartas repartidas en diferentes años con datos que permiten conocer sentimientos, impresiones y el impacto que, como emigrante, tuvo para él la estancia en Argentina. Las cartas se hallan en la Casa-Museo Blasco Ibáñez. En 2016 dicha institución publicó una biografía, *Blasco Ibáñez, su vida y su tiempo,* elaborada por la hija del escritor en la que pueden encontrarse transcritas las epístolas señaladas, así como otras, diversos documentos y una amplia variedad de fotografías del novelista en sus distintas facetas. También se han analizado algunas de las cartas que el novelista envió al malagueño Arturo Reyes y que se encuentran digitalizadas en el Repositorio Institucional de la Universidad de Málaga (RiUMA); algunas de las misivas que envió a su socio y amigo Francisco Sempere que fueron recopiladas por Herráez, 1999, o misivas enviadas a los argentinos Manuel Ugarte —que se hallan en el Archivo General de la Nación de Buenos Aires (AGN)— y a Juan Antonio Argerich, localizadas en el Museo Valenciano de la Ilustración y de la Modernidad (MuVIM).

[9] Estas fuentes fueron consultadas en el Archivo del Ministerio de Asuntos Exteriores de España (AMAE). Los fondos de dicho archivo han sido transferidos al Archivo Histórico Nacional (AHN).

Capítulo 1
De España a América: una estrategia comercial para el éxito cultural

En mayo de 1909 el literato, ex político y periodista valenciano Vicente Blasco Ibáñez (1867-1928)[1] embarcaba en Lisboa rumbo a América para dar una serie de conferencias que tenían la misión de acercar España y su cultura a las distintas repúblicas americanas. Le llevaban a ello intereses crematísticos relacionados, no solo con estas alocuciones sino, también, con el *emprendimiento cultural* que pretendía llevar a cabo en el continente y muy especialmente en Argentina. El objetivo era promocionar su editorial y su producción literaria.[2]

Esta experiencia no fue un fenómeno aislado, ya que otros intelectuales españoles protagonizaron importantes *embajadas culturales* a América, especialmente a Argentina, con el objetivo, por un lado, de impulsar la fraternidad hispanoamericana, y por otro, el de presentar a España como una nación superior cultural y moralmente frente a otras potencias que irradiaban su influencia en la región. Sin embargo, tal y como se irá viendo a lo largo de los diferentes capítulos, su viaje, por varios motivos, resultó ser excepcional frente al de otros personajes que visitaron, por entonces, la República Argentina. La explicación

---

[1] De su intensa vida pública y privada han dado cuenta sus principales biógrafos —Gascó Contell, 1957; León Roca, 1967; Pitollet, 1921; Reig, 2002; Varela, 2015 y Zamacois, 1910—. Es importante señalar que, en el caso de las biografías realizadas por Pitollet, Zamacois y Contell —allegados estrechos del novelista—, su principal objetivo ha sido exaltar la figura de Blasco Ibáñez. De hecho, la biografía de Pitollet no solo fue autorizada por el propio novelista, sino que fue promovida por él, poniendo en evidencia, al final de su vida, cierta preocupación por su memoria y su legado. Además de las obras mencionadas, pueden consultarse: Alós Ferrando, 1999; Anderson, 2005; Blasco-Ibáñez Blasco, 2016; Forgues, 1987; Iglesias, 1985; Martínez de la Riva, 1929; Mas y Mateu, 2001; Millán, 2006; Mira, 2004 y Tortosa, 1998.

[2] Fernández, 2012, p. 191. El novelista viaja en posesión de un capital simbólico que ha reunido como escritor en un momento en el que el mercado editorial hispanoamericano, tal y como indica la autora, se abría hacia España y la presencia de «las plumas españolas» en los grandes diarios. Editores modernos como Blasco Ibáñez o Eduardo Zamacois se dirigen a los nuevos consumidores de «bienes culturales» desde diversos espacios, tales como escenarios, la prensa e, incluso, desde la alianza estratégica.

del éxito del viaje no puede prescindir de explorar el contexto de recepción de su persona y de su discurso. Es necesario entender la repercusión de su iniciativa en el marco de la evolución de las relaciones intelectuales y culturales entre España y las distintas repúblicas, ya que cada una de ellas tuvo sus propias razones en la reconciliación con España.

En ciernes de los centenarios americanos, se observa una tendencia continental favorable a la revisión de las relaciones con la antigua metrópoli muy relacionada con la necesidad de definir una identidad propia con base en la herencia española. A la vez, desde España se desplegaban iniciativas que buscaban contrarrestar su escasa o nula influencia económica o militar, con una proyección cultural en el ámbito hispanoamericano. En este doble contexto, surgieron diversas iniciativas y discursos de hermanamiento iberoamericano, muchos de los cuales tenían un trasfondo paternalista que asignaba a España el derecho y el deber de salvar a las repúblicas latinoamericanas del dominio del materialismo anglosajón.[3]

Prado señala que, si bien se ha extendido en la historiografía española la idea de una reacción generalizada frente al imperialismo yanqui como explicación principal de la revalorización del legado hispano en la América de fines del siglo XIX, la realidad sería mucho más compleja, dado que en la mayoría de los países la preocupación por «la penetración cultural coexistía [...] con un deseo de atraer capitales estadounidenses y de emular la modernidad norteamericana».[4] Así pues, la amenaza anglosajona potenció el panhispanismo finisecular desarrollado en países con grandes poblaciones indígenas o mestizas, ofreciendo por un lado la oportunidad para fortalecer la ya hegemónica cultura hispánica y, por otro lado, para reforzar la dominación secular de la élite criolla. En países de mayoría inmigratoria como los del Cono Sur, alejados de los temores del cosmopolitismo y del trato íntimo con las grandes metrópolis europeas, la incipiente hispanofilia respondía más bien a la búsqueda de fórmulas para integrar y cohesionar a una población étnica y culturalmente muy heterogénea.[5] Cabe señalar que fue en Cuba —el último país emancipado que además sufría una importante injerencia neocolonial estadounidense— donde la hispanofilia y la hispanofobia convivieron en tensión, generando un discurso de reivindicación nacional que capitalizaba la herencia hispana, pero rechazaba enérgicamente cualquier vestigio de paternalismo o neoimperialismo cultural español.[6]

Por tanto, es en este contexto de reactivación de las relaciones intelectuales y culturales entre España y las distintas repúblicas americanas, especialmente, en la reconciliación intelectual hispanoargentina, donde debemos situarnos para entender el fenómeno. Aunque visitó los cuatro países del Cono Sur, fue en la República Argentina donde más impacto causaron su discurso y su presencia; por ello debemos centrarnos en comprender el contexto en el que este país recibió al novelista. Como señala Giaccio, la presencia física de Blasco Ibáñez en aquel país, así como la de otros escritores españoles, en cierta medida, pudo restablecer los lazos culturales que durante muchas décadas del siglo XIX se habían interrumpido.[7]

---

[3]   Sánchez Samblás, 2009, p. 42.

[4]   Prado, 2008, p. 196.

[5]   *Idem*. Sobre panhispanismo, véanse: Ortiz, 1911; Pascuaré, 2000, pp. 281-306; Sepúlveda Muñoz, 1994 y 2005.

[6]   Prado, 2008, p. 196.

[7]   Giaccio, 2018, pp. 355-356.

La Argentina del centenario como polo de atracción cultural

Entre el siglo xix y el xx se produjo un acercamiento entre España y América Latina dentro de un intento general de *regeneración nacional*. Este concepto se hallaba en el discurso político español desde comienzos del siglo xix, pero en la década de los noventa adquiere un nuevo significado y dimensión debido a la coyuntura política, económica y social por la que estaba pasando el país en aquellos momentos: se necesitaba fortalecer la identidad nacional en el contexto de diversos temores y amenazas —reales e imaginarias— de decadencia terminal y fragmentación.[8] Definir el regeneracionismo es una ardua tarea, ya que con este concepto se alude al aporte de diversos autores y a un conjunto de planteamientos diferentes, desplegados en distintas etapas de una coyuntura histórica.[9] Son varios los autores considerados regeneracionistas; entre los más destacados se encuentran: Lucas Mallada, Joaquín Costa, Ricardo Macías Picavea, Julio Senador, Luis Morote, Serafín Álvarez, Rafael Altamira, e incluso también se ha incluido a autores de la generación del 98 como Miguel de Unamuno, Ramiro de Maeztu u Ortega y Gasset.[10]

La creencia de que el régimen de la Restauración era incapaz de asumir los cambios políticos y sociales del país, y el desastre colonial del 98 espolearon la reflexión en torno a la identidad nacional española transformándolo en el principal «problema» intelectual de dos generaciones de pensadores españoles.[11] Como indica Sánchez Samblás, los intelectuales españoles, con actitudes y estilos diversos, trataron de elaborar una exploración del carácter, tradición e historia nacional para llegar a la raíz y definición de lo que se denominó *carácter* o *raza española*.[12] Desde estas perspectivas la identidad de España se iba a definir, según

---

[8] Mainer, 2004, p. 136; Pro Ruiz, 2005, p. 330. Para comprender la conciencia regeneracionista de la intelectualidad española, véase: Jover Zamora, 1997, y Villanova y Sotelo Vázquez, 1998.

[9] Ribas, 2007, pp. 47-81. Las primeras expresiones regeneracionistas aparecieron antes de la derrota del 1898 aun cuando en su sentido ideológico más restringido hiciera eclosión precisamente tras esa crisis.

[10] El proyecto regeneracionista y la defensa de la «identidad común hispanoamericana» han sido abordados parcialmente en San Martín Molina, 2020a, pp. 95-99.

[11] Surgirán dos movimientos intelectuales que marcarán un antes y un después en la propia historia intelectual española: el *Regeneracionismo* y la *Generación del 98*. Véase: Arenal, 2001; Tabanera García, 1997. Según indica Blanco Aguinaga, 1998, p. 41, en la obra de la generación del 98 es fundamental la preocupación por «el problema de España». Los textos del movimiento regeneracionista se caracterizaron por una naturaleza más reformadora y práctica en lo que a la búsqueda de soluciones efectivas a los problemas nacionales se refiere, lo que no implicó que, finalmente, como apunta Díaz, 1998, p. 302, terminaran por fusionar el análisis científico y positivista de la realidad española con un componente espiritual. Prado, 2008, p. 210, señala que en la mayoría de los casos la literatura regeneracionista, que procuraba concienciar a la opinión pública, hizo uso de un léxico «casi apocalíptico en unos textos historizantes o sociologizantes que exageraban la decadencia y se presentaban como acercamientos científicos a la realidad».

[12] Sánchez Samblás, 2009, pp. 30-31. Álvarez Junco, 2001, pp. 587-588, destaca que ya en 1860 Fernando Garrido había escrito un libro titulado *La regeneración de España* y en 1890, ocho años antes del «Desastre» de 1898, Lucas Mallada publicó *Los males de la patria y la futura revolución española. Consideraciones generales acerca de sus causas y efectos*. Esto, según el mencionado autor, indica que la idea de «regeneración patria» venía preparándose desde mucho antes de esa fecha y al llegar esta se disparó:

Miguel de Unamuno y Ángel Ganivet, por la lengua y la cultura; según Marcelino Menéndez Pelayo y Juan Vázquez de Mella por la religión católica, y según Antonio Cánovas del
Castillo por la continuidad de la historia nacional. Aunque hubo distintas perspectivas,
todas coincidirán en la continuidad lingüística y cultural que existía con ellos.[13]

Después del 98 América se convirtió en un referente y en un estímulo para los nacionalistas españoles tras la pérdida de Cuba y Puerto Rico.[14] Los intelectuales no podían definir
España como nación sin hacer alusión a los vínculos de esta con aquel continente, por ello
terminaron confluyendo, de una u otra manera, en el apoyo a un movimiento de colaboración
trasatlántica que podemos denominar americanismo español.[15] España tenía que convertirse
en una nación capaz de hacer frente a una modernización en todos los ámbitos y adaptarse a
las exigencias del siglo XX, a la vez que recuperar la dimensión universal de su cultura.

Estos fenómenos de acercamiento tenían antecedentes, como la celebración en 1892
del IV Centenario del Descubrimiento de América, considerada como el cenit en la recu-
peración de la memoria «imperial» y del prestigio español en América, porque ayudó a
crear una nueva conciencia de la importancia de este continente en la identidad cultural
española.[16] La celebración del Congreso Social y Económico Hispano Americano en
1900 ayudó a la revitalización y fortalecimiento de las relaciones y al fomento de planes
y proyectos de acción conjunta desde los que se potenciaba la necesidad de recordar las
raíces comunes de una historia compartida.[17] También hubo un creciente interés por la
cultura americana e incluso surgieron revistas con temática hispanoamericana.[18]

Años más tarde, las conmemoraciones de los centenarios de independencias ensal-
zaron el papel de España en la reconciliación de la «madre con sus hijas», un símil muy
utilizado para mostrar que los lazos culturales y de sangre no se habían roto completamente.[19] Los intelectuales siguieron haciendo alusión al «imperio» para construir la

---

El problema nacional y sus causas (1899), de Ricardo Macías Picavea; *Las desdichas de la patria* (1899),
de Vital Fité; *Del desastre nacional y sus causas* (1899), de Damián Isern; *Los desastres y regeneración de
España* (1899), de José Rodríguez Martínez.

[13]   Arenal, 2001, p. 13 y Pro Ruiz, 2005, p. 334. Según Niño, 1993, p. 23, el objetivo último del americanismo regeneracionista era el «sostenimiento y la defensa de la identidad común sustentada en una
herencia y un proyecto comunes».

[14]   San Martín Molina, 2020a, p. 96. Varios autores han incorporado América a sus investigaciones
sobre el nacionalismo español para el siglo XX, véanse: Balfour, 1998; Balfour y Quiroga, 2004; Hunlebaek, 2015, y Moreno Luzón y Núñez Seixas, 2013.

[15]   Para un estudio de la historiografía americanista en España desde el siglo XVIII al XX, véase:
Vélez, 2007. Para la pluralidad del americanismo español en torno a los centenarios, véanse: Dalla-Corte
y Prado, 2007; Moreno Luzón, 2010, 2012 y 2021a.

[16]   Bernabeu, 1987; Del Pozo Andrés, 1987; Marcilhacy, 2016; Serrano, 1999, pp. 321-329.

[17]   García Pérez, 2011, pp. 45-47; San Martín Molina, 2020a, p. 96.

[18]   Verdugo Álvarez, 2018, pp. 168-169. Para el estudio de *La Rábida* —revista Colombina Ibe-
roamericana—, véase: Márquez Macías, 2012. Para un estudio de la *Revista Comercial Iberoamericana
Mercurio,* órgano de difusión de la Casa de América de Barcelona, véase: Dalla-Corte Caballero, 2012;
Dalla-Corte Caballero y Prado, 2005, pp. 32-33 y 2006, p. 205.

[19]   San Martín Molina, 2020a, p. 96. Las conmemoraciones de los centenarios asentaron mitos para
los imaginarios nacionalistas en España y en América, véase: Álvarez Junco, 2001, p. 588; García Sebastiani, 2012, p. 86 y Marcilhacy, 2016, p. 147.

identidad de España como nación dentro de Europa.[20] Según Serrano, desde principios del siglo XX se había desarrollado «una corriente apologética que se fijaba como objetivo la refutación sistemática de las supuestas campañas antiespañolas desarrolladas desde el extranjero», en particular desde Francia.[21] Defendiendo el pasado de España contra estas leyendas negras —aun desde posiciones críticas con la historia española— fue como muchos intelectuales españoles, a lo largo de todo el siglo XIX, comenzaron a pensar su país como una nación moderna, y hacia el final de la centuria, a diagnosticar las razones de su decadencia y a establecer cuáles habían sido los aportes de España a la humanidad.[22]

Por otro lado, España tenía que incorporar el progreso científico y cultural para fortalecer la hispanidad frente al expansionismo norteamericano.[23] Fue entonces, paradójicamente, que el despliegue del imperialismo político-militar de Estados Unidos propició un acercamiento entre España e Hispanoamérica por intereses mutuos y diversos. Políticos e intelectuales latinoamericanos indagaron en los elementos conformadores de las identidades nacionales y comenzaron a valorar positivamente las herencias de España en las tradiciones e historias americanas.[24] De este cambio dio cuenta Sepúlveda en su obra *El sueño de la Madre Patria: Hispanoamericanismo y nacionalismo*, que sitúa la disminución en la animosidad contra España en Hispanoamérica tras la Guerra de Cuba.[25] En el caso de las relaciones hispanoargentinas, desde la década de los noventa se observa una significativa confluencia entre España y Argentina, precisamente alrededor del problema de la proyección imperialista de los Estados Unidos.[26] Sin embargo, como sostiene Prado, la preocupación compartida entre el creciente expansionismo anglosajón tan solo dio lugar a un acercamiento «pragmático y circunstancial».[27]

---

[20]   Pro Ruiz, 2005, p. 334.

[21]   Serrano, 1999, pp. 293-294. Los ataques hispanófobos acerca de la idiosincrasia española provenían fundamentalmente de Francia, Gran Bretaña, Holanda e Italia.

[22]   San Martín Molina, 2020a, p. 96.

[23]   Pro Ruiz, 2005, pp. 341-342.

[24]   San Martín Molina, 2020a, p. 96. Quijada, 1994, pp. 15-51, señala como los intelectuales latinoamericanos se involucraron en el trabajo de cuestionar y analizar los imaginarios nacionales. Según Sánchez Samblás, 2009, p. 39, destacan los ensayos de Rubén Darío *El triunfo del Calibán* y la obra *Ariel* de José Rodó como «hitos textuales y culturales en la búsqueda de una identidad basada en la existencia de unos rasgos raciales y culturales hispánicos compartidos en la que no debía inmiscuirse Norteamérica y su *Normandía*». En Argentina destaca el trabajo de Manuel Ugarte, *El peligro yanqui* (1901), donde alertaba del militarismo estadounidense. Véase también: García Sebastiani, 2012, pp. 82-84.

[25]   «A partir de 1898, España perdió ante los ojos americanos su potencial peligrosidad y la respuesta autocrítica dada desde la Península al desastre hizo percibir al intelectual americano una identificación con sus propios problemas. Pero aún más importante, para amplios sectores intelectuales americanos (aunque persistieron numerosos casos contrarios), Estados Unidos dejó de ser considerado ejemplar modelo sociopolítico y comenzó a percibirse la potencial peligrosidad de su política exterior para la independencia efectiva de los países americanos», véase: Sepúlveda Muñoz, 2005, p. 77. Para un estudio de cómo la rehispanización, producto del conflicto bélico del 98, orienta las producciones de los escritores latinoamericanos hacia fin de siglo, véase: Colombi, 2004.

[26]   Para obtener un panorama ilustrativo de los diferentes contextos de la reconciliación hispanoargentina, véase: Prado, 2008, pp. 197-232.

[27]   *Ibidem*, p. 214.

Para recuperar la influencia en el continente, y como antítesis al imperialismo, España optó por la cultura y la lengua como instrumentos de proyección e influencia.[28] Fueron Ángel Ganivet y Rafael M.ª de Labra quienes perfilaron las líneas básicas de la revitalización de las relaciones entre España y América, y personajes como Joaquín Costa, Ricardo Macías Picavea o Rafael Altamira los hombres que más activamente participaron en este ideario de regeneración nacional. Sin embargo, fue Altamira quien tuvo uno de los papeles más importantes, ya que puso las bases para un acercamiento científico en las relaciones entre la antigua metrópoli y América. En la apertura del curso 1898-1899 de la Universidad de Oviedo expuso un programa de acción hispanoamericanista y fue el precursor del estrechamiento de vínculos institucionales y personales entre intelectuales de ambos lados del Atlántico. Hubo otros profesores de la Universidad de Oviedo que también participaron activamente como Adolfo Buylla y Adolfo González Posada.[29] Como ha estudiado Prado, el gran paso se dio en 1909, cuando Altamira decide viajar a América para llevar a cabo la creación de una red intelectual que sustentase la idea de comunidad cultural hispanoamericana. Este catedrático dictó cursos de metodología histórica e historia del derecho en las universidades de La Plata, Buenos Aires, Córdoba y Santa Fe,[30] y estableció una serie de contactos que permitieron posteriormente viajar a América a otros intelectuales como Posada, Ramón Menéndez Pidal, José Ortega y Gasset, y Eugenio d'Ors.[31]

Uno de los intelectuales que viajó prácticamente al mismo tiempo que Altamira por América del Sur fue el literato valenciano Vicente Blasco Ibáñez. A pesar de que el viaje de ambos fue casi simultáneo —Blasco Ibáñez arribó en Buenos Aires el 6 de junio de 1909 y Altamira el 3 de julio— es conveniente señalar que tenían un origen y unos objetivos muy distintos, y por lo tanto deben ser estudiados de manera diferenciada.[32] Se trata, por tanto, de dos modelos de intervención cultural opuestos. Precisamente Prado —en su trabajo *Rafael Altamira en América (1909-1910). Historia e historiografía del proyecto americanista de la Universidad de Oviedo*— considera que la campaña del catedrático no puede ser subordinada o equiparada, no solo a la que protagonizó Blasco Ibáñez, sino tampoco a las de otros como la de Federico Rahola o Eva Canel.[33] Aunque el autor señala la importancia de estos —así como sus expediciones—, sus propósitos, el público al que

---

[28] San Martín Molina, 2020a, p. 97.

[29] Duarte, 1998, p. 205. Adolfo González Posada viajó a América en 1910, fue el primer delegado enviado por la Junta de Ampliación de Estudios con el objetivo de que estudiase las posibilidades de colaboración científica y cultural de los países latinoamericanos. Respecto a las relaciones culturales entre España y América y la JAE, véase: Formentín Ibáñez y Villegas Sanz, 1992. Para un estudio de las relaciones culturales entre España y América, véase: Huguet, Niño y Pérez, 1992; Rama, 1982 y Sepúlveda Muñoz, 1994 y 2005. Véase también: San Martín Molina, 2020a, p. 97.

[30] Prado, 2010a y 2015b.

[31] Fernández Ledesma, 2018, pp. 164-172; Prado, 2011. La experiencia argentina de Altamira abrió el camino a otras embajadas culturales españolas entre 1910 y 1936. José Ortega y Gasset, y Eugenio d'Ors lo hicieron gracias al apoyo de la Institución Cultural Española, véase: Fuentes Codera, 2014. Para un estudio del paso de Ortega por Argentina, véase: Martínez de Codes, 1983.

[32] San Martín Molina, 2020a, p. 98.

[33] Prado, 2008, p. 358.

interpelaron, la ausencia de un proyecto *panhispanista* que respaldara sus iniciativas, y la escasa o nula repercusión de sus ideas o de su personalidad en la élite argentina son aspectos que, según Prado, «diferencian decisivamente sus experiencias de la protagonizada por Altamira en 1909».[34]

Muchos de los intelectuales españoles mostraron fascinación por la modernización, la vitalidad y el potencial económico de América especialmente por Argentina.[35] Dadas estas circunstancias, el régimen de la Restauración se interesó por potenciar las relaciones con aquel país.[36] En la década de 1880 los liberales Segismundo Moret y Antonio Aguilar Correa llevaron a cabo un acercamiento diplomático que se vio patente con la firma del Tratado de Extradición de 1881, la apertura del Banco Español del Río de la Plata en 1866, la fundación oficial de la Cámara de Comercio Española en Buenos Aires en 1877 y la constitución de una Sociedad Hispanoargentina protectora de los inmigrantes españoles en 1889.[37] El cambio en las estrategias de aproximación del gobierno español y la crisis de los años noventa en Argentina provocaron un enfriamiento en las relaciones hispanoargentinas que se redujeron a lo que ha sido denominado como «política de gestos».[38]

Sin embargo, este tipo de relación no podía durar mucho tiempo, ya que Argentina albergaba la más numerosa colectividad de españoles, y los contactos entre ambos gobiernos eran necesarios; las élites fueron las que desempeñaron un rol fundamental promocionando los intercambios culturales y mercantiles bilaterales.[39] Los nacionalistas españoles aprovecharon el impulso hispanoamericanista para una política exterior que mejorase las relaciones con Argentina, mientras que los nacionalistas argentinos supieron recuperar las herencias hispanas para sus propias políticas identitarias y de construcción de la ciudadanía.[40] Tanto es así que el fundador de la Universidad de La Plata, Joaquín V. González, dijo

---

[34]   *Idem.* Para un estudio de la proyección de los viajes de González Posada y Altamira, véase: Zimmermann, 2000, pp. 66-78.

[35]   Un avance de Argentina como núcleo del emprendimiento cultural de Blasco Ibáñez puede verse en: San Martín Molina, 2019, pp. 138-140. Para el progreso argentino de finales del siglo XIX a principios del XX y de la política argentina, véanse: Botana, 1977; Cortés Conde, 1979 y Oszlak, 1997.

[36]   San Martín Molina, 2019, p. 138. Según señala Prado, 2008, pp. 202-205, a pesar de sus peculiaridades, el régimen de la Restauración mostraba una semejanza con el orden conservador rioplatense. En ambos regímenes la figura del caudillo o cacique electoral fue imprescindible y, a pesar de las diferencias de su origen histórico, de su cronología y de su evolución, la consolidación de ambos sistemas oligárquicos tuvo una serie de respuestas similares por parte de los intelectuales, las capas medias y los sectores obreros en ambos países.

[37]   Prado, 2008, p. 198.

[38]   San Martín Molina, 2019, p. 138. Dicho concepto se encuentra en: Rivadulla Barrientos, 1992.

[39]   Devoto, 2003; Llordén Miñambres, 1995 y Moya, 2004. A partir del último tercio del siglo XIX Argentina se convirtió en uno de los destinos más atractivos para la emigración europea. La emigración española fue la segunda en volumen.

[40]   San Martín Molina, 2019, p. 138. Véase: Prado, 2008, pp. 196-197. Según sostiene Prado, el temor a una disolución de la identidad rioplatense, motivada por el fenómeno inmigratorio de origen europeo mediterráneo y la constitución de una sociedad desarraigada, dio lugar al surgimiento del moderno hispanismo argentino. Las relaciones culturales se vieron favorecidas desde un campo cultural argentino en formación, desde cuyos márgenes reformistas y vanguardistas, se buscó reconstruir los vínculos con España.

que «había que generar raza volviendo la mirada hacia España».[41] Se estaban fortaleciendo las concepciones esencialistas y culturalistas que propondrían en el futuro inmediato una definición de la «argentinidad» a través del idioma, las tradiciones, la raza o el pasado común.[42] Influyentes intelectuales como Manuel Gálvez, Ricardo Rojas o José María Ramos Mejía contribuyeron al avance relativo de ese nacionalismo esencialista y culturalista.[43]

La existencia de una numerosa colonia española fue objeto de la acción de políticos, intelectuales y empresarios peninsulares que fueron conscientes de la importancia de fortalecer los vínculos con Argentina en función de sus intereses específicos.[44] Desde el Centenario de la Independencia se potenciarían las intervenciones de *empresarios culturales* españoles y los viajes de los *embajadores intelectuales* vinculados al mundo universitario español.[45] Para articular este tipo de intervenciones culturales era necesario dotarse de instrumentos eficaces tanto en el mundo cultural como en la opinión pública. Las distintas asociaciones españolas se esforzaron por abrir canales institucionales de intervención cultural con el objetivo de atraer a nuevos miembros.[46] Como sostiene García Sebastiani, para llegar a la parte de las colectividades que no participaban en la vida asociativa, la acción cultural de la emigración española necesitaba utilizar los locales sociales de los que disponía y usar «plataformas de control comunitario y proyección pública».[47] En esto la prensa étnica es fundamental, ya que es utilizada por parte de las élites de la inmigración y del movimiento asociativo como una estrategia de intervención cultural.[48] *El Diario Español* se convirtió en la voz de la colonia y actuó como gestor de la identidad étnica entre el colectivo de los inmigrantes españoles en la Argentina.[49] Además de promocio-

---

[41]   Joaquín V. González pronunció estas palabras el 15 de mayo de 1910. González fue un notorio político, historiador, jurista y literato argentino; fundó y presidió la Universidad de la Plata y el Instituto Superior del profesorado de Buenos Aires. Para un estudio completo sobre la trayectoria político-intelectual de González, véase: Roldán, 1993.

[42]   Prado, 2008, p. 227. Para este nacionalismo, la educación pública argentina emergió como uno de los mecanismos más eficaces de instrucción en los valores patrióticos. Es por ello por lo que según indica Sánchez Samblás, 2009, p. 64, autores como Gálvez y Rojas concedieron gran relevancia «al espíritu y contenidos de la educación pública para su causa nacionalista».

[43]   Según indica Sánchez Samblás, 2009, p. 72, algunos escritores argentinos encontraron en la cultura peninsular sus valores morales y en la herencia de la conquista «aquel imaginario patriótico según el cual debía construirse la Argentina moderna». De enorme interés sobre la construcción de la nacionalidad argentina resulta el trabajo de Bertoni, 2001. En relación con la influencia intelectual española en Argentina, véase: Zimmermann, 1997, pp. 61-68.

[44]   Prado, 2008, p. 225.

[45]   San Martín Molina, 2016, pp. 218-219, y 2019, p. 139. Fernández Terán y González Redondo, 2010, pp. 195-219. En 1914, presidida por el médico Avelino Gutiérrez, se constituye la Institución Cultural Española de Buenos Aires. Desde entonces invitó a su Cátedra de Cultura Española a Ortega y Gasset, Rey Pastor, Pi i Suñer, Blas Cabrera o Pío del Río Hortega. Cabe señalar que fueron pioneros Altamira, González Posada y Menéndez Pidal.

[46]   Gil Lázaro, 2017, p. 43.

[47]   García Sebastiani, 2005, p. 147.

[48]   Garabedian, 2017, pp. 21-24; Gil Lázaro, 2017, p. 43.

[49]   García Sebastiani, 2004, pp. 525-528. Un avance del estudio de la visita de Blasco Ibáñez a la Argentina en 1909 a través de *El Diario Español* puede encontrarse en: San Martín Molina, 2019.

nar la cultura hispánica, sostuvo ciertos discursos de confraternidad panhispánica en la que situaba a España como la «madre» o la «hermana mayor» de las jóvenes repúblicas americanas.[50] Por ello, no es de extrañar, tal y como veremos en el siguiente capítulo de esta investigación, que cuando Blasco Ibáñez arribó en el puerto de Buenos Aires sus primeras palabras hicieran alusión a este símil.[51]

Por otro lado, el interés que mostraría por Argentina no era casual; Buenos Aires, entre las últimas décadas del siglo XIX y las dos primeras del XX, fue convirtiéndose en una ciudad moderna. Dicha modernidad, como señala Giaccio, no solo se vio reflejada en la realización de intervenciones urbanas y arquitectónicas, sino también en lo relativo a la vida cultural.[52] En relación con esto último la autora destaca como en el mundo de las letras la prensa periódica se modernizó y expandió, surgió un mercado editorial, el escritor pudo profesionalizarse y asociarse para reivindicar su trabajo y también, debido a la emigración europea y las políticas educativas estatales, hubo una ampliación del público lector.[53] Otro de los rasgos llamativos de las décadas mencionadas es que, además de fundarse instituciones culturales, se produjo «la reconfiguración de las formas de sociabilidad cultural».[54]

Por su parte, Altamirano y Sarlo indican que la vida literaria va adaptando un conjunto de hábitos que, por un lado, le son propios y, por otro, característicos del periodo, tales como la bohemia, los cafés literarios, los banquetes o las conferencias.[55] Precisamente fueron las conferencias, tal y como sostienen los mencionados autores, las que «institucionalizan una forma nueva de comunicación cultural, donde se asocian los rasgos de la reunión de sociedad con modos inéditos de relación entre público y escritores».[56] Esto implica que tienen algo de tradicional, es decir, hay un contacto «directo» con el escritor, pero no está mediado por el libro y algo de «moderno», refiriéndose esto a la relación mercantil que a veces existe y al carácter abierto y público que siempre tienen. La conferencia, según Sarlo, se convirtió en la «forma típica del acto cultural en el Buenos Aires novecentista», lo que explicaría el arribo de numerosos escritores extranjeros en el país para llevar a cabo esta práctica cultural.[57]

Por tanto, Buenos Aires se presentaba como una ciudad que se asemejaba a las metrópolis europeas y ofrecía posibilidades de trabajo convirtiéndose así a principios del siglo XX en un importante centro cultural. Aunque según indica Giaccio el punto de

---

[50] San Martín Molina, 2019, p. 139. Respecto de metafóricas maternidades o hermandades en el discurso nacionalista, véase: Álvarez Junco, 2001, p. 588; Blanco, Dacosta y Sánchez, 2016, p. 44; García Sebastiani, 2012, p. 86, y Pro Ruiz, 2005, p. 344.
[51] San Martín Molina, 2019, p. 140.
[52] Giaccio, 2018, p. 355. Para la vida cultural e intelectual, véase: Bruno, 2014b y Terán, 2000.
[53] Para el contexto cultural argentino de este periodo resultan de interés los trabajos de: Altamirano y Sarlo, 1997b, y Ansolabehere, 2010. Para el estudio de la prensa periódica como espacio de profesionalización en Argentina, véase: Laera, 2008.
[54] Giaccio, 2018, p. 355. Es importante señalar que en este periodo de «entre siglos» el teatro vivió un momento álgido. Para un estudio del teatro argentino, véase: De Urquiza, 1973 y Seibel, 2006.
[55] Altamirano y Sarlo, 1997a, pp. 175-176.
[56] *Ibidem*, p. 175.
[57] Sarlo, 1997, p. 216.

inicio de las visitas de escritores a la Argentina puede fijarse con la llegada de Edmundo de Amicis en 1884, lo cierto es que habrá que esperar a la primera década del siglo xx para observar cómo estas se intensificaron.[58] A partir de 1909 el país comenzó a preparar su aniversario de los cien años de la Revolución de Mayo que se conmemoraría en 1910. La mayoría de los festejos se realizarían en Buenos Aires y, precisamente, en torno a ese ambiente festivo, que propiciaban las clases dirigentes, llegaron al país una gran cantidad de personalidades destacadas de la cultura europea a conferenciar en teatros, universidades y centros asociativos.[59] Debe tenerse en cuenta que entre 1909 y 1910, pasaron por allí Anatole France, George Clemenceau, Guglielmo Ferrero, Jean Jaurès, Enrico Ferri, Vicente Blasco Ibáñez, Rafael Altamira y Ramón del Valle Inclán,[60] entre otros.[61]

En este contexto de acercamiento entre ambas naciones llegó el novelista valenciano a la Argentina para dar un ciclo de conferencias. Precisamente la nacionalidad española de Blasco Ibáñez y su posición como escritor le otorgarán legitimidad para disertar sobre España, su historia y su cultura. Aquí será elevado a la categoría de gloria nacional y considerado uno de los representantes de la «España Nueva». La imagen de valeroso líder republicano y eminencia de las letras españolas convirtió la visita en un auténtico acontecimiento. Atrás dejaba su currículo como político revolucionario, que le había conducido a huidas y presidios, para potenciar su imagen como literato, como hombre de letras.[62]

VICENTE BLASCO IBÁÑEZ: POLÍTICO, LITERATO, EDITOR

Cada vez más atraído por la literatura, comenzó a mostrar, en 1904, sus deseos de alejarse de la política para intentar vivir no solo de su talento como novelista, sino tam-

---

[58] Giaccio, 2018, pp. 356-357.

[59] Los festejos incluyeron una exposición internacional, unos Juegos Olímpicos, certámenes literarios, festejos multitudinarios y las visitas de delegaciones políticas. El plan de actos, ceremonias y obras públicas solo pudo ser cumplido parcialmente; para un estudio de los festejos del centenario resulta de enorme interés el trabajo de Moreno Luzón, 2012 y Salas, 1996.

[60] Giaccio, 2014, pp. 163-187.

[61] Martínez de Sánchez, 1994, p. 41. Algunas de estas visitas se recogen en Bruno, 2014a.

[62] Fue en la apertura de la Universidad del año 1884 cuando por primera vez puso en práctica sus dotes como agitador cuando un grupo de estudiantes valencianos redactó un manifiesto de adhesión a la causa de los estudiantes de Madrid en defensa del profesor Miguel Morayta por el cual fue perseguido (León Roca, 2002, pp. 16-17). Su interés por la política fue en aumento y en 1885 aparece como presidente de las Juventudes Republicanas Federales de Valencia. En 1888 concluyó sus estudios en Derecho y tan solo un año más tarde fundó en Valencia el semanario *La Bandera Federal* para propagar la causa republicana. Según Reig, 1986, p. 189, el periódico señala la decisión de Blasco Ibáñez de hacer de la literatura su arma de revolución. En 1890, como consecuencia de una manifestación celebrada en el mes de julio contra la subida de Cánovas del Castillo al Gobierno, vuelve a ser perseguido por las autoridades y se ve obligado a huir a París. Durante el tiempo que pasó allí se empapó de nuevas ideas y creció su admiración por figuras como Víctor Hugo, Ernesto Renán y Émile Zola, que tan influyentes serán en su literatura, sobre todo este último, del que además se consideró gran amigo; de hecho, hará gala de dicho vínculo en entrevistas, artículos y en sus conferencias argentinas. La amnistía general que decretó Cánovas en 1891 le permitió volver a Valencia.

bién de su visión como empresario de las letras, dando un paso decisivo para convertirse en un claro representante de la figura escritor-editor.[63] Para entonces la escritura abría al valenciano un horizonte de enriquecimiento, toda vez que empezaba a recibir ingresos significativos por la publicación de su obra literaria en Francia, donde sus publicaciones comenzaron a tener cierto éxito, quizás porque su estilo recordaba al de Émile Zola.[64] Rivalán-Guégo señala el primer tercio del siglo xx como el momento en el que se reordenó el campo literario. Precisamente la difícil relación entre literatura y dinero fue cobrando una nueva vigencia en ese campo, que se estaba modificando por el auge de los nuevos consumidores de «bienes culturales» y por la modernización del sector editorial. Los autores asesoraban a la empresa y pusieron a su servicio «su capital simbólico», su conocimiento del mundo de las letras, su prestigio de escritores y sus relaciones con otros autores.[65] Siguiendo a Bourdieu, Blasco Ibáñez representa el binomio que define al editor moderno ya que: «el libro, objeto de doble cara, económica y simbólica, es a la vez mercancía y significación, el editor es también un personaje doble, que debe conciliar el arte y el dinero, el amor a la literatura y la búsqueda del beneficio».[66]

Como novelista, no hay entre la crítica unanimidad en relación con su ubicación, dado que ha sido considerado el último de los naturalistas del siglo xix o un escritor del siglo xx, de ahí que indique que es un autor «a caballo» entre dos periodos.[67] Dentro del panorama literario español ha sido definido por oposición a la generación del 98. Se diferencia de esta por contraste, aunque Abellán reconoce que se dan ciertos rasgos «noventayochistas» en Blasco Ibáñez.[68] De hecho, en algunas de sus conferencias argentinas, el literato dará a conocer los temas y protagonistas de la España noventayochista a la

---

[63] Uno de los investigadores que mejor han trabajado a Blasco Ibáñez como editor es Lluch-Prats, 2010; 2012a; 2012b y 2015. Sobre Blasco Ibáñez y la edición, además de los mencionados trabajos, véanse: Alonso, 2002, Bas Carbonell, 1998, Del Villar, 2005, Espinós i Quero, 2003 y Pérez de la Dehesa, 1969.

[64] *La barraca* fue traducida como *Terres maudites* para la *La Revue de Paris* en 1901, y aquí, según indica Varela, el propio Blasco Ibáñez calculó que podía haber recibido 23 000 francos. También fueron traducidas otras obras como *Cañas y barro (Boue et roseaux), La horda (La horde)* y *La catedral (La cathédrale)*; véase: Varela, 2015, pp. 516-519.

[65] Rivalan-Guégo, 2012, pp. 269-275. Con ello, según sostiene la autora, ya no solo se trataba de la posibilidad de «autopublicación» sino de la «promoción de obras de escritores con el asesoramiento del experto otorgado por el mismo estatuto de escritor». Para un estudio de la intervención del escritor en el sector editorial, también resulta de enorme interés el trabajo de Rivera, 1998.

[66] Bourdieu, 1995, pp. 259-260. Martínez Martín indica que, en el contexto regeneracionista de la época, quedó asociada la figura del editor a una «aventura intelectual», véase: Martínez Martín, 2009, p. 153.

[67] Cobeta Gutiérrez, 2018, p. 23. Esta autora recoge en su tesis doctoral investigaciones de otros autores que han trabajado la obra de Blasco Ibáñez; resultan de enorme interés las de Ana L. Baquero Escudero y Rafael T. Corbalán. La primera considera que la catalogación de Blasco Ibáñez como epígono de una tendencia de finales del siglo xix resulta insuficiente porque su escritura evolucionó con la transición del nuevo siglo. Por su parte, Corbalán sostiene que el novelista, en su última fase literaria, trató de adaptar su narrativa a los cambios sociales y técnicos de principios del siglo xx. Será Domínguez, 2011, pp. 307-320, quien afirme que Blasco Ibáñez ha quedado excluido del canon literario español porque forma parte de la «retaguardia».

[68] Abellán, 1997, p. 31. Para un estudio de la conexión de Blasco Ibáñez con el 98, véanse: VV. AA., 1999; Longhurst, 1999 y Vickers, 2000a.

que nacionalistas como Gálvez y Rojas apelaban y cuyas metáforas, como ha estudiado Sánchez Samblás, recogían en sus textos.[69]

En relación con ese contraste, Blanco Aguinaga señala que la imagen que nos ha llegado del literato permite reconocer algunas de las diferencias entre su personalidad y su obra respecto a la de sus contemporáneos, quienes le rechazarán y criticarán por su superficialidad:

> [...] frente a la legendaria sobriedad de los ideólogos que reconocemos como del 98, la exuberancia; frente a la áurea medianía económica de un Baroja, de un Unamuno o de un Machado, los dineros de quien durante la *saison* iba todos los días en Rolls Royce desde su villa de Menton al casino de Montecarlo; frente al meditativo y angustiado quietismo —agonías interiores— de los del 98 en su madurez, una vida de arengas, cárceles, duelos, viajes y aventuras (políticas, comerciales o puramente gratuitas) que entre los del 98 apenas alcanzó a soñar Baroja; frente a las tiradas mínimas y casi exclusivamente locales, ediciones en varias lenguas.[70]

Otro de los datos curiosos, que aporta este autor para tratar de explicar por qué Blasco Ibáñez ha sido excluido de la generación del 98, radica en su vida de político militante. Afirma que en los trabajos que existen sobre el valenciano se habla de sus actividades políticas, de su republicanismo, por ello: «No puede estar este político junto a los que, según se nos ha dicho, eran apolíticos y rechazaban toda actividad histórica».[71] Respecto al rechazo que sufrió por parte de los del 98, Domínguez, señala que se debió a que Blasco Ibáñez no participó en la literatura regeneradora.[72] Estos tendrán una actitud regionalista frente a la internacionalista del valenciano. Precisamente, como señala Cobeta Gutiérrez, sus ganas de vivir una vida cosmopolita lo alejaron de España, sin embargo, también en Blasco Ibáñez se dio una admiración por *El Quijote* y una preocupación por Hispanoamérica.[73]

Durante muchos años fue llamado el «Zola español», de hecho, tal y como veremos esta imagen, alentada por distintos diarios españoles y argentinos, lo acompañó en su viaje al otro lado del Atlántico en 1909.[74] Sin embargo, a pesar de tener una tendencia naturalista muy influenciada por Zola, de quien además era gran admirador, comenzó a mostrar en los años finales de su carrera un deseo por «deshacerse de esa etiqueta»,[75] que quedó reflejado en diversas entrevistas, donde afirmaba que al autor al que más admiraba era Víctor Hugo, y a ambos dedicará una conferencia en Buenos Aires. Con todo, sus esfuerzos por alejarse del naturalismo no lograron que le siguieran equiparando con el escritor francés.

---

[69]   Sánchez Samblás, 2009, pp. 74-117.

[70]   Blanco Aguinaga, 1998, pp. 196 y 225. Reig, 2002, p. 234, indica que los del 98 fueron muy críticos con Blasco Ibáñez. Para una relación de la vida y obra de Blasco Ibáñez, Baroja, Unamuno y Valle-Inclán, véase: Balseiro, 1949.

[71]   Blanco Aguinaga, 1998, p. 199.

[72]   Domínguez, 2011, p. 310.

[73]   Cobeta Gutiérrez, 2018, p. 31.

[74]   Lluch-Prats, 2012b, p. 252, señala que Blasco Ibáñez coincidía en los gustos argentinos por su «francofilia», era un apasionado de los ideales ilustrados.

[75]   Cobeta Gutiérrez, 2018, p. 24.

Sus obras han sido agrupadas en función de su variedad temática, pero es importante destacar que los distintos cambios que sufrió a lo largo de su vida, que hicieron que tuviera que adaptarse a las circunstancias, muestran la complejidad de su obra. Entre 1894 y 1902 publicó diversas novelas ambientadas en su Valencia natal como: *Arroz y tartana* (1894), *Flor de mayo* (1895), *La barraca* (1898), *Entre naranjos* (1900) o *Cañas y barro* (1902).[76] En 1903 inicia un nuevo ciclo que coincide con una época caracterizada por la combatividad y exaltación de sus principios contra las acusaciones de sus detractores políticos. Estas obras, calificadas como novelas sociales, se alejan de su espacio natal para abarcar otras geografías españolas: Toledo en *La catedral* (1903), Bilbao en *El intruso* (1904), Jerez de la Frontera en *La bodega* (1905) y Madrid en *La horda* (1905) tienen en común la lucha de clases y son anticlericales.[77]

Tras este ciclo, Blasco Ibáñez se instala en Madrid, donde escribe tres nuevas obras pertenecientes al grupo de novelas psicológicas: *La maja desnuda* (1906), *Sangre y arena* (1908) y *Los muertos mandan* (1909). En agosto de 1907 viajó por Oriente, visitó diversas ciudades de la Europa Central y de los Balcanes para finalizar en Constantinopla.[78] Sobre este viaje escribió diversos artículos —que luego convirtió en un libro, *Oriente*—[79] que fueron publicados en diarios madrileños y en la revista *España* de la Asociación Patriótica Española de Buenos Aires, que sin duda le valieron para obtener visibilidad como escritor en la colonia de emigrantes en el Río de la Plata.[80]

---

[76]   Para un estudio de las novelas valencianas, véase: Mérimée, 1986.

[77]   Según señala Vickers, 2000, p. 465, el novelista había sufrido un importante cambio que quedó reflejado en estas obras sociales donde se mostraba a un Blasco Ibáñez «luchando por su existencia política, luchando para salvar lo que quedaba de su partido y contraatacando contra aquellos que querían destruir el carisma revolucionario que tan laboriosamente había ido consolidando a lo largo de la década anterior».

[78]   Para un estudio de su paso por Oriente, véanse: Apic, 2016-2017; Lara Peinado, 2005 y Sekulic, 2019. Blasco Ibáñez viajó acompañado de su amante, Elena Ortúzar. Se conocieron en 1906 a través del pintor Joaquín Sorolla. Elena era de origen chileno y fue esposa de Luis Elguín, agregado de la Embajada de Chile en Madrid. Estaba muy bien relacionada, tanto por su matrimonio como por su familia. Entre sus abuelos estaba Manuel Bulnes Prieto, que había sido dos veces presidente de Chile, véase: Reig, 2002, p. 125; Tortosa, 1972 y Varela, 2015, p. 504.

[79]   Esta obra, junto con *Argentina y sus grandezas* (1910) y *La vuelta al mundo de un novelista* (1924), forma parte de su experiencia como viajero. Su mayor éxito le vino con *Los cuatro jinetes del Apocalipsis* (1916) y su adaptación al cine. Con dicha obra comenzará un nuevo ciclo en su producción novelesca en torno a la contienda bélica. Le seguirán *Mare Nostrum* (1918) y *Los enemigos de la mujer* (1919), ambas llevadas también al cine, véase: Smith, 2014-2015 y Viciano, 2014-2015. Respecto a Blasco Ibáñez y la novela cinematográfica, véase: Corbalán, 1998. Por otro lado, la Fundación Centro de Estudios Blasco Ibáñez cataloga las obras *El Papa del mar* (1925), *A los pies de Venus* (1926), y las póstumas *En busca del gran Kan* y *El caballero de la Virgen* (1926) como novelas de exaltación histórica española. Para un estudio de las novelas históricas de Blasco Ibáñez, véase: Baquero Escudero, 2008. De Estados Unidos pasó a México, donde recopiló materiales para escribir la novela *El águila y la serpiente*, aunque no la finalizó, véase: San Martín Molina, 2019, p. 136.

[80]   Para ampliar sobre la Asociación Patriótica Española, véanse: Farías, 2016; Fernández, 1987 y Romero, 2007. Puede encontrarse una crónica de la asociación en Ortiz y San Pelayo, 1914. Sobre sus órganos de prensa, véase: Prado, 2019 y 2021. Los artículos referidos a su viaje por ciudades europeas

En su temprano éxito internacional tuvo un papel fundamental Georges Hérrelle —traductor de las obras del novelista italiano Gabriele D´Annunzio—, quien se puso en contacto por primera vez con Blasco Ibáñez en 1899 y llegó a un acuerdo para traducir *La barraca* a lengua francesa. Desde entonces, su trayectoria política y literaria comenzó a adquirir relevancia en diversos círculos parisinos, lo que indudablemente se tradujo en remuneración y prestigio. Sin embargo, a pesar de los ingresos que le reportaban las traducciones, todavía no podía vivir como literato independiente.[81]

En España sus obras se publicaban en folletín en diarios como *El Liberal, El Heraldo de Madrid* o *El Imparcial;* también la revista argentina *Caras y Caretas*,[82] de la que fue colaborador, publicó su novela corta titulada *Luna Benamor,* la cual se daría a conocer un año después en España con el sello editorial de la Casa Sempere.[83] La obra de Blasco Ibáñez experimentó un aumento de ventas tras el éxito de *La barraca*. Era para 1905 el escritor que más vendía en España detrás de Benito Pérez Galdós; sus libros alcanzaban, según el propio autor, tiradas superiores a los 15 000 ejemplares con reseñas en los principales periódicos:

> Mis primeras novelas *Arroz y tartana* y *Flor de mayo* aparecieron en tristes ediciones de 1000 ejemplares, que apenas llegaron a venderse fuera de Valencia. *Flor de mayo* que actualmente se publica traducida en París, y que, años después de su aparición, ha alcanzado muchas ediciones, no consiguió venta, ni un mal artículo en los periódicos cuando salió a la luz. La venta y las ganancias editoriales llegaron con la publicación de *La barraca,* el libro que más suena, y, sin embargo, no es el que más dinero me ha dado en España. Se publicó con la misma suerte que sus hermanas mayores. ¡Una edición de 1000 ejemplares! Pero la prensa habló mucho de esta novela. *El Liberal* la publicó en su folletín, y a la primera edición sucedieron otras más numerosas. Hoy llevo vendidos de *La barraca* unos 15 000 ejemplares.[84]

---

y Turquía son: «Múnich. El festival de Wagner»; «Hermoso Danubio Azul»; «La ciudad de los Magyares»; «Constantinopla. El gran Visir»; «Constantinopla. El Palacio de la Estrella»; «Constantinopla. El Selamlik»; «Constantinopla. Los perros»; «Recuerdos de Oriente. Santa Sofía»; «La Revolución Turca. Mis visitas al sultán»; «La Revolución Turca. Mis visitas al sultán II», véase: San Martín Molina, 2020b.

[81]	San Martín Molina, 2020b, p. 194. Véase: Varela, 2015, pp. 521-522.

[82]	Esta revista era muy popular en Buenos Aires; en ella se mezclaba el periodismo «serio» con el humor, e incluía además publicidad de grandes y pequeñas marcas. Su director era el dibujante e ilustrador gallego José María Cao.

[83]	El 26 de diciembre de 1908, en la revista *Caras y Caretas,* aparecía un anuncio en el que se informaba que el 31 de diciembre se publicaría el Número Almanaque, que contenía la novela corta *Luna Benamor,* escrita expresamente para la revista por Blasco Ibáñez. Un año antes, en 1907, Blasco Ibáñez publicó un texto titulado «Aves errantes», que era un fragmento de la novela inédita *La voluntad de vivir,* véase: *Caras y Caretas,* Buenos Aires, 10-8-1907, p. 47. Según una noticia publicada en el diario *El Pueblo,* se esperaba que la novela *Luna Benamor* pudiese estar lista antes de que Blasco Ibáñez viajase a América y confiaba en la buena acogida por parte del público español y de la crítica, véase: «Blasco Ibáñez», *El Pueblo,* Valencia, 28-4-1909, p. 2.

[84]	Blasco-Ibáñez Blasco, 2016, p. 104. Véase también: Varela, 2015, pp. 521-522. Martínez Martín, 2009, pp. 229-230, indica que precisamente en 1905 el éxito de sus novelas empezó a provocar una

Por supuesto, la recepción de su obra no fue siempre positiva, hubo medios críticos con su aporte y repercusión que dependían en buena medida de su perfil ideológico, fueran republicanos, socialistas o católicos. Uno de ellos fue el diario católico de Alcoy *La Defensa* que lo acusará de escribir «obras detestables e indecentes» en las cuales «ha vertido las mayores incorrecciones literarias» plagadas «de galicismos, impropiedades y citas falsas»,[85] a la vez que denunciará las prácticas llevadas a cabo por distintos periódicos para publicitarlo y construir su fama:

Veíamos que escribía Blasco Ibáñez una novela, y al día siguiente aunque fuese un esperpento literario como son por desgracia todas sus producciones noveleras, salía *El Imparcial, El Liberal* y *El Heraldo* por ejemplo, con otros compinches de cocina, poniendo por las nubes la nueva creación del insigne novelista que era lo que se trataba de demostrar y recomendando a todo hijo de vecino la genial y correcta novela que acaba de ver la luz pública […] que a un novelista que escribe en la titulada *Entre naranjos* que las gallinas del mercado Sueca, «cocleaban pendientes en grandes racimos», le llamen insigne y correcto literato ¿no les parece a ustedes que esto más parece burla que encomio? ¿Dónde estaba el veterinario o albéitar o como se llame dicha población que permitió que se vendiesen las gallinas estando cluecas? ¿Pues y aquello de *Flor de mayo* y de *La catedral* que tanta gracia hizo a ciertos críticos y eruditos, de aparecer párrafos enteritos plagiados de otras novelas? ¡Y aquí es nada lo del ojo si se compara con la sintaxis y propiedad que campean en dichas obras! Con decir que se han escrito más de cinco volúmenes criticando y haciendo añicos las geniales producciones de tan insigne literato, está todo dicho. De todo lo cual se deduce que el que no tiene no puede dar y consiguientemente a las soberbias y rimbombantes frases de fama y grandeza que han dirigido ciertos periódicos al exsultán de la Malvarrosa, habremos de aligerarlas un poco, quitándolas jierro *[sic]* y bambolla que el compare no se amohine *[sic]*.[86]

A pesar de sus éxitos, Blasco Ibáñez cuestionó las ganancias que obtenía de la venta de sus novelas:

¿Quieren saber lo que me producen actualmente las novelas que publico? El precio en venta de cada volumen es de 3 pesetas. Una peseta se la queda el librero que la vende; otra es para gasto material del libro (papel, impresión, encuadernación, correo, administración, etc.) y la otra peseta es para el autor, que aún da gracias a su buena suerte porque le permite disfrutar una tercera parte de lo que el público da por su obra. La cuenta no puede ser más sencilla. Tantos miles de ejemplares, tantos miles de pesetas. Viendo en los escaparates de las librerías el último millar de una novela mía, pueden saberse las pesetas que la obra me lleva dadas. No me quejo de mi situación; el público me atiende más de lo que merezco; pero ¡ay! ¡El dinero de la literatura![87]

---

transición entre el pueblo, como principal destinatario, y el público, entendido como «una clientela más amplia y más universal».

[85] «Al día», *La Defensa,* Alcoy, 15-5-1909, p. 2.
[86] «Al día», *La Defensa,* Alcoy, 12-6-1909, p. 2.
[87] Blasco-Ibáñez Blasco, 2016, p. 105.

Es precisamente a mediados de la primera década del siglo xx cuando desarrolla en Madrid una importante actividad como editor con la ayuda de su socio Francisco Sempere y de su futuro yerno Fernando Llorca.[88] Para entonces, el valenciano ya tenía clara una estrategia de intervención editorial:

> En la inmensa mayoría de las casas se siente la necesidad de la novela y, si no la familia, el individuo aislado. Pero el éxito del negocio está en hacer una publicación regular, a fecha fija: la novela apareciendo en libro, pero con la regularidad de un periódico. Condiciones: En tomo, una peseta en todas las librerías. El tomo saldría a la venta todos los sábados de todas las semanas. Se publicaría el jueves para que el sábado (que es el día del dinero) estuviera en los rincones más apartados de España. Otra condición importantísima. Les diríamos en los anuncios a los lectores de las poblaciones, donde no existen librerías (que son los más) que podían pedir el volumen a la casa editorial con sellos de correos y que se los enviaríamos por el mismo precio de una peseta.[89]

En esta coyuntura se destacan dos proyectos editoriales.[90] El primero de ellos, *La República de las letras,* era una revista literaria que nació el 6 de mayo de 1905 y que aparecía los sábados.[91] Contaba entre sus responsables, según indica Lluch-Prats, a Pérez Galdós, Blasco Ibáñez, Unamuno, Morote, González-Blanco y Flores de Lemus.[92] El segundo proyecto fue *La Novela Ilustrada,* un periódico de contenido puramente literario donde se ofrecían novelas y en el que Blasco Ibáñez, siendo su director literario, podría experimentar sus ideas sobre el negocio editorial.[93] En todo caso, el valenciano tenía el claro objetivo de hacer rentable a esta nueva empresa: había que vender novelas por fracciones a bajo precio para atraer así al mayor número de lectores posibles. Si bien su experiencia de gestión previa en *La Bandera Federal* sería importante, los tiempos eran otros y se hacía necesario encontrar formatos editoriales viables y fórmulas rentables de pro-

---

[88] Blasco Ibáñez fundó varias casas editoriales. Con Francisco Sempere, la Casa Editorial F. Sempere, que en 1902 pasó a llamarse Fco. Sempere y Compañía, Editores. En 1906 La Editorial Española-Americana, que se reconvierte en Llorca y Cía en 1913. Años más tarde, en 1914, junto con Fernando Llorca, Francisco Sempere y sus hijos, creó la editorial Prometeo.

[89] Reig, 2002, pp. 253-254. Rivalan-Guégo, 2012, p. 276, señala que el discurso militante de los fundadores de colecciones de novelas cortas o las opciones de publicaciones baratas no se puede entender sin la relación de estos hombres con los sectores progresistas, principalmente socialistas y republicanos.

[90] Puede encontrarse un avance de su nueva situación profesional en: San Martín Molina, 2020b, pp. 193-195.

[91] El nombre de dicha revista según Varela, 2015, p. 523, se debe a dos motivos: el primero, que era una antigua denominación para el gremio de los escritores, y el segundo, que era una «manera rodeada de indicar en España que las letras se colocaban a favor de la república». Martínez Martín, 2009, p. 230, señala que el primer objetivo de este proyecto era «engrandecer la vida literaria española» brindando sus páginas a autores jóvenes. A través de sus páginas, Blasco Ibáñez expuso su visión acerca de la vida social como objetivo de la creación literaria.

[92] Lluch-Prats, 2012a, p. 93. En ella colaboraron escritores como Pérez de Ayala o Eugenio d'Ors.

[93] Martínez Martín, 2009, p. 231. Su proyecto consistía en un folletín de cuatro novelas diarias, con grabados, mediante la suscripción.

moción.[94] Al poco tiempo del lanzamiento del primer número se convocó un concurso para jóvenes autores cuyo premio fue de 2000 pesetas. Con esto consiguió reunir como jurado a novelistas y críticos literarios de renombre, asegurándose así que el nombre de *La Novela Ilustrada* apareciese en las páginas de muchos periódicos.[95] Sin embargo, tal y como apunta Martínez Martín, las «aventuras editoriales» que dirigió en sus primeras épocas no le dieron rentabilidad económica. Tampoco habría sido su objetivo porque no aplicó criterios empresariales, sino políticos y sociales, al considerar «su actividad literaria y editorial como instrumento de redención social y transformación política».[96]

Con sus distintas fórmulas había logrado unir las cualidades de escritor y empresario en una España en la que se había producido un afianzamiento del mundo editorial.[97] En poco tiempo esta empresa comenzó a tener éxito recibiendo, incluso, solicitudes de suscripción desde América, un mercado que se convertiría pronto en objetivo principal del novelista, toda vez que el español e incluso el europeo se hacían insuficientes para satisfacer sus ambiciones. Es importante señalar, tal y como apunta Lluch-Prats, que Blasco Ibáñez y Sempere se habían introducido en el circuito americano desde la creación de la Casa Editorial Francisco Sempere y Cía en 1896.[98] Sempere, que se encargaba de la administración general, envió a América más de la mitad de su producción. Argentina era el principal importador y allí se recibía casi el 50 % de los libros españoles desde donde pasaban fundamentalmente a Chile, Paraguay y Uruguay. A esta exportación hay que añadir los intercambios comerciales de Sempere con argentinos como corresponsales e incluso coeditores.[99] La búsqueda de nuevos públicos fue uno de los pilares de la propuesta editorial de Sempere y Blasco Ibáñez. Ambos, como sostiene Fernández, «auscultaron las posibilidades de un campo cultural en formación», que era muy prove-

---

[94]   En este caso se combinó la fórmula de la prensa diaria en lo que a distribución y producción se refiere. Tuvo dos épocas: la primera de 1905 a 1907, durante la cual hubo entregas diarias de cuadernos de treinta y dos páginas con láminas, con una posible suscripción mensual y regalo de tapas para la encuadernación. La segunda época se inició en 1907, ya con formato de revista, en la cual se entregaba una novela completa en un tomo de unas cien páginas que se vendía los sábados. Véase: Lluch-Prats, 2012a, p. 95.

[95]   El jurado estuvo formado por Jacinto Octavo Picón, José Ortega Munilla, Mariano de Cavia, José Francos Rodríguez, Fernández Villegas y el propio Blasco Ibáñez, véase: Varela, 2015, p. 524.

[96]   Martínez Martín, 2009, p. 232. Dicha idea también es sostenida por Fernández, 2012, p. 189, que consideraba que Blasco Ibáñez se había implicado en actividades editoriales con «clara vocación de activismo socio-político y literario», tal y como evidencia la fundación de *La Propaganda Democrática* (1892), el diario *El Pueblo* y la Biblioteca Popular (1897).

[97]   Sobre esta cualidad dio cuenta Morote. Véase: Luis Morote, «Oyendo a Blasco Ibáñez», *El Heraldo de Madrid,* Madrid, 12-3-1909, p. 3.

[98]   Su catálogo incluía novelas de contenido crítico hacia instituciones religiosas, políticas y sociales, de Hugo, Zola, Gorki, Tolstoi; obras descriptoras del mundo; libros sobre historia, religión y filosofía, véase: Lluch-Prats, 2012b, pp. 252-253. Para un estudio de la situación de los editores, quienes ocupaban una posición relevante en el campo cultural, véase: Larraz Elorriaga, 2007.

[99]   Aguilar Muñoz, 1964, p. 35.

choso en términos empresariales y productivo para una transferencia cultural tal y como demostraron las coediciones hispano-argentinas que llevaron a cabo.[100]

La dimensión de las esperanzas que depositó, desde entonces, en el público lector latinoamericano no dejarían de crecer, hasta que, como veremos, alentado por Zola en mayo de 1909, decidiera emprender un viaje a aquel continente para hacer propaganda de su sello —La Editorial Española-Americana fundada en 1906— y aumentar la venta de sus propias novelas, incluidas las que tenía pensado escribir tras su periplo.

Tenía entonces una situación económica complicada derivada, entre otras, de las deudas contraídas para que el diario *El Pueblo* siguiese funcionando.[101] Esto evidentemente le generaba intranquilidad; si quería saldar sus deudas y enriquecerse con la literatura debía buscar nuevas fórmulas de intervención en el mercado cultural. Se vio en la necesidad de planificar sus pasos, al fin y al cabo, estaba apostando por convertir la literatura en su oficio. No escribía por ocio, no publicaba por vocación, sino para vivir de ello, algo que quedó patente en 1915 cuando reconoció en una misiva enviada desde París que iba a escribir su obra *Los cuatro jinetes del Apocalipsis* para ganar dinero.[102] Esto implicaba, necesariamente, estudiar los mercados, conocer lo que querían los lectores, luchar por la defensa de los derechos de autor —lo que estará muy presente en su viaje a América—, y asegurar la rentabilidad de sus proyectos editoriales.[103] Esto último le llevó a escribir novelas en poco tiempo, algo por lo que será muy criticado, y a planificar algunas de ellas como productos literarios de exportación.

Desde 1905 sus proyectos relacionados con el mundo editorial le hicieron permanecer ajeno a los debates parlamentarios y *La Novela Ilustrada* ocupaba ahora todo su tiempo.[104] Tan notable fue el cambio en la prioridad de sus actividades que Mariano

---

[100]   Fernández, 2012, p. 190.

[101]   Este periódico republicano, que había fundado en noviembre de 1894 en la ciudad de Valencia, se caracterizó por sus campañas antirreligiosas, y a través de él pudo influir poderosamente en la opinión de la ciudad. Su bajo precio, 5 céntimos, lo hacía accesible sobre todo a los obreros, a quienes Blasco Ibáñez siempre quiso dotar de los instrumentos de lectura al menor precio posible para lograr que fueran obreros alfabetos. Según Laguna Platero, 1999, pp. 119-122, esta idea de alfabetización de los obreros la hereda del «Iluminismo Utópico» del republicanismo español. Blasco Ibáñez fue su director hasta 1906, momento en el que pasó a ser dirigido por su correligionario Félix Azzati. Cuando emprendió su viaje a América ya no era, pues, ni su propietario ni su director, aunque en la cabecera se seguirá indicando que fue su fundador como muestra de tributo y admiración.

[102]   Martínez Martín, 2009, p. 232.

[103]   *Ibidem*, p. 162. Este autor señala que, en el siglo xx, las transformaciones del sector editorial permitieron al autor «una salida económica para su talento» y un contacto más estrecho con el público. Así pues, los escritores se fueron definiendo como un colectivo particular y la nueva situación permitió que algunos pudieran dedicarse a vivir de la pluma iniciándose un proceso por el cual «el escritor dejaba de ser un artista para convertirse en productor». La escritura convertida en profesión, como sostiene Martínez Martín, llevó a los autores a definir «sus señas de identidad» en sus dimensiones individuales y colectivas, pero también en el papel que tenían en la sociedad.

[104]   San Martín Molina, 2020b, p. 195. Según Martínez Martín, 2009, p. 232, las vicisitudes, tanto personales como políticas, fueron diluyendo la militancia de Blasco Ibáñez para reparar en extraordinarios ingresos que le reportaban sus escritos, cuyos lectores no solo eran el pueblo; esto explicaría, según el autor, el paso del compromiso político a los negocios literarios, pero también el paso de los personajes

Martínez —corresponsal en Madrid de la revista argentina *Caras y Caretas*— llamó la atención sobre este asunto en un artículo publicado el 10 de noviembre de 1906, en el que afirmaba que el escritor se había sobrepuesto al político republicano batallador de años atrás, cuya conducta le había llevado a prisión:

> Vicente Blasco Ibáñez, que tiene poco más de 40 años, fuerte como un cíclope y sano como una manzana; dotado de un temperamento de artista y de un poder mental tan for-midable, que solo a fuerza de ejercicio se contienen y que para expandirse buscan forma de conseguirlo en la expresión literaria más opulenta y rica que se conoce en estos tiem-pos, no podría vivir de otra manera. Sin embargo, esa misma vida que ahora lleva hace contraste brusco, con la que antes llevaba, empujado de aquí para allá, por el duro viento de las agitaciones políticas. ¡Parece mentira que ese angelote de Blasco Ibáñez —piensa uno— sea de la misma pasta que aquel otro Blasco Ibáñez de ayer, conspirador, agitador furioso, revolucionario empedernido, duelista a toda hora y, ¿qué más? ¡Por haber sido tan inquieto y rebelde a la monarquía, hasta presidario inclusive![105]

Para dar más veracidad a sus palabras se ofrece un repertorio fotográfico en el que el novelista aparece trabajando en su despacho, conversando con el periodista y se incluye una imagen más personal en la que se le retrata en el jardín de su casa con sus cuatro hi-jos.[106] Blasco Ibáñez pasaba temporadas en Valencia, pero terminó trasladándose a vivir a Madrid, precisamente para alejarse de la política:

> Madrid me atraía porque deseaba dejar aquel ambiente envenenador que me amargaba la existencia en mi ciudad, y Madrid, en tales circunstancias, me permitía alejarme de la política militante y poderme entregar afanoso a la literatura, que, en suma, constituía el único goce de mi espíritu.[107]

Decidió dar una última oportunidad a la política y se presentó a unas elecciones generales en abril de 1907 donde quedó por detrás de Rodrigo Soriano.[108] Puede decirse

---

sociales a los guiones para la naciente industria cinematográfica, de los rincones del «agro valenciano» al «cosmopolitismo de los viajes».

[105] Martínez, Mariano. «Una visita a Blasco Ibáñez», *Caras y Caretas,* Buenos Aires, 10-11-1906, pp. 20-22. Véase también: San Martín Molina, 2020a, p. 99.

[106] Blasco Ibáñez y María Blasco del Cacho tuvieron cuatro hijos: Libertad, Mario, Julio César y Sigfrido. Las primeras noticias que se publicaban sobre su persona en *Caras y Caretas* estaban centradas en su faceta política. El 17 de junio de 1905 se publicó una imagen de Blasco Ibáñez en un mitin político republicano, el 19 de agosto una en una asamblea republicana y el 14 de octubre otra en las calles de Va-lencia el día de las elecciones. Será a partir de 1906 cuando se observa como las distintas publicaciones se centran en el Blasco Ibáñez literato.

[107] Cola, s. f., p. 66.

[108] Puede encontrarse un avance de esta situación en: San Martín Molina, 2020b, p. 194. Según Va-rela, 2015, p. 491, Rodrigo Soriano obtuvo 11 078 votos y Vicente Blasco Ibáñez 10 539. En la biografía política, elaborada por Vicente R. Alós, pueden encontrarse la formación de las candidaturas y los resul-tados electorales, véase: Alós, 1999, pp. 403-404. Blasco Ibáñez había sido elegido diputado por primera vez el 27 de marzo de 1898, en plena crisis cubana.

que esto fue la estocada final a su carrera política, Blasco Ibáñez, que arrastraba problemas internos en el partido y llevaba un tiempo con cierta desmotivación, renunció definitivamente a su acta de diputado en noviembre de ese mismo año para dedicarse por completo a escribir y centrarse en su actividad empresarial.[109] Ahora solo le quedaba la literatura, sus principales ingresos provenían de la venta de sus novelas, aunque como indica Varela es probable que esta «fortuna literaria» se viera favorecida por su figura política.[110] En relación con estos ingresos, Martínez Martín sostiene que los negocios editoriales de Blasco Ibáñez no fueron un éxito, aunque sí su papel de socialización de la cultura y que, precisamente, la riqueza la generó con sus propias producciones.[111]

El pasaje de la vida política a la literaria no estuvo exento de las críticas de sus habituales detractores. En el periódico *La Defensa* se le acusó de corrupto por haberse separado de la política para dedicarse a la literatura amasando una fortuna de cuatro millones de reales, preguntándose cómo se había producido «tal milagro», para sugerir que pudiera deberse a «los consumos de Valencia, los chanchullos perpetrados en su Ayuntamiento, el célebre arrendamiento de las aguas potables, los asfaltos de la ciudad, el alumbrado, y los desgraciados fondos de la república».[112]

En los años previos a su viaje a América se centró en sacar adelante su editorial, escribir y promocionarse como literato, intentando dejar atrás su imagen de aguerrido político republicano. Sin embargo, para comprender la recepción que la sociedad argentina y la colectividad española brindó a Blasco Ibáñez, y el interés que lograron suscitar sus conferencias, además de atender a la coyuntura histórica finisecular, no se debe obviar la importancia que tuvieron, su prestigio literario y su trayectoria política. Ambas facetas serán ensalzadas, tanto por miembros de la colectividad española, como por hombres destacados de la cultura y la política argentinas.

La reconstrucción de los lazos entre España y Argentina también se fueron entretejiendo con las ideas políticas, económicas y sociales que los intelectuales españoles escribían en los periódicos argentinos.[113] Las grandes empresas periodísticas *La Prensa* y *La Nación,* según indica Castro Montero, contaban en sus páginas con importantes firmas literarias y científicas de España, y era habitual encontrarse de manera asidua colaboraciones e, incluso, anticipos de capítulos de obras de numerosos autores. Entre ellos se contaron Miguel de Unamuno, Santiago Ramón y Cajal, Ramiro de Maeztu, José Ortega y Gasset, Ramón Pérez de Ayala, Emilia Pardo Bazán, Jacinto Benavente, Pío Baroja o el propio Blasco Ibáñez.[114] No es de extrañar que en los años previos a su viaje a la Argentina Blasco Ibáñez colaborase con distintos medios periodísticos, que hicieron que su nombre no solo apareciese ligado a la política española, sino también al mundo

[109]   San Martín Molina, 2020b, p. 194. Laguna Platero y Martínez Gallego, 2020, p. 452, señalan que a partir de 1907 «salta del escaño para construir la cultura radical republicana desde la imprenta».
[110]   Varela, 2015, p. 518.
[111]   Martínez Martín, 2009, p. 232.
[112]   «Al día», *La Defensa,* Alcoy, 15-5-1909, p. 2.
[113]   Castro Montero, 2012, p. 9. Para un estudio del periodismo argentino hasta el centenario, véase: De Marco, 2006.
[114]   Castro Montero, 2012, p. 9.

de la cultura. Su pluma fue reclamada por diarios como *La Nación*,[115] así como por las ya mencionadas revistas *Caras y Caretas* y *España*. En esta última se inició como colaborador en 1907 y envió contribuciones donde abordó aspectos como la emigración, la conquista y colonización, la importancia de estrechar vínculos culturales y el mercado editorial.[116] El diario *La Nación,* de tendencia liberal, estaba dirigido por Emilio Mitre y en él colaboraron otros españoles como Unamuno, Pardo Bazán o José María Salaverría. Mitre había elegido a Blasco Ibáñez por su prestigio literario, pero también por su trayectoria política. Según indica Varela, cuando el argentino le nombró corresponsal y le presentó por primera vez a sus lectores en diciembre de 1906, advirtió que «era el literato que les inspiraba primordial interés».[117] El caso es que a partir de ese momento Blasco Ibáñez comenzó a realizar dos colaboraciones mensuales en las que informaba sobre la actualidad cultural de España y en las que relataba sus viajes por España y Europa. Cabe señalar que, si bien había iniciado su desvinculación política, escribió algunos artículos donde abordaba asuntos como el anticlericalismo o la monarquía de Alfonso XIII.[118]

Estas colaboraciones no solo acercaron a Blasco Ibáñez al lector argentino, sino también a Emilio Mitre —con el que coincidió en París—, que falleció antes de que llegase a Buenos Aires. Por otro lado, es importante señalar que también coincidió con Ezequiel C. Paz director de *La Prensa* —la otra gran empresa periodística argentina— en un evento en su honor en el que el ministro de Instrucción Pública español le entregó las insignias de Alfonso XII.[119] Evidentemente la aproximación a su persona, ideas y creaciones literarias se afianzó con su llegada a Argentina.

---

[115] Dicho diario fue fundado por el general y expresidente de la República Argentina Bartolomé Mitre en enero de 1870. Es considerado como uno de los diarios «cultos», junto con *O Estado de Sao Paulo* de Brasil o *El Imparcial* de México, véase: Rama, 1983, p. 6.

[116] Son ejemplo: «Españoles fuera de España I. El salón cerrado»; «Españoles fuera de España II. El porvenir de nuestra raza»; «Españoles fuera de España III. La obra patriótica de la emigración»; «Españoles fuera de España IV. Patriotismo verdadero»; «Embajadores de España I» y «Embajadores de España II». Estas contribuciones permiten seguir la pista de su nueva ideología y mentalidad. Puede encontrarse un avance de Blasco Ibáñez como colaborador de esta revista, así como del análisis de sus artículos en: San Martín Molina, 2020b.

[117] Varela, 2015, p. 549. El artículo de presentación se publicó el 13 de diciembre de 1906 y llevó por título «Vicente Blasco Ibáñez. Nuevo Corresponsal de La Nación». Según recoge Lluch-Prats, 2012, pp. 255-256, el diario mantenía una vocación literaria muy activa y, aparte de la sección «Libros y música», en la que se informaba de las novedades procedentes de Europa, publicaba su folletín y desde 1901 anunciaba en primera plana cada día la novela semanal de su Biblioteca. En el mismo espacio constaban «fuera de abono otras novelas» como algunas de Blasco Ibáñez (*La horda* y *Sangre y arena*). Tras su llegada al país aparecieron textos que en Madrid editaba La Editorial Española-Americana, como la *Novísima Geografía Universal* de los hermanos Reclus y *Novísima Historia Universal* de varios autores del Instituto de Francia indicando el autor un posible acuerdo de coedición.

[118] Destacan dos artículos, uno fue publicado el 28 de enero de 1907 y llevó por título «El problema clerical en España» y el otro fue publicado el 19 de abril de 1908 bajo el título «El rey se divierte»; en él criticaba al monarca Alfonso XIII.

[119] En la fotografía publicada por *Caras y Caretas* el 8 de diciembre de 1906 se indican los asistentes a dicho evento, en el que además de Blasco Ibáñez y Paz, estaban Canalejas, Sellés y Querol.

Una vez presentado el contexto y el perfil intelectual del valenciano y después de observar las condiciones políticas, ideológicas, sociales y diplomáticas que favorecieron el acercamiento intelectual hispanoargentino, se examinará con más detenimiento cómo y por qué Vicente Blasco Ibáñez pudo aprovechar aquella coyuntura en favor de su proyecto personal que hallará eco en las preocupaciones del nacionalismo argentino. Veamos cómo se gestó este *emprendimiento cultural*.

IDEA Y PREPARACIÓN DEL VIAJE

Una conversación con Zola

La idea de acudir al continente americano rondaba la mente de Blasco Ibáñez desde hacía tiempo, pero diversas circunstancias —como su compromiso con la política española y su periódico— hicieron que ese viaje no se materializase hasta mayo de 1909. El inspirador de dicho interés fue el literato francés Émile Zola, quien —en una de las visitas que le hizo el valenciano a finales de 1901 en su casa de París—[120] le haría una apreciación que hasta el momento parecía haber pasado desapercibida para Blasco Ibáñez: que la literatura podía hacerlo rico. Asombrado, habría preguntado por qué,[121] a lo que Zola habría respondido que en el continente americano había un gran mercado para aquellos autores que escribían en español, a la vez que se lamentaba de que los franceses no tuvieran una América.[122] Blasco Ibáñez replicó que el problema era que no existían tratados y que el autor no percibía derechos.[123] Zola contestó: «Pero eso tiene un remedio, el remedio de que ustedes vayan a América a vender sus libros, a colocarlos por su propia mano, ¿usted habrá estado en América?».[124]

---

[120] Según se indica en la noticia, la conversación entre ambos literatos tuvo lugar en 1901 o en los comienzos de 1902; es el propio Blasco Ibáñez el que no recuerda bien la fecha de su reunión. Además, dejó testimonio de esta visita en «Una visita a Zola», véase: Blasco Ibáñez, 1902, pp. 187-198. Es importante destacar que a dicha reunión acudió acompañado de Rodrigo Soriano. *El Pueblo* afirma que el viaje a América se lo inició Zola a finales de 1901 a raíz de la visita que le hizo el valenciano, «Blasco Ibáñez a América», *El Pueblo,* Valencia, 11-3-1909.

[121] Según el diálogo que se incluye en el diario, Blasco Ibáñez, ante tal afirmación, se quedó sorprendido con los ojos muy abiertos creyendo que Zola se estaba burlando de él, véase: Luis Morote, «Oyendo a Blasco Ibáñez», *El Heraldo de Madrid,* Madrid, 12-3-1909, p. 3.

[122] Unos días antes el diario *El Imparcial,* con la firma de Gómez Baquero, hacía alusión a dicha conversación y el mercado de ochenta millones de «almas que hablan español», véase: Eduardo Gómez de Baquero, «Actualidad literaria. Un embajador de las letras españolas en América», *El Imparcial,* Madrid, 10-3-1909, p. 2.

[123] El propio Blasco Ibáñez, en el artículo «Españoles fuera de España IV. Patriotismo verdadero», publicado por la revista *España* en 1907, se quejó de que los libros de los autores españoles se podían reimprimir en América sin pagar un céntimo a sus autores.

[124] San Martín Molina, 2020a, p. 100. Véase: Luis Morote, «Oyendo a Blasco Ibáñez», *El Heraldo de Madrid,* Madrid, 12-3-1909, p. 3.

Esta conversación con Zola quedó en la memoria del valenciano. Siete años después viajaría a la República Argentina con el objetivo de establecer vínculos comerciales que le permitiesen aumentar la difusión de sus obras y la de otros autores.[125] Sus libros ya se vendían en aquel país, *El Diario Español,* en una nota del 28 de febrero de 1909, informaba que la librería Hispano Americana de Martín García —situada en Rivadavia, 581— recibió el día 27 los primeros ejemplares de la última obra de Blasco Ibáñez, *Los muertos mandan,* que estaba ambientada en Mallorca y en Ibiza, y describía las costumbres populares de ambas islas.[126] Esta librería era un lugar de cita de destacados intelectuales, como Joaquín V. González o Agustín Álvarez, que acudían a este y otros establecimientos para abastecerse de las novedades europeas en un país donde el campo literario estaba en proceso de construcción y se vislumbraba, para los años del centenario, un horizonte de profesionalización para los escritores.[127] *Los muertos mandan* fue publicada el 8 de febrero en España y abrió el camino para que los distintos diarios argentinos y españoles se apresuraran a publicitarla en sus páginas, alguno incluso publicará extractos seleccionados aprovechando el enorme tirón que tenía su autor que, por aquella fecha, gozaba de gran fama en el mercado extranjero. El diario *El Pueblo* llegó afirmar que Blasco Ibáñez se encontraba en el «zenit de su fama».[128] Para estos años, según destaca Morote, su catálogo sumaba diecisiete obras —dos de viajes, dos colecciones de cuentos y trece novelas— traducidas al francés, portugués, alemán, polaco, holandés, italiano, sueco, danés y ruso, contabilizando al menos veintiocho traducciones.[129] El gran mercado de las letras españolas no estaba en Europa, sino en América, tal y como le había indicado Zola, y se lo disputaban los libreros de París, de Leipzig y de Nueva York.

Faltaba un ánimo industrial en la literatura española y si alguien lo poseía era Blasco Ibáñez. Tenía fama y su firma era familiar entre el público americano. No debería sorpren-

---

[125] Giaccio, 2017, p. 331. Rafael Pérez de la Dehesa, a través de una carta enviada por Francisco Sempere a Miguel de Unamuno escrita en 1909, ofrece un listado donde el librero proporciona fechas de publicación y número de ejemplares distribuidos entre España y América de obras que habrían de tener un profundo impacto en todo el mundo de habla española. Se trata de traducciones de los principales autores europeos que denomina «avanzados», así como obras originales de los jóvenes literatos españoles. A su vez advierte que las cifras que ofrece Sempere son globales para Hispanoamérica, véase: Pérez de la Dehesa, 1969, pp. 551-555.

[126] «Los muertos mandan. La última novela de Blasco», *El Diario Español,* Buenos Aires, 28-2-1909, p. 3. Dicha obra apareció reseñada en *El Heraldo de Madrid* el 8 de febrero de 1909 y en *Las Provincias* el 22. Un mes antes había sido anunciada en *El Heraldo de Madrid* por Vicente Almela, quien había visitado al novelista en su casa de Madrid para hacerle una entrevista precisamente relacionada con su nueva novela, véase: Vicente Almela, «*Los muertos mandan.* La nueva novela de Blasco Ibáñez», *El Heraldo de Madrid,* Madrid, 13-1-1909, p. 1. El título de esta novela será utilizado como reclamo publicitario de la revista *Caras y Caretas,* que publicó un anuncio con la caricatura de Blasco Ibáñez vestido con el traje típico de Valencia que decía: «Los Muertos Mandan que vayáis a vestir a vuestros hijos al Palacio de Cristal», véase: *Caras y Caretas,* Buenos Aires, 26-6-1909, p. 35.

[127] Altamirano y Sarlo, 1997b, p. 161. Para un estudio de los acercamientos sociológicos a la literatura, véase: Altamirano y Sarlo, 1983.

[128] «Glorificando al maestro», *El Pueblo,* Valencia, 25-3-1909, p. 1.

[129] Morote, Luis. «El libro del día. *Los muertos mandan*», *El Heraldo de Madrid,* Madrid, 8-2-1909, p. 2.

der que Eduardo Gómez de Baquero afirmase que el valenciano estaba en las mejores condiciones de viajar a América para difundir las letras españolas llegando a ser «el Cristóbal
Colón de esta América de los libros».[130] No solo era un gran novelista, sino que estaba
empezando a ser un gran editor. Este carácter emprendedor hacía que Gómez de Baquero
ensalzara la figura de Blasco Ibáñez en contraposición con otros escritores españoles que
se habían resignado a que «la pluma no sea instrumento económico, sino un medio de
pasar el rato».[131] Entendía que resultaba perjudicial para las letras, pues derivaba en una
organización editorial pobre y raquítica en la que el escritor era el gran damnificado. En
estas circunstancias acceder al mercado americano era una utopía, las obras no llegaban
a todos los países y lo hacían a elevados precios, por lo que el autor recibía, con suerte, un
porcentaje simbólico de dos pesetas por libros que se vendían entre dos y cuatro pesos.
Faltaba una red de distribución, lo que derivaba en que los libros españoles en el continente fueran escasos y caros y que, incluso, fuese más fácil y barato importar un libro español
mediante un librero de París o Friburgo, que hacerlo directamente desde España.[132] El
libro era a principios de siglo el principal vehículo de comunicación intelectual y divulgación cultural, por ello, como señala Sepúlveda Muñoz, los programas hispano-america-
nistas de política cultural se centraron en la búsqueda de medios para intentar conseguir
una mayor circulación de obras entre Hispanoamérica y España.[133]

Entre los que criticaron la situación del libro en América, y especialmente en Argentina, destacó el escritor y periodista vasco José María Salaverría en un artículo titulado
«Nuestros libros en América» publicado en el diario madrileño ABC.[134] Había estado en
Buenos Aires y tuvo la oportunidad de hablar con algunos libreros sobre la escasa o nula
presencia de volúmenes españoles en sus escaparates, en gran parte debido a los propios
editores españoles de quienes destaca que eran malos comerciantes. Señalaba que solo
había dos o tres librerías que «se llaman españolas» que recibían las novedades de las
imprentas de Madrid y Barcelona, las otras eran extranjeras. Solo un selecto núcleo de la
sociedad porteña conocía a los autores de prestigio de la España moderna «nombres ilustres y sancionados» como Galdós, Benavente, Pardo Bazán y Blasco Ibáñez. Precisamente

---

[130]   Gómez de Baquero, Eduardo. «Actualidad literaria. Un embajador de las letras españolas en
América», *El Imparcial,* Madrid, 10-3-1909. p. 2.

[131]   *Idem.*

[132]   Lluch-Prats, 2012b, pp. 251-252; Sepúlveda Muñoz, 1994, p. 294. Era necesario elaborar tratados
de propiedad científica, literaria y artística, organizar a los libreros y editores, y crear una red de distribución y un centro nacional de intercambio. Hubo que esperar a la década de los años veinte para que estas
medidas requeridas por los distintos intelectuales académicos y libreros tuvieran eco en la legislación
española. Para la situación del libro español en América, véase: Dalla-Corte Caballero, 2010; Rodríguez
Navas, 1910.

[133]   Sepúlveda Muñoz, 1994, p. 294.

[134]   Salaverría, José M.ª, «Nuestros libros en América», *ABC,* Madrid, 4-5-1910, p. 5. Salaverría era
corresponsal de este periódico y partió por primera vez a la Argentina en 1909 con el fin de pronunciar
una serie de conferencias en la agrupación *Laurak Bat.* Estas fueron suspendidas por discrepancias
ideológicas, la asociación tenía tendencias nacionalistas, mientras que el escritor vasco tenía ideas es-
pañolistas.

el escritor valenciano captará los problemas de edición, y en *Argentina y sus grandezas* prestará especial atención a su calidad.

Se observa que en vísperas del Centenario de la Independencia había problemas para que el libro español se abriera camino en el mercado americano. Blasco Ibáñez no era ajeno a ello como se mostró en sus conversaciones con Zola y años después con Gómez de Baquero y Luis Morote. Inmerso en sus proyectos editoriales e interesado en que su última obra alcanzase buenos niveles de ventas, hacía cálculos de cuánto podía vender en América —ya no solo obras suyas sino de otros autores españoles— y reflexionaba acerca de cuál debía ser la estrategia que debía seguir para alcanzar el éxito, y así se lo trasladó a Morote en abril de 1909:

> ¿Sabéis cuántos libreros hay en América? Pues 4000 ¿Y cuántos de esos 4000 están en relación con mi casa editorial, la más extendida? ¿Cuántos reciben, venden y pagan las obras recibidas? Pues 800. ¿Es que en un viaje como este, en una serie de viajes por todo el continente americano no podré duplicar y triplicar y cuadriplicar la venta de mis libros en América? Y al hablar de mis libros hablo de los libros de todos, de todos los escritores españoles. ¿Es que no será posible colocar siquiera dos ejemplares, dos no más de cada obra, por insignificante o disparatada o poco propia de lectura en América, a cada uno de los 4000 libreros americanos? Colocando dos ejemplares no más de cada libro, es una venta asegurada, una venta en firme de 8000 ejemplares. ¿Y qué escritor español no se dará con un canto en los pechos, no se considerará feliz mortal asegurándole para el fruto de sus vigilias venta hoy tan fabulosa? ¡Ocho mil ejemplares! Esa es la fortuna […].[135]

Sus palabras muestran una gran seguridad cuando llegó a afirmar: «Soy, seré mejor dicho, el embajador extraordinario de la literatura española en América», además de considerar que le deberían pagar por la propaganda que realizaría.[136] Vio en América la oportunidad de compartir estrategias y nuevas ópticas con otros colegas de profesión y así se lo transmitió a Joaquín V. González en una misiva fechada el 3 de abril:

> Los libros españoles son poco conocidos en América. Los libros de los hombres eminentes de América no llegan a España, y nadie los conoce. Es más: el autor, por ejemplo, de la Argentina, es poco o nada conocido en las repúblicas cercanas y ni noticia tienen de su nombre en Colombia o en Méjico. Uno de los propósitos quijotescos que me impulsan en mi viaje a América, es acabar con esta situación. Todos los que escribimos en español debemos de ser conocidos igualmente en todos los países de habla española, y nuestros libros figurar por igual en las librerías. Desde Tejas al Cabo de Hornos, formando un gran triángulo cuyo vértice llegue a España, debemos constituir toda una gran familia literaria, con iguales derechos y deberes y la misma gloria. Las naciones hispano-americanas producen grandes artistas. ¿No es una vergüenza que, por falta de ambiente y de medios de

---

[135]   Morote, Luis, «Oyendo a Blasco Ibáñez», *El Heraldo de Madrid,* Madrid, 12-3-1909, p. 3.
[136]   *Idem.*

propaganda, se agosten casi todos en la estrechez de su país natal, siendo así que escriben en una lengua hablada por ochenta millones de individuos?[137]

Blasco Ibáñez asumió ante González la posibilidad de convertirse en ese «embajador de la literatura», ya no en Argentina sino en toda América Latina, invocando su ayuda para poder desplegar tal tarea y dejando ver con ello la importancia que otorgaba el valenciano al establecimiento de vínculos previos con determinadas personalidades influyentes. Esto tenía su lógica: al ser ambos hombres «compañeros de letras», suponía que al argentino podía interesarle, tanto como a él, una apertura de un vasto mercado literario hispano-americano que sería beneficiosa para todos los intelectuales de España y América Latina, que podrían convertirse en una auténtica «familia literaria».[138] Hay otro asunto importante, la lengua es algo más: es un atributo identitario. No puede perderse de vista que el escritor llegará a la Argentina en un momento en el que a ambos lados del Atlántico la necesidad de definir la identidad nacional condujo a una preocupación por parte de ciertos sectores intelectuales por la raza, la lengua o la tradición. La hermandad hispanoamericana que le está refiriendo a González aparecerá a lo largo de sus discursos, tanto en los ofrecidos en diversos eventos como en las alocuciones centradas en la historia y la cultura españolas.

También trató del mercado americano con el poeta y académico malagueño Arturo Reyes, a quien envió una carta fechada el 1 de mayo de 1909.[139] Esta es una respuesta a la que le había enviado previamente Reyes, la cual no hemos podido localizar, pero a juzgar por la respuesta del valenciano, este debió de manifestarle las dificultades de vender sus libros en América. Por su parte, Blasco Ibáñez se reafirmará en el propósito de su viaje y se ofrece a aconsejarle cuando regrese:

Querido Reyes: Todo lo que Ud. me dice referente a sus libros en América es cierto. Algo semejante me ocurre a mí con los míos. Aquellos mercados los tenemos abandonados: por esto voy a América; para trabajar por mí y por los demás novelistas. Marcho como Don Quijote, a dar palos y a recibirlos por nuestra Dulcinea literaria. Ahora solo podría aconsejarle vagas generalidades. Cuando vuelva a España, a principios del invierno, estaré bien enterado de lo que conviene hacer, y se lo aconsejaré franca y lealmente. Todavía no puedo enviarle el retrato, pues no tengo ni un solo ejemplar. Un sinvergüenza de fotógrafo me lleva entretenido, sin enviarme los que me ha hecho para América. Apenas tenga uno se lo enviaré.[140]

---

[137]   Academia Argentina de las Letras, 1940, pp. 156-157.

[138]   Fernández señala que la noción de una «comunidad literaria propiamente hispánica» alcanza dimensiones utópicas con las propuestas idealistas del *Ariel* (1900) de José Enrique Rodó, y enlaza con el modelo historiográfico de una «comunidad literaria hispánica» desarrollada por el dominicano Pedro Henríquez Ureña en torno a las tesis regeneracionistas sobre el Renacimiento español, véase: Fernández, 2012, p. 193.

[139]   Arturo Reyes (1863-1913) fue nombrado por la Real Academia Española académico correspondiente en Málaga, al igual que de la Real Academia de Bellas Artes de San Fernando.

[140]   Carta de Vicente Blasco Ibáñez a Arturo Reyes, Madrid, 1 de mayo de 1909. Disponible en: https://riuma.uma.es/xmlui/handle/10630/20117 [consultado 09/04/2024]. En una carta anterior en-

Al final de estas líneas, se aprecia como el novelista está dispuesto a utilizar su retrato como reclamo publicitario, llevándose consigo una serie de fotografías para que la difusión de su retrato, junto a la de su biografía, pudiese crear una mayor cercanía que favoreciera las ventas y preparara su éxito fundamentalmente entre el público argentino.[141]

Una invitación de los republicanos españoles de Buenos Aires

Si bien hemos indicado que el primer proyecto de acudir a América surgió con Zola, es importante señalar que años después Blasco Ibáñez fue solicitado por los republicanos residentes en Buenos Aires, no para hacer propaganda de las letras españolas, sino como publicista republicano. La iniciativa partía de la Liga Republicana Española, que llevaba tiempo ensayando diversos proyectos para colaborar en su regeneración, al menos desde 1905. Según indica Duarte se siguieron dos estrategias. En la primera la Liga iba a dar una importancia central a la colaboración económica con la Unión Republicana, lo que supuso un estímulo para las actividades sociales de los distintos centros y de los comités. La segunda tenía el propósito de la consecución de un acta de diputado por Madrid para Rafael Calzada, lo que supondría un doble éxito: por un lado, sería un reconocimiento al esfuerzo llevado a cabo por los republicanos instalados en América y, por otro, la colectividad española lograría representación en el Parlamento español y que sus demandas fuesen escuchadas.[142] Blasco Ibáñez fue objeto de participación en la primera de las estrategias.

Cuando se fundó la Unión Republicana en 1903 Nicolás Salmerón insistió en la importancia de lo que se denominó «Tesoro de la República»: era primordial recaudar fondos para lograr la democracia plena en España.[143] En Argentina entraron en juego en la promoción de este tipo de colaboraciones dos hombres influyentes en el seno de la

---

viada a Reyes, fechada el 20 de abril de 1909, Blasco Ibáñez le informa que acudirá a la Argentina a conferenciar y aprovechará para comunicarle que se encuentra muy atareado, precisamente con sus negocios editoriales: «Querido Arturo Reyes: He estado una larga temporada fuera de Madrid y por esto no he contestado antes su amable carta. A principios del próximo mes me voy a la Argentina a dar conferencias, como sabrá Ud. por los periódicos. Si algo desea de allá, mándeme con entera franqueza como compañero y amigo […] Recuerdo vagamente que me pedía Ud. algo en su carta, pero esta la he perdido y no puedo acordarme de qué era. Perdone este olvido, y si se trata de algo importante haga el favor de recordármelo. Ud. no sabe cómo vivo. Esto es para reventar. Dirijo dos casas editoriales, escribo para 11 periódicos en América, corrijo traducciones y todavía publico», véase: Carta de Vicente Blasco Ibáñez a Arturo Reyes, Madrid, 20 de abril de 1909. Disponible en: https://riuma.uma.es/xmlui/handle/10630/20118 [consultado 09/04/2024].

[141] Ariza González hace alusión a este asunto en el viaje de Vicente Blasco Ibáñez a Estados Unidos afirmando que «el valor icónico de la fotografía favorece que los lectores sientan al autor de una manera más cercana, lo asocien al nombre y por ende a otros futuros títulos». También considera que el nombre del autor y su imagen son memorizados en la mente del lector como «una marca comercial» que garantiza la calidad de sus libros y logra que las siguientes novelas del escritor se vendan con más facilidad, véase: Ariza González, 2020, p. 177.

[142] Duarte, 1998, pp. 161-162.

[143] *Ibidem,* p. 162.

colectividad española en Buenos Aires, Rafael Calzada y Carlos Malagarriga, este último será una pieza clave en la materialización del viaje de Blasco Ibáñez en 1909. En sus discursos apelaban a la importancia que tenía la implicación económica de los republicanos residentes en el exterior en el fortalecimiento con la política democrática española.

A pesar de las voces críticas —procedentes de la Juventud Republicana Española— Calzada y Malagarriga siguieron con la estrategia de dar prioridad al sacrificio económico, que adquirió en 1904 un nuevo impulso. El 24 de enero aparecía en el diario *El Liberal* una invitación, que además era una declaración de intenciones, enviada por cablegrama desde Argentina:

> El comité por unanimidad ha acordado invitar a los Sres. Lerroux, Blasco Ibáñez, Melquiades Álvarez, Pi y Arsuaga y Menéndez Pallarés a que hagan una visita a esta República. El Comité sufragará los gastos de ida y vuelta y estancia de primera. Una visita de tal importancia realizaría el ideal de confraternidad de los pueblos. Fiestas, *meetings,* conferencias y giras levantarían el nombre de España y harían renacer el amor a la Metrópoli. Los correligionarios los recibirían con grandioso entusiasmo y esto repercutiría en toda América. La llegada de los diputados decidiría a los tibios e indiferentes y coronaría la obra de la Liga.[144]

Las respuestas por parte de los políticos españoles a la propuesta de la Liga se estaban dilatando, Vicente Blasco Ibáñez y Alejandro Lerroux aceptaron en un principio la invitación, pero el viaje no terminó de cerrarse.[145] Como testimonió: «De la Argentina me pidieron que fuera a aquella República en 1903, para dar conferencias como propagandista republicano, pero en aquella ocasión no pude ir».[146] A pesar de no dar explicaciones de por qué finalmente no realizó ese viaje, estas pueden relacionarse con la situación en la que se encontraba; estaba en pleno conflicto con Rodrigo Soriano y la literatura comenzaba a predominar sobre las ideas políticas. Años más tarde ambos viajarán a la Argentina, en fechas distintas y con objetivos diferentes, Lerroux en octubre de 1908 y Blasco Ibáñez en junio de 1909. Ambos coincidieron en el país y si bien Lerroux viajó con el apoyo de Calzada —quien contribuyó parcialmente a costear su pasaje— para realizar una gira político-propagandística del tipo de la propuesta del Comité de la Liga en su anuncio de 1904, Blasco Ibáñez lo haría con otros propósitos.[147] Lerroux —que estuvo nueve meses en la Argentina durante los cuales fue agasajado por sus partidarios, ofreció conferencias en universidades y visitó ministerios, fábricas e instalaciones agropecua-

---

[144] «Viaje a Buenos Aires. Invitación», *El Liberal,* Madrid, 24-01-1904, p. 1. Duarte, 1998, p. 165 recoge cómo los dirigentes de la Liga recabaron de los diputados citados y algunos otros que «se impusiesen cualquier sacrificio para formar la delegación cuya presencia se creía aquí tan conveniente, si la suscripción había de tener el éxito por todos deseado».

[145] Varela, 2015, p. 544.

[146] «Blasco Ibáñez al Río de la Plata. Sus declaraciones al respecto», *El Diario Español,* Montevideo, 14-3-1909, p. 1.

[147] Duarte, 1998, pp. 191-192.

rias— dejó claros los motivos de su viaje en uno de los discursos, que eran claramente políticos y estaban relacionados con la marcha del partido:

> Soy hombre que cumplo todos mis propósitos. Por eso me resolví a venir, para triunfar o para llevarme mi partida de defunción. Aquí me encontré más de lo que esperaba. El pueblo, los humildes, los míos de siempre, que me han confortado constantemente y que me han bastado para constituir este gran partido que veis […] Yo no he venido aquí con el fin de lucros personales […] a ordeñar la vaca […] a lesionar intereses […] sino a pedir hospitalidad, amistad […] a hacer patria.[148]

Esto último preocupaba a Lerroux y su viaje tenía una matriz claramente política. El diario *El Pueblo,* el 18 de mayo de 1909 —Blasco Ibáñez ni siquiera se había embarcado todavía rumbo a América—, afirmaba que el secretario de Lerroux, el Sr. Rocha, había declarado que no había regresado todavía a España por dos motivos: porque quería hacer efectivos los acuerdos tomados por la Federación Republicana de Buenos Aires y por su deseo de conferenciar con Blasco Ibáñez sobre la orientación que se había de dar al partido republicano español.[149] De esto también dio cuenta el diario republicano *El Progreso* a finales de mayo cuando afirmaba, según las informaciones que llegaban de Barcelona, que el diputado radical había escrito a sus amigos participándoles que aplazaba su viaje de regreso a España para los últimos días de junio porque estaba esperando a Blasco Ibáñez, con el cual trataría de importantes asuntos políticos.[150] Aunque lo veremos más adelante, si bien coincidió en diversos eventos con Lerroux, no hay constancia alguna de que se produjese un encuentro centrado en conferenciar sobre política. Esto es importante porque diferencia claramente la naturaleza de los dos viajes, hay objetivos distintos: el valenciano realizó un viaje personal a América para llevar a cabo un *emprendimiento cultural,* lo hizo por su cuenta y riesgo financiándose él mismo el viaje y evitando cualquier vinculación política, porque su propósito era acudir como literato y representante de las letras españolas.

De trasladar las distintas motivaciones se encargará la prensa de las dos orillas, especialmente la argentina. En el caso de Lerroux llegaron a las redacciones una gran cantidad de telegramas procedentes de las distintas poblaciones refiriéndose a su persona, tal y como recoge Álvarez Junco, como «ilustre expatriado y ardoroso revolucionario», «valiente irreductible y temido enemigo de la monarquía española», «benemérito correligionario»

---

[148]   Álvarez Junco, 2005, pp. 320-321.

[149]   «Lerroux y Blasco Ibáñez», *El Pueblo,* Valencia, 18-5-1909, p. 3.

[150]   «El viaje del Lerroux», *El Progreso,* Lugo, 29-5-1909, p. 1. Alejandro Lerroux abandonó el país en el mes de julio. *El Diario Español* de Buenos Aires informó del banquete de despedida que organizaron la Federación Republicana Española, la Masonería Argentina, la Liga Nacional del Librepensamiento, el Círculo Español Republicano y el Centro Republicano Italiano en el salón de *La Argentina,* véase: «Banquete a Lerroux», *El Diario Español,* Buenos Aires, 9-7-1909, p. 3. El mismo diario publicó dos días más tarde los detalles del evento, así como una lista de los asistentes, véase: «Despedida de Lerroux», *El Diario Español,* Buenos Aires, 11-7-1909, p. 3.

o «queridísimo jefe».[151] Los calificativos hacia Blasco Ibáñez fueron en otra línea: llegaba a aquella tierra «el embajador de las letras españolas», «el príncipe de las letras», «el sembrador de las ideas», «el legítimo embajador de una España joven», «el representante de la Patria», «el Zola español». Es importante señalar que, respecto a este último calificativo, muy empleado en los distintos diarios, su amigo y correligionario Félix Azzati, siendo ya director de *El Pueblo* y en vísperas de que Blasco Ibáñez se embarcase rumbo a Buenos Aires, publicó un artículo donde mostraba su discrepancia sobre la idea de que el estilo del valenciano fuera similar al de Zola o que pudiera ser un imitador del francés:

> Cuando el nombre de Zola llenaba revistas enteras y la crítica debatíase en el estudio de la obra del genio del naturalismo francés, surgió Blasco Ibáñez y lanzó llenas de vida, de color, de sabor local tres novelas, Arroz y tartana, Flor de mayo y La barraca. ¿Por qué comenzar invocando estos recuerdos? La razón es obvia. Es necesario desvanecer un error. Se vio en aquellas novelas de Blasco Ibáñez el sello de la escuela zolesca. Algunos críticos llamaron imitador a Blasco, otros lo consideraron como un discípulo del naturalismo revolucionario y aun hubo quien encontrara semejanza en los procedimientos. […] Los libros de Vicente Blasco Ibáñez no tienen parentesco con los de literatura alguna extranjera. Son suyos, personalísimos.[152]

Por otro lado, el diario regional *La Defensa* publicó una carta supuestamente enviada de la Argentina, sin mencionar su datación ni autoría —aunque afirmando que su firma no era de «ningún neo»— en la que se despreciaban las actividades desarrolladas por Blasco Ibáñez y por Lerroux, aunque se cargaban las tintas contra el segundo y también contra parte de la colectividad española en Argentina, donde abundarían los lerrouxistas:

> Para nosotros la elección no es dudosa entre Blasco Ibáñez, que les dice a los americanos que no solo España fue grande y es su madre, sino que hoy se levanta con fuerza, y Lerroux, a quien en un mitin de sus federados se le escapó ayer la enormidad —poco halagüeña para éstos— de que la Argentina limpia a los españoles que aquí llegan la «roña física y moral» adquirida en España. Dos observaciones. La una es que para nosotros tampoco es dudosa la elección entre Blasco y Lerroux, porque se los regalamos ambos a quien les apetezca. Y la otra es que eso de que los españoles que van a la Argentina con roña física es una exageración notoria. ¿Acaso no van allá más que lerrouxistas?[153]

Un convenio, una charla y un telégrafo

El hecho de que Argentina fuese el país elegido como lugar principal para el *emprendimiento cultural* en América no fue casual, ya era conocido como literato y como

---

[151] Álvarez Junco, 2005 p. 321.
[152] Azzati, Félix. «Notas», *El Pueblo*, Valencia, 2-5-1909, p. 1.
[153] «A elegir», *La Defensa*, Alcoy, 18-8-1909, p. 1.

periodista por un público amplio, tanto letrado como vulgar. Esta relación entre periodismo y literatura fue muy beneficiosa porque le permitió crear una serie de vínculos «personales» con el lector, quien no solo podría leerlo cuando publicara una novela, sino que también podía acceder a sus textos breves, de temas variados ofrecidos por la prensa.[154] En París tuvo la oportunidad de conocer a argentinos, tanto hombres de letras como políticos, con los que mantuvo cierta correspondencia. Según Martínez de Sánchez, se escribía desde 1904 con Ricardo Rojas, a quien adelantó su propósito de hacer un viaje a América.[155] Los contactos que estableció en la capital parisina le permitieron desempeñarse como corresponsal de la revista *Caras y Caretas* y del diario *La Nación*. Precisamente fue en París donde Emilio Mitre, director de *La Nación* —periódico en el que Blasco Ibáñez era corresponsal desde 1906— le propuso conectar su intención.[156] Años más tarde Julio Cola recogerá, en palabras del novelista, los motivos que le llevaron a tierras americanas, afirmando la importancia de los contactos establecidos en Madrid, pero atribuyendo a Mitre su decisión final:

> En Madrid me hice gran amigo de Sáenz Peña […] que era ministro de la Argentina en España. También tuve amistad con Augusto Coello, el que fue presidente del Banco Español del Río de la Plata; con Figueroa Larraín, el representante de Chile, y con varias personalidades americanas. Por ellos comencé a apreciar los valores de América, su vida y su progreso vertiginoso… No fue en España donde se decidió mi viaje a la Argentina, sino en París. Allí fui presentado a Emilio Mitre, el director de *La Nación,* de Buenos Aires, y como yo era corresponsal político de su diario, una noche que cenábamos en el Chateau Madrid, Mitre me propuso que hiciera un viaje a la Argentina.[157]

Se encontraba en una situación distinta a la de 1901 —año en el que mantuvo la conversación con Zola— y a la de 1904 —año en el que fue solicitado por los republicanos residentes en Argentina para realizar propaganda partidaria—. Ahora estaba prácticamente desvinculado de la vida política, era un autor conocido y necesitaba de ingresos extraordinarios para llevar a cabo su proyecto editorial. Sin embargo, no viajó a la Argentina hasta que tuvo cerrado un acuerdo para pronunciar una serie de conferencias en las tardes de junio y julio de 1909 con el empresario del teatro Odeón de Buenos Aires, Faustino da Rosa.[158] Desde que cerró el acuerdo con Da Rosa, recibió una considerable atención periodística en Madrid y en Buenos Aires, y antes de embarcarse quiso establecer una serie de contactos que le asegurasen cierto éxito en su empresa. Fueron ciertas personalidades destacadas de la emigración, como dejó atestiguado Rafael Calzada en su

---

[154] Ariza González, 2020, p. 178.
[155] San Martín Molina, 2020a, p. 100. Véase: Martínez de Sánchez, 1994, pp. 23-24. La Casa-Museo Blasco Ibáñez da cuenta de cuatro cartas enviadas al escritor argentino en 1904 y en 1907.
[156] León Roca, 2002, p. 61; Tortosa, 1998, p. 231.
[157] Cola, s. f., pp. 66-67.
[158] San Martín Molina, 2020a, p. 101. Puede encontrarse un avance de la importancia de *El Diario Español* y López de Gomara en la materialización del viaje de Blasco Ibáñez en: San Martín Molina, 2019, pp. 141-143.

obra *Cincuenta años de América. Notas autobiográficas,* las encargadas de la propaganda, así como de la estadía del novelista e incluso, como veremos, las que le buscaron un lugar para disertar: «Se le preparó hospedaje, se le buscó teatro —el Odeón— para dar sus conferencias, y se hizo a su favor una enorme propaganda, así en la prensa nacional como en la española».[159] Por tanto, la posición personal en la que se encontraba, así como la situación política y cultural de Argentina en vísperas del centenario, eran más que favorables para llevar a cabo, por fin, aquel objetivo pendiente.

El viaje parecía estar más que decidido desde el mes de diciembre de 1908 o así por lo menos lo trasladaron algunos medios que ya adelantaban —a la vez que promocionaban su última novela— la próxima visita de Blasco Ibáñez a América al comenzar el verano con el objetivo de estudiar detenidamente las repúblicas de origen español, en especial la Argentina.[160] En la entrevista que concedió en su casa de Madrid en la calle Salas al redactor de *El Heraldo de Madrid* Vicente Almela, el 11 de enero de 1909 —que llamaba la atención del atuendo con el que le recibió Blasco Ibáñez, quien llevaba un gorro turco rojo con una borla negra, recuerdo de Constantinopla—, le adelanta que dará en el país una serie de conferencias. Sin embargo, lo más interesante es advertir que se encontraba, por esa fecha, en plenas negociaciones, sin todavía ningún acuerdo cerrado, porque no estaba convencido del modelo de contratación que se le había propuesto:

> He rechazado la proposición que había recibido para contratarme por una cantidad fija con el mismo objeto. De los argentinos y también de los españoles, recibo cartas felicitándome por mi resolución y diciéndome que el anuncio de mi visita ha despertado gran entusiasmo.[161]

Hubo que esperar al mes de febrero para que *El Diario Español* anunciase en primicia y con júbilo que había quedado sellado el convenio, que llevaba anunciando hacía días, por el cual el empresario Da Rosa cedía la sala del Odeón a Blasco Ibáñez para dar una serie de conferencias en las tardes de junio, las cuales, según un artículo publicado en *El Pueblo* meses más tarde, serían «pagadas a peso de oro».[162] Quizás el último impulso pudo habérselo dado Carlos Malagarriga en su visita a España en enero de 1909.[163] El

[159] Calzada, 1927, p. 356.
[160] El diario *La Nación* publicó el 10 de diciembre de 1908 un artículo que llevó por título «Blasco Ibáñez en Buenos Aires. Su próximo viaje». Hay otras publicaciones, ya en enero de 1909, que también muestran que el viaje a finales de diciembre de 1908 y principios de 1909 estaba decidido por parte del novelista, véase: «Viaje a América», *El Diario Español,* Buenos Aires, 14-1-1909, p. 1.
[161] Almela, Vicente. «Los muertos mandan. La nueva novela de Blasco Ibáñez», *El Heraldo de Madrid,* Madrid, 13-1-1909, p. 1. La entrevista fue publicada el 13 de enero, pero la reunión entre ambos fue el día 11 tal y como indica la firma de Vicente Almela.
[162] «Blasco Ibáñez. Su visita a Buenos Aires», *El Diario Español,* Buenos Aires, 13-2-1909, p. 2; «Blasco Ibáñez. Su visita a Buenos Aires», *El Pueblo,* Valencia, 13-3-1909, p. 1; Linares Becerra, Luis, «Blasco Ibáñez», *El Pueblo,* Valencia, 13-5-1909, p. 1. La revista *Caras y Caretas* también insistió en que el novelista «no viene contratado por empresario alguno», véase: *Caras y Caretas,* Buenos Aires, 12-6-1909, p. 59.
[163] San Martín Molina, 2019, p. 141 y 2020a, pp. 101-102.

republicano, que había elegido en 1880 la Argentina como lugar de exilio, regresaba a España después de veinte años de ausencia para ultimar los detalles del monumento con que los españoles solemnizarían el centenario que se iba a celebrar en 1910.[164] Este monumento significaba mucho y así lo hizo saber en la conferencia que dio el 30 de enero en los salones de la Unión Ibero-Americana sobre la vida española en la Argentina que atrajo a numeroso público y que Malagarriga aprovechó para mandar un saludo a la patria española recordando las veces que todos los emigrados han dado muestra de su afecto: «Ese monumento, tendrá el mérito de reanudar la historia a través de cien años, consolidando por el efecto lo que la naturaleza rompió, más que una malevolencia y un odio que no existían, ni pueden existir nunca».[165]

Esta visita resulta relevante porque la realizó tan solo cuatro meses antes de que el valenciano se embarcase a Argentina y mientras se estaban negociando sus conferencias. La estancia del representante de la colectividad fue breve, tan solo hasta el 25 de marzo, pero cargada de actividades: acudió a numerosos banquetes organizados en su honor por los republicanos españoles, destacándose el que coincidió con Martín Dedeu —fundador del primer comité republicano español que existió en Buenos Aires—, dictó conferencias y tuvo diversas reuniones formales e informales con personalidades relevantes.[166] Con Blasco Ibáñez coincidió en varias ocasiones, porque formó parte, junto con Andrés Mellado, José Francos Rodríguez, Mariano Benlliure, Alejandro Saint-Aubin, Luis de Armiñán y Luis Morote, de la comisión organizadora del banquete que los republicanos realizaron en su honor y fue a despedirle, a coger el expreso que le llevaría a Barcelona para embarcarse a Buenos Aires. En dicho banquete se pronunciaron diversos discursos, el propio Malagarriga quiso destacar la labor de los españoles en la Argentina y como estos, a pesar de ser «míseros desterrados de España, fundadores de hogares en América», añoran a una patria ausente.[167]

Durante su estadía en Madrid, Malagarriga y Blasco Ibáñez tuvieron una reunión en la que también estuvieron Morote y Gómez de Baquero, que dejaron constancia a través de dos artículos publicados en los diarios madrileños *El Imparcial* y *El Heraldo de Madrid*. En ella expuso los planes que tenía para América, es probable que se pudieran haber ultimado ciertos aspectos de la estancia del novelista en Argentina e incluso que

---

[164] Duarte, 1998, p. 59; Duarte y García Sebastiani, 2010, p. 182. Diarios madrileños como *El Heraldo de Madrid*, *El Liberal*, *El País*, *La Época* o *El Día de Madrid* recogieron durante varios días la visita y actividades de Malagarriga.

[165] «Conferencia del Doctor Malagarriga. Los españoles en la Argentina», *El Diario Español,* Buenos Aires, 31-1-1909, p. 1. Unos días antes el periódico publicó que habían llegado los bocetos de dicho monumento que había sido encargado a Benlliure, Blay y Querol, véase: «Centenario de Mayo. Monumento a la Argentina», *El Diario Español,* Buenos Aires, 28-1-1909, p. 1. El diario *El País* en una nota del 31 de enero de 1909 ofrece un listado de parte de los asistentes, entre otros, los escultores Querol y Blay, el pintor José Llaneces, Martín Dedeu, Menéndez Pallarés y Morote.

[166] «Carlos Malagarriga», *El Motín,* Madrid, 25-3-1909, p. 1. La prensa madrileña indicó que Malagarriga fue a Barcelona el 21 de marzo.

[167] Parte del discurso pronunciado por Malagarriga puede encontrarse en una nota de *El Heraldo de Madrid* del 21 de abril de 1909.

Malagarriga pudiese haberle dado algunas pautas y sugerirle algunos contactos, tanto de hombres influyentes dentro de la colectividad española como de la sociedad argentina.[168] Morote que, como autor regeneracionista, consideraba que en América hay «una cantera inagotable de españolismo», y que ya no se acudía al Nuevo Mundo a conquistar por las armas, sino por las letras, confiaba plenamente —o así lo trasladaba a sus lectores— en la misión personal que Blasco Ibáñez tenía para aquel continente.[169] Por su parte, el artículo de Gómez de Baquero —reproducido por *El Diario Español* a principios de abril— subrayaba la idea intelectual del viaje descartando cualquier motivación política: «Blasco no va a América en republicano, ni en partidario de estas o las otras ideas: va en literato y en español».[170] Como había que seguir esculpiendo esa imagen y para que el lector del otro lado se familiarizase con los trabajos del novelista y pudiese tener un recuerdo de su talento, *El Diario Español* ofreció en sus páginas *La barraca,* que consideraba la mejor de sus obras.[171] También se publicitó en diversos números *Cañas y barro;* para hacerla más atractiva, se puso a la venta la zarzuela basada en esta obra escrita por el periodista y poeta valenciano Venancio Serrano Clavero.[172] De hecho, cuando finalizó la entrega, el diario realizó una serie de juicios críticos sobre sus novelas que fueron publicados desde el mes de mayo hasta el mismo día de su arribo el 6 de junio.[173]

Algunos periódicos argentinos también se hicieron eco de las novelas más conocidas del español y las publicitaron preocupándose por que el público conociese sus obras.[174] Sin embargo, hay que señalar que el interés de los medios españoles y argentinos en esa

---

[168]   San Martín Molina, 2020a, p. 102.

[169]   Morote, Luis. «Oyendo a Blasco Ibáñez», *El Heraldo de Madrid,* Madrid, 12-3-1909, p. 3.

[170]   Gómez de Baquero, Eduardo. «Actualidad literaria. Un embajador de las letras españolas en América», *El Imparcial,* Madrid, 10-3-1909, p. 2.

[171]   El diario publicó la novela en un total de cuarenta y cinco partes, entre el 2 de febrero y el 2 de abril de 1909.

[172]   Serrano Clavero había formado parte de la redacción de *El Pueblo,* fue redactor jefe del *Diario Español* de Buenos Aires y también dirigió el semanario *El Correo de España.* Respecto a *Cañas y barro, El Diario Español* dedicó varias publicaciones del 20 al 24 de junio de 1909. La zarzuela de Serrano Clavero estaba a un precio de 40 centavos y podía adquirirse en las librerías Martín García y Juan Roldán, y en la administración de *El Diario Español.*

[173]   El encargado de estos juicios fue Juan Mas y Pi (1878-1916), partícipe activo de la colectividad española. En el mes de abril afirmó en su artículo que Blasco Ibáñez iba a la Argentina exclusivamente como literato, véase: Mas y Pi, Juan. «El viaje de Blasco Ibáñez», *El Diario Español,* 18-4-1909, p. 6. Durante varias semanas publicó en *El Diario Español* diez críticas: «Blasco Ibáñez y sus obras I», 25-5-1909, p. 2; «Blasco Ibáñez y sus obras II. Las novelas de Valencia», 28-5-1909, p. 2; «Blasco Ibáñez y sus obras III. Las novelas de la Huerta», 29-5-1909, p. 1; «Blasco Ibáñez y sus obras IV. Una resurrección histórica», 30-5-1909, p. 3; «Blasco Ibáñez y sus obras V. Las novelas del momento», 1-6-1909, p. 3; Blasco Ibáñez y sus obras VI. El arte y la vida», 2-6-1909, p. 2; «Blasco Ibáñez y sus obras VII. La España del color», 3-6-1909, p. 3; «Blasco Ibáñez y sus obras VIII. La novela de lo primitivo», 4-6 1909; «Blasco Ibáñez y sus obras IX. La obra de cultura», 5-6-1909, pp. 2-3 y «Blasco Ibáñez y sus obras X. Su influencia sobre la España Nueva», 6-6-1909, p. 3.

[174]   *La Nación,* el 10 de febrero de 1909, promocionó la obra *Sangre y arena.* El diario *La Prensa* el 2 de abril de 1909 anunció en la sección de «Arte y Teatro» que en el teatro Coliseo se pondría en escena *La catedral* durante dos días.

imagen de literato fue diferente. En el caso argentino, no necesitaron insistir porque ya era conocido en esa faceta, pero medios españoles de ambos lados del Atlántico, en especial *El Heraldo de Madrid, El Imparcial,* y, sobre todo, *El Diario Español,* sí lo hicieron. Se ocuparon de desligar al Blasco Ibáñez político del escritor porque en algún momento podía ser utilizado en su contra, y hay que tener en cuenta que su figura se convertirá en un reclamo que utilizarán los principales líderes de la colectividad para sus fines.

A pesar de que Malagarriga le hubiera invitado como político cinco años atrás, en 1909, quería que se lo escuchara como representante de las letras españolas y eso era una tarea que no podía desempeñar solo. Era plenamente consciente de que los apoyos que necesitaría para triunfar en Buenos Aires, no podían ser solo de miembros significativos de la colectividad española, sino que debían involucrarse personalidades argentinas, puesto que iba a conferenciar principalmente para un público letrado y culto.[175] El viaje, que había comenzado a gestarse meses atrás, durante los cuales se mostró dubitativo, como manifestó a Justo López de Gomara —director de *El Diario Español*—, estaba completamente decidido en marzo, tal y como atestigua la carta que envió al escritor y político argentino Manuel Ugarte. En ella le informaba de los propósitos de su próximo viaje y le pedía ayuda para que lo promocionase en los ámbitos más influyentes de la opinión pública.[176] Esta no fue la única carta que mandó a hombres que, dada su influencia, podían ayudarle. Escribió a López de Gomara, quien será su «intermediario» en la primera gira de conferencias y hombre sumamente influyente en la colectividad española de Buenos Aires, al escritor argentino Juan Antonio Argerich en una carta en que consignaba el título de las conferencias que tenía pensadas, suponemos que con la idea de que le diese posibles sugerencias dado que sería conocedor de los asuntos que podían resultar de mayor interés.[177]

Argerich quiso constatar que Blasco Ibáñez estaba alejado de la política, que iba «sin propósitos políticos ni sectarios», que acudía por los españoles que allí residían, para ver y conocer a la Argentina y a su pueblo y con la idea de poder escribir sobre el país, de ahí que afirmara que era «el primer escritor español que llega solo con este fin y sin ningún otro fin, para hablarnos en el propio idioma». Aunque se había interesado —como buen emprendedor— de lo que podía gustar al público, Blasco Ibáñez era consciente de las inseguridades de una realidad desconocida, tal como se lo manifestara a López de

---

[175] En el mes de mayo el diario madrileño *El Imparcial* confirmaba que Blasco Ibáñez daría doce conferencias en el Odeón y que estas estarían dirigidas a la colonia española de la metrópoli y «al pueblo intelectual bonaerense», véase: «Relaciones Hispano Americanas», *El Imparcial,* Madrid, 9-5-1909, p. 1.

[176] La carta con fecha de 1 de marzo de 1909 se encuentra reproducida íntegramente en San Martín Molina, 2020a, pp. 102-103. El original se encuentra en el Archivo General de la Nación (Buenos Aires, Argentina), en adelante AGN. Tomo II (legajo 2216): 1907-1910. Puede consultarse en: http://www.cervantesvirtual.com/obra-visor/carta-de-vicente-blasco-ibanez-a-manuel-ugarte-madrid-1-de-marzo-de-1909-789143/html/aedc6028-1438-48b6-b786-e246e7500a34_2.html#I_0_ [consultado 09/04/2024].

[177] Un avance de esta vinculación puede encontrarse en San Martín Molina, 2016, pp. 224-225 y 2020a, pp. 104-105. El bosquejo de las conferencias que Blasco Ibáñez envió a Argerich fue reproducido por *El Diario Español,* véase: «Blasco Ibáñez y sus conferencias. Un artículo del Dr. Argerich», *El Diario Español,* Buenos Aires, 29-5-1909, p. 1.

Gomara. A pesar de tener ya asegurados apoyos importantes en varios sectores, mostró su preocupación ante la posibilidad de que su visita no causase el impacto previsto y que otros intelectuales europeos pudieran eclipsarlo. Esto queda patente en el telegrama que envió al director de *El Diario Español* que fue publicado en abril y que manifestaba su inquietud ante la posibilidad de coincidir con el escritor francés Anatole France:

> Según me dicen de París Anatolio France sale el 27 de este mes (abril) para Buenos Aires con el propósito de dar conferencias en el mismo local que usted ha tenido la bondad de asegurar para las mías (el teatro Odeón). France es un gran escritor al que yo admiro mucho y aunque por nuestro distinto temperamento personal y literario y el respeto y afecto que le profeso no cabe suponer el más remoto pensamiento de competencia, como la coincidencia de dos conferencistas pudiera fatigar a ese público, no obstante su ilustración y benevolencia, le ruego medite si convendría que yo retrasase mi viaje, lo que haré si juzga que de esa manera respondo a los deseos del público, con razón más impaciente por prodigar sus aplausos a Anatole France que por dispensar su indulgencia al que suscribe.[178]

Así le pide a su intermediario que medite la posibilidad de retrasar su viaje un mes, cosa que este desaconsejó. Este intercambio de mensajes muestra la importancia que tuvo el director de *El Diario Español* en la gestión de las conferencias, quien le aseguró la sala del Odeón. El apoyo de López de Gomara como intermediario fue crucial, no por el dinero, ya que Blasco Ibáñez se costearía él mismo el viaje, sino por las puertas que podía abrirle. En tanto que líder de la colectividad española, ejerció su influencia como mediador entre el conjunto de inmigrantes y otros sectores de la sociedad. En relación con las élites políticas argentinas apoyó la candidatura presidencial de Roque Sáenz Peña con la esperanza de que los extranjeros pudiesen votar en las elecciones nacionales o al menos se les tuviese en cuenta en los planes de reforma electoral.[179]

Esta vinculación es importante porque cuando viajó a la Argentina llevó consigo dos cartas de recomendación: una, precisamente, de Sáenz Peña,[180] que por aquel entonces era ministro argentino en Roma y al que probablemente conociera en París, y la otra del escritor y ministro plenipotenciario de la República Argentina en España Eduardo Wilde.[181] Además, coincidirá con Sáenz Peña en el buque que los conducía de regreso a la Argentina en 1910. Mientras el novelista retornaba para presentar *Argentina y sus grandezas* e iniciar los trámites para su proyecto colonizador, el político lo hacía en calidad

---

[178] «El viaje de Blasco Ibáñez», *El Diario Español,* Buenos Aires, 25-4-1909, p. 2.

[179] García Sebastiani, 2010a, pp. 103-104; San Martín Molina, 2020a, pp. 102-104.

[180] Los diarios *La Prensa, La Argentina* y *El Diario Español,* el 8 de junio de 1909, hicieron alusión a la carta de recomendación de Sáenz Peña. También encontramos referencia en los diarios madrileños *El Heraldo de Madrid, El Imparcial* y *El Liberal,* el 10 de junio de 1909.

[181] «Blasco Ibáñez en Buenos Aires», *El Diario Español,* Buenos Aires, 9-6-1909, p. 1. Eduardo Wilde fue ministro durante las presidencias de Julio A. Roca y Miguel Juárez Celman, además de diputado y diplomático, véase: Bruno, 2011, pp. 19-64. En este trabajo, la autora aporta una selección bibliográfica sobre Wilde, así como de sus obras.

de presidente electo. Es probable que esta vinculación debiera mucho a los buenos oficios de López de Gomara.[182]

Blasco Ibáñez arriesgaba mucho con este viaje, no solo económicamente, sino que también estaba en juego su propia imagen, por ello puso tanto empeño en cuidarla. Con el beneplácito de López de Gomara, tal y como estaba previsto, decidió embarcarse en el mes de mayo.[183] Comenzaron a multiplicarse las noticias que hacían referencia al embarque, se publicaron las listas de abonados a sus conferencias, y, sobre todo, se avanzó la recepción que le dispensaría la colectividad española, y se avanzaron actividades y banquetes que se estaban preparando en su honor, destacándose el que daría El Círculo Valenciano, que incluso elaboró un folleto para su distribución.[184] A pesar de que en el telegrama anteriormente señalado la fecha prevista de embarque en Lisboa era el 7 de mayo, no lo hizo hasta el día 20, debido a que representantes de la intelectualidad portuguesa le pidieron que pasase unos días en la ciudad.[185] De ello daba cuenta en la misiva que envió a Arturo Reyes en mayo: «Yo saldré de aquí el 12 para Lisboa donde los escritores portugueses me preparan no sé qué cosas. Me embarco allá el 20 en el *Cap Vilano*».[186] Antes de llegar a Buenos Aires, donde el recibimiento fue extraordinario, las cuatro escalas que lo precedieron —Lisboa, Santa Cruz de Tenerife, Río de Janeiro y Montevideo— vienen a demostrar que el éxito de Blasco Ibáñez no fue inesperado. El modo en el que encaró su entrada y estadía en Argentina le diferenció de otros intelectuales que por aquellos años viajaron al país.

---

[182]   Puede encontrarse un avance de la importancia de estas cartas y de los vínculos trasatlánticos en: San Martín Molina, 2019, p. 147 y 2020a, pp. 101-107.

[183]   San Martín Molina, 2019, p. 144.

[184]   El Círculo Valenciano de Buenos Aires se encontraba ubicado en Rivadavia 830. Fue fundado por Ramón Izquierdo en 1892.

[185]   El diario *La Argentina,* el 1 de abril de 1909, también señalaba que la fecha prevista de embarque era el 7 de mayo y que, según les dijo Blasco Ibáñez en una entrevista, lo haría en Cádiz. El 26 de abril se indicaba que se aplazaba el viaje al 25 de mayo. Por su parte, el corresponsal en Madrid de *El Diario Español* de Buenos Aires informaba de que Blasco Ibáñez embarcaría el 7 de mayo en Cádiz en el vapor Patricio de Satrústegui de la Compañía Trasatlántica, véase: «Blasco Ibáñez. La fecha de su embarque», *El Diario Español,* Buenos Aires, 13-4-1909.

[186]   Carta de Vicente Blasco Ibáñez a Arturo Reyes, Madrid, 1 de mayo de 1909. Disponible en: https://riuma.uma.es/xmlui/handle/10630/20117 [consultado 09/04/2024].

Capítulo 2
Las actividades de Blasco Ibáñez en Argentina

Preparación de la recepción y organización de festejos

La recepción a Blasco Ibáñez el día de su arribo en Buenos Aires, así como las posteriores actividades sociales y culturales, fueron preparadas con anterioridad. Involucraron a numerosos centros asociativos de la colectividad española, a sus principales dirigentes y a personalidades destacadas de la política y de la cultura argentinas. Una compleja maquinaria de propaganda en la que había participado. Este esfuerzo no podía pasar desapercibido ya fuese para sus partidarios o para sus detractores. José Sors Cirera —periodista de origen catalán que había emigrado a la Argentina y que en 1874 se radicó junto con su familia en Paraná—[1] escribió un libro dedicado a criticar las actividades desarrolladas por Blasco Ibáñez en Argentina, haciendo referencia al conocimiento por parte del novelista añadiendo, para ridiculizarlo, un dato del que no hay constancia, que viajaba cargando sus propias novelas:

> Por el camino siempre le atormentaba la idea de cómo sería recibido por estas playas hospitalarias, por más que le constaba que sus hermanos tenían preparado el terreno; que la propaganda había sido hecha en forma tal que podría vender los diez mil volúmenes de novelas que traía consigo. Medio barco de papel impreso; no es nada lo del ojo, y lo llevaba en la mano.[2]

---

[1] Sors Cirera hace un breve repaso a sus orígenes. Había nacido en Sabadell y con doce meses emigró a la Argentina. Se radicó en Paraná y viajó a Europa a formarse. Cuando regresó a la Argentina fue director de varios periódicos. A través de esta obra pretendía realizar un breve estudio de las conferencias de Blasco Ibáñez, de su obra *Argentina y sus grandezas*, de su faceta como agricultor y de sus novelas, aunque también era consciente de que sería criticado por ello, véase: Sors Cirera, 1910.

[2] *Ibidem*, pp. 7-8.

En los días previos a su llegada, comenzaron a intensificarse las noticias centradas en la recepción que se le dispensaría. Desde finales de mayo los diarios dieron cuenta de las múltiples reuniones que se celebraron para organizar las comisiones de recepción, banquetes y otras actividades.[3] Hubo dos comisiones de recepción, la española y la argentina —algo que se repetiría en todas las ciudades y pueblos que visitó— cuyos integrantes aparecieron publicados en la prensa. Las propuestas en el seno de la colectividad española para decidirla fueron múltiples. A comienzos de junio *El Diario Español* convocaría a las distintas asociaciones con el fin de unificar festejos, formar las comisiones pertinentes y organizar el programa.[4] El 24 de mayo se reunían por primera vez en la redacción del diario los presidentes de El Club Español, la Asociación Patriótica Española, el Círculo Valenciano, el Centro Republicano Español, el Comité Pi y Margall, la Sociedad Española de Socorros Mutuos de Barracas, el Centro Gallego, la Unión Española, Submarino Peral, el Círculo Gallego y Sport España y los señores Francisco Cobos, Martín Dedeu, Pérez del Cerro, Alejandro San Pedro, Luis Soler, Ángel Menchaca, Miguel Cano, Juan Carreras, Rafael Montes, Martínez Beltrán, Manuel Picón Montero, A. García Sánchez y Miguel Aparicio López, entre otros. Resolvieron convocar a la colectividad en masa para asistir a recibir a Blasco Ibáñez el día de su llegada. Sería el diario el encargado de anunciar la fecha exacta.[5]

En cuanto a la comisión para organizar y dirigir los agasajos, estuvo presidida por Rafael Calzada (presidente de la Liga Republicana)[6] y compuesta por Fermín Calzada (presidente del Club Español), Alejandro San Pedro, Salvador Alfonso (presidente del Círculo Valenciano), José Horta (presidente del Centro Catalán), Juan Valdosera (presidente del Centro Republicano Español), Carlos Malagarriga (presidente de la Liga Republicana Española), Francisco Miranda (presidente del Círculo Español Republicano), Rafael Escriña y Francisco Cobos.[7] El 30 de mayo el diario ofreció el primer listado de personalidades que llamaban a la colectividad a recibir al novelista en la dársena del puerto el día y hora en que llegase. Durante los siguientes días, al igual que otros diarios argentinos, *El Diario Español* se ocupó de actualizar este listado con nuevas adhesiones y cambios. El publicado el 6 de junio fue el más completo: comprendió un total de cincuenta y nueve directivos de centros regionales y asociativos en una muestra de la variada procedencia ideológica y regional.[8]

---

[3]   Un avance de la preparación de la recepción y las comisiones puede encontrarse en: San Martín Molina, 2019, pp. 144-145.

[4]   Rafael Calzada en su obra da cuenta de dicha unificación: «los presidentes de las principales sociedades españolas se constituyeron en comisión para prepararle el mejor recibimiento posible», véase: Calzada, 1927, p. 356.

[5]   «La Recepción de Blasco Ibáñez», *El Diario Español,* Buenos Aires, 25-5-1909, p. 2.

[6]   Calzada confirmará que como presidente de la Liga Republicana se vio «obligado a desempeñar» la presidencia de la Comisión Española de agasajos, véase: Calzada, 1927, p. 356.

[7]   San Martín Molina, 2019, p. 144.

[8]   Además de los hombres mencionados anteriormente se incluyeron, entre otros, Félix Ortiz y San Pelayo (presidente de la Asociación Patriótica Española); Vicente Bretal (presidente de la Asociación Española de Socorros Mutuos Barrancas y Buenos Aires); Andrés Varela (vicepresidente de La Juven-

Los presidentes de las sociedades españolas se volvieron a reunir el 4 y 5 de junio con el fin de ultimar la organización de la llegada de Blasco Ibáñez y constituir una comisión española de recepción. En la primera de estas reuniones, celebrada en el Club Español, se acordó qué personalidades destacadas de la colectividad, como Carlos Malagarriga y Fermín Calzada, así como qué periodistas de medios argentinos, se trasladarían a Montevideo para acompañarle en su entrada a Buenos Aires y que Rafael Calzada sería el encargado de saludarlo en nombre de la colectividad española. Todos los centros y asociaciones pidieron a sus socios que acudieran el domingo 6 de junio a la dársena norte del muelle. Con un esfuerzo notable por parte de los directores por movilizar a las masas, destacó la convocatoria realizada por la Junta Central de la Federación Republicana Española que reunió en su secretaría a los presidentes de los comités del Centro Republicano Español, Juventud Republicana Española, Comité Pi y Margall, Comité Alejandro Lerroux, Comité Barracas al Norte y el director de *El Republicano Español* para que invitaran a todos los socios.[9]

Los distintos diarios también dieron cuenta de la comisión argentina —presidida por Joaquín V. González— y de las reuniones para lograr un acuerdo acerca de la recepción que la intelectualidad daría al novelista. Prueba de ello fueron las celebradas el 3 y 4 de junio en el diario *La Nación* en las que Luis Mitre, Enrique Rivarola, Rafael Obligado, Manuel Derqui, Marco Avellaneda, Agustín Álvarez, entre otros, convinieron constituirse en comisión permanente para «acompañarle y agasajarle».[10] González, que se hallaba en La Rioja, envió un telegrama comunicando que no llegaría a tiempo, por ello se acordó designar a Obligado, en calidad de vicepresidente, como encargado de esta misión. También se aprobó incorporar a los presidentes de los centros universitarios, el Centro de Estudiantes de Derecho, Centro Jurídico, Centro Estudiantes de Medicina, estudiantes de Filosofía y Letras, Centro Estudiantes de Ingeniería, del Colegio Nacional, y Asociación Patriótica de Estudiantes. Se decidió también invitar al Círculo de la Prensa, a la Sociedad de Escritores y a la Asociación de Reporteros. Posteriormente se nombró una subcomisión presidida por Obligado y compuesta por Agustín Álvarez, Eduardo Talero, Salvador Barrada, Marcos M. Avellaneda y José Bianco para confeccionar el programa de

tud Republicana Española); Francisco Miranda (presidente del Círculo Español Republicano); Ramón Castro (presidente del Círculo Gallego); Aracil Caro (presidente del Orfeón Español); Avelino Veloso (presidente del Orfeón Gallego); Ricardo Rivas (presidente de la Federación Republicana Española); Roque Ferreiro (presidente del Centro Gallego); Aniceto Chasco (presidente del Centro Navarro); Luis Monreal (presidente del Centro Aragonés); José Domínguez (presidente del Centro Español de Buenos Aires); Alejo Camblor (presidente del Centro Asturiano); Justo López de Gomara (director de *El Diario Español*), véase: «El acontecimiento del día. Llegada de Vicente Blasco Ibáñez», *El Diario Español*, Buenos Aires, 6-6-1909, pp. 1-2. El diario *La Prensa* ofreció dos listas de las personas que firmaron la invitación de la colectividad española. La primera es del día 1 de junio de 1909 y está incompleta, la otra, actualizada, es del día 6 de junio. Los diarios *La Argentina* y *La Nación* también incluyeron dichos listados el día 6 de junio.

    [9] «La recepción de Blasco Ibáñez», *El Diario Español*, Buenos Aires, 5-6-1909, p. 1.

    [10] «Blasco Ibáñez», *La Nación*, Buenos Aires, 2-6-1909, p. 1 y «Llegada de Blasco Ibáñez», *El Diario Español*, Buenos Aires, 4-6-1909, p. 1.

agasajos que debía ser sometido a la consideración general de la comisión.[11] El programa quedaba de la siguiente forma:

> 1. Saludar en el puerto al señor Blasco Ibáñez, pronunciando en este acto un discurso el vicepresidente de la comisión D. Rafael Obligado. 2. Presentación del señor Blasco Ibáñez en la primera conferencia por el doctor Joaquín V. González. 3. Excursión por el municipio. 4. Visita a los establecimientos públicos. 5. Banquete de la comisión. 6. Visita a establecimientos rurales. 7. Banquete organizado por la Federación Universitaria.[12]

El listado de la comisión, como con la española, sufrió variaciones hasta completarse el día 6 de junio con un total de ochenta y siete firmantes. Se observa que parte de los nombres se repiten en el listado de los abonados a las conferencias, esto indica que además acudieron a alguna de sus conferencias o, por lo menos, retiraron el abono. El nombre de Justo López de Gomara aparece tanto entre los firmantes de la invitación española como de la argentina. A pesar de la relevancia de la comisión argentina, los principales anfitriones fueron miembros de la comunidad española.

Ambas comisiones tenían planificadas numerosas actividades al punto que *El Diario Español* indicó que Blasco Ibáñez no podría acudir a muchas de ellas hasta que finalizase sus primeras conferencias. La justificación a los lectores, muchos de los cuales habían organizado veladas a través de las asociaciones, fue que este debía reservar sus primeras atenciones para la sociedad nacional, pues venía como «digno embajador intelectual» de España. Si la colectividad española lo acaparaba no podría cumplir con el objetivo de su viaje, que era la «compenetración de la intelectualidad española en la sociabilidad argentina».[13] Es muy probable que fuera suscrito por López de Gomara, que, como líder, debía mediar para preservar los intereses de la colectividad española que se había esforzado durante los meses previos por promocionar al novelista y organizar variadas actividades, por lo que era razonable que lo reclamara desde los primeros momentos. Por ello, se habían programado dos fiestas públicas en su honor que debían ser celebradas antes de iniciar sus conferencias, la recepción en el Club Español y el banquete del Círculo Valenciano, lógico si tenemos en cuenta la procedencia del agasajado. Los valencianos residentes, muchos de los cuales «conocían» Valencia por las novelas de Blasco Ibáñez, vieron la oportunidad de organizar una gran fiesta en su honor en la que hubiese referencias a la patria chica. Desde finales de mayo se anunciaba la celebración de un banquete en el Círculo, que podría realizarse el mismo día de su arribo o algún día después. La fecha fijada fue el 10 de junio. En cualquier caso, debido a la capacidad del local, se pidió a las personas que quisieran acudir que reservaran el cubierto en la secretaría de la Sociedad Regional. Para hacerlo más atractivo, *El Diario Español* publicó desde el 30 de mayo artículos donde se describía la decoración, cómo se adornaría la mesa, el menú y la música que sonaría. Los gastos serían sufragados con kermeses y funciones teatrales.

---

[11]   «Blasco Ibáñez. Su recepción», *La Nación,* Buenos Aires, 4-6-1909, p. 9.

[12]   El programa fue reproducido por *La Nación* y *El Diario Español* el 5 de junio de 1909.

[13]   «Las fiestas en honor de Blasco Ibáñez», *El Diario Español,* Buenos Aires, 1-6-1909, p. 1.

Lo más llamativo de la intervención de esta Sociedad Regional fue cómo intentó movilizar al público dando a conocer la obra de Blasco Ibáñez. El 13 de mayo de 1909, Venancio Serrano Clavero había publicado un artículo en el diario *La Nación* titulado «Blasco Ibáñez. Su obra de cultura», en la que este valenciano hacía un recorrido por la vida de su compatriota destacando su compromiso con la política, los años de lucha y trabajo incansables, las persecuciones, enjuiciamientos y destierros, pero, sobre todo, sus dotes como potenciador de cultura y cómo se había ganado su prestigio literario por su «virtud y trabajo».[14] Un día después de la publicación, la nueva directiva del Círculo Valenciano, presidida por Salvador Alfonso, acordó imprimir por cuenta de la institución el artículo de Serrano Clavero con un preámbulo. El resultado sería un folleto artística- mente editado bajo el título de *Tributo de admiración y de cariño del Círculo Valenciano de Buenos Aires al ilustre literato, primer embajador de las letras españolas en América Don Vicente Blasco Ibáñez*.[15] En el preámbulo se anunciaba que se pretendía presentar a «el creador de la novela universal» en uno de «sus aspectos más simpáticos, el de educador de un pueblo, el de enamorado del problema cultural», que consideraban la base del progreso patriótico.

Blasco Ibáñez mantuvo conversaciones previas con el director del Círculo Valenciano, que le informó de la fiesta que se estaba organizando en su honor. Prueba de ello es una nota del diario *El Pueblo* del 10 de junio de 1909, en la cual se indica que Salvador Alfonso afirmó que hacía pocos días había tenido noticias de Blasco Ibáñez a través de una carta.[16] En ella el novelista aprovechó para mencionarle su deseo de conocer personalmente a Joaquín V. González, con la intención de que Salvador Alfonso contribuyera en ello, co- rroborándose la importancia que dio a establecer vínculos con personalidades relevantes.

Una recepción extraordinaria

El 6 de junio de 1909 arribó al puerto de Buenos Aires y fue objeto de una recepción que los diarios argentinos coincidirán en calificar de entusiasta y extraordinaria.[17] El va- por llegó antes de la hora prevista y esto hizo que la dársena estuviese poco concurrida. El

---

[14] Serrano Clavero, Venancio, «Blasco Ibáñez. Su obra de cultura», *La Nación*, Buenos Aires, 13- 5-1909, p. 7. Un día después, el 14 de mayo, *El Diario Español* avisó a sus lectores de la publicación de este artículo, véase: «Círculo Valenciano. Tributo a Blasco Ibáñez», *El Diario Español*, Buenos Aires, 14- 5-1909, p. 1.

[15] Círculo Valenciano, 1909, pp. 4-5. Según se indica fue impreso en la Imprenta de Juan A. Alsi- na, calle de México, 1422. El folleto no incluyó, como estaba previsto, un retrato de Blasco Ibáñez, que seguramente hubiera elevado demasiado el coste de la edición. Este folleto se encuentra digitalizado en la Biblioteca Valenciana Digital: https://bivaldi.gva.es/es/consulta/registro.do?id=7638 [consultado 09/04/2024].

[16] «El viaje de Blasco Ibáñez», *El Pueblo*, Valencia, 10-6-1909, p. 1. Según se indica, esta noticia fue extraída del diario *La Argentina*.

[17] Un avance de la llegada de Blasco Ibáñez y su recepción, tomando como fuente *El Diario Espa- ñol*, puede encontrarse en: San Martín Molina, 2019, pp. 145-146. «Llegada de Blasco Ibáñez. Recepción extraordinaria», *El Diario Español*, Buenos Aires, 8-6-1909. Por su parte, Julio Cola afirmará que el re-

novelista y sus acompañantes esperaron dentro del buque hasta la hora a la que se había convocado a la población.[18] A partir de las nueve comenzó a llegar el gentío, que se agolpó en la dársena de salida. Tal era el volumen de personas que, según *El Diario Español*, los vigilantes de caballería del muelle tuvieron que contener a la «ola humana».[19] En las imágenes conservadas se puede apreciar que fue un recibimiento apoteósico; los datos no permiten la cuantificación, aunque sí poner nombre a muchos gracias a los listados que ofrece la prensa.[20] Los diarios de la ciudad dieron diferentes cifras: mientras que *El Diario Español* lo estima en 30 000, *La Argentina* y *La Nación* lo hacen aproximadamente en 10 000 personas.[21] Rafael Calzada, en su obra *Cincuenta Años de América*, quiso resaltar el colosal recibimiento:

> Llegó el 6 de junio, fue la comisión en pleno a recibirle, y puedo decir que su recibimiento fue imponente, colosal. Yo no recuerdo que ningún particular haya sido recibido aquí por una muchedumbre tan enorme […] *La Nación* dijo que pasó de 10 000 el número de los que fueron a recibirle; y yo digo que excedió en mucho de esa cifra.[22]

Sors Cirera dio su versión: «El ilustre escritor español, señor Blasco Ibáñez, ha tenido una entrada triunfal en la Argentina, debido a los masones y liberales; esta suposición es mía, y no creo que esté tan desencaminada».[23] No estaba equivocado, aunque Blasco Ibáñez ya no era masón —se había desvinculado de la fraternidad en abril de 1895—, esto no implicaba que estuviese alejado de dichos ideales.[24] Esta afiliación pasada influyó en su viaje por Argentina. Fueron masones Justo López de Gomara, Carlos Malagarriga, Rafael Calzada, Joaquín V. González, José María Cao, Figueroa Alcorta y Roque Sáenz

---

cibimiento dispensado solo guarda parangón con el de militares y príncipes, y que además el suyo fue espontáneo, véase: Cola, s. f., p. 20.

[18]   Los que sí habían llegado con anterioridad fueron Juan A. Alsina —director de la Oficina Nacional de Inmigración— y Juan Antonio Argerich, así como una gran cantidad de fotógrafos que querían inmortalizar el momento. La revista *Caras y Caretas* publicó el 12 de junio de 1909 una imagen de Blasco Ibáñez a bordo del *Cap Vilano* con un grupo de fotógrafos. La entrada en Buenos Aires, Blasco Ibáñez la hizo acompañado de, entre otros, Lorenzo Mira, Carlos Malagarriga, Mariano Martínez, José M. Cao, Ricardo Marín y Venancio Serrano Clavero, que se habían trasladado hasta Montevideo.

[19]   «Llegada de Blasco Ibáñez. Recepción extraordinaria», *El Diario Español*, Buenos Aires, 8-6-1909, p. 1.

[20]   Las imágenes del recibimiento que se le dispensó a Blasco Ibáñez el día de su llegada pueden consultarse en la Biblioteca Virtual Miguel de Cervantes [En línea], URL: http://www.cervantesvirtual.com/portales/vicente_blasco_ibanez/imagenes_argentina/ [consultado 09/04/2024]. La revista *Caras y Caretas* el 12 de junio de 1909 incluyó fotografías del instante y de los que vinieron después que muestran la magnitud del recibimiento dispensado.

[21]   «Blasco Ibáñez. Su llegada», *La Nación*, Buenos Aires, 7-6-1909, p. 7. *La Argentina* calculó que había más de 10 000 personas y *La Nación* no menos de 10 000. Por su parte, *El Heraldo de Madrid, El Imparcial* y *El Liberal* publicarán el 10 de junio de 1909 un cablegrama donde se calibra que había veinte mil.

[22]   Calzada, 1927, p. 356.

[23]   Sors Cirera, 1910, p. 19.

[24]   Ventura Gayete, 2001, pp. 395-406.

Peña; todos ellos apoyaron a Blasco Ibáñez, tanto en sus actividades como conferenciante como posteriormente en su proyecto agrícola.[25] Desempeñaron un papel fundamental en la movilización de las masas y organizaron distintos eventos. En alguno de ellos aparecieron ciertos elementos y rituales masónicos, por ejemplo, en el banquete del Círculo Valenciano.

Todo se puso en marcha según lo previsto, Malagarriga, López de Gomara y Marín fueron presentando a las comisiones y representaciones de centros y sociedades que subían a bordo —entre los que se encontraba Alejandro Lerroux— a saludar a Blasco Ibáñez, que abandonó el barco para trasladarse a un lugar más amplio donde poder continuar con el ritual de bienvenida. Cuando bajó las escaleras, los asistentes gritaron vítores tanto a España como a la República Argentina, a lo que Blasco Ibáñez replicó con un «¡Viva el pueblo argentino!». Según Julio Cola se vivió un momento de tensión cuando un grupo de «exaltados partidarios del político» profirieron fuertes gritos y vivas partidistas. Consciente de que sus correligionarios estaban dando un cariz político a su llegada, insistió en que llegaba al país como literato:

> No manchéis la solemnidad española de esta demostración. Aquí no caben partidismos ni colorines políticos; eso queda para nuestros actos particulares; aquí comparece solamente el literato español Vicente Blasco Ibáñez.[26]

En la sala de espera comenzaron los discursos de bienvenida, todos elogiaron la beneficiosa labor de Blasco Ibáñez como representante de la España moderna y de ideas y valores compartidos, aunque su visita no fue oficial sino literaria. El primero en tomar la palabra fue Agustín Álvarez, el encargado de darle la bienvenida;[27] el vicepresidente de la Universidad de la Plata saludó al novelista mostrando el interés de parte de la intelectualidad argentina por aquellos rasgos que sustentan una confraternidad hispano-argentina:

> Llegáis a nuestro país precedido por vuestra mesurada literaria y salen a recibiros los admiradores del eximio artista valenciano y más que todo y sobre todo, los admiradores de Blasco Ibáñez completo, del tribuno, orador, pensador, creador y luchador por el mejoramiento de su país, de su raza y de la humanidad. Nosotros conocemos dos Españas, la del obscurantismo medieval que fue nuestra dura madrastra, y que, llevando en el pecado la penitencia, se entecó de su propia ignorancia y de la miseria consecutiva, y la España que se está rejuveneciendo finalmente por el espíritu liberal, la España iluminada por el pensamiento moderno que empieza a volverse luminosa en sus altas cumbres. Este es el hecho presente que nosotros vemos con la más intensa simpatía, y un poco de orgullo también, pues, con ser gloria de la más alta especie para el viejo tronco, es augurio de gloria para los esparcidos retoños, en cuanto una demostración práctica de las posibilidades comunes en el presente y futuro […] sois uno de los grandes actores de la nueva grandeza

---

[25]   Varela, 2015, p. 550.
[26]   Cola, s. f., p. 21.
[27]   «Blasco Ibáñez. Su llegada», *La Nación,* Buenos Aires, 7-6-1909, p. 7; «Llegada de Blasco Ibáñez. Recepción extraordinaria», *El Diario Español,* Buenos Aires, 8-6-1909, p. 1.

española por el progreso, en que estamos solidariamente interesados por la comunidad de la raza y de la lengua [...] sois representante caracterizado de la España que asimila, que piensa, que trabaja y que produce, de la España que nosotros amamos.[28]

Su discurso fue aplaudido, pero también criticado por *El Diario Español*.[29] En el artículo «La gota de Acíbar», el diario mostró su malestar calificando el discurso de «erróneo y fuera de lugar», considerando que había realizado una serie de «exaltaciones inexplicables», que no eran propias de hombres avanzados y progresistas.[30] El periódico defendió la labor de España en los siglos pasados, sosteniendo que no era legítimo exigir a hombres de hace siglos «la tolerancia y serenidad del intelectual del siglo xx» y sentenció que solo había una España: la del sacrificio permanente, aquella que durante siglos «agotó sus propias fuerzas para dar vida a muchas, grandes y bellas naciones».

Rafael Calzada, presidente de la comisión española, le dio la bienvenida en nombre de todas las agrupaciones españolas y elogió su labor. Recordará cuál era su misión en vísperas del centenario:

En nombre de la comisión que es representación genuina de todas las agrupaciones españolas aquí constituidas, viene hoy este vuestro apasionado admirador y amigo de siempre a saludaros de la manera más entusiasta y más efusiva, desde que formáis entre los elegidos que son honor de España. A honrarla venís, querido Blasco Ibáñez trayendo en vuestros generosos propósitos una misión altísima: la de magnificar nuestro nombre en América y la de fortalecer más aún si cabe, los lazos de sincera cordialidad, de franca simpatía que hoy, más que nunca, en vísperas del glorioso centenario de la independencia, vinculan estrechamente a esta gran nación argentina con la madre patria.[31]

Las palabras de Calzada recogieron el sentido que los principales representantes de la colectividad dieron a la misión que traía Blasco Ibáñez, aquella que tantas veces habían publicitado de seguir fortaleciendo los vínculos culturales existentes entre ambas naciones.

Cerró las intervenciones Antonio F. Boeri en nombre de la Federación Internacional de Estudiantes *Corda Frates* para la que Blasco Ibáñez era «el más ilustre representante de las letras de la heroica España»:

Bienvenidos sean a la patria los hombres de genio que vienen a enseñar, bienvenido seas vos, ¡oh! Maestro, el más ilustre representante de las letras de la heroica España [...] Os

---

[28]   «La llegada del eminente escritor español Blasco Ibáñez a Buenos Aires», *La Argentina,* Buenos Aires, 7-6-1909, p. 1. El discurso también fue reproducido por *La Nación.*

[29]   «Llegada de Blasco Ibáñez. Recepción extraordinaria», *El Diario Español,* Buenos Aires, 8-6-1909, p. 3.

[30]   En relación con esta terminología, Fombona en «El regreso de España» afirma que en el corpus del modernismo hay una serie de estrategias discursivas que permiten el paso de una imagen de España como «la madrastra» a otra de «madre» de la cultura hispana, véase: Fombona, 2005, pp. 153-203.

[31]   «La llegada del eminente escritor español Blasco Ibáñez a Buenos Aires», *La Argentina,* Buenos Aires, 7-6-1909, p. 1.

conocíamos ya por vuestras obras os amábamos y os admirábamos y hoy de vuestros labios beberemos la dulce miel del Himeto […] Aquí en la palestra que se os abre, obtendréis un triunfo más, y de vuelta a la patria, llevaréis en vuestro corazón, elevados y gratos recuerdos de esta hermosa hija de Iberia.[32]

Al igual que ocurrió en Lisboa, numerosos estudiantes —sector en el que Blasco Ibáñez tenía muchos lectores— acudieron al puerto por propia iniciativa o siguiendo la llamada de diversas asociaciones. El novelista conocedor de la expectación que levantaba entre los estudiantes visitaría la Universidad de la Plata.

Expresando su agradecimiento y su propósito, mostrar la España que él representaba, la intelectual, la progresista, una España nueva, se refirió a la República Argentina como «la hermana mayor» de las dieciocho naciones americanas de las que España era madre siguiendo uno de los principios del hispanoamericanismo post-98.[33] Eran las líneas centrales de su discurso como *emprendedor cultural* —modernizador y reformista— que había comenzado a gestarse en España a finales del siglo XIX. Sin embargo, un crítico implacable como Sors Cirera lo consideró nueva retórica:

lo que más me molesta de esta disertación es la repetición de palabras, y sobre todo la del vocablo represento, que no representa nada, porque nadie lo ha autorizado en España para que se abrogue semejante honor. Cuando mucho traería la representación de alguna fábrica de tejidos o de algún editor de obras amenas.[34]

Ante las dificultades para acceder al vehículo que lo trasladaría al hotel, escoltado por un pelotón de guardias de seguridad que intentó abrir camino al carruaje, los diarios recogieron la entrada triunfal en la ciudad del Paseo de Julio hasta la Plaza de Mayo con los balcones y las calles repletos de público.[35] Blasco Ibáñez describirá su impresión en las últimas páginas de *Los argonautas*.

Al llegar al hotel tuvo que salir al balcón para dedicar unas palabras a sus admiradores.[36] Repitió parte de lo que ya había dicho en el puerto ensalzando la cordialidad hispano-argentina. Brousson, secretario de Anatole France, describió la escena:

---

[32] «Llegada de Blasco Ibáñez. Recepción extraordinaria», *El Diario Español*, Buenos Aires, 8-6-1909, pp. 2-3. El diario *La Argentina* también reprodujo parte de este discurso en su publicación del 7 de junio de 1909, pero es más completa la ofrecida por el anterior diario.

[33] El discurso completo puede encontrarse en: «La llegada de Blasco Ibáñez. Recepción extraordinaria», *El Diario Español*, Buenos Aires, 8-6-1909. En un artículo publicado en *La Nación* Blasco Ibáñez expuso sus expectativas, véase: Blasco Ibáñez, Vicente. «Mi viaje a la Argentina», *La Nación*, Buenos Aires, 11-4-1909, p. 5.

[34] El autor incluye el discurso que pronunció Blasco Ibáñez el día de su llegada con comentarios personales a los distintos párrafos del novelista, véase: Sors Cirera, 1910, pp. 20-24.

[35] La revista *Caras y Caretas* publicó dos imágenes el 12 de junio de 1909 en las que se puede apreciar el numeroso público en el Paseo de Julio y en la Avenida de Mayo. También dejaron testimonio Calzada, 1927, p. 356 y Cola, s. f., p. 21.

[36] La revista *Caras y Caretas* publicó una imagen de Blasco Ibáñez llegando en carruaje al hotel y saludando al público: *Caras y Caretas*, Buenos Aires, 12-6-1909, p. 59.

Con sus manos potentes amasaba el hierro de la baranda. Arrojaba a la muchedumbre su corazón, su pañuelo, los puños falsos. Tenía algo de torero que brinda en la arena, del tenor al que le han pedido el bis, del capuchino en el púlpito, del rey de los vendedores de baratijas, del poeta improvisador, del sacamuelas de feria.[37]

A partir de este momento se abría una intensa y pautada agenda entre los meses de junio y julio. Concurrió a banquetes —que fueron una de las prácticas de sociabilidad más extendidas entre las élites de la época—, caminó por Buenos Aires, visitó a importantes personalidades de la política y la literatura argentinas y recorrió estancias. En el camino dio numerosas conferencias tanto en Buenos Aires como en el interior.

En Buenos Aires: hitos de una agenda pautada

La actividad de Blasco Ibáñez fue febril desde sus primeros días. Participó en acontecimientos sociales de todo tipo, se relacionó con lo más selecto de la ciudad y fue objeto de múltiples agasajos.[38] Rafael Calzada en sus memorias confirma que: «No son para descriptos, ni siquiera para enumerados, los infinitos agasajos de que fue objeto, así en Buenos Aires como en otros muchos puntos de la República, varios de los cuales yo le preparé».[39] Las visitas a personalidades e instituciones se sucedieron, le recibieron el presidente de la nación, el expresidente y arquitecto del régimen oligárquico Julio Argentino Roca,[40] el intendente municipal y el ministro de Instrucción Pública. Acudió a las redacciones de los principales periódicos y tuvo reuniones con sus directores, recibió la visita del presidente del Club Francés —que le invitó al banquete en honor de Anatole France—, visitó el Banco Español, acudió al Hospital de Niños. La Academia Literaria de Buenos Aires y la Asociación Patriótica Española le nombraron miembro honorario; fue a eventos, entre los que destacaron los celebrados en el elitista Club Español y el del Círculo Valenciano, o el que organizó la revista *Nosotros,*[41] como «demostración» de confraternización, una ocasión de forjar lazos en un contexto en el que la intelectualidad argentina comenzaba a explorar la posibilidad de reconstruir el vínculo cultural con España.

Todos estos banquetes, independientemente de su naturaleza, coincidirán en una serie de rituales, e inherente a estos hay una producción textual que se puede dividir en dos apartados.[42] Como señala Giaccio, en uno de ellos estarían los textos que se leían o pronunciaban en el mismo evento; con ello se está refiriendo a los discursos, los brindis, los poemas… En el otro, todos aquellos textos relativos al banquete que aparecían en las revistas y los periódicos en los que podían incluirse fotografías, información de las

---

[37] Giusti, 1965, p. 75.
[38] Puede consultarse un avance de las actividades culturales y literarias en: San Martín Molina, 2019, pp. 146-149.
[39] Calzada, 1927, p. 356.
[40] Durante su gobierno buscó recomponer los lazos hispanoargentinos, véase: Duarte, 1998, p. 64.
[41] Para un estudio de las revistas literarias argentinas, véase: Lafleur, Provenzano y Alonso, 1967.
[42] Cabanès, 2007, pp. 61-77; Delgado, 2010; Giaccio, 2017, p. 331.

tarjetas de invitación —dónde y cuándo podían retirarse, su precio, etc.—, el menú y el restaurante, el lugar de celebración, quiénes eran los asistentes, quiénes pronunciaban los discursos, la disposición de las mesas y los comensales, y la descripción del ambiente.[43]

También visitó al director de *La Prensa* —Ezequiel Paz— y las redacciones de otros diarios influyentes de la ciudad como *La Argentina* y *La Nación*. En todos ellos será recibido por sus directores. Destaca la visita a *La Nación*, de la que había sido colaborador y a cuyo exdirector, el ya mencionado Emilio Mitre, le unía una amistad que se había fraguado en París. Será Luis Mitre quien lo recibirá en la que «era su casa»:

> Los primeros oradores que os han saludado al pisar tierra argentina han dicho que en este país no debéis consideraros extranjero y así debéis haberlo confirmado. Identidad de idioma, de raza, de ideales de cualidades y de defectos comunes […] Para el pensamiento la distancia no existe. Vuestra colaboración en *La Nación,* intensa y útil ha familiarizado a nuestros lectores y colaboradores con vuestra personalidad al punto que no reparamos en la diferente ubicación.[44]

Ante el personal de redacción contestó que se sentía como si estuviese en España y refiriéndose a la labor de los periodistas en comparación con la de los literatos afirmó:

> Yo creo mucho más meritoria la personalidad del periodista que la del literato o del escritor que hace el libro y vive de él porque el periodista nunca cosecha la gloria de su obra y muy pocas veces el provecho, mientras que el literato, por lo menos, suele cosechar el fruto de la gloria.[45]

Por la tarde fue visitado por Joaquín V. González, que no había podido recibirle. A partir de ese momento coincidirán en variadas ocasiones, de hecho, el día 8 de junio el argentino ya tenía preparadas una serie de visitas a lugares emblemáticos de la ciudad. Sin duda, el evento más relevante de este día fue la recepción que le concedió el presidente de la República, José Figueroa Alcorta. El diputado Llobet —que había compartido la travesía desde Lisboa a Buenos Aires— acudió al hotel para acompañarle al despacho del presidente. Blasco Ibáñez le entregó la carta de recomendación que Roque Sáenz Peña le había escrito, que era una entusiasta apología de su persona.[46] El novelista debió de contarle al presidente los planes editoriales que tenía después de visitar el país ya que, según una noticia de *El Diario Español* del 8 de junio, este le incitó a publicar el libro anunciado en el que Buenos Aires sería protagonista. El magistrado le brindó su apoyo, le prometió acudir a una de sus disertaciones y le invitó a su palco en el teatro Colón.

---

[43]   Giaccio, 2017, pp. 331-332.

[44]   «Blasco Ibáñez», *La Nación,* Buenos Aires, 8-6-1909, p. 8.

[45]   *Idem.*

[46]   «Llegada de Blasco Ibáñez. Recepción extraordinaria», *El Diario Español,* Buenos Aires, 8-6-1909, p. 3. Los diarios españoles también dieron cuenta de la visita de Blasco Ibáñez al presidente, véanse: «Blasco Ibáñez en Buenos Aires», *El Heraldo de Madrid,* Madrid, 10-6-1909, p. 1; «Blasco Ibáñez», *La Correspondencia de Valencia,* Valencia, 10-6-1909, p. 3; «Blasco Ibáñez en Buenos Aires», *Las Provincias,* Valencia, 11-6-1909, p. 4; «Blasco Ibáñez en Buenos Aires», *El País,* Madrid, 11-6-1909, p. 3.

Blasco Ibáñez mantuvo una segunda reunión con Figueroa Alcorta en el mes de julio, esta vez acompañado por Rafael Calzada para agradecerle los pasajes para los ferrocarriles del Estado que le había ofrecido para que pudiese realizar su gira de conferencias por el interior del país. El novelista aprovechó para hablar de los progresos de la Argentina. De este encuentro dejó testimonio a través de una misiva que envió a su esposa fechada el 10 de julio de 1909.

Al día siguiente continuaron las visitas y recepciones, todavía quedaban tres días para su primera conferencia. Recibió varias visitas en su alojamiento y almorzó con algunos de los que allí acudieron. Con Benito Villanueva se trasladó al Congreso, lo acompañaban Joaquín V. González, Agustín Álvarez y el escritor Eduardo Talero, todos ellos pertenecientes a la comisión argentina. En la Cámara de los Diputados fue presentado a algunos de los legisladores con los que tuvo la oportunidad de charlar brevemente.

Desde allí recorrió en automóvil algunos barrios de la ciudad y se dirigió a casa del expresidente general Julio Argentino Roca, a quien se presentó con una carta del diplomático argentino Eduardo Wilde,[47] que había formado parte del primer gobierno de Roca al ser nombrado en 1882 ministro de Justicia e Instrucción Pública.[48] La carta de Wilde y de Sáez Peña —que los diarios mencionan pero no reproducen— le permitió acceder a los *gatekeepers* de la gran política rioplatense y lograr apoyo para su *emprendimiento cultural* y su proyecto editorial.

Ese mismo día visitó al intendente municipal y acudió como espectador a la tercera conferencia de Anatole France en el teatro Odeón.[49] Con el intendente Manuel Güiraldes volverá a verse a mediados de mes porque organizó una gira por la ciudad. El 17 de junio partieron varios automóviles desde la intendencia hacia los barrios y construcciones más emblemáticos: visitó la Boca y Barracas —donde pudo apreciar el gran movimiento comercial—, atravesó las principales avenidas y calles, acudió al zoológico, al jardín botánico y a la Sociedad Rural, que fue la última parada de la excursión.[50] Volverán a coincidir en el Club Francés, al que el español había asistido invitado por su presidente.

Pero, sin duda, el evento más relevante del día 8 de junio fue la recepción que el Club Español había organizado en su honor. El banquete —planificado desde antes de su llegada y del que ya se había advertido que, junto con el que ofrecería el Círculo Valenciano, serían las únicas fiestas públicas españolas a las que acudiría antes de iniciar sus conferencias— se celebró en los salones del Club.[51] Fueron invitados autoridades argentinas, representantes de España, centros sociales, sociedades españolas, artistas, literatos,

---

[47] «Blasco Ibáñez en Buenos Aires», *El Diario Español*, Buenos Aires, 9-6-1909, p. 1.

[48] San Martín Molina, 2020a, p. 105. Para un estudio de la generación del 80, véase: Anderson Imbert, 1980, pp. 2-10; Biagini, 1995; Campella, 1983; Foster, 1990; Prieto, 1986 y Weinberg, 1989.

[49] El diario *El Pueblo* publicó un artículo del crítico literario Bernardo G. de Candamo que consideraba a France y Blasco Ibáñez embajadores de dos repúblicas literarias, véase: Candamo, Bernardo G. «La Vida literaria. Un encuentro», *El Pueblo*, Valencia, 14-6-1909, p. 1.

[50] «Blasco Ibáñez», *La Nación*, Buenos Aires, 18-6-1909, p. 7.

[51] En el salón principal se montaron las mesas y se ubicó la orquesta, encargada de amenizar la fiesta. La revista *Caras y Caretas* publicó el 19 de junio de 1909 una fotografía de este evento en la que puede verse a Blasco Ibáñez en el centro de la imagen rodeado por una gran cantidad de caballeros.

periodistas, y notables caballeros argentinos y españoles.[52] El diario *La Argentina* llamó la atención: «pocas veces los salones de una colectividad extranjera residente en Buenos Aires han congregado mayor ni mejor concurrencia».[53] A las nueve y media de la noche hizo su entrada acompañado por una comisión de argentinos y españoles entre los que se encontraban Joaquín V. González, Agustín Álvarez y Rafael Calzada. Fue recibido por el presidente, Fermín Calzada, y prácticamente por todos los socios. A partir de ese momento se sucedieron discursos, de los que los diarios han dado cuenta.

El primero en hablar fue Fermín Calzada, quien, según *La Argentina,* le dio la bienvenida y esbozó «la silueta intelectual del escritor» con un recuerdo para la Madre Patria, y finalizó brindando por la compenetración de afectos entre España y Argentina.[54] González fue el siguiente en tomar la palabra, insistió en la fuerza del idioma como elemento de unión. Blasco Ibáñez se refirió a la emigración, enalteció el espíritu y la obra de los españoles en el país. Era lógico que así comenzara porque la mayoría de los presentes pertenecían a la colectividad española, el banquete en el Club Español era el primer evento en el que tenía la oportunidad de dirigirse directamente a ellos. Tuvo unas palabras de afecto para la República Argentina y siguió la línea de Calzada y González en la compenetración de afectos a ambas naciones y la importancia de los lazos de unión. Tenía que ir midiendo y calculando su discurso porque si en estos eventos desarrollaba lo que tenía preparado para las conferencias, resultaría repetitivo, como así sería.

Aunque en los diarios analizados no hemos encontrado la reproducción de los discursos, sí resulta relevante que Lerroux pronunció uno porque supone la coincidencia de ambos en un evento de la colectividad española, formada fundamentalmente por republicanos, muchos de los que los habían solicitado años atrás para realizar propaganda partidaria.

El otro gran evento en el que volverá a coincidir con sus compatriotas, incluido Lerroux, sería el 10 de junio, un día antes del inicio de las conferencias, en el Círculo Valenciano.[55] Al igual que el celebrado en el Club Español, no solo se había comenzado a preparar días antes de su llegada, sino que congregó a lo más selecto de la colectividad y de la sociedad argentina. Se esperaba tal asistencia que se dispuso una reserva previa del cubierto; a 9 de junio la lista sumaba noventa personas.[56] A pesar de ser una fiesta celebrada en la sociedad regional valenciana se dio un carácter español, ya que Blasco Ibáñez

---

[52] «La Permanencia de Blasco Ibáñez en Buenos Aires», *La Argentina,* Buenos Aires, 8-6-1909, p. 8.

[53] «Recepción a Blasco Ibáñez en el Club Español», *La Argentina,* Buenos Aires, 9-6-1909, p. 7. El artículo fue reproducido el 15 de julio de 1909 por *El Pueblo.*

[54] También tomaron la palabra Carlos Vega Belgrano, Rafael Calzada, Alejandro Lerroux, Manuel Llamazares y Manuel Vélez.

[55] Antes de esa fecha tuvo que seguir con las visitas programadas. Acudió a las redacciones de *Caras y Caretas* y a la de los diarios *La Razón, El Nacional* y *Última Hora.* También almorzó con el ministro de Chile; este encuentro es relevante, dado que el novelista tenía proyectada una gira de conferencias por el país que se iniciaría en el mes de noviembre. Visitó al ministro de Instrucción Pública y recibió a la delegación de la Academia Literaria de Buenos Aires que le comunicó su designación como miembro honorario. Para el seguimiento de estas actividades véanse: «Blasco Ibáñez», *El Diario Español,* Buenos Aires, 10-6-1909, p. 1; «Blasco Ibáñez», *La Argentina,* Buenos Aires, 10-6-1909, p. 1; «Blasco Ibáñez. Su visita a los diarios», *La Prensa,* Buenos Aires, 10-6-1909, p. 9.

[56] «Blasco Ibáñez en el día de ayer», *El Diario Español,* Buenos Aires, 9-6-1909, p. 1.

acudía como un «representante», «embajador» de España. El recuerdo a la patria chica se manifestaría a través de diversos elementos, destacándose la enseña de Valencia que se colocó junto a las banderas española y argentina, y los medallones que se colgaron en las paredes del salón principal que representaban las novelas populares de Blasco Ibáñez y que habían sido encargados al pintor valenciano Soriano Torrejón. En el testero del salón se colocó un retrato del novelista realizado por el también valenciano Manuel Pla y Valor, que llevaba años dedicado a la fabricación de vidrios artísticos.

El banquete dio comienzo a las ocho y media, y Blasco Ibáñez ocupó la presidencia.[57] Después de la comida comenzaron los discursos y los brindis. Tomaron la palabra Salvador Alfonso, Argerich —quien lo entronizó como «príncipe de las letras»— Lerroux, Lorente, Dedeu, Malagarriga, López de Gomara, Cobos, Bianco[58] y, por último, Joaquín V. González. El presidente del Círculo manifestó su alegría por la congregación de elementos tan destacados de la colectividad española y de la intelectualidad argentina. Resaltó la importancia de la misión de Blasco Ibáñez como «embajador de todo un pueblo», aunque matizó que lo hacía sin credenciales diplomáticas oficiales,[59] y le entregó una medalla como recuerdo de la fiesta y de la agrupación valenciana de la que fue nombrado presidente honorario. Esta idea de *paradiplomacia* a la que se está refiriendo Salvador Alfonso y a la que Blasco Ibáñez había dedicado algún artículo en la revista *España*[60] también fue desarrollada por Malagarriga en su discurso:

Los reyes y los gobiernos se corresponden por medio de diplomáticos que en la mayor parte de los casos permanecen ajenos a lo que conviene a sus respectivos pueblos: estos a

---

[57]   La prensa ofrece detalles de la distribución. Además de congregar a reconocidos masones argentinos y españoles, es reconocible en el banquete una disposición peculiar con un espacio central presidido por el retrato de Blasco Ibáñez y largas mesas a ambos lados decoradas con hojas de acacia, un árbol de hoja perenne considerado como un símbolo de la inmortalidad del alma. Días antes se había publicado que las mesas se adornarían con gajos de naranjas —en representación de la obra de Blasco Ibáñez *Entre naranjos*— y que los centros los formarían plantas de alguna especie, aunque no se especificó cuál sería, véase: «El viaje de Blasco Ibáñez», *El Pueblo,* Valencia, 10-6-1909, p. 1; «La demostración a Blasco Ibáñez en el Círculo Valenciano», *La Argentina,* Buenos Aires, 11-6-1909, p. 8; «Blasco Ibáñez», *La Nación,* 11-6-1909, p. 7. La prensa española de Uruguay se hizo eco de este evento y publicó una noticia en la que se recogen algunos párrafos de los discursos ofrecidos, véase: «Blasco Ibáñez en Buenos Aires. El Banquete del Círculo Valenciano», *El Diario Español,* Montevideo, 13-6-1909.

[58]   Respecto a los discursos de López de Gomara, Cobos y Bianco, se hace alusión a ellos, pero no se recogen.

[59]   En esta misma línea se expresaron *El Liberal* el 9 de mayo de 1909 —que insistió en la necesidad de iniciativas individuales alejadas de los protocolos— y, días más tarde, *El Diario Español:* «estamos seguros de que jamás embajador diplomático alguno habrá logrado consolidar las relaciones de los pueblos como lo hará el que va a venir sin credenciales oficiales», véase: «Esperando a Blasco Ibáñez», *El Diario Español,* Buenos Aires, 11-5-1909, p. 3.

[60]   Llevó a cabo una importante crítica hacia el trabajo del cuerpo de diplomáticos que representa a España en América, véase: Blasco Ibáñez, Vicente. «Españoles fuera de España IV. Patriotismo verdadero», *España,* Buenos Aires, 11-8-1907, pp. 81-82. Consideró que los verdaderos embajadores eran los artistas, los escritores, véase: Blasco Ibáñez, Vicente. «Embajadores de España I», *España,* Buenos Aires, 9-8-1908, pp. 481-482.

través de las fronteras y por encima de los protocolos se entienden también preludiando, así la diplomacia del porvenir en la que hombres como Blasco Ibáñez plantearán y resolverán las verdaderas cuestiones internacionales, las del comercio, las de las recíprocas emigraciones y las del Arte y la Ciencia.[61]

Malagarriga, que dijo hablar en nombre de las sociedades españolas, recordó a los presentes —retomando palabras de Rafael Calzada en la recepción a Blasco Ibáñez en el puerto— la importancia del momento, es decir, la celebración del Centenario de la Independencia. Después de Salvador Alfonso, tomó la palabra Blasco Ibáñez, que para dar relevancia al evento destacó que, a pesar de estar acostumbrado a hablar en público, «sentía restadas sus facultades ante la intensidad de cariño que le rodeaba». Recordó las grandezas de la patria, hizo alusión a la juventud intelectual, a los progresos de la República Argentina y finalizó recordando la unión de afectos entre ambos pueblos.

El momento de mayor tensión se produjo cuando Alejandro Lerroux, que habló a petición del público, puso la nota política a la que Blasco Ibáñez no habría contestado, si nos atenemos a lo recogido en los periódicos porteños. Lerroux, cuya misión en el país sí era política, recordó los ideales republicanos, aquellos por los que había combatido desde las páginas de sus libros, y él mismo desde otro campo. Según *La Argentina* lo que hizo Lerroux fue comparar aquella reunión con la república de las letras de la que Blasco Ibáñez era «presidente».[62] En algún momento, refiriéndose al pasado de España y a la idea de progreso, citó al jurista, historiador y político regeneracionista Joaquín Costa,[63] filiando al valenciano con el aragonés. Siguiendo la temática política Lerroux, habló de decadencia y desacierto por parte de los gobiernos españoles, *El Diario Español* realizó una breve reseña:

Delineó la figura de Blasco no como literato, sino como hijo y defensor del pueblo, alentado por la esperanza de mejorar el estado político y social de la patria amada, caída en dolorosa regresión por desaciertos gubernamentales. Señaló la característica política del novelista español, en la que resplandecía el más ardiente patriotismo.[64]

De entre la heterogénea concurrencia —que incluía historiadores, novelistas, periodistas, poetas, abogados, docentes, críticos literarios o dramaturgos—, surgió la voz del médico Severiano Lorente, que pronunciaría un discurso crítico hacia Lerroux. A Lorente le parecieron fuera de lugar las palabras del diputado y justificó su intervención porque su predecesor en la palabra había realizado «un alegato republicano culpando a la monarquía de los desastres coloniales» y hablado de decadencias, que consideraba que no existieron. Consciente del evento en el que estaba, no solo habló de la España actual

---

[61] «Banquete a Blasco Ibáñez», *El Diario Español,* Buenos Aires, 11-6-1909, p. 2.
[62] «La demostración a Blasco Ibáñez en el Círculo Valenciano», *La Argentina,* Buenos Aires, 11-6-1909, p. 8.
[63] La frase que citó de Costa fue: «es menester cerrar con doble llave el sepulcro del Cid y con fuerte cerrojo el de Colón, para abandonar el pasado y viviendo del presente preparar el porvenir», véase: «La demostración a Blasco Ibáñez en el Círculo Valenciano», *La Argentina,* Buenos Aires, 11-6-1909, p. 8.
[64] «Banquete a Blasco Ibáñez», *El Diario Español,* Buenos Aires, 11-6-1909, p. 2.

en términos elogiosos, sino que puso en valor la labor de Blasco Ibáñez afirmando que hombres como él eran los que necesitaba para su «renacimiento actual».[65]

Cerró los discursos Joaquín V. González —en calidad de presidente de la comisión argentina de agasajos— desarrollando los conceptos de emigración e inmigración y hablando de la idea de patria, del idioma y del pasado, presente y porvenir de España. El hecho de que González hablase brevemente acerca de esos temas muestra el interés que despertaban entre los asistentes, tanto españoles como argentinos. La mayoría estarán también como público en las conferencias, en este caso para escuchar lo que este pensaba sobre el asunto inmigratorio, y con ello se asumía que la propia España por considerarlo un representante. Con las palabras del argentino finalizó el banquete en el Círculo Valenciano. A partir de ese día deberá compaginar sus actividades sociales con sus conferencias, que ahora ocuparán todo su tiempo y serán las que cobren protagonismo en las páginas de los diarios. Desde el mes de julio disertó fuera de la capital; comenzó a recorrer las distintas provincias, por ello sus actividades en Buenos Aires se centraron en ciertas visitas y en seleccionados homenajes, lo que explicaría por qué hay un descenso en el volumen de noticias publicadas en los distintos diarios.

La agenda continuó siendo intensa, aunque en alguna ocasión, por su estado de salud, tuvo que rechazar alguna de las invitaciones. El 15 de junio, un día después de su segunda conferencia, acudió al Banco Español del Río de la Plata, donde fue recibido por todos los miembros del directorio, su presidente (Pedro Fernández), vicepresidente (Manuel Durán) y secretario (José Tomás Sojo). Sojo le entregó un ejemplar —firmado por todos los miembros del directorio y los gerentes— del libro de estadísticas comerciales y monetarias de la República Argentina, de la República del Uruguay, España, Francia, Inglaterra e Italia, publicado recientemente por el banco y que podía resultarle de enorme utilidad para aportar datos contrastados en la obra que tenía pensado escribir sobre el país. De hecho, en el discurso de agradecimiento adelantó que el Banco Español ocuparía un lugar importante en su obra. Sojo, por su parte, hizo un enaltecimiento de la institución y de su labor, y llamó la atención de la relación entre banquero y escritor teniendo un recuerdo para España:

> Escasas relaciones oficiales solemos mantener los banqueros con los poetas y literatos. Y sin embargo —podéis creerlo— pocas visitas podríamos acoger con más íntima complacencia que la vuestra. Es que saludamos en vuestra presencia no solo al novelista y al sociólogo, sino al valiente y caluroso relator de los esfuerzos y las glorias de una nación que, si alcanzó grandezas no superadas en el pasado y sabe mantener su rango en el presente ha de mantenerse digna de su tradición en el mañana.[66]

El 29 de junio se trasladó a la ciudad de La Plata acompañado por Joaquín V. González y miembros de la colectividad española. El diario *La Argentina* apunta que le recibieron mil personas.[67] También en La Plata tuvo una agenda pautada. Primero un almuerzo

---

[65] «La demostración a Blasco Ibáñez en el Círculo Valenciano», *La Argentina*, Buenos Aires, 11-6-1909, p. 8.

[66] «Visita entre colosos», *El Diario Español*, Buenos Aires, 16-6-1909, p. 2.

[67] «El novelista Blasco Ibáñez en la ciudad de La Plata», *La Argentina,* Buenos Aires, 30-6-1909, p. 8.

de recepción, luego las correspondientes visitas a las dependencias de la Universidad Nacional de La Plata (UNLP), posteriormente dio su esperada disertación en el teatro Argentino y finalizó su breve visita con otro banquete.

Ya en Buenos Aires, se reunió por segunda vez con Figueroa Alcorta, fue al Hospital de Niños[68] y acudió al homenaje que le brindó la Academia Literaria de Buenos Aires.[69] El novelista seguía siendo reclamado por diferentes colectivos, y aunque a mediados de julio había iniciado su gira por el interior, tuvo que regresar a Buenos Aires para acudir al banquete o «demostración» que organizó la revista *Nosotros* en su honor el 20 de julio, y al evento que había preparado la Asociación Patriótica Española, el 23 de julio, para entregarle el título de presidente honorario.[70]

El banquete preparado por *Nosotros* se celebró en el restaurante Ferrari y congregó a más de sesenta comensales.[71] Rodearon al novelista, entre otros, los directores de la revista —Alfredo A. Bianchi y Roberto F. Giusti—, Carlos Octavio Bunge, José Ingenieros, Eduardo Talero, Edmundo Montagne, Eduardo Bunge, Florencio Sánchez, Evaristo Carriego, Rafael Arrieta, Charles de Soussens, Félix Lima, Federico Mertens, Juan Mas y Pi.[72] El primero en hablar fue Bunge, quien destacó la capacidad de Blasco Ibáñez, tanto para escribir literatura realista como para guiar a las multitudes, pero sobre todo ensalzó la admiración que la juventud argentina, de la que Bunge se posicionará como representante, sentía hacia él como artista y como luchador:

> La juventud argentina admira en vos al artista […] La realidad y el arte se hermanan en vuestro temperamento […] la juventud argentina admira en vos al luchador […] Desde el tablado del teatro habéis, en efecto, dirigido al pueblo las prédicas de vuestro apostólico celo por la Justicia, la Democracia, el Progreso. Y el pueblo os ha comprendido. El Pueblo os aclama. Ved aquí, en torno a esta mesa, una generación desbordante de entusiasmo sagrado. Son jóvenes que no pierden su tiempo en charlas de club ni en el devaneo de los salones, son jóvenes que no se interesan por el triunfo del hipódromo, y desconocen la sutil ciencia de anudarse la corbata a la última moda. Escritores y artistas por vocación,

---

[68]   Tanto la visita al hospital como la reunión con el presidente fueron el 7 de julio de 1909.

[69]   Celebrado el 14 de julio en el teatro Buenos Aires. Blasco Ibáñez recibió el diploma que le otorgaba el título de miembro honorario.

[70]   Según indican los diarios, el día 15 de julio se realizó una función en su honor en el teatro Victoria organizada por la Sociedad Submarino Peral, véase: «Blasco Ibáñez», *La Prensa*, Buenos Aires, 14-7-1909. Martínez de Sánchez indica que fue César Calzada el que habló en dicho evento, véase: Martínez de Sánchez, 1994, p. 51. También acudió el 18 de julio al banquete que organizó la directiva del Centro Catalán en su honor.

[71]   «La demostración de *Nosotros* a Blasco Ibáñez», *Nosotros*, Buenos Aires, n.º 22-23, julio/agosto, 1909, pp. 366-371. Giaccio, 2018, p. 363, señala que el agasajo a Blasco Ibáñez por parte de *Nosotros* inició una costumbre, fue el primero dedicado a un escritor viajero europeo, y en especial de nacionalidad española.

[72]   La lista de asistentes es amplia, *El Diario Español* ofreció el 18 de julio de 1909 en detalle los nombres de quienes se habían adherido al banquete y además informó que el listado se vería ampliado porque también se había unido la Academia de Buenos Aires, que estaría representada por numerosos socios.

esperanzas de las letras y de la patria, ellos aman vuestra franqueza robusta, sienten la belleza de vuestros libros y luchan por las victorias de vuestra causa.[73]

Bunge hacía alusión a las conferencias de Blasco Ibáñez en el país, pues menciona que, desde el tablado del teatro, había dirigido una serie de prédicas que el pueblo había comprendido y por la cual lo aclamaba. Sin embargo, en un número anterior, la revista ofrecía un saludo al huésped como la más «elevada representación intelectual de España» y señalaba que no se iba a entrar en «una precipitada apreciación del ciclo de conferencias que ha iniciado con éxito discutido».[74]

El siguiente en tomar la palabra fue Talero, con un poema en el que según Giaccio se parodian unos versos de *Cyrano de Bergerac,* de Edmond Rostand, afirmando la autora que con esto se vendría a mostrar el conocimiento y actualización que los escritores argentinos tenían de la literatura europea.[75] Este grupo de literarios y críticos era conocedor de las novedades culturales de la época y su relación con los autores les permitía tener una mayor visibilidad en la sociedad, a exhibirse ante ella. Esta práctica social de vinculación no solo aparecería recogida en los distintos diarios, pues ya hemos señalado que los banquetes llevaban consigo la aparición de noticias relativas al mismo, sino en su propia revista a través de la que narraban y con ello visibilizaban un tipo de reunión pública, protocolar, de cohesión, que mostraba el deseo de forjar lazos con autores de otras nacionalidades.

El discurso de Bunge y el poema de Talero fueron contestados por el homenajeado, que *Nosotros* lamenta no recordar, pero menciona que realizó una «brillante improvisación» y abundó en los conceptos de arte y su valor en la vida. Posteriormente intervinieron Edmundo Montagne, Pedro Sondereguer, Alfredo Palacios, Charles Soussens y Carlos M. Pacheco, aunque en la revista tan solo se reproduce el discurso de Sondereguer, quien también habló de una «reunión de jóvenes» y dijo de Blasco Ibáñez que era «el más leído de los grandes novelistas españoles contemporáneos». Distinguió entre dos tipos de escritores, los actuales y los eternos, que eran actuales siempre, considerando al invitado uno de estos últimos:

> Existen —y esto lo sabéis vosotros mejor que yo— dos clases de escritores: los actuales, es decir, aquellos que solo son el encanto de los hombres de su tiempo, y los eternos, esto es, aquellos que llevan la audacia de su mirada hasta el alma misma del alma de las cosas, y que dicen su sabiduría para gloria y asombro de los siglos. Los unos son actuales ahora, los otros son actuales siempre. A estos últimos pertenece el viajero —viajero en la vida y en los continentes— a quien en este momento elogiamos de hecho y de palabra, Blasco Ibáñez no es como decía antes un otoño. Es una primavera en la eternidad.[76]

Es importante señalar que en los discursos hubo un deseo por parte de *Nosotros* de «caracterizar» al grupo ante el novelista y que, tal y como indica Giaccio, en ellos los an-

---

[73] «La demostración de *Nosotros* a Blasco Ibáñez», *Nosotros,* Buenos Aires, n.º 22-23, julio/agosto, 1909, pp. 367-368.

[74] «Notas y comentarios», *Nosotros,* Buenos Aires, n.º 20-21, mayo/junio, 1909, p. 262.

[75] «La demostración de *Nosotros* a Blasco Ibáñez», *Nosotros,* Buenos Aires, n.º 22-23, julio/agosto, 1909, p. 333.

[76] *Ibidem,* p. 369.

fitriones se posicionaron como representantes de la juventud intelectual argentina.[77] Por otro lado, los directores de la revista, los ya mencionados Bianchi y Giusti —que fueron dos de los promotores principales de la vida literaria argentina de principios del siglo xx—, a través de este artículo dedicado a Blasco Ibáñez y que se repetirá con otros, buscaban visibilizar al grupo, pero también a la revista. Hay que tener en cuenta que muchos de los integrantes escribían en diarios de la ciudad.

Para el evento organizado por la Asociación Patriótica Española, que tuvo lugar tan solo tres días después, también tuvo que regresar a la ciudad, ya que el día anterior había disertado en Mercedes. El acto se celebró en el teatro Buenos Aires y congregó a un gran número de personas pertenecientes fundamentalmente a la colectividad española. Hubo una función teatral y Martín Dedeu fue el encargado de entregar a Blasco Ibáñez el pergamino con el nombramiento de presidente honorario, así como una medalla de oro en conmemoración de dicho acto. Dedeu explicó el motivo del nombramiento aludiendo a los servicios que el homenajeado había prestado a su país y a las colaboraciones que había realizado para la revista *España*. Por su parte, Blasco Ibáñez agradeció el acto considerando que aquella fiesta no era propiamente en su honor, sino también de aquella congregación de españoles residentes en Buenos Aires.[78]

Tuvo que concentrarse en una serie de conferencias en Buenos Aires en el mes de junio y parte de julio, a las que *El Diario Español* dio una importante cobertura.[79] Su campaña y su propaganda continuaron en los meses siguientes, en que viajó por el interior del país y se desplazó a las repúblicas del Paraguay,[80] Uruguay[81] y Chile,[82] donde también debió alternar sus conferencias con diferentes actos sociales.

---

[77] Giaccio, 2017, p. 334.

[78] «Asociación Patriótica», *La Prensa,* Buenos Aires, 24-7-1909, p. 9; «La Patriótica y Blasco Ibáñez», *El Diario Español,* Buenos Aires, 24-7-1909, p. 3. El diario madrileño *El País* publicó una noticia que hacía referencia a este evento, véase: «Intelectuales en América», *El País,* Madrid, 29-8-1909, p. 3. Por su parte, el diario *El Pueblo* publicó el 9 de septiembre de 1909 la noticia extraída del diario argentino *La Prensa*.

[79] La primera noticia que se publica describiendo estas conferencias es el 12 de junio y la última el 13 de julio.

[80] Paraguay no estaba en el proyecto inicial, la visita surgió cuando el novelista estaba en territorio argentino. Fue otro español, Viriato Díaz Pérez el que le propuso acudir a la República del Paraguay a dictar una conferencia. Para un estudio del paso de Blasco Ibáñez por el país, véase: Díaz Pérez, Godoy y Báez, 1909 y Peiró Barco, 2000. El novelista también informó a su mujer de su visita y actividades, véase: ACMBI, Epistolarios, carta de Vicente Blasco Ibáñez a María Blasco del Cacho, Corrientes, 21-8-1909 y carta de Vicente Blasco Ibáñez a María Blasco del Cacho, Buenos Aires, 29-9-1909.

[81] Blasco Ibáñez acudió a Uruguay en dos ocasiones. En agosto a las ciudades de Paysandú y Salto, lo que supuso un parón en su *tournée* por el interior argentino, y en diciembre a Montevideo. De esta última, hay una referencia en una carta enviada a su esposa, donde le comunica que daría cinco conferencias en la ciudad antes de embarcarse para España, véase: ACMBI, carta de Vicente Blasco Ibáñez a María Blasco del Cacho, Buenos Aires, 11-12-1909. De su paso por el país hay una importante referencia en: AMAE, Correspondencia Uruguay 1901-1909, Legajo H-1796, Despacho n.º 124, «Política del ministro Plenipotenciario de S.M. en Uruguay (Germán María de Ory) al Excmo. Señor ministro de Estado», Montevideo 7-10-1909. La signatura actual en el AHN es: Mº_EXTERIORES_H,1796, N.124.

[82] Ofreció conferencias en Santiago de Chile y Valparaíso. Llegó al país el 11 de noviembre y estuvo hasta el 6 de diciembre. Fue recibido por el presidente Pedro Montt en una audiencia particular y por Luis Elguín, al que, como agregado comercial de la Embajada de Chile en Madrid, conocía con anterioridad. Su labor en el país fue criticada activamente por sus detractores y aquellos que se dedicaban a las labores

EN EL INTERIOR ARGENTINO: UNA GIRA CON DOBLE OBJETIVO

Tras finalizar el segundo grupo de abono en Buenos Aires —que cerró con la conferencia sobre los pintores españoles— Blasco Ibáñez inició una gira por distintas provincias.[83] Su recorrido por el este, noreste y sur del país duró cuatro meses durante los cuales recorrió once provincias y pronunció treinta conferencias en una veintena de ciudades que le aportaron importantes réditos económicos, aunque no se pagaron igual que en la capital y no despertaron el mismo interés. Se observa un importante descenso en la atención de la prensa, aunque *El Diario Español* y *La Nación* hicieron alguna alusión, nada tiene que ver con las extensas crónicas publicadas en el mes de junio y la primera quincena de julio, lo que a su vez dificulta el estudio de su paso por provincias. Regresó puntualmente a Buenos Aires para acudir a algún evento organizado en su honor.

El plan definitivo de ofrecer conferencias fuera de la capital se concretó estando ya en Argentina. *El Diario Español* a finales de junio informaba que las daría en diferentes ciudades de la provincia de Buenos Aires y hacía una petición a todas las poblaciones interesadas para así poder trazar el itinerario:

> Enseguida comenzará el señor Blasco Ibáñez a dar algunas conferencias organizadas en diferentes ciudades de la provincia de Buenos Aires. A objeto de poder arreglar el itinerario cómodamente, convendría que a la mayor brevedad posible todas las poblaciones donde deseen oírle le manifiesten por carta al Hotel de España, la persona o personas con quienes pueda ponerse en relaciones para determinar la época y condiciones de su viaje, pues sería difícil volver a un punto que quedase fuera del recorrido que ahora se establezca.[84]

Puede deducirse que todavía no lo tenía cerrado y que, de nuevo, realizaría las intervenciones por su cuenta y riesgo, lo que no significaba que no tuviese algún tipo de ayuda para cerrarlas u organizarlas. Días antes se mostró ilusionado y con esperanzas de obtener importantes ganancias y así se lo escribió a su esposa en una carta el 10 de julio de 1909 en la que, además, revelaba que el presidente Figueroa Alcorta le había entregado dos billetes gratuitos, uno para él y el otro supuestamente para el secretario:

---

diplomáticas de España en el exterior. Algunas de estas críticas pueden encontrarse en la carta de Ernesto A. Guzmán a Miguel de Unamuno, Santiago de Chile, 14 de noviembre de 1909, en: https://gredos.usal.es/handle/10366/21075 [consultado 09/04/2024]. En ella no solo consideró a Blasco Ibáñez un comerciante, sino que expresó las sensaciones que le provocó escucharle: «lástima», «pena», «rabia» y «asco». Crítico también fue el informe emitido por la Legación de España en Santiago de Chile, véase: AMAE, Correspondencia Chile, Legajo H-1441, Despacho n.º 181 «del ministro de su S.M. (Silvio Fernández Vallín) al Excmo. Señor ministro de Estado», Santiago de Chile, 4-12-1909. La signatura actual en el AHN es: Mº_EXTERIORES_H,1441, N.181. De sus actividades por el país dieron cuenta Cola, s. f., que aprovechará para realizar una defensa del novelista, y Blasco Ibáñez en una carta enviada a su mujer, véase: ACMBI, Epistolarios, carta de Vicente Blasco Ibáñez a María Blasco del Cacho, Buenos Aires, 11-12-1909.

[83] Puede encontrarse un avance de su gira por el interior a través de *El Diario Español* en: San Martín Molina, 2019, pp. 148-149. Para conocer la ciudad, fecha, lugar y títulos de las conferencias en las provincias, véase: Martínez de Sánchez, 1994, pp. 137-138.

[84] «Blasco Ibáñez. Su conferencia del domingo», *El Diario Español,* Buenos Aires, 23-6-1909, p. 2.

Llevo ganados en este momento unos 12 000 duros. 4000 que le envié a Llorca y los otros los tengo depositados en el banco Español del Río de la Plata. Llevo dadas unas 13 conferencias. Las conferencias no dan en realidad más que 5000 pesetas, si son en Buenos Aires y a veces menos, a 2000 o 3000 pesetas fuera: pues lo demás se va en gastos: pero aún quedan muchas por dar (40 o 50) y se podrán recoger solo de conferencias unos 10 000 duros. Pero esta tarea me va a costar dos o tres meses. En la próxima semana salgo de Buenos Aires para correr toda la Argentina que es tan grande como Europa […] Afortunadamente el Presidente de la República me ha dado dos billetes gratis (para mí y el secretario) por todos los ferrocarriles de la nación, vapores, ríos, etc., y además con la cama en los vagones dormitorios. Tendré que trabajar mucho; esto es pesado; hay que templar muchas gaitas, y hay veces que me impaciento y me canso y deseo volver; pero, pronto pienso que ocasión como esta no tendré otra, que debo aprovecharla, cueste el tiempo que cueste, que de aquí de la Argentina puedo llevarme muy buenos dineros, y además aun me queda por explotar, el Uruguay, Chile (donde me ha llamado el gobierno y me espera) y el Brasil. De todos estos países, aunque son menos ricos que la Argentina, raro será que no saque por lo menos tanto como aquí […] Ya ves: ganar un solo mes 12 000 duros; ¡Si esto continuara mucho tiempo![85]

La gira por la geografía argentina, que comenzó a mediados de julio, tenía doble objetivo: por un lado, ofrecer conferencias de temática variada —literatura, teatro, música, arte, personajes célebres— aunque repetitiva, que le valdrá ciertas críticas de Sors Cirera.[86] Por otro, que quizás sea el más relevante por lo que supuso posteriormente, aprovechar este viaje para conocer el país con la intención de recopilar información para escribir un libro sobre la Argentina. Sin embargo, lo más llamativo es que vio un futuro en aquel país, y no en las letras, sino en la compra de tierras para llevar a cabo proyectos de colonización.

Durante el mes de julio se movió por la provincia de Buenos Aires. Los siguientes meses fueron de enorme actividad, en agosto pronunció trece conferencias, aunque cuatro fueron fuera de Argentina, dos en Uruguay y dos en Paraguay. El 1 de agosto tenía que intervenir en Rosario[87] y *El Diario Español*, el 27 de julio, publicaba que Blasco Ibáñez fue acompañado por Carlos Malagarriga, que se encargaría de presentarlo.[88] Esta ciudad albergaba una numerosa colectividad española, pero Martínez de Sánchez indica que, a pesar de ello, la concurrencia fue escasa y si bien puede achacarse a condiciones climáticas, cree que pudo deberse a razones políticas.[89] Esto explicaría por qué Mala-

---

[85]   ACMBI, Epistolarios, carta de Vicente Blasco Ibáñez a María Blasco del Cacho, Buenos Aires, 10-07-1909. En otra carta enviada a Francisco Sempere en agosto de 1909 anotaba que llevaba ganados 30 000 duros y que creía poder llegar a los 40 000, véase: Herráez, 1999, p. 65.

[86]   Sors Cirera, 1910, pp. 27-39.

[87]   El diario *La Argentina* el 15 de julio de 1909 adelantó que el novelista daría cuatro o cinco conferencias. Finalmente, solo dio una.

[88]   «Blasco Ibáñez», *El Diario Español*, Buenos Aires, 27-7-1909, p. 2. La revista *Caras y Caretas* el 7 de agosto de 1909 publicó dos imágenes de la visita de Blasco Ibáñez a Rosario. En la primera se puede ver al novelista en el Club Español y en la segunda en el lunch que le ofreció la asociación.

[89]   Martínez de Sánchez, 1994, p. 55.

garriga, como miembro destacado de la colectividad, actuó de esta manera. Desde que Blasco Ibáñez le contó en Madrid sus planes, estuvo involucrado y cuando este llegó a Argentina le acompañó en eventos y le defendió de las críticas. Dadas las circunstancias de Rosario, se hacía necesaria su presencia para que el novelista saliese exitoso y salvaguardar la imagen de España, ya que era presentado como un representante cultural. En una carta publicada en *El Liberal* y reproducida en *El Pueblo* afirmaba: «Por nuestra parte, los españoles de aquí no podemos hacer otra cosa que escoltar entusiastas a los triunfadores como Blasco Ibáñez».[90] Se observa un cambio importante respecto a su rol, si en las conferencias en el teatro Odeón la persona clave en el cierre y en la promoción del literato a través del periódico de la colectividad española fue López de Gomara, ahora, en quien pudo haberse apoyado Blasco Ibáñez en la gira por el interior, o al menos en algunos puntos, fue en Malagarriga.[91]

Respecto al supuesto éxito cosechado en Rosario, Sors Cirera, que era por aquel entonces director del diario *El Entre Ríos,* afirmó que hubo escasa concurrencia, lo que se reflejó en los beneficios económicos:

> Dio varias conferencias; pero la escasa concurrencia defraudó las aspiraciones del orador; no se podía esperar otra cosa, porque Rosario es una ciudad eminentemente comercial, que no tiene tiempo para escuchar charlas, por pintorescas y concienzudas que éstas sean. El recibimiento que le hicieron en esa población fue bueno; pero se le dio escasa ganancia, obtuvo pocas utilidades; una cosa es el agasajo, la cortesía, la gentileza, y otra muy distinta el bolsillo.[92]

Necesitaría de nuevo la ayuda de distinguidas personalidades y de *El Diario Español* para promocionar sus conferencias en provincias. Era consciente, como escribía en agosto a su esposa, de que tendría que trabajar mucho para obtener los réditos y éxitos cosechados en la capital y confesaba: «Ya llevo ganados 34 000 duros y ahora me quedan por correr dos terceras partes de la República. Ahora gano el dinero muy poco a poco; esto no es Buenos Aires, pero lo gano todos los días y se va formando capital».[93] De nuevo se observa esa preocupación por su capital simbólico y material. Salir exitoso de los teatros no solo le aportaba beneficios económicos, sino que servía de plataforma publicitaria para que otras localidades e incluso otros países le contactasen, como ocurrió en los casos de Uruguay y Paraguay.

Más criticado fue su paso por la provincia de Entre Ríos. En Paraná estaba previsto que disertara en el teatro Variedades. El primer día el tema elegido fue «La novela moderna y su influencia social», un asunto que dominaba y que había tratado en numerosas ocasiones, pero que Sors Cirera afirmó que era «su caballito de batalla» y que además

---

[90] «De Buenos Aires», *El Pueblo,* Valencia, 16-7-1909, p. 1.
[91] San Martín Molina, 2019, p. 149.
[92] Sors Cirera, 1910, pp. 26-27.
[93] ACMBI, Epistolarios, carta de Vicente Blasco Ibáñez a María Blasco del Cacho, Corrientes, 21-08-1909.

le servía como reclamo para vender sus novelas, cuentos y «libritos de paparruchas».[94] Es cierto que utilizó sus conferencias para promocionar sus novelas, tiene su lógica si tenemos en cuenta que había acudido a aquel país con la idea de establecer un mercado editorial para vender sus obras y las de otros autores europeos. También era entendible que uno de sus temas más recurrentes fuese el de la novela —ya fuese tratando la novela en general, la novela moderna, la novela y su influencia social, los principales representantes de la novela— dado que, al fin y al cabo, su profesión era la de escritor, y en estos lugares del interior era conocido y reclamado como tal. La segunda versó sobre el teatro y la música, y hay una referencia en el libro de Sors Cirera. Según él, Blasco Ibáñez desconocería el tema del que había hablado, hasta el punto de afirmar que no podría ser considerada una conferencia. Para respaldar su opinión, ya no sobre esta, sino sobre todas las que había realizado e, incluso, sobre los intereses económicos que el novelista tenía para América, incluyó parte de un artículo publicado en *El Litoral* de Concordia muy crítico:

> El pueblo porteño, la prensa porteña, la sociedad porteña, los elementos intelectuales porteños, se apercibieron indudablemente, desde el primer momento, del chasco colosal; pero la grandiosidad del homenaje obligaba la persistencia de la mentira y así siguió diciéndosenos por los órganos más representativos, todo género de lindezas sobre el huésped, sosteniéndose en las provincias el alto concepto, después de estar completamente desvanecido donde se conocía de cerca, en su obra, en sus gestos, en sus inconveniencias y en su ensimismamiento desagradable al artista y al hombre, al escritor y a la persona sociable, al novelista, al viajero, al estudioso huésped venido a América —y muy especialmente a la República Argentina— con el propósito de cartel de estudiarnos serenamente, fríamente, filosóficamente, económicamente, sociológicamente; pero con la oculta y decidida intención de hacer la América en la proporción más cuantiosa que le sea posible […] Blasco Ibáñez no pasa por ningún convencionalismo y se hace repulsivo a los hombres de sentimientos generosos que en todas partes se apresuran a recibirlo y a agasajarlo, […] y en lugar de traernos las luces de la civilización europea, la verdad que redime y levanta, nos trae sus conferencias hechas a manera de las colchas criollas […] y el público se entretiene porque la mente no se fatiga y el espíritu se alegra con los chistes de que el orador siembra sus conferencias, unas veces chistes tolerables que se deslizan en el asunto, otras veces chistes con sabor a ajo y cebolla.[95]

A pesar de estas palabras y opiniones, Blasco Ibáñez seguía siendo reclamado en las distintas localidades y continuó su itinerario por la Provincia de Corrientes en el mes de agosto, desde donde envió una carta a su esposa en la que se observa cómo disfrutaba de sus actividades paralelas. Este recorrido le estaba permitiendo acceder a las distintas poblaciones, algo que le llamará enormemente la atención:

> Querida María: Estoy aquí en la frontera del Paraguay […] Yo voy con polainas y revólver al cinto como un explorador. […] Estos pueblos son muy graciosos. Los indios van des-

94   Sors Cirera, 1910, p. 29.
95   *Ibidem,* pp. 34-37.

calzos, y por entre ellos pasan señoras a la última moda de París, más elegantes que las de Madrid. La salida de una conferencia mía parece una salida del real; grandes sombreros, ricas capas etc.[96]

En el Chaco tuvo la oportunidad de convivir con las tribus indias, lo que le permitió corroborar el contraste que existía en el país. Precisamente en una entrevista concedida al diario *La Argentina* habló de ello y, para explicar a lo que se refería con barbarie, se expresó en los siguientes términos:

> Me refiero a los indios que, como todo lo exótico, han despertado en grado sumo mi cu-
> riosidad. Por verlos de cerca, internando en el pintoresco Chaco, he asistido a una pelea de
> que los diarios porteños se hicieron eco no ha mucho en su sección telegráfica. Fue cerca
> de Ledesma. Los Chumapis se encontraron con los Matacos, al descender los primeros
> del Pilcomayo, cosa que hasta entonces no habían hecho. Diestramente manejadas las pri-
> mitivas armas, unos y otros se hicieron grave daño, resultando muertos y heridos como
> balance de la refriega. He estado con los indígenas, he vivido por espacio de algunos días
> su azarosa vida y he penetrado a los ingenios y a los obrajes. Curioso… ¡Muy curioso en
> verdad, aquel contraste del todo con respecto a la civilización del país![97]

Es importante destacar que a determinados grupos de las élites les interesaba que el novelista comprobase —con el objetivo de que pudiese transmitirlo a España y a Europa a través de escritos— que aquellos territorios, que en su día fueron objeto del importante debate de fin de siglo argentino entre *Civilización* o *Barbarie*,[98] ahora se habían estabiliza-do y habían experimentado una reorientación hacia el progreso. El campo y la provincia eran contemplados como ajenos ya a la barbarie con la que se los había relacionado tiem-po atrás, y eran considerados por intelectuales de las nuevas generaciones, como Manuel Gálvez, como custodios de los «genuinos valores argentinos».[99] Del Chaco, como de otros territorios nacionales, dejó testimonio en *Argentina y sus grandezas,* donde reconoció que la imagen que tenía de dicho lugar, y que en el fondo era con la que venían muchos viajeros europeos al país, no se correspondía con la realidad:

> Se habla del Chaco como de un país salvaje, donde el hombre civilizado solo puede vivir
> con el revólver en la mano. Aun en la misma Buenos Aires hay gentes que al oír hablar de
> este territorio solo se imaginan tremendas luchas con las fieras salvajes y nocturnas aler-
> tas para defenderse de los salvajes […] Yo era uno de los que consideraba al Chaco con

---

[96] ACMBI, Epistolarios, carta de Vicente Blasco Ibáñez a María Blasco del Cacho, Corrientes, 21-08-1909.

[97] «Impresiones de nuestro país recogidas por Blasco Ibáñez en su reciente jira *[sic]*», *La Argentina,* Buenos Aires, 28-9-1909, p. 7.

[98] Para un seguimiento de esta imagen desde Facundo Sarmiento hasta el siglo xx, véase: Svampa, 1994.

[99] Sánchez Samblás, 2009, pp. 58-60. Respecto a la obra de Gálvez afirma que se trata de un texto híbrido entre la ficción narrativa y la reflexión ensayística y que pretende ser al mismo tiempo una re-acción e interrogación.

un sentimiento de curiosidad, mezcla de inquietud e interés novelesco […] Empecé por enterarme de que lo que yo imaginaba tenebrosos bosques chaqueños eran algunas islas que ocultan la verdadera orilla del río, y que tras ellas está Barranqueras y su puerto, ni mejores ni peores que muchas poblaciones porteñas del Paraná y Uruguay. Desembarqué en un muelle junto al que estaban atracados algunos vapores, y vi casas amplias y bien construidas.[100]

Será esa naturaleza en estado salvaje, esos lugares poco poblados y tan dispares, los que pudieron consolidar —y esto es algo de lo que también da cuenta Martínez de Sánchez— la posibilidad de convertirse en colonizador. Aquel pensamiento terminó de afianzarse cuando recorrió el litoral, el interior y el sur y, en especial, cuando conoció a Gualterio Leach en Jujuy, en el que vio la imagen de lo que era un conquistador en aquellos tiempos.[101] Mientras continuó con su itinerario de conferenciante,[102] todavía, como indicó a su esposa en la misiva del 21 de agosto de 1909, le quedaban por recorrer partes de la República.[103]

En el mes de septiembre estuvo en el Noroeste y por el centro del país: Tucumán, Salta, Jujuy, Santiago de Estero, Córdoba[104] y Villa María. Aprovechó para conocer diferentes obras de ingeniería aplicadas a la mejora de los campos, los principales establecimientos industriales, pueblos y colonias. Debía seguir hacia el sur, pero le surgió la oportunidad de materializar la obra sobre el país. Esto provocó que tuviese que trasladarse a Buenos Aires para poder realizar las gestiones pertinentes.[105] Entre octubre y primeros de noviembre estuvo en Bahía Blanca, Mendoza y San Juan. Si bien el diario *La Argentina* en el mes de julio había anunciado que daría tres conferencias en Buenos Aires que tendrían por tema «La Argentina que ha visto», esto finalmente no ocurrió. Posiblemente la falta de tiempo y una estrategia de reservar «todo lo que había visto» para narrarlo en su obra, *Argentina y sus grandezas,* explique por qué no disertó sobre esta temática que, sin duda, hubiese resultado de gran interés para el público argentino, que tuvo que esperar a 1910 —momento en el que regresó al país con su obra concluida— para conocer la opinión que tenía del país y de los argentinos.

Sus intervenciones en estos lugares se caracterizaron por tener una temática artística y por resultar un tanto repetitivas. Necesitó de recursos que pudiesen darles cierta «originalidad», adaptarlas al lugar fue uno de ellos. Las modificaciones se introdujeron,

---

[100] Blasco Ibáñez, 1910, pp. 715-716.

[101] Martínez de Sánchez, 1994, pp. 60 y 68.

[102] El diario *La Prensa* el 15 de julio de 1909 adelantaba los próximos destinos y fijaba finales de agosto como el inicio del itinerario por el Noreste.

[103] ACMBI, Epistolarios, carta de Vicente Blasco Ibáñez a María Blasco del Cacho, Corrientes, 21-08-1909.

[104] Para el paso de Blasco Ibáñez por Córdoba, véase: Martínez de Sánchez, 1991.

[105] El 4 de octubre de 1909 Blasco Ibáñez visitó en sus respectivos despachos de la Casa Rosada a Victorino de la Plaza —ministro de Relaciones Exteriores— y a Pedro Ezcurra —ministro de Agricultura— con la intención de solicitarles libros, estadísticas y demás elementos que pudiera utilizar en su futura obra.

fundamentalmente, al inicio, además de elogiar el lugar en el que disertaba, solía tratar algún asunto puramente local del que era informado con anterioridad. Esto no es más que una estrategia para ganarse emotivamente al público, sabía que hablando de los temas que habían acontecido o estaban aconteciendo en la localidad, la respuesta de parte —si no de todo— el auditorio sería positiva. A pesar de no ser una visita que se prolongase demasiado en el tiempo, mostró la variedad de escenarios por los que Blasco Ibáñez circuló convirtiéndose así en una especie de «orador ambulante» que terminó por agotarle.[106] De lo que supusieron las innumerables actividades sociales —banquetes, homenajes, agasajos, excursiones— no solo dio cuenta en una carta enviada a su esposa en julio de 1909,[107] sino que años más tarde confesó a Camilo Pitollet:

> Lo más penoso no eran las conferencias, sino la llegada a las localidades donde habían de tener lugar. ¡Señores, qué ajetreo! Era preciso sufrir todo el ceremonial de recepciones con banderas y músicas, estrechar millares de manos, recordar centenares de nombres, visitar las curiosidades de la región, y sobre todo, ¡ah, sobre todo participar de los banquetes! Se celebraban tres por lo menos en cada sitio: el de llegada, el que servía para festejar el éxito de la conferencia, y por último, el de la despedida.[108]

Este «agotador» ceremonial no fue exclusivo de Blasco Ibáñez, como señala Bruno, ya que son recurrentes los registros de cansancio que los distintos visitantes dejaron al pasar por la Argentina.[109]

---

[106] En una carta a Francisco Sempere, además de aludir a su agotamiento, afirmó que iba de pueblo en pueblo como un «sacamuelas», véase: Herráez, 1999, p. 65.
[107] «Esto es una vida de vertiginosa agitación. Se gana dinero, pero se cansa uno mucho. Hay que aguantar almuerzos, comidas, devolver visitas, recibir diariamente doscientas visitas, estar siempre en escena como un cómico…, pero en fin: hay que aguantarlo pues lo pagan», véase: ACMBI, Epistolarios, carta de Vicente Blasco Ibáñez a María Blasco del Cacho, Buenos Aires, 10-7-1909.
[108] Pitollet, 1921, p. 119.
[109] Bruno, 2014a, pp. 12-15.

Capítulo 3
El discurso de Blasco Ibáñez: conferencias y negocio editorial

De la tribuna a las tablas del teatro

La enorme curiosidad que Blasco Ibáñez despertó entre el público porteño gracias a las noticias de su ajetreada vida política, así como a la circulación de sus novelas, se vio reflejada en la expectación —generada en buena medida por la prensa— con la que se aguardaban sus conferencias. Contaba 42 años cuando arribó a Buenos Aires, se encontraba en plena madurez intelectual, era una figura conocida en el ámbito de las letras y del periodismo. El interés por escucharle fue aún mayor cuando se anunció que disertaría en el teatro Odeón. Tal y como indica Roberto F. Giusti —director de la revista *Nosotros* y secretario del Odeón—,[1] era un lugar privilegiado en la vida social porteña.[2] El empresario encargado de regentarlo era Faustino da Rosa, un portugués afincado en Buenos Aires que tenía experiencia en la administración teatral, ganada en la propia empresa a la que se incorporó en cargos subalternos.[3] En él ya habían disertado otras figuras europeas reconocidas como los italianos Enrico Ferri —político, criminólogo y sociólogo—,[4] el historiador Guglielmo Ferrero o el literato francés Anatole France, con el que Blasco Ibáñez coincidirá. Cuando France conoció el repertorio del español lo denominó el «hombre orquesta».[5]

Eran los empresarios privados de los distintos teatros los que inducían a las diversas figuras destacadas de la vida cultural o política a realizar giras de disertaciones en Argen-

---

[1] Sánchez Samblás, 2009, p. 57, indica que el intelectual Roberto Giusti fue uno de los principales detractores de la obra *La restauración nacionalista* de Ricardo Rojas.

[2] Giusti, 1965, p. 66.

[3] *Ibidem,* pp. 67-68. Da Rosa también tuvo la gestión del teatro Avenida y temporalmente la concesión del teatro Colón.

[4] Para las conferencias argentinas de Ferri, véase: Quesada, 1908.

[5] Giusti, 1965, p. 75.

tina, que como indica Bruno, seguían las dinámicas de un espectáculo teatral o musical. La profusión de anuncios en la prensa, la colocación de cartelería promocional y la venta de abonos revelan que estos eventos se desarrollaban en circuitos mercantiles que terminaron por convertirlos en comerciales.[6] De hecho, el papel de Giusti como secretario del Odeón era «suministrar noticias a la prensa, ablandarla, ganarla para la causa del teatro, anunciar las representaciones, corregir cartelones y programas». Todo ello, con el objetivo de hacer que fueran rentables.[7] La práctica habitual de pagar a destacadas figuras europeas fue criticada. En el contexto de las celebraciones del centenario, la conferencia y las columnas de prensa constituyeron el vehículo de difusión para que las élites letradas argentinas divulgaran y debatieran modelos sociales, políticos y culturales en el contexto de la construcción del Estado-Nación y la ciudadanía y para abordar la problemática de la cohesión social y adoptar fórmulas para «articular las fricciones sociales del momento».[8] Uno de los críticos fue José Sors Cirera, que consideraba que lo único que se había conseguido era un efecto llamada a europeos que tenían como único objetivo enriquecerse y cuyos discursos no aportaban nada:

> De un tiempo a esta parte nos ha caído, por desgracia, una lluvia copiosa de sabios y semisabios, literatos y semiliteratos de la vieja Europa, para enseñarnos con sus conferencias cuántos pelos tenía el primer gato que apareció en la superficie de la tierra y otras cosas que hacía mucho tiempo que las teníamos metidas en el cacumen. Vinieron de esas lejanas tierras con el santo propósito de ilustrarnos […] en cambio de algunos pesos moneda nacional; pero lo que más interesó a ese ejército de intelectuales, salvo honrosas excepciones, fue el dinero que recogieron en esas giras provechosas, donde sacaron la tripa de mal año. Los primeros que vinieron a la República Argentina fueron los que llevaron la grata noticia a Europa, de que las conferencias producían en esa tierra una fortuna, y fue entonces que los sabios de verdad de aquel continente y los que presumían de serlo, abrieron desmesuradamente los ojos, como patacón brasilero; arreglaron sus petates y se lanzaron como en país conquistado. En esa lluvia de inteligencias, para muchos benéfica, cayó también el conocido publicista D. Vicente Blasco Ibáñez.[9]

En esta línea también se expresaría José María Salaverría, que se encontraba en Argentina y envió una serie de crónicas a *ABC* tituladas «Paseos por América»:

---

[6] Bruno, 2014a, p. 15.

[7] Giusti, 1965, p. 67.

[8] Sánchez Samblás, 2009, p. 84.

[9] Sors Cirera, 1910, pp. 17-18. El diario *La Defensa* también criticará a Blasco Ibáñez: «Bonitos van a quedar los americanos con la ciencia que les comunique este pobre diablo», véase: «Al día», *La Defensa*, Alcoy, 15-5-1909, p. 2. Manuel Gálvez aludirá a la moda de escuchar a los conferenciantes extranjeros y dará cuenta de la diferencia de públicos en el caso de Blasco Ibáñez y Valle-Inclán: «En aquellos años de 1903 al 1905 no existía la moda furiosa, que sobrevino mucho más tarde, por escuchar a los conferenciantes extranjeros. Los primeros que hablaron en Buenos Aires, en 1908 y 1909, lograron mucha asistencia de público: de público burgués y nada intelectual, Blasco Ibáñez; y de público de profesionales, artistas y escritores, Valle-Inclán», véase: Gálvez, 2002, p. 179.

En estos últimos años ha ocurrido una emigración extraña, compuesta de novelistas, historiadores y periodistas. Para explotar la ubérrima América, estos nuevos emigrantes han echado mano de un gran arbitrio, que consiste en las conferencias. Se dan conferencias públicas a tanto la entrada, se dicen cuatro cosas ligeras, llueve el dinero, y el conferenciante vuelve a su patria tan feliz.[10]

Se refería a los italianos Guglielmo Ferrero y Enrico Ferri, a Anatole France y a Blasco Ibáñez. Respecto al español indicaba que, si bien su figura despertó el interés del público —todos querían oírle, estrecharle la mano e incluso «rozarle la ropa»— quedó decepcionado con sus conferencias. No eran gratuitas, había ganado mucho dinero y el desengaño que sufrió el público argentino cerró «la puerta a otros conferenciantes». Salaverría realizará una comparación entre Blasco Ibáñez y dos catedráticos españoles que también anunciaron un viaje a América: Rafael Altamira y Miguel de Unamuno. Respecto al primero, afirmará que durante su estancia no persiguió el reclamo ni el dinero y que, a pesar de no haber «deslumbrado con su ciencia», dejó una buena impresión, además de que su labor sería sumamente beneficiosa para España. En el caso de Unamuno señalaba que este finalmente no realizó tal viaje porque probablemente «olfateó el negocio y olió a chamusquina».

En este punto cobra especial relevancia un informe de la legación de España en Montevideo, que realizaba un contrapunto entre el novelista y otra figura que se hallaba en esos momentos en Buenos Aires, Rafael Altamira. Se ensalzará la figura del catedrático en detrimento de la de Blasco Ibáñez, afirmándose que la conducta de Altamira había sido admirable y que había constituido el triunfo «más ejemplar de cuantas excursiones científicas y literarias se han celebrado hasta ahora», y además no tenía deseo de lucro. Respecto a Blasco Ibáñez, era crítico y afirmaba que, como Anatole France:

han experimentado un semi-fracaso personal en las conferencias pronunciadas ante públicos numerosísimos en los principales teatros de Buenos Aires. Este semi fracaso que en ninguna manera puede atribuirse a las facultades personales de los citados autores, depende principalmente de las condiciones en que se han presentado y que repetidas, harán siempre inútiles las predicaciones y las iniciativas, quedando reducidas unas y otras a trucos del ingenio en que, el público, que ha pagado el precio de sus entradas va a juzgar, más del virtuosismo de los autores y a compararles entre sí como se comparan los artistas de ópera, que fijarse en lo que dicen o a sacar algún fruto de lo que exponen. El mismo abigarramiento del público, llevado de su deseo de distraerse un rato y en ningún modo de aprender nada; el reducido escenario en que pueden desenvolverse tan peregrinos ingenios, limitados a exponer ideas generales y a emplear términos fácilmente comprensibles; y, por último, la circunstancia de no ser gratuitas sus enseñanzas a ilustraciones, sino castigadas a altos precios, que les son después echados en cara a cada paso y que

[10] Salaverría, José M.ª. «Paseos por América. Los conferenciantes europeos», ABC, Madrid, 24-1-1910, p. 10. Aunque fue publicada en enero de 1910 aparece firmada el 20 de diciembre de 1909. Los otros artículos enviados con el título de «Paseos por América» también fueron publicados los días 15, 19 y 20 de enero de 1910.

merman su prestigio, autorizando a cada espectador a convertirse en crítico despreciativo y descontento, son otros tantos elementos de descrédito para los intelectuales que vienen a América contratados por empresarios.[11]

Es importante señalar que paralelamente surgió otro negocio, el de la reventa de entradas. Hubo quienes aprovechando el tirón que tenían determinadas figuras internacionales vieron la oportunidad de llevar a cabo esta práctica sin que los responsables de los teatros pudieran hacer nada para evitarlo. En el caso que nos ocupa, esto se ha podido confirmar gracias a una noticia de *El Diario Español*. Para evitar la reventa y por deseo de Blasco Ibáñez, dos de sus conferencias fueron ofrecidas en el teatro Coliseo —ubicado en la Plaza de la Libertad—, que disponía de una sala más grande:

> Dada la idea del éxito extraordinario que está llamada a tener la conferencia que dará el domingo el señor Blasco Ibáñez en el teatro Coliseo el hecho de haberse colocado ayer, dos días antes del anunciado y primero de venta de localidades, casi la mitad del enorme teatro. Es la manera de prevenirse contra los abusos de los revendedores de que recibimos quejas que estimamos justas, pues se concreta el caso de que por una delantera de paraíso se ha hecho pagar en el Odeón cinco pesos. Precisamente para evitar en lo posible la explotación del entusiasmo el señor Blasco Ibáñez ha elegido para sus conferencias el teatro más grande, donde no es fácil que los revendedores se aventuren a tomar localidades con que puedan quedarse, pues su gran número hace difícil que puedan ser tan disputadas como en teatros pequeños relativamente al número de la masa que desea aposentarse.[12]

Sin embargo, el periódico, en su justificación de por qué se llegaba a esta iniciativa, ofrecía un dato aún más llamativo que tiene que ver con la gestión que hacía de sus conferencias:

> El señor Blasco Ibáñez no tiene en sus conferencias empresario alguno, dándolas por su exclusiva cuenta y riesgo, pero no es tampoco dueño de los teatros que le ceden por un tanto por ciento de la entrada. No interviene en la boletería sino cuando al concluir la reunión acude a ella su representante.[13]

El Diario Español insistió en esta práctica ante los rumores que circulaban sobre el papel de López de Gomara en la gestión de la gira del novelista viéndose obligado, una vez más, a justificar el 17 de julio de 1909 cuál había sido la función de su director, que no era copartícipe en el producto material de la gira de Blasco Ibáñez pese a que este se lo había pedido al esbozarle su proyecto para Buenos Aires. Tanto es así que le aconsejó via-

---

[11] Archivo del Ministerio de Asuntos Exteriores (AMAE), Correspondencia Uruguay 1901-1909, Legajo H-1796, Despacho n.º 124, «Política del Ministro Plenipotenciario de S.M. en Uruguay (Germán María de Ory) al Excmo. Señor Ministro de Estado», Montevideo, 7-10-1909. San Martín Molina, 2016, p. 227.

[12] «Blasco Ibáñez. Su conferencia del domingo», *El Diario Español*, Buenos Aires, 26-6-1909, p. 2.

[13] *Idem*. Blasco Ibáñez era el primero en lamentar que sus admiradores fueran explotados, pero insistió en que no podía evitar la reventa.

jar por su cuenta y riesgo y que cediese las entradas a un tanto por ciento poniéndose de acuerdo con los empresarios de los teatros.[14] López de Gomara en lo único que tenía interés era en que la gira resultara un éxito porque lo sería también de España. Aunque no fue socio de Blasco Ibáñez, actuó como «facilitador» en la primera gira de conferencias.

Necesitaba de una estructura ya establecida para promocionarse en la prensa y para que el teatro estuviera en condiciones. Cuantas más entradas se vendiesen, mayor beneficio obtendría y por ende también el teatro. En una entrevista concedida a *El Heraldo de Madrid,* desveló haber ganado en una sola tarde en el Coliseo 16 000 pesetas por hablar cuatro horas y media ante un teatro repleto.[15] Por tanto, los réditos económicos del novelista estuvieron sujetos al número de personas que acudían a escucharle. Esto explicaría, por un lado, su preocupación por que sus conferencias no tuvieran el éxito esperado y por otro, las estrategias que siguió en ellas para crear expectativas hacia las siguientes.

Fue habitual que interactuase con el público y que algunas de sus alocuciones las dejase en «suspenso» en un momento clave para intentar asegurar que ese público, o al menos parte de él, estuviese en la siguiente. Acostumbrado a disertar en los sitios más dispares en España durante el periodo que estuvo activo en la política republicana —circos, plazas de toros, playas, anfiteatros antiguos e, incluso, como indica Camillo Pitollet, en carros de labranza— en los que en alguna ocasión sus discursos fueron interrumpidos por tiroteos,[16] esta vez cambió el escenario: las tablas de un teatro. Aquí los asistentes pagaban una entrada por escuchar al novelista, no al político republicano, interrumpían su discurso con aplausos y vítores, se vestían con sus mejores galas y se agolpaban en los alrededores horas antes. En definitiva, era un auténtico acontecimiento social del que el valenciano fue consciente desde el primer momento.

Su puesta en escena consistía, en general, en colocarse de pie en el escenario sin más referentes que una mesa y una silla. Solía presentarse vestido de frac y con un sombrero que depositaba en la mesa antes de comenzar a hablar. Casi siempre seguía el mismo ritual, saludar a las personalidades presentes y realizar una breve introducción antes de entrar de lleno en el tema elegido. No usaba papeles, salvo en contadas ocasiones en las que avisaba al auditorio de que se disponía a leer. Llevaba el discurso grabado en la memoria y aunque, a veces, haría alusión a la improvisación —algo que le valió numerosas críticas—, los temas elegidos y la forma en la que los desarrolló, sobre todo aquellos centrados en la historia española y la Leyenda Negra, los tenía preparados.

La intención tras su vestimenta, el no usar papeles y el constante recurso a la enumeración, era dar una mayor solemnidad y veracidad a sus palabras. En relación con esta

---

[14]   San Martín Molina, 2019, p. 143. En la nota se indica que Blasco Ibáñez contó con la ayuda de un interventor.

[15]   «España en América», *El Heraldo de Madrid,* Madrid, 8-1-1910, p. 1.

[16]   Según Pitollet, 1921, p. 117, hubo quienes intentaban boicotear los discursos de Blasco Ibáñez y pone como ejemplo a curas que hacían sonar las campanas de la iglesia para que los asistentes no pudieran escuchar al político, campesinos partidarios de la monarquía y carlistas que le entrecortaban con tiroteos e incluso público que le amenazaba de muerte.

capacidad de improvisación, lo que para Pitollet eran cualidades,[17] fue objeto de críticas centradas en la falta de novedad y profundidad de los temas. Sors Cirera acudirá a la ironía para atacarlo y describía la «receta» que hay que seguir para ello:

> Se toman diez gramos de sangre fría, nueve gramos de timos literarios, ocho gramos de importancia, siete gramos de citas de autores escogidos, seis gramos de palabras extranjeras, cinco gramos de palabras rebuscadas en el diccionario de la lengua castellana, cuatro gramos de refranes, sentencias y frases hechas, tres gramos de tonterías, dos gramos de gramática, un gramo de literatura y un poco de fósforo cerebral [...] Todos estos ingredientes se ponen en una vasija de barro, se le echa una copa de agua filtrada y se agita el contenido con una varilla de vidrio, hasta que esté bien mezclado [...] Después de efectuar esta operación es cuestión de llenar veinticinco hojas de papel de carta con cierta habilidad, hacer muchas citas, vengan bien o mal, consultando muchos autores; esto significa erudición; poner voces de otros idiomas y sobre todo algo de latín y griego, para que se vea que conoce varias lenguas [...] Fabrica media docena de conferencias, con arte o sin arte, lo mismo da; se las aprende de memoria como don Vicente, y si no puede hacer ese trabajo mental, las lee, como Ferrero, Eva Canel, etc.[18]

Blasco Ibáñez alternó sus discursos con chistes y anécdotas, e incluso hizo propaganda de su obra literaria. Desde un primer momento interpretó las demandas del público consciente de que una vez que se levantase el telón estaba en escena para ofrecer un «espectáculo» a los presentes. Prueba de ello es la carta a Juan Antonio Argerich del 27 de mayo de 1909 donde, además de enumerar los títulos que había pensado para sus conferencias en Buenos Aires y ciudades de provincia, mencionó a quiénes irían dirigidas, sus temáticas, sus objetivos y lo que pretendía.

> Me propongo hacer reír, hacer llorar, y sobre todo no dejar que la gente se aburra ni un minuto. Amenidad y ligereza [...] Quiero que el público no se dé por engañado como con otras; que encuentren novedad y agrado; que salga contento, diciéndose que le han dado lo que merecía por su dinero. Nada de latas [...]. Las conferencias que he pensado, y a las que pongo aquí título rudo e incompleto, buscando expresar con él mi idea son las siguientes. 1ª Cómo se ve Buenos Aires desde Europa. 2ª Lo que América debe a España y España a América (echar abajo las calumnias a nuestra historia). 3ª Preparación de España para la colonización de América (Toda la Edad Media. Civilización árabe etc. etc.). 4ª Isabel la Católica y Juana La Loca (Esta conferencia para las señoras. Aquí sale Colón etc.). 5ª y 6ª Cómo se hace una novela. La 5ª dedicada a Cervantes. Su vida contada por mí. Algo así como la novela de Cervantes. Será cosa nueva. La 6ª será sobre Balzac, Hugo y Zola. 7ª La Madre Teresa de Jesús y los místicos españoles (Para señoras). Reconocerá Ud. que Santa Teresa (la escritora, no santa) descrita por mí, tiene cierta novedad. En España haría furor una conferencia mía sobre esto. 8ª El teatro español (Shakespeare, Lope y Calderón etc.). 9ª La vieja Universidad de Salamanca. 10 Velázquez y Goya. 11-Castelar (lo he co-

---

[17] *Ibidem*, p. 120. Destacó que una rápida información era suficiente para que Blasco Ibáñez pudiese hablar durante una hora y media.

[18] Sors Cirera, 1910, pp. 18-19.

nocido personalmente). 12- España contemporánea (Románticos y naturalismo). 13- Sarmiento y los escritores argentinos hasta los actuales (Para esto necesito estudiar mucho). 14- Fuerzas de la España moderna con las que se levanta después de sus reveses. Hasta ahora no hay más. Pero si el público gusta de ellas, puedo dar muchas más conferencias, pues ya iré encontrando los temas. [Estas conferencias] irán cargadas de anécdotas que es lo que gusta al público. Amenidad sobre todo. El que paga y ocupa un asiento durante una hora, es para que le entretengan, no para que le aburran. [19]

La dimensión de espectáculo que quiso imprimir a su discurso era lo que le diferenciaba de otros intelectuales españoles que viajaron en ese tiempo a la Argentina y que como *embajadores intelectuales* de universidades o instituciones culturales ciñeron sus conferencias al ámbito académico. El perfil de conferenciante de Blasco Ibáñez era más propio del de un *emprendedor cultural* que se adaptaba a las demandas de un público que pagaba una entrada para ser entretenido y no solo para recibir información. Esto no implicaba que los intereses de los *embajadores intelectuales* y *emprendedores culturales* fueran opuestos. En sus auditorios convergían diferentes sectores sociales con distinto grado de instrucción e intereses heterogéneos.[20]

Por el teatro Odeón y el teatro Coliseo circuló, tal y como indica Giaccio, un público diferenciado. Para ver a Blasco Ibáñez en el Odeón, el espectador debía tener un abono del teatro, ya que sus conferencias formaban parte de la cartelera de espectáculos de ese año, lo que explicaría por qué accedían familias de la burguesía y algunos intelectuales; las conferencias en el Coliseo tuvieron una concurrencia menos restringida. La posibilidad de que el novelista diera sus conferencias en estos dos espacios ante un público diferenciado hizo que llegara a un «público más masivo».[21] Optó por que sus conferencias no se desarrollaran en sedes universitarias o académicas, sino en recintos populares abiertos a un público amplio y heterogéneo. En este sentido no estamos ante una experiencia fallida o desviada de las embajadas intelectuales españolas de la época, sino ante una iniciativa cultural que podemos referir a un modelo alternativo de intervención hispanista.

Blasco Ibáñez concedía importancia al público, sabía que vivía de los que compraban sus libros y, en el caso de Argentina, sus ganancias procedían de los que acudían a sus conferencias y muchos de ellos serían también lectores. Reig avala esa relevancia y pone el ejemplo del viaje a Estados Unidos cuando fue acusado de que sus artículos sobre México estaban pagados por el gobierno norteamericano:

No lo niego. Recibo dinero de los Estados Unidos, y además de Inglaterra, de Francia y hasta de la misma España, siendo algunos años estas remuneraciones verdaderamente considerables, como yo no las pude soñar nunca de joven. Pero el que me paga en todos

---

[19] ACMBI, Epistolarios, carta de Vicente Blasco Ibáñez a Juan Antonio Argerich, Madrid, mayo de 1909. Dicha carta también se encuentra en el MuVIM (Museo Valenciano de la Ilustración y de la Modernidad).

[20] San Martín Molina, 2016, p. 225.

[21] Giaccio, 2018, p. 360.

los países es un personaje llamado Público, el cual se muestra tan bondadoso, que no me retira su subvención, a pesar de que más de una vez le critico y escribo contra sus gustos.[22]

Las principales disertaciones que dio en Buenos Aires estarían marcadas por la situación en la que se encontraba España y con conexiones temáticas con el hispanoamericanismo progresista, la generación del 98, el discurso regeneracionista e incluso con el nacionalismo argentino del centenario. Sánchez Samblás ha estudiado el diálogo entre la obra de Blasco Ibáñez en Argentina y los discursos contemporáneos, prestando especial atención al latente debate *latino versus sajón*.[23]

En sus declaraciones y entrevistas, Blasco Ibáñez reiteró que se proponía acabar, entre otras cosas, con la Leyenda Negra que sentía que seguía afligiendo a España. Por eso llevaba a América, y en particular a la Argentina, una imagen alternativa en la que su pasado —al menos en lo cultural— era rehabilitado e incluso glorificado. Este tópico, a pesar de su vigencia y circulación, comenzaba a tener un impacto diferencial en el público. Mientras que desde 1898 los contenidos *neolegendarios,* que formaron parte de las referencias culturales rioplatenses, comenzaban a diluirse por el influjo de una incipiente hispanofilia, su «fantasma» agitaba a la colonia española,[24] refractando en Argentina la capacidad que esta leyenda hispanófoba tendría para interpelar y atribular a la intelectualidad española a lo largo de todo el siglo xx.

Asumiría el riesgo de mirar hacia el pasado de España para proyectar su futuro en una situación que le era totalmente propicia porque la percepción que se tenía en Argentina había variado significativamente en el nuevo espacio discursivo abierto por las celebraciones del centenario. No obstante, no todos acogieron con la misma satisfacción su discurso, hubo quienes estaban más orientados al modelo cultural francés o sajón, y vieron en su hispanismo y su «hermandad ultramarina» un posible perjuicio, mientras que otros se opusieron porque consideraron que simpatizaba con el excluyente nacionalismo criollo.[25] Vamos a encontrar a un Blasco Ibáñez muy comedido y poco innovador, lo que le supuso críticas a sus disquisiciones y a su persona. Fue tildado de «charlatán», de cobrar por sus conferencias y de ser un «comerciante de la literatura», e incluso fue

---

[22] Reig, 2002, p. 141. Por su parte Tomás, 2000, también señala la importancia que Blasco Ibáñez atribuyó al público masivo.

[23] Sánchez Samblás, 2009, pp. 74-117. Parte de las conferencias argentinas del valenciano se conectan con el hispanismo de Manuel Gálvez y Ricardo Rojas.

[24] Recordemos cómo *El Diario Español* mostró su malestar ante las palabras que pronunció Agustín Álvarez en el puerto el día de la llegada de Blasco Ibáñez cuando afirmó que a la Argentina le había tocado la «madrastra». Sales Dasí apunta que la idea de América «junto a la del protagonismo de lo histórico, del papel que Blasco Ibáñez otorga a los conquistadores, puede implicar un cierto desajuste con respecto a la defensa de otros valores años atrás», pero que esto no es algo puntual ni tampoco obedece solo a motivos económicos, véase: Sales Dasí, 2001, p. 80.

[25] Sánchez Samblás, 2009, p. 82 y 116. Esta autora recoge la cita que Federico Vergara Vicuña realizó en su obra *Blasco Ibáñez: la vuelta al mundo en 80.000 dollars* en la que no solo denunciará las intenciones económicas de Blasco Ibáñez, sino también el oportunista uso del hispanoamericanismo y la cultura peninsular.

acusado de «plagiar» el contenido de algunas de sus ponencias. Manuel Gil de Oto, en su libro *La Argentina que yo he visto* —una obra de burlerías—[26] le dedicará unos párrafos:

> Te amamantaste en Zola y en su aliento
> se nutrieron tus bríos soberanos
> para pintar los huertos valencianos,
> con verdad, con amor y con talento.
> Triunfador en tu regio monumento
> tocabas ya la gloria con las manos,
> cuando atavimos ruines y villanos,
> te hicieron mercader del pensamiento.
> De tu palabra hiciste granjería,
> vendiendo como propia mercancía
> productos y rapiñas de mañero.
> Hoy eres chacarero, y del pasado
> fervor a Zola, solo has conservado
> loco amor a *La Tierra* y *El Dinero*.[27]

Desde luego asumir el papel de embajador de la cultura española tuvo ciertos riesgos en lo que a la conservación de su capital simbólico se refiere.

Conferencias: el discurso hispanista y su impacto

Doce fueron las conferencias acordadas entre los meses de junio y julio en distintos teatros de Buenos Aires en un contexto propicio: los preparativos de los actos conmemorativos del primer Centenario de la Independencia de Argentina. Para analizar las intervenciones hemos acudido a las *Conferencias completas*,[28] que recogen once de la primera y segunda series, y de las catalogadas como «populares» o «extraordinarias», que tuvieron lugar en domingo para que pudiesen acudir los obreros; a las cartas que Blasco Ibáñez envió a sus familiares y amigos, y, por último, a las noticias, resúmenes y en algunos

---

[26] Manuel Gil de Oto es el seudónimo del madrileño Miguel Toledano de Escalante (1870-1937). La obra es un relato en que Gil de Oto asume la figura del aguafiestas. Fue publicada en 1915 y en ella «hace explícita su visión crítica hacia el país que celebraba el centenario, mediante el juicio hacia sus periodistas, viajeros, medios gráficos, escritores, actores y actrices», véase: https://www.bn.gov.ar/micrositios/libros/ensayo-ciencia-humanidades/la-argentina-que-yo-he-visto [consultado 09/04/2024].

[27] Gil de Oto, 1915, p. 177. La parte en la que hace referencia a que la información para elaborar lo que denomina «mediocres conferencias» ha sido extraída de otros autores. Lo indica en una nota a pie de página donde afirma que Blasco Ibáñez: «sacó en los tomos de la Biblioteca Michaud, de París, especialmente en los títulos H. de Balzac y Victor Hugo de los que son autores Alfonso Seché y Julio Bertrant».

[28] *Conferencias Completas dadas en Buenos Aires por el eminente escritor y novelista don Vicente Blasco Ibáñez*, Buenos Aires, Imp y Casa Editora A. Grau. No tiene fecha de edición, pero se entiende que sería coetáneo a su visita. Puede encontrarse digitalizado en La Biblioteca Valenciana Digital: https://bivaldi.gva.es/es/consulta/registro.cmd?id=7690 [consultado 09/04/2024].

casos transcripciones de sus alocuciones, publicadas por la prensa argentina y española.[29] El análisis de las distintas fuentes ha permitido encontrar ciertas incongruencias en los títulos. Martínez de Sánchez ofrece un listado que especifica ciudad, provincia, país, fecha, lugar y título. Sin embargo, algunos de los rótulos, que fueron extraídos de periódicos argentinos, no coinciden con los que la editorial A. Grau reproduce y que son los utilizados en este trabajo. Posiblemente esta diferencia se deba a que *Conferencias completas* las recopila sujetándose a las exigencias editoriales que un libro debe cumplir para salir al mercado. Salvo excepciones, los contenidos reproducidos en los periódicos argentinos no variaron sustancialmente y los títulos solían ser fieles a la descripción de las temáticas.[30]

Las conferencias se desarrollaron en dos series o grupos de abono. Pertenecían al primero: «América vista desde España»,[31] «La leyenda negra de España»,[32] «Las grandes figuras del descubrimiento de América»,[33] «Cómo se hace una novela»,[34] «Víctor Hugo»[35] y «Emilio Zola».[36] El segundo estaba compuesto por «Cervantes»,[37] «Lope de Vega, el teatro español y sus intérpretes»,[38] «El misticismo batallador de los españoles»[39] y «Zuloaga y Sorolla».[40] Además de estas series de abono, dio dos conferencias más en el teatro Coliseo: «La Madre Patria frente al futuro»[41] y «La Revolución de Septiembre».[42]

---

[29] En lo que respecta a la cobertura de prensa, *El Diario Español* y *El Pueblo* fueron los periódicos que más contenido proporcionaron.

[30] Un avance puede encontrarse en: San Martín Molina, 2016.

[31] Inicio del primer abono. Primera conferencia. Teatro Odeón, 11 de junio de 1909. En el libro de Martínez de Sánchez el título es «La Argentina vista desde España».

[32] Segunda conferencia. Teatro Odeón, 14 de junio de 1909.

[33] Tercera conferencia. Teatro Odeón, 18 de junio de 1909.

[34] Cuarta conferencia. Teatro Odeón, 21 de junio de 1909. Martínez de Sánchez la registra como «El arte de escribir las novelas: Balzac».

[35] Quinta conferencia. Teatro Odeón, 24 de junio de 1909. El diario *La Argentina* el 25 de junio de 1909 señala que se trata de la segunda conferencia de las que llevan por título «Cómo se hace una novela».

[36] Sexta conferencia. Teatro Odeón, 26 de junio de 1909. *El Diario Español* de Buenos Aires el 27 de junio de 1909 indica que es la última de la primera serie o abono y la titula «Víctor Hugo y Emilio Zola». *La Argentina* el 27 de junio de 1909 señala que se trata de la última conferencia de las de «Cómo se hace una novela».

[37] Inicio del segundo grupo de abono. Séptima conferencia. Teatro Odeón, 2 de junio de 1909. La razón de que en la compilación se registren once conferencias y no doce es que «La novela moderna» recogida en A. Grau incluye contenidos que Martínez de Sánchez y la prensa argentina desdoblan en dos conferencias: «La novela moderna» y «Cervantes».

[38] Octava conferencia. Teatro Odeón, 6 de julio de 1909. En el libro de A. Grau no se ha recopilado, pero según la prensa porteña pertenece a la segunda serie de abono y además forma parte del programa que Blasco Ibáñez había diseñado.

[39] Novena conferencia. Teatro Odeón, 8 de julio de 1909. Tanto en el listado de Martínez de Sánchez como en los distintos diarios argentinos aparece como «La Madre Teresa de Jesús y los místicos españoles».

[40] Fin del segundo grupo de abono. Décima conferencia. Teatro Odeón, 13 de julio de 1909. En el listado de Martínez de Sánchez y en la prensa argentina se registra como «El Greco, Velázquez y Goya».

[41] Primera conferencia extraordinaria. Teatro Coliseo, 27 de junio de 1909. Martínez de Sánchez la registra como «La España del siglo XIX» al igual que *El Diario Español* el 24 de junio de 1909, donde se señala que se trata de la primera conferencia popular. Según Pitollet, 1921, p. 121, estas comenzaban a las dos y media de la tarde, pero la prensa porteña coincide en que lo hacían a las cuatro.

[42] Segunda conferencia extraordinaria. Teatro Coliseo, 4 de julio de 1909. Martínez de Sánchez la registra como «La España del siglo XIX». Por su parte *La Prensa* el 5 de julio de 1909 la anunciará como

A pesar de no estar incluidas en la distribución anterior, también ofreció una en el teatro Argentino, en la ciudad de la Plata, titulada «La novela moderna»[43] y otra en el teatro la Ópera, en beneficio de la Sociedad Filantrópica del Centenario, que apareció con el rótulo de «Amor Conyugal».[44] Los temas tratados pueden estructurarse en tres bloques temáticos: el histórico, el «político» —que, aunque relacionado con el histórico, se centraba en la actualidad— y el artístico —centrado fundamentalmente en la literatura y la pintura—.[45] En un contexto como este, no es de extrañar que planificase sus intervenciones. Las diversas manifestaciones culturales, ya fuesen artes plásticas o literatura, junto con la historia, fueron utilizadas por los nacionalismos modernos en la creación de identidades nacionales.[46]

Discernido ya el problema de los rótulos, así como su distribución, es necesario avanzar en el análisis del contenido de las diferentes conferencias, así como el ambiente que las rodeó, sobre todo en aquellas que defendían la conquista española y los valores hispánicos y a las que acudieron los elementos intelectuales más destacados de la sociedad argentina. Importa el mensaje, pero este no puede separarse del cuándo, del dónde y a quién fue dirigido. El orador tenía por delante la tarea de convencer con sus argumentos exculpatorios a un auditorio compuesto principalmente por criollos que, debido a sus conexiones con España, pudiese sentirse identificado con las glorias, los valores y personajes peninsulares. Conectar con el público era la clave para lograr el éxito. La divulgación y reivindicación de una unión hispano-argentina no podía triunfar sin una especificación de los errores y malentendidos del pasado, ya que estos derivaron en una animadversión hacia España, sobre todo por la generación del 80 muy crítica con el fanatismo y atraso español.

La historia española y la Leyenda Negra

El primer grupo de abono se inauguró el 11 de junio de 1909 con la conferencia «América vista desde España». El ciclo fue abierto por Joaquín V. González, quien presentó a los porteños que habían acudido al teatro Odeón a Vicente Blasco Ibáñez como «el primer heraldo de la jubilosa reconciliación espiritual y afectiva de 1910» y definién-

---

«España en el siglo xix. La Revolución de Septiembre».

[43]   Teatro Argentino, 29 de junio de 1909. Según Martínez de Sánchez llevó por título «Lope de Vega y el teatro antiguo». El libro de conferencias sí la recoge, sin embargo, no ha sido incluida en ninguna de las dos series, ni tampoco en las conferencias extraordinarias.

[44]   Teatro la Ópera, 25 de julio de 1909.

[45]   Puede encontrarse un avance de la distribución de estas conferencias y sus temáticas en: San Martín Molina, 2019, pp. 148-149 y 2020a, p. 106.

[46]   Sánchez Samblás, 2009, p. 99, señala que el hispanoamericanismo recurrió a la pintura como una de las genuinas manifestaciones, tanto del carácter como del alma hispanos, que debían ser divulgadas en América. La literatura será concebida como maestra de la patria y utilizada como genuina expresión identitaria de un pueblo. La autora también sostiene que determinados hitos textuales fueron recuperados en el contexto del 98 como «una herencia consagrada y castiza» con la que demostrar una supremacía ibérica sobre otras potencias.

dolo como un novelista moderno, observador y educador supremo.[47] Había un enorme interés por oírle —entre el público destacaba la presencia del general Roca en uno de los palcos— y el lleno fue total. Tanto es así que, el 13 de mayo de 1909, *El Diario Español* daba una lista de nombres conocidísimos de la alta sociedad argentina y de la colectividad española que estaban abonados para acudir a las conferencias y destacaba que eran más los argentinos inscritos que los españoles.[48] Además, advertía que era probable que no salieran a la venta más localidades, lo que muestra la inquietud despertada. Desde las cuatro de la tarde comenzó a agolparse la muchedumbre en los alrededores del Odeón y se produjo una «invasión» por parte de aquellas personas que se encontraban en el vestíbulo sin entrada.[49]

A las cinco y veinticinco se levantó el telón y apareció en el escenario la comisión de recepción y agasajos. Esta primera conferencia supuso un éxito rotundo, aunque Blasco Ibáñez la consideraba el preámbulo de las posteriores e insistió en el vínculo de consanguinidad que le unía con su auditorio: «Expondré ante vosotros, nietos de España, ya que no hijos, sangre de sangre, carne de carne, nervio de nervio de España, lo que fue y será la madre patria».[50] Aprovechó también para disculparse por el título y por el posible desorden de su exposición. Seguidamente pasó a exponer el pasado, presente y futuro de la Madre Patria, reivindicando su papel. Esta atribución del papel de madre respondía al imaginario americanista y Blasco Ibáñez la usará en términos de afectividad para evidenciar la continuidad cultural entre las sociedades americanas y españolas en torno a la lengua, la religión —presentada como un elemento integrante de la tradición— y el glorioso pasado imperial.[51] La historia de España era una doble epopeya, la primera se desarrolló durante los siete siglos de reconquista y preparó la segunda: el descubrimiento del Nuevo Mundo. Para explicarlo recurriría a las figuras españolas: Isabel la Católica, Juana la Loca, Cervantes, Tirso de Molina, Lope de Vega, Calderón, santa Teresa de Jesús, Quevedo, Goya, Velázquez y Castelar. Todos estos nombres los repetirá en las siguientes alocuciones en función del tema tratado, y no fueron elegidos al azar porque los presentará como las encarnaciones de los rasgos atribuidos a la raza hispana.

---

[47]   El discurso que ofreció Joaquín V. González fue reproducido íntegramente por la prensa porteña, véase: «La primera conferencia de Blasco Ibáñez», *El Diario Español,* Buenos Aires, 12-6-1909, p. 2 y 3; «Blasco Ibáñez. Su primera presentación», *La Nación,* Buenos Aires, 12-6-1909, p. 7, y «Primera conferencia del eminente escritor español don Vicente Blasco Ibáñez», *La Argentina,* Buenos Aires, 12-6-1909, p. 1.

[48]   La lista más completa fue publicada por *El Diario Español* el 27 de mayo de 1909: Bernardo Ader; Julio A. Roca; Benito Villanueva; Enrique y Antonio Santamarina; Félix Alzaga Unzué; Julio A. García; Lorenzo Mira; Salvador Alfonso; Samuel Pearson; Ezequiel Paz; Carlos Llumb; Manuel Durán; Manuel Derqui; José Gálvez; Carlos Alberto Pueyrredon; Martín Aldao; Avelino Gutiérrez; Ibáñez; Carlos Ibarguren; José Tomás Sojo, entre otros. En los diarios analizados como *La Argentina, La Prensa* o *La Nación,* no se ha localizado el listado de los abonados.

[49]   Según una noticia de *La Argentina* del 12 de junio de 1909, se quedaron fuera más de 2000 personas.

[50]   Blasco Ibáñez, s. f. [*c.* 1910], p. 4.

[51]   San Martín Molina, 2020b, pp. 200-201.

Consciente de que sus palabras en algún momento serían mal interpretadas o que se sospecharía que sus elogios al país que lo acogía estaban guiados por el puro interés, se preocupó por trasladar que no era un adulador. Expuso las razones psicológicas e íntimas de su viaje —guardándose de mencionar públicamente las económicas— y lo justificó discurriendo por un carril que sería habitual en sus alocuciones: la autorreferencialidad. Dedicó atención a la importancia de la emigración europea y en especial a la española —asunto que rescatará en la siguiente disertación centrada en la Leyenda Negra— y destacó a América como la gloria de España. En relación con la emigración, y para combatir la influencia sajona identificada con el auge industrial y económico destacó que en el país había un legado hispánico caracterizado por la virtud y por la espiritualidad:

> Vienen a vosotros el italiano trayéndoos sus energías y su inteligencia nerviosa, delicadamente creadora, el inglés aportando sus capitales, el alemán ofreciéndoos parte de su industria… y los españoles os damos nuestro cariño sin medida, nuestra labor; y si nada os diéramos, ya os lo dimos todo, todo, hasta quedarnos exhaustos. Os dimos un territorio que regáramos con sangre, que llenáramos con heroísmos; en ese territorio os construimos la casa solariega, altiva, nobiliaria, donde es señor por derecho propio ese espíritu que jamás se inclina y que siempre asciende buscando culminarse en perfecciones; os dimos también el sentimiento del honor, del honor castellano, el más fiero y el más puro de todos.[52]

También se centró en la idea regeneracionista de redefinición de la patria que no era un territorio bordeado con líneas fronterizas, tampoco una bandera ni la raza. La patria sería «algo ideal, algo alado» refiriéndolo a la lengua común: el español sería, pues, la patria común de españoles y americanos, el lazo de unión irrompible que «hasta el fin de los siglos nos recordará un hogar común y nos ata a un mismo y grande destino».[53] Recordemos, que la lengua era considerada por los hispanoamericanistas, el más privilegiado rasgo patriótico, tanto es así que, como señala Sánchez Samblás, para intelectuales como Unamuno o Rafael Altamira el español «atesoraba» el espíritu del pueblo y por ello se hacía fundamental luchar por el mantenimiento de su pureza en Latinoamérica.[54] Señaló que el pulso por el dominio del mundo estaba entre el inglés y el español. Con esta reflexión sobre la disputa entre la lengua española y la inglesa, lo latino frente a lo sajón, el novelista vislumbra en su discurso una América Latina, en la que «abrazaba a los ideales del pensamiento *arielista*».[55] De hecho, a lo largo de las siguientes disquisiciones enfrentará ambos modelos, sobre todo cuando abarque el tema de la conquista y es que el hispanoamericanismo espiritual que va a defender el valenciano no podía concebirse

---

[52] Blasco Ibáñez, s. f. [*c.* 1910], p. 8.

[53] *Ibidem,* p. 10. Sánchez Samblás, 2009, p. 92, indica que Manuel Gálvez liga la unión perpetua del idioma al concepto de exclusividad, siendo la lengua el rasgo definitivo e inviolable para definir un pueblo.

[54] Sánchez Samblás, 2009, p. 91. Para un estudio de la idea de España de Altamira, véase: De la Calle Velasco, 2013, pp. 10-24.

[55] Sánchez Samblás, 2009, p. 88.

ni enaltecerse sin, precisamente, un modelo antagónico y pujante como el materialismo, identificado este con lo sajón.

Cerró su intervención, como había anunciado, reivindicando el papel de España y del español. Llevaba años queriendo explicar las razones de lo que las naciones europeas habían denominado «decadencia española» y que atribuían al exceso de guerras y al fanatismo religioso.[56] Aunque expresó que él mismo, tiempo atrás, había pensado así, ahora entendía que la causante de la decadencia española fue, paradójicamente, su grandeza. El haber dado a luz a dieciocho hijos en corto espacio de tiempo dejó al país sin fuerzas. Con ello estaba defendiendo la posición de España: a su entender los años de postración y decadencia vinieron después de la colonización. No podemos obviar que las ideas del escritor sobre la nación y la historia de España, así como las causas de su decadencia habían variado mucho. Como señala Varela, en los comienzos de su carrera política y literaria no era un «prototipo de españolismo», experimentando un giro en su pensamiento antes de su viaje americano.[57] Para Varela, Blasco Ibáñez había manifestado cierto viraje en su ideología en 1908 en el artículo publicado en el diario *El Pueblo* titulado «La Madre de los Gigantes»; ahí aparece por primera vez ese cambio de opinión en relación a las causas de la decadencia española.[58] Blasco Ibáñez ya había manifestado un *oportuno* cambio de pensamiento un año antes, en julio de 1907, en un artículo que envió a la revista *España,* en el que afirmó que España se debilitó por «dar a luz» a diecinueve hijos, que eran las naciones americanas.[59] Es, por tanto, en 1907, dos años antes de su viaje, cuando formulará abiertamente diagnósticos e interpretaciones alternativos y funcionales que retomará frecuentemente en estas conferencias.

Este preámbulo suponía una defensa de la obra española en América y en él aparece por primera vez la expresión «Leyenda Negra». Sus palabras «encandilaron» al público y el diario *La Argentina* le calificó como un «orador de fibra y arranque, [que] sabe llevar y comunicar el entusiasmo a los oyentes, dando a la frase todo el juego de las tonalidades».[60] Desde un primer momento demostró sus dotes oratorias con una disertación, de casi dos horas, que creó altos niveles de expectación para las siguientes por los temas que afirmaba que iba a tratar. El diario socialista *La Vanguardia* representó la línea que cuestionó a Blasco Ibáñez.[61] Destacaba que había realizado una improvisación ligera, deshilvanada, con falta de vocabulario y de mímica y que tenía una voz monótona que

---

[56]   Blasco Ibáñez, s. f. [*c.* 1910], p. 10. Recordó al auditorio que Francia, Inglaterra y Alemania también habían dado muestras de fanatismo religioso a lo largo de su historia. Concretamente en la masacre de San Bartolomé en Francia —que supuso el asesinato en masa en el siglo XVI de los hugonotes— y en la imposición de la Inquisición en Inglaterra por parte de María Tudor.

[57]   San Martín Molina, 2020b, p. 200. Véase: Varela, 2015, p. 565.

[58]   Blasco Ibáñez, Vicente, «La Madre de los Gigantes», *El Pueblo,* Valencia, 2-6-1908.

[59]   Blasco Ibáñez, Vicente, «Españoles fuera de España III. La obra patriótica de la emigración», *España,* Buenos Aires, 28-7-1907, pp. 49-51.

[60]   «Primera conferencia del eminente escritor español don Vicente Blasco Ibáñez», *La Argentina,* Buenos Aires, 12-6-1909, p. 1. Reprodujo íntegramente la conferencia.

[61]   Sanz, Luis M., «Blasco Ibáñez. Literato, orador, conferencista», *La Vanguardia,* Buenos Aires, 13-6-1909, p. 1; «Blasco Ibáñez. Su primera conferencia», *La Vanguardia,* Buenos Aires, 14-6-1909, p. 1.

alternaba con gritos que no venían al caso. Además, lo acusó de ser incoherente en el discurso, y benévolo con los latifundistas y legisladores. Otra de las críticas vino por parte del abogado y diplomático Carlos Aldao, que lo atacó por su posición de defensa a ultranza de la obra de España en América.[62] Aldao dio una explicación opuesta a la de Blasco Ibáñez al considerar que otros países habían aportado más a América que España, destacando las instituciones libres de Estados Unidos, el pensamiento de Francia, el capital de Inglaterra y la fuerza de trabajo de Italia. Blasco Ibáñez sí hizo alusión a la aportación de italianos, ingleses y alemanes, pero pareció ser insuficiente.[63] El diario *La Prensa* entendió la postura del literato y la justificó:

> En España, es hombre de discusión y de lucha, aquí no: es un huésped que, armado del mejor deseo, vino a decir con sinceridad y franqueza lo que piensa y lo que siente. Como huésped respetará a los que le dan hospitalidad […] No se puede considerar extranjero en esta tierra: pero políticamente pertenece a otra nacionalidad, se guardará, por lo tanto, muy mucho de inmiscuirse en asuntos de régimen interior; pero no se puede tomar a mal que defienda a España y que haga la propaganda de sus ideas.[64]

Carlos Malagarriga no solo defendió al literato de los ataques de Aldao —del que afirmó que tenía un punto de vista anglo-argentino—, sino que también quiso destacar que sus palabras iban dirigidas a defender a España.[65] También lo hizo de las críticas que llegaron por parte del principal diario italiano que utilizó la primera conferencia de Blasco Ibáñez para decir de España «mil perrerías». Vemos, por tanto, como Malagarriga en su reivindicación del literato sostuvo que, en realidad, la crítica en su defensa de la obra de España había sido instrumentalizada para retroalimentar las descalificaciones habituales a España y su legado. Frente a este tipo de ataques sería legítimo poner en valor la defensa de la influencia hispana en América y reconocer su aporte a la Argentina.

Siguieron otras dos conferencias del mismo tono épico, «La leyenda negra de España» y «Las grandes figuras del descubrimiento de América», en las que alternará culpa y justificación, tradición y modernidad. El tema de la primera era quizás uno de los más esperados por el público, en cuanto que se desmenuzaron los argumentos que le permitieron definir lo que entendía por la Leyenda y su conexión con la historia de España.[66] Según indica *El Diario Español,* las entradas se habían agotado dos días antes.[67] Giusti criticó la personalidad del novelista, que no su discurso, narrando un episodio incómodo cuando, tras su primera conferencia, le preguntó por el título de la segunda. El secretario del Odeón tenía

---

[62] La noticia la recogió el diario *La Nación* el 13 de junio de 1909. Hacia el centenario, Aldao tradujo una serie de relatos de viajeros ingleses sobre la Argentina que habían sido escritos un siglo antes, véase: Fontana y Román, 2009.

[63] Blasco Ibáñez, s. f. [*c.* 1910], p. 8. De los italianos destacó sus energías e inteligencia nerviosa, del inglés sus capitales y del alemán la aportación de parte de su industria.

[64] «Blasco Ibáñez», *La Prensa,* Buenos Aires, 15-6-1909, p. 10.

[65] Malagarriga, Carlos, «De Buenos Aires. Blasco Ibáñez», *El Pueblo,* Valencia, 16-7-1909, p. 1.

[66] Blasco Ibáñez, s. f. [*c.* 1910], p. 15.

[67] «Blasco Ibáñez en Buenos Aires», *El Diario Español,* Buenos Aires, 13-6-1909, p. 3.

que anunciarla y Blasco Ibáñez todavía no le había proporcionado el tema, por eso decidió llamarle al hotel donde se hospedaba. Lo que no se imaginaba era la respuesta:

> Comprendo que era la hora de la cena y que el conferenciante necesitaba reponer sus fuerzas agotadas en la violenta agarrada con los detractores de España, cuya «leyenda negra» aplastaría en la segunda tarde. Pero yo no podía demorar la pregunta. Del otro lado del hilo, conocida la demanda, me fue disparado un «vaya usted a hacer…» —no oí bien porque el tubo zumbaba— capaz de hacer retroceder en la senda del deber al secretario más inflexible. Me guardé bien de descubrirme como su interlocutor telefónico cuando en el mes de agosto los directores de *Nosotros* organizamos en su honor un banquete.[68]

Blasco Ibáñez no estuvo conforme con el título porque consideraba que solo hacía referencia a la intolerancia religiosa. Los distintos periódicos esperaron algo más original, más ilustrativo y no tan tópico.

Hubo palabras sobrias al inicio de la segunda conferencia en el gran teatro. Tras dirigir un escueto saludo a Joaquín V. González —al que calificó de brillante representación de la intelectualidad argentina— y a la prensa argentina —momento que aprovechó para informar que pertenecía al gremio—, Blasco Ibáñez, que siempre agradeció las numerosas muestras de cariño y los apoyos recibidos, mostró cierto malestar hacia quienes le habían criticado por su conferencia anterior. Confirmó que sería en España desde donde contestaría las objeciones, ya que en Argentina era un huésped. Puede apreciarse una cautela que caracterizó todo su viaje. Lo cierto es que pareció relativizar el problema afirmando que era consciente de que esto no era algo general y preocupado, una vez más, de que sus palabras pudieran ser tergiversadas, sintió la necesidad de explicarse:

> España, como todos los países, tiene en su historia páginas de gloria y páginas negras, hechos grandes y hechos mezquinos. Pero dio todo lo que tenía, todo lo que podía dar. No dio más porque no podía y es de advertir que en aquella época de la vida del mundo ninguna otra nación hubiese podido dar más porque ninguna tenía el nivel intelectual o de civilización más elevado.[69]

Antes de pasar a la Leyenda Negra, dedicaría unas escuetas palabras a la otra, «la dorada»:

> Sobre España hay dos leyendas: la leyenda dorada y la leyenda negra. La primera hace que, por tendencia simpática, a través del prisma del afecto, se nos vea como héroes, como dioses, como superhombres. Tiene esta leyenda una parte de verdad; pero no es exacta en su fondo, pues fuera falso decir que España fue siempre cuna de hombres extraordinarios. Hubo allí muchos Quijotes, cierto es, mas no menos cierto es que no escasearon los Sanchos Panzas.[70]

---

[68] Giusti, 1965, pp. 75-76.
[69] Blasco Ibáñez, s. f. [*c.* 1910], p. 15.
[70] *Ibidem*, p. 17.

No fue una expresión acuñada por Blasco Ibáñez. Diez años antes, Emilia Pardo Bazán utilizó ambas expresiones en su conferencia «La España de ayer y la de hoy. La muerte de una leyenda»,[71] del 18 de abril de 1899 en la Sociedad de Conferencias de París. Comenzó con la Leyenda Dorada, que Pardo Bazán consideraba más dañina para España que la «negra», ya que evitó el progreso del país. Se habría gestado en lo que denominaba la *España del ayer* —la rica, la floreciente, la poderosa— y que hizo que los españoles se aferrasen a ella alejándose de la vida moderna, del negocio y de la industria. Una leyenda que, según la escritora gallega, se caracterizaba por la apoteosis del pasado y que fue retroalimentada por la literatura hispana. Si bien ambos coinciden en su carácter heroico y en que en ella hay algo de verdad, no ahondó más en el asunto mientras que Pardo Bazán no solo fijó sus características, sino que también fue señalando lo que, a su juicio, eran engaños. Después la escritora pasó a enumerar brevemente los componentes que engrosan la Leyenda Negra —la expulsión de los judíos y moriscos, la Inquisición y el fanatismo religioso, la conquista y colonización de América—[72] y dedicó sus últimos párrafos a «destruirla», afirmando que todas las crueldades atribuidas a España son invenciones y que era divulgada por «esa asquerosa prensa amarilla, mancha e ignominia de la civilización de Estados Unidos».[73] Según Blasco Ibáñez, la Leyenda Negra, plagada de mentiras, se habría construido para ofrecer una historia —que descalifica de barata y fácil— capaz de suscitar odios hacia los españoles durante la hegemonía de la monarquía hispánica.

Como otros autores españoles, atacó a Inglaterra por su hipocresía al denunciar las crueldades de España hacia los pueblos que colonizó, pero que siguen existiendo, mientras que «Inglaterra ha exterminado razas al extremo de que, poco tiempo hace, moría el último tasmán».[74] Ironizó que no hablaría de la civilización del Congo ni de la colonización francesa y recurrió a la figura del geógrafo francés Eliseo Reclus para dar mayor veracidad a sus palabras, pues había afirmado que «más de la mitad de la población en casi todas las repúblicas americanas, tiene sangre indígena».[75] Quiso resaltar que Reclus era anarquista

---

[71] Dicha conferencia se encuentra reproducida en: http://www.filosofia.org/aut/001/1899epb4.htm [consultado 09/04/2024]. En 1914 Julián Juderías Loyot publicó su obra *La Leyenda Negra y la verdad histórica* popularizando así dicha fórmula. En ella demuestra su existencia y persistencia a través de los siglos. El interés por las cuestiones que remiten a los viejos tópicos mantiene su actualidad. Destacan las ediciones y reediciones de obras relativas a la Leyenda Negra; sirvan de ejemplo: Bethany, 2008; Insua Rodríguez, 2018; Menéndez Pidal, 2012; Muñoz Sanz, 2012; Payne, 2017; Pérez, 2009; Powell, 2008; Roca Barea, 2021; Rodríguez Pérez, Sánchez Jiménez y Den Boer, 2015; Vaca de Osma, 2004; Vélez, 2014; Villaverde Rico y Castilla Urbano, 2016.

[72] Vélez, 2010, p. 11. Puede encontrarse en: http://www.nodulo.org/ec/2010/n102p11.htm [consultado 09/04/2024].

[73] Pardo Bazán, 1899.

[74] Blasco Ibáñez, s. f. [c. 1910], p. 17. Esta leyenda se centraba en la condena de los métodos inhumanos que se habrían empleado durante la conquista y denunciaba la explotación de los indígenas, de tal manera, como señala Sepúlveda Muñoz, que la labor de España en América quedaba asociada con la destrucción de sus civilizaciones originarias, véase: Sepúlveda Muñoz, 2005, p. 227.

[75] Blasco Ibáñez, s. f. [c. 1910], p. 18. Élisée Reclus (1830-1905) fue un geógrafo francés, miembro anarquista de la Primera Internacional y creador de la Geografía Social. Para ampliar, véase: Clark, 2015, pp. 27-204; Ribera Carbó, 2016.

quizás para mostrar que a pesar de su ideología política, reconoció que la colonización española no había sido tan cruel como otras naciones europeas habían hecho creer.

Otro de los puntos fuertes de la conferencia del valenciano fue el atraso intelectual que había sufrido España que, según esta leyenda, no había influido en la marcha científica de la humanidad. Según Blasco Ibáñez, la campaña contra la intelectualidad española —que surgió en Francia en tiempos de Luis XIV— negaba que durante los siglos XV, XVI y parte del XVII España hubiera sido uno de los pueblos más cultos de Europa.[76] La campaña hispanófoba, a su parecer, cobró mayor virulencia en el siglo XVIII ensañándose con Colón, Cervantes, los dramaturgos Lope de Vega y Calderón, y condenando al olvido al científico Miguel Servet y al humanista Luis Vives. Con Servet, no solo quería defender la ciencia española sino también demostrar que, si bien la Iglesia católica era intolerante, también lo era la protestante. Servet había rechazado abiertamente el dogma de la Trinidad convirtiéndose en un hereje, pero fue la protestante la que, por instigación de Calvino, lo ejecutó.[77]

Para demostrar la excelencia intelectual, presentará a los sabios judíos y musulmanes medievales, y se apoyará en la larga tradición universitaria destacando Alcalá de Henares y Salamanca, que fueron pioneras en ser financiadas por capitales privados. En esta ocasión daría una lista de más de setenta nombres de hombres que se habían distinguido en todas las ramas del saber humano, destacó a arquitectos como Juan de Herrera, lingüistas como Antonio de Nebrija, filósofos como Luis Vives, médicos como Antonio Gómez Pereyra, guerreros como Hernán Cortés, clérigos como Bartolomé de las Casas, etc.[78] La explicación del porqué de esta larga enumeración la da el diario *La Prensa* el 15 de junio de 1909:

> con su gracia y franqueza características manifestó en privado, después de la conferencia, que se había dado exacta cuenta de la pesadez de esa fría enumeración; pero que lo había hecho adrede; había querido que el auditorio quedase abrumado bajo el número.[79]

Más allá de la exhaustividad nos encontramos ante un recurso retórico que busca un efecto conmocionante en el público poniendo en evidencia, una vez más, la importancia que atribuía Blasco Ibáñez a la puesta en escena de su espectáculo literario. Buscando la complicidad, hizo además de terminar su conferencia aludiendo a lo tardío de la hora a lo que los allí presentes le obligaron a continuar. Sabía que esa iba a ser la respuesta del auditorio y continuó, advirtiendo que la segunda parte sería muy extensa. Volvió a los asuntos históricos defendiendo la posición de la Corona en la conquista y colonización. En este punto, asentará su autoridad aludiendo a un solo documento, el testamento de

---

[76] Según Julián Juderías, dicha leyenda fue creada por Guillermo de Orange, véase: Juderías, 1914, p. 33.

[77] Miguel Servet realizó varios trabajos innovadores dentro del campo de la medicina y la religión. Fue el descubridor de la circulación pulmonar de la sangre. Condenado a muerte en Ginebra, el Tribunal que lo juzgaba sentenció quemarlo vivo el 27 de octubre de 1553.

[78] Blasco Ibáñez, s. f. [*c.* 1910], pp. 21-22.

[79] «Blasco Ibáñez», *La Prensa*, Buenos Aires, 15-6-1909.

Isabel la Católica que había tenido la oportunidad de leer en la Biblioteca Nacional de Madrid y del que extrajo unas palabras, suponemos que con la intención de reproducirlas sin error en su viaje a América:

> Antes de venir a América, he creído oportuno trasladarme a la Biblioteca Nacional de Madrid y tener en mis manos, ver con mis ojos, el testamento de Isabel la Católica. He sentido una emoción intensa al pasar mi vista por aquellos pergaminos en que la tinta de las letras góticas, por la acción del transcurso de los siglos se ha tornado roja. Pocas veces una sensación más grande ha sido dada al espíritu por el contacto con las cosas materiales. He leído allí, pues con toda atención, aquel famoso codicilo, que encierra toda la bondad del alma de aquella mujer grandiosa.[80]

Se detuvo en fray Bartolomé de las Casas para insistir en dos ideas clave: que el debate antiesclavista se inició en España y que la colonización no estuvo «presidida por la crueldad». Para ello hará alusión a la *Brevísima relación de la destrucción de las Indias* escrito en 1542 y publicado diez años más tarde.[81] La obra del dominico fue el instrumento utilizado por las distintas naciones europeas —dado que se dedicaron a traducirlo a su conveniencia— para denostar, no solo a la figura de Las Casas, a quien consideraron un esclavista, sino también a los conquistadores españoles.

Complementariamente, abordará la importancia de las Leyes de Indias presentando sus bondades y su modernidad ideológica —ejemplo pionero en lo que respecta a la protección de sus súbditos indígenas—, algo que también había argumentado Rafael Altamira en *Psicología del pueblo español* y que sostendría durante su estancia en la Argentina en 1909 y en otras escalas de su viaje americanista como representante de la Universidad de Oviedo.[82] Dicha obra fue utilizada por Blasco Ibáñez como fuente para sus intervenciones, como queda atestiguado en una carta enviada al catedrático ovetense. Varela recoge la misiva en la que Blasco Ibáñez le pide si le puede proporcionar el primer tomo de *Historia de España y la civilización española,* así como consejo sobre otras que le pudieran ayudar para poder preparar sus conferencias:

> Hace un mes que compré tu *Historia,* segundo y tercer tomos. El primero está agotado y lo necesito muy de veras. Lo necesito para mis conferencias. Me dicen todos los días que va a estar a la venta de un momento a otro, y nunca llega. ¿No puedes enviarme uno, aunque sea de tu propiedad particular? Yo te lo devolvería después. Tengo igualmente tu *Psicología del pueblo español.* ¿Qué más tienes que me pueda servir en mis propagandas de españolismo? Aconséjame, te lo ruego.[83]

---

[80]   Blasco Ibáñez, s. f. [*c.* 1910], p. 24.

[81]   El historiador argentino Rómulo D. Carbia indicó que esta obra fue el asiento sobre el que descansa lo capital de la Leyenda Negra, véase: Carbia, 2004, p. 50.

[82]   Altamira, 1997.

[83]   Varela, 2015, p. 565. Está escrita en la primera mitad de 1909.

Esto es una prueba más de que se preocupó por buscar información, documentarse y preparar previamente sus conferencias, al menos las primeras, ya que lo expuesto y defendido tenía que ser argumentado. Como expositor, debía trazar líneas generales de aspectos que pudiesen interesar a los asistentes, los contenidos ofrecidos no debían ser demasiado profundos, pues independientemente de que hubiese eruditos en el auditorio, sus conferencias estaban destinadas a un público no especializado y era más fácil seducirles mediante el uso de recursos emocionales y retóricos. La enumeración de eminencias intelectuales y científicas españolas resultaría económico y eficaz, ya que la simple elaboración de un listado de personalidades destacadas permitiría al público inferir, no solo la pujanza de la intelectualidad española, sino también el vasto conocimiento y relaciones del orador.

Sería interesante para una investigación futura realizar un estudio de los autores que, como Altamira, inspiraron o abastecieron de contenidos al novelista. También comprobar si parte de su discurso puede encontrarse en otros trabajos. El hecho de que algunos artículos publicados en prensa señalen contenidos repetitivos, tópicos, la no innovación e, incluso, que Gil de Otto indique explícitamente que algunas de sus palabras fueron «plagiadas», abre la posibilidad de plantear si, efectivamente Blasco Ibáñez, beneficiándose de su don de palabra y de su imagen, utilizó a otros autores, contemporáneos o no, en su propio beneficio, sin advertir de ello al público. En este punto es importante advertir que sus críticos, según la documentación analizada hasta el momento, parecen provenir principalmente de católicos y conservadores españoles, socialistas españoles y argentinos, hispanófobos locales y personajes vinculados a otras colectividades de inmigrantes.

En todo caso, Blasco Ibáñez participaba de un clima de ideas y de un cuerpo de conocimientos que circulaba en su generación y en el mundo intelectual del que formaba parte. Un ejemplo lo encontramos en el estudio de Sánchez Samblás, que señala que Altamira en su libro *La huella de España* (1924), en una reivindicación de la conquista —en la que reconoce ciertos errores, pero también realza sus beneficios— no solo calificaba el descubrimiento de América como una obra útil y civilizadora para aquellos pueblos en lo material y espiritual, sino que afirmaba que se había realizado por intereses espirituales y evangelizadores más allá del lucro material, y a esto hará alusión en 1909.[84]

El caso es que al concluir su segunda conferencia centrada en la Leyenda Negra hubo tantos aplausos que tuvo que volver al escenario. El diario *La Prensa* valoró la intervención positivamente afirmando que si bien los aplausos de la primera conferencia, «América vista desde España», fueron convencionales y de cortesía, estos fueron diferentes y el público conoció a Blasco Ibáñez como orador.[85] Como en la anterior ocasión, el diario *La Vanguardia* criticó la intervención considerándola larga y de título vago, algo que el conferenciante había reconocido en el escenario. Pero la crítica más dura se centró en su persona y en su labor, que no debería ser considerado un conferenciante, ya que sus disertaciones resultaban peor que un discurso improvisado además de ser «desorde-

---

[84]   Sánchez Samblás, 2009, pp. 107-108.
[85]   «Blasco Ibáñez», *La Prensa*, Buenos Aires, 15-6-1909, p. 10.

nadas, repetidas, redundantes, sin análisis de fondo de los asuntos que ostenta tratar».[86] Por otro lado, se criticaba que en España fuese antitradicionalista mientras que fuera de ella se mostraba como tradicionalista. Esto demuestra que no pudo evitar flagrantes contradicciones entre su discurso y su experiencia previa y tuvo que aludir a los tópicos de la tradición con la que confrontaba en el contexto ideológico y político español pero que, al ser inevitablemente española, le resultaba inexorable asumirla en un contexto en el que los tópicos hispanófobos tenían todavía una fuerte presencia. Esto no fue exclusivo al valenciano, asuntos como la ciencia, la religión y otras manifestaciones culturales se convirtieron para el americanismo español en elementos al servicio de la propaganda hispanista, lo que llevaba implícito obviar las discrepancias, alejarse de los debates y de los faccionalismos políticos.[87]

La tercera conferencia de este primer grupo, «Las grandes figuras del descubrimiento de América»,[88] del 18 de junio de 1909, tuvo una gran repercusión social. Las crónicas de prensa coinciden en un teatro Odeón repleto en el que se habían agotado las localidades y donde se podía apreciar una concurrencia selecta; pocas veces se ha notado en un acto público tan grande número de intelectuales. Para tomar dimensión de esta repercusión debemos tener en cuenta que en uno de los palcos se encontraban el presidente de la República —José Figueroa Alcorta—, que recibió el saludo público de Blasco Ibáñez, que le deseó éxitos en las gestiones de la exposición del centenario. También estaba el político Benito Villanueva. En esta ocasión, la primera parte se centró en la figura de Colón. También se extendió en sus precursores, en el papel de los Reyes Católicos, las vicisitudes del viaje, los héroes olvidados, el regreso de la expedición, y la posterior conquista y colonización. Defendió una vez más la labor civilizadora de España a diferencia de otros países interesados en fundar simples factorías. A lo largo de su discurso hará constantes comparaciones entre el modelo de colonización español y el de otros países, aludiendo fundamentalmente a Inglaterra:

> Representábamos una tendencia civilizadora, que tuvo que combatir contra todos. De ahí el por qué el esfuerzo inicial no fuera todo lo fecundo que hubiera podido ser. Tendencia civilizadora he dicho y dicho bien. No veníamos a América a fundar factorías. Nuestros conquistadores fundaban pueblos.[89]

Esta conferencia retoma el argumento iniciado en la anterior, relativo a la conquista y colonización de América. Desde finales del siglo XIX —en torno al IV Centenario del Descubrimiento de América—, la empresa de Colón y sus hombres fue considerada como uno de los grandes eventos a conmemorar y reivindicar. De Colón señaló su doble

---

[86] «Blasco Ibáñez. Su primera conferencia», *La Vanguardia,* 14-6-1909, p. 1.

[87] Sánchez Samblás, 2009, p. 87.

[88] Reproducida por el diario *La Argentina* y por *El Diario Español* el 19 de junio de 1909, aunque este último especifica que lo ha hecho en función de las notas recogidas. El diario *La Prensa* el 19 de junio la publicó comentada y su contenido varía en algunos puntos respecto a los anteriores periódicos. En España fue reproducida por *El Pueblo* los días 26 y 27 de julio de 1909.

[89] Blasco Ibáñez, s. f. [*c.* 1910], p. 40.

personalidad y comparó su figura con la de san Ignacio de Loyola —del que se ocupará en la conferencia titulada «El misticismo batallador de los españoles»— por su hambre de lucha y por su sed de oro. Quizás una de las características más llamativas de la conferencia se halle en la profunda contradicción en la que cayó en su intento por mostrar que no pretendía modificar el origen del nacimiento de Colón:

> si Colón era italiano por su nacimiento, era español por adopción […] En esto de nacionalidad, preciso es confesar lo elástico del concepto. Grandes españoles ha habido fuera de España y no hemos reivindicado para España el título de sus nacimientos. Trajano, el más grande de los emperadores romanos, nació en España y en España Séneca, Lucano y Marcial; pero vivieron en Roma y romanos fueron.[90]

Parece ser que olvidó que en «La leyenda negra de España» criticó a ciertos países por apropiarse de figuras españolas y reivindicó el nacimiento en España del filósofo y pedagogo español Luis Vives:

> hay también hispanófobos, que en su manía de negar toda gloria a España, cuando se trata, por ejemplo de Luis Vives, dicen, muy sueltos de cuerpo: nació en Valencia, pero a los 20 años viajó por Europa, y como no es del país donde se nace, sino del país en el que se habita, ese sabio no es español.[91]

Por otro lado, en su intento de demostrar que España —siempre cuestionada por su conquista y régimen colonial implantado en América— participó del progreso, volvió a recurrir a la figura de Isabel la Católica calificándola de mujer sublime y grandiosa, y cuya conducta «no admite peros». Caía en una contradicción porque durante años se había dedicado a criticar con ferocidad a la monarquía en su diario *El Pueblo* y en los mítines políticos en la ciudad de Valencia; y sin embargo, ahora «veía» en la reina Isabel un espíritu visionario. La concepción que tenía de la historia de España, según indica Varela, es muy parecida a la que había defendido el liberalismo español.[92] España llegó a su esplendor coincidiendo con el reinado de Fernando e Isabel, gracias a los cuales Colón habría podido descubrir América, dado que se presentó en Castilla en un momento clave para la historia de España:

> En España, Colón encontró un ambiente favorable a su empresa. Se presenta en Castilla en momentos que iba a completarse esa obra inmensa de la unidad nacional. Las coronas de Castilla y Aragón se hallaban confiadas a dos reyes, que sus compatriotas llaman grandes y que la religión los reconoce con el título de Reyes Católicos. Fernando e Isabel eran dos altas encarnaciones de la época.[93]

---

[90] *Ibidem,* p. 28.
[91] *Ibidem,* p. 20.
[92] Varela, 2015, p. 563.
[93] Blasco Ibáñez, s. f. [*c.* 1910], p. 33.

Será con la llegada del nieto de los Reyes Católicos —Carlos I de España y V de Alemania— cuando ese esplendor comience a desaparecer, y los siguientes monarcas se encargaron de llevar al país hacia el despotismo y la decadencia. A su juicio, la labor de los Reyes Católicos se vería ensombrecida por monarcas pertenecientes a la dinastía de los Austrias. El ferviente republicano, federalista —pues no debe olvidarse que en Valencia fue un aguerrido defensor del federalismo mientras que aquí defenderá la unidad peninsular, destacando la importancia en todo ello de Castilla—[94] y anticlerical, quizás se aplicó a sí mismo el consejo que dio a su público en la conferencia anterior: «Para juzgar la mentalidad de las personas, hay que situarse en su ambiente y seguir las ideas dominantes en su época».[95] Todo apunta a que Blasco Ibáñez, como si hubiese hecho un pacto con su conciencia, llevó hasta el final su objetivo: defender a España y lo español, sobre todo en lo relativo a la conquista y colonización que consideró «la epopeya más grandiosa, que aún no ha habido Homero que dignamente la cantara».[96] Según indica Sánchez Samblás, la mención a Homero y al género épico no solo era un recurso descriptivo recurrente, sino que en el contexto histórico en el que se inserta este discurso resulta relevante porque, al igual que autores argentinos como Ricardo Rojas, con ello enfatizaba la relevancia de la figura del intelectual en la transmisión de la historia y en la educación del pueblo.[97] Seguidamente, pasó a demostrar a su auditorio el desinterés material de los españoles en la conquista y, tal y como había repetido anteriormente, sobre todo en «La leyenda negra de España», culpó a otras potencias imperialistas de propalar durante siglos falsedades:

Y esta epopeya han querido empequeñecerla los que, rastreando móviles, la consideran como producto de una sed desmedida de riquezas. Nada más incierto. Los que tal dicen, desconocen el carácter romántico de nuestra raza. España ha sido desinteresada. Ha venido a estas tierras por sus propios impulsos, en cumplimiento de sus ideales.[98]

Enfilada ya su conferencia y sin entrar en detalles sobre la colonización y conquista quiso señalar que el descubrimiento tuvo consecuencias negativas; a diferencia de otras, se había ejecutado por intereses espirituales, que no materiales, considerando injusto compararla con la inglesa de Estados Unidos aludiendo a los cien años de diferencia entre una y otra. También mencionó los aportes positivos de España: su tendencia civilizadora y las Leyes de Indias.

El naturalismo y realismo franceses

El primer grupo de abono se cerró con lo que Reig ha denominado los «tres mosqueteros» de la oratoria blasquista: Honoré de Balzac, Victor Hugo y Emilio Zola. La

---

[94] El noventayochismo ideó Castilla como un lugar depositario de la tradición nacional y punto de partida para comprender y superar la decadencia.

[95] Blasco Ibáñez, s. f. [c. 1910], pp. 24-25.

[96] *Ibidem*, p. 37.

[97] Sánchez Samblás, 2009, p. 113.

[98] Blasco Ibáñez, s. f. [c. 1910], pp. 37-38.

cuarta conferencia, «Cómo se hace una novela» —pronunciada el 21 de junio— serviría de prólogo para las dos siguientes.[99] Comenzó con una caracterización de los novelistas destacando que debían contar con determinadas condiciones intelectuales, morales e incluso físicas, así como con capacidad de observación y análisis. Para mostrar al público —al que ya había encandilado al principio de la conferencia calificándolo de selecto— que era un gran observador:

> mis ojos de novelista, acostumbrados a observar la vida mientras el cerebro funciona y la boca habla, han observado que un caballero que en las conferencias anteriores ocupaba el asiento en la platea, no ha venido hoy… tal vez ha tenido deberes que se lo han impedido… y que una señora que el viernes lucía un vestido azul, hoy lo trae de otro color… Son observaciones que sin querer guardo y acopio.[100]

Dadas las continuas adulaciones al auditorio, puede plantearse si fue uno de sus múltiples recursos oratorios para llamar la atención. Lo cierto es que las notas de prensa reiteran que parte del público acudía a varias de sus conferencias. Aprovechando el filón del tema y como novelista de profesión, señaló que quizás en otra ocasión hablaría de cómo elaboraba sus novelas. Blasco Ibáñez pretendió explicar cómo las habían hecho los literatos modernos y aunque se centró en la figura de Balzac, adelantaba al público quiénes serían los siguientes personajes estudiados: «me circunscribiré a decir cómo Balzac, Hugo y Zola, esos tres enormes maestros del pensamiento francés escribían las suyas».[101] Consideraba a Balzac el primer naturalista, el primer novelista moderno, el padre de la novela, siendo él mismo uno de sus herederos: «Todos los que escribimos somos hijos o nietos de la obra que él hiciera; la continuamos sin complementarla».[102] Consciente de que el título «Cómo se hace una novela» no se correspondía con lo que iba a abordar, manifestó que la iniciaba con cierta inseguridad.

La conferencia recorre la vida del escritor francés destacando sus grandes éxitos, influencias y amistades, en un enorme esfuerzo por sintetizar y seleccionar determinados episodios, así como por describirle. Para acercar el personaje al público utilizó una serie de retratos pictóricos, así como en un daguerrotipo de 1842:

> Ahí vemos a un Balzac tal como fue: pequeño, grueso, fornido, coronado de cabellos aceitosos, negros y aplastados que ocultábanle parte de la bóveda frontal, de ojos pequeños de observador, de nariz gruesa, bajo la cual aparecía más reducido su bigote chinesco, y de cuello taurino […] Un hombre pequeño, gordo, con un rostro rebosando salud.[103]

---

[99] «Blasco Ibáñez. Su cuarta conferencia», *La Nación,* Buenos Aires, 22-6-1909, p. 8; «La cuarta conferencia del eminente escritor español don Vicente Blasco Ibáñez», *La Argentina,* Buenos Aires, 22-6-1909, pp. 9-10. El diario *El Pueblo* la trató los días 28 y 29 de julio de 1909.
[100] Blasco Ibáñez, s. f. [c. 1910], pp. 42-43.
[101] *Ibidem*, p. 43.
[102] *Ibidem*, p. 58.
[103] *Ibidem,* p. 45.

Estuvo cerca de dos horas sobre las tablas entreteniendo al auditorio sin mostrar la más leve señal de cansancio y buscando emocionar a los presentes.[104] *El Diario Español* publicó una noticia donde informaba que con esta conferencia había consolidado su crédito como autor y artista libre, ya que en las anteriores veladas se encontró con las trabas que imponen los asuntos históricos.[105] Finalizó con una alusión a Victor Hugo en la que puede apreciarse la intimidad que buscaba con su público haciéndolo «partícipe» de la gestión de su discurso. Al advertir lo tardío de la hora consultó al auditorio sobre la posibilidad de dejar las figuras de Victor Hugo y Zola para la conferencia que daría al día siguiente. Otra versión la ofrece el diario *La Argentina* indicando que fue el público quien le pidió que la suspendiera y que continuase otro día con el tema, a lo que Blasco Ibáñez accedió entre aplausos.[106]

Finalmente, la cuarta conferencia, «Víctor Hugo» —que había dejado anunciada en la anterior con «Este autor…»—, fue pronunciada tres días más tarde, el 24 de junio. Blasco Ibáñez era un gran admirador de Victor Hugo, en alguna ocasión confesó que quiso ser «el Hugo valenciano».[107] Esta conferencia puede ser considerada como un pequeño tributo hacia su maestro. En las alabanzas hacia el francés, destacando sus facetas de poeta, novelista, dramaturgo, político, orador, agitador, revolucionario, pudiera parecer que estaba describiéndose a sí mismo, sobre todo en su faceta de agitador y revolucionario. Quiso señalar la capacidad de Hugo para hacer negocios, el haber llegado a ser la primera figura literaria de Francia —aunque sería eclipsado por Zola— pero, sobre todo, le pareció destacable, el haber sido un hombre de circunstancias. En este punto resaltó su capacidad para sostener todas las ideas y profesar todas las doctrinas que agitaban Francia en aquellos momentos sin que nadie pudiese acusarlo de apóstata.[108] Cuando mencionó al Victor Hugo político aludió a Balzac, que lo pretendió sin éxito: «al hablar de Balzac, en la anterior conferencia, me olvidé de consignar una anécdota de aquel niño grande de inmenso talento. Balzac pretendió ser político».[109]

Blasco Ibáñez mostraba las penalidades por las que habían pasado estos grandes personajes hasta llegar a ser lo que fueron. Como ya hiciera con Balzac, detalló los horarios de trabajo de Hugo de dieciséis horas diarias: «escribía de 7 de la mañana a 12, desde la una de la tarde hasta las ocho desde las 9 hasta la una de la mañana».[110] Desveló datos sobre su vida privada, destacándose un episodio, digno de novela, en el que estaban involucrados Hugo, su mujer y los amantes de ambos. Sabía que este tipo de historias gustaban y advirtió de la necesidad de darlo a conocer para poder entender su personalidad:

---

[104] El diario *La Argentina* el 22 de junio de 1909 la reprodujo recogiendo en los distintos párrafos las emociones del público.

[105] «Cuarta conferencia de Blasco Ibáñez», *El Diario Español*, Buenos Aires, 22-6-1909, p. 2.

[106] «La cuarta conferencia del eminente escritor español don Vicente Blasco Ibáñez», *La Argentina*, Buenos Aires, 22-6-1909, pp. 9-10.

[107] Según Reig, 1986, p. 216, Blasco Ibáñez quería ser la voz de «los miserables» en sus obras sociales.

[108] Blasco Ibáñez, s. f. [*c.* 1910], p. 61.

[109] *Ibidem*, p. 63.

[110] *Ibidem*, p. 71.

La vida de aquel señor correcto no era como la vida de los demás señores correctos. La vida de Victor Hugo tiene una seria irregularidad. Antes de decirla, he vacilado por el lógico temor de desentonar y ofender castos oídos. Pero creo necesario decirlo, porque de otro modo no sería completo el estudio que de esta personalidad hago.[111]

La conferencia finalizó con la referencia a la obra más célebre de Victor Hugo, *Los Miserables,* que consideraba el «evangelio de amor por los humildes».[112] Había ido mencionando su título, sin entrar en su análisis presumiendo que todo el público ya la habría leído, demostrando una vez más que interpretó a la perfección la demanda de este. Lo lógico hubiese sido escuchar a un novelista de éxito universal como él, que había confesado que Victor Hugo era su maestro y que incluso merecía el «título de gran padre de la literatura»,[113] hablando de sus obras y realizando un análisis crítico. Por el contrario, solo hizo alusión a sus obras y se detuvo en aspectos banales de su vida. Como ocurrió con la conferencia anterior, tuvo que continuar otro día para disgusto del auditorio, al que pidió disculpas por haberse prolongado en la descripción de la vida del literato francés.[114]

La quinta y última conferencia de la primera serie de abono, y última de las consagradas de «Cómo se hace una novela», es la de «Emilio Zola»,[115] que comenzó dos días después donde había dejado la anterior: con el destierro de Victor Hugo y un significativo «sigámosle» trasladó al público a mediados del siglo XIX. Se centró en la figura de Zola repitiendo el esquema utilizado con Balzac y Víctor Hugo: un recorrido biográfico centrado en sus orígenes, en su etapa bohemia, en cómo construía Zola sus novelas, en su presencia en la política, en las anécdotas de las visitas que Blasco Ibáñez le realizó en su casa de París, y en cómo recibió la noticia de su muerte. Las conferencias anteriores se habían caracterizado por recorridos biográficos, pero en esta ocasión incluirá anécdotas personales y una defensa de su figura. Nada más comenzar entró en una de sus habituales contradicciones al afirmar que las grandes estrellas no son de patria alguna, sino que son universales. En sus dos primeras disertaciones se había «desgarrado» la voz reclamando el origen español de ciertos personajes importantes de la historia española.

Lo primero que quiso explicar fue la irrupción de un joven Zola en la literatura «atacando al dios de las letras de la época», que no era otro que Víctor Hugo. No pudo evitar hacer una citación personal de su novela *Sangre y arena,* por la que se disculpó, pero que creyó conveniente para que el público pudiese entender la importancia de la juventud y las ganas que tenía esta por asegurarse su carrera. Volvió a aprovechar para hablar de sí mismo y el tiempo en que se tardaba en escribir una novela: «Hace poco escribí en tres meses una novela, pero por temor de que la crítica dijese que había sido escrita con pre-

---

[111]   *Ibidem,* p. 73.

[112]   *Ibidem,* p. 77. Esta novela de estilo romántico publicada en 1892 analiza los estereotipos de la época con una clara defensa de los oprimidos.

[113]   *Ibidem,* p. 63.

[114]   «Quinta conferencia de Blasco Ibáñez», *El Diario Español,* Buenos Aires, 25-6-1909, p. 1. Sin embargo, la siguiente conferencia tuvo que postergarse para el 24 de junio porque había que regularizar las veladas que estaban previstas.

[115]   Reproducida por *La Argentina* el 27 de junio de 1909.

cipitación, modifiqué el tiempo. La escribí en tres meses, pero ¿y para crearla? Pasé cinco años de continua observación».[116] Estos datos, más allá de la anécdota, son importantes porque está realizando un gesto exculpatorio de sí mismo; siempre se le reprochó que escribía muy deprisa e incluso algunos escritores coetáneos dudaban de su calidad. Quizás la obra a la que se esté refiriendo pudiera ser *Los muertos mandan,* que fue el último libro publicado antes de su viaje a América.

Tras explicar algunas de las características de las obras de Zola y aportar ciertos datos biográficos que ayudasen a entender su personalidad, emprendió una defensa de éste —lo que era, también, de la literatura naturalista con la que él mismo se identificaba— porque a menudo era atacado «como un removedor de inmundicias sociales, cuando es en realidad, uno de los más grandes artistas de todos los tiempos».[117] El tema más delicado que no podía dejar pasar por alto fue la relación de Zola con el caso Dreyfus. Blasco Ibáñez dejó entrever su ideología política en su defensa a ultranza del escritor francés y de su conocido *J'acusse.* Suponía un alegato en favor del capitán Alfred Dreyfus, escrito como carta abierta al presidente de Francia y que argumentaba todo lo falso del caso. Fue publicada el 13 de enero de 1898 por el diario *L'Aurore* y costó a Zola la condena y posterior destierro a Inglaterra. Blasco Ibáñez, que la consideraba como uno de los más formidables alegatos de la época contemporánea, afirmó que «firmó la primera página de su calvario glorioso por la justicia, por más que la justicia, por la verdad». Quiso señalar que cuando recibió la noticia se hallaba en Valencia, y para demostrar a Zola que no estaba solo, sacó unas mesas a la puerta de su diario *El Pueblo* para que los valencianos firmasen para mostrar su apoyo:

> Toscos obreros, con toscos caracteres de letras, ponían su firma. Muchos de ellos no conocían a Zola ni de nombre, otros solo a través de una novela, los más firmaban porque sabían que Zola sufría. Venían las obreritas, las modistillas y colocaban entre los pliegos ramitos y las huertanas vaciaban allí sus canastas de flores, como si esas flores hubieran de ser remitidas a Francia. Vino Sorolla y con Sorolla otros pintores, y llenaron de acuarelas y de pinturas hermosas aquellos pliegos llenos de firmas.[118]

Según sus cálculos consiguió 60 000 firmas entre las que se encontraba la del pintor Joaquín Sorolla, con el que el literato mantenía una amistad.[119] No era una firma cualquiera, por aquella época Sorolla era ya un pintor de reconocida fama que estaba manifestando la solidaridad de intelectuales y artistas españoles con Zola. Poco tiempo después fue a París a visitarlo acompañado de Rodrigo Soriano. Dejó testimonio en «Una

---

[116]   Blasco Ibáñez, s. f. [*c.* 1910], p. 86.

[117]   *Ibidem,* p. 89.

[118]   *Ibidem,* p. 91.

[119]   En el artículo que envió a la revista *España* la cifra ofrecida fue de 32 000. Este desfase numérico era un recurso más para impresionar y conmover al público del Odeón, lo que conduce a pensar que en el caso de que una de las dos cifras pudiera ser auténtica, sería la ofrecida en el artículo publicado en 1904, véase: Blasco Ibáñez, Vicente. «Alma Valenciana», *España*, Buenos Aires, 23-2-1904, p. 9.

visita a Zola»,[120] donde dio más detalles que en la conferencia. Zola lo recibió afectuosamente, pero estaba triste y, en la despedida, como un signo de adoración, Blasco Ibáñez besó la mano de un hombre por primera vez. Pocos meses después volvió a visitarle y Zola le regaló un retrato con una dedicatoria. Fue la última vez que se encontraron.

Cuantiosos aplausos fueron interrumpiendo una disertación que cerró, como hizo con Balzac, haciendo alusión a su muerte. Una vez más lo abordará desde el prisma de sus sentimientos, describiendo cómo se enteró del fallecimiento resultando todo en una crónica subjetiva donde su persona arrebataba protagonismo a Zola:

> Quedé como se queda después de una de esas que no son noticias, sino moles enormes que caen sobre nosotros y anonadan por algunos momentos nuestro organismo. Continué mirando el mar brumoso de aquella tarde melancólica, siguiendo con la vista perdida el torbellino de las gaviotas y vi de pronto que mis hijos traían flores de la silvestre adelfa de los prados, tejían con ellas una corona y la colocaban sobre el retrato de Zola. Entonces me volví hacia ellos y les dije: Cuando muera vuestro padre, como mejor elogio de él, decid que fue amigo de Zola… Y otra vez volví a mirar al mar inmenso y sentí por mis mejillas correr algo… que no sé si fueron lágrimas o efectos de la humedad de la melancólica tarde.[121]

Este fue otro de los recursos utilizados para intimar con el público: no solo quería hacer reír, sino también llorar. En un clima donde apelaba a estimular las emociones del auditorio estas se desbordaron, afectándole también a él, que dio señas de estar profundamente conmovido por revivir la muerte de Zola. Tal habría sido la emoción experimentada por Blasco Ibáñez que nada más acabar salió del escenario sin agradecer los aplausos a los concurrentes. Al día siguiente las crónicas de los diarios coincidirán en que fue la conferencia más notable hasta el momento.[122]

De la tradición a la modernidad cultural española

El Diario Español adelantó el programa del segundo grupo de abono en el teatro Odeón para el mes de julio.[123] La primera, «Cervantes»,[124] el 2 de julio, fue una de las más extendidas. La médula de su disquisición fue la figura de Miguel de Cervantes, al que

---

[120]   Blasco Ibáñez, 1902, pp. 187-198.

[121]   Blasco Ibáñez, s. f. [*c.* 1910], p. 92.

[122]   «Blasco Ibáñez», *El Diario Español,* 27-6-1909, p. 1; «Emilio Zola y sus obras estudiadas por Blasco Ibáñez en su conferencia de ayer», *La Argentina,* 27-6-1909, pp. 3 y 9; «Blasco Ibáñez», *La Prensa,* 27-6-1909, p. 9.

[123]   Se anunció el 23 de junio de 1909 que en el mes de julio se celebrarían en el teatro Odeón cuatro conferencias y que ya se había abierto el abono. Los temas serían: «Cervantes y su obra», «Lope de Vega, el teatro antiguo y sus intérpretes», «Santa Teresa de Jesús» y «La pintura española: Velázquez, Murillo y Goya».

[124]   Según *El Diario Español* en una noticia del 3 de julio de 1909, la conferencia comenzó a las cinco y media y acabó a las ocho menos veinte. Ninguno de los diarios estudiados la reproduce.

consideraba el más grande novelista, y su obra «la biblia de nuestra raza»: «Sí, *Don Quijote* es el libro representativo del espíritu español y del espíritu de toda la humanidad».[125] Blasco Ibáñez identificaba al hidalgo como un representante de los valores morales y su veneración era compartida por la generación del 98.[126]

Comenzó con un estudio biográfico de Miguel de Cervantes con notas aclarativas sobre su obra literaria. Sin obviar las exageraciones sobre Cervantes como filósofo, militar, piadoso católico o librepensador, se propuso «volver a descubrirlo». Así, pues, para demostrar la grandeza de una figura perteneciente «a la humanidad entera», su temperamento batallador, pero también la capacidad de anteponerse a situaciones adversas, y es que la desgracia lo acompañó a lo largo de toda su vida, Cervantes «fue siempre desgraciado». Como había hecho en sus conferencias anteriores con los novelistas franceses, aludió a sus orígenes, mencionó a sus progenitores y quiso señalar varios episodios de su vida donde las penalidades se convirtieron en sus compañeras. A diferencia de otros autores, que se iniciaron en las letras desde muy jóvenes, como Zola, Cervantes escribió sus novelas después de los cincuenta años, precisamente cuando se hallaba en el ocaso.

Le interesó destacar los distintos puestos militares que ocupó, que forjaron su personalidad y terminaron condicionando su vida. Los años que siguieron no fueron fáciles, fue sometido a la acusación de desfalco, que no pudo ser probada. Blasco Ibáñez, en el caso de que hubiese sido cierto, justificó esa acción:

> Yo acepto y me congratulo de ese aserto, pues que libra a Cervantes de una infamia; pero si se hubiese quedado con ese dinero, lo encontraría justo y muy natural en un soldado de Lepanto, que sólo sacó de premio de su heroísmo la ingratitud. Si se lo hubiese quedado, hubiese sido más hombre y más humano, pues que lo necesitaba para su subsistencia.[127]

Destacó que el éxito de Cervantes fue popular y suscitó envidias de otros autores, como Lope de Vega. Posteriormente pasó a describir los últimos años de su vida, el abandono y el olvido, no solo de su persona sino también sus restos. Haciendo gala de sus recursos histriónicos y cumpliendo con su patrón autorreferencial, dará un giro a la conferencia aludiendo a la conexión que existía con el autor del *Quijote* y compartió con el público como estando en Madrid salía a pasear por los lugares que frecuentó Cervantes, lamentando que no hubiera una tumba para honrarlo debidamente:

> Cuando estoy en Madrid, cansado de trabajar, algunas tardes del pálido invierno me echo sobre los hombros la capa española y voy a la antigua calle Francos, hoy Lope de Vega, voy al convento de las Trinitarias, vago por aquellos alrededores, evocando la gran figura de Cervantes […] Oía sonar las campanas del convento con acompasados golpes, escuchaba los arpegios del órgano y los monjiles cantos y pensaba, pensaba con qué gusto no adoraría su tumba si existiera, si una losa me marcase el sitio donde descansaba el cráneo que cobijó la grandiosa gloria de Cervantes […] Frente a su estatua, en la plaza de las Cortes,

---

[125]   Blasco Ibáñez, s. f. [*c.* 1910], p. 117.
[126]   Sánchez Samblás, 2009, p. 96. Respecto a Cervantes y la generación del 98, véase: Descouzis, 1970.
[127]   Blasco Ibáñez, s. f. [*c.* 1910], p. 137.

he sentido luego el recuerdo inmenso que queda y, como Don Quijote, veía en lontananza brillando como las escamas de oro de la quimera el grandioso nombre: Miguel de Cervantes Saavedra.[128]

Logró conmover al auditorio transportándolo imaginariamente a los escenarios de un Madrid literario, a la vez que creaba un lazo de identificación sentimental, alejándose de un análisis riguroso, pero ganándose el favor de su público.

La segunda conferencia, «Lope de Vega, el teatro español y sus intérpretes»,[129] no aparece recogida en el *Libro de Conferencias completas,* pero pertenece al segundo grupo de abono. Fue pronunciada el 6 de julio ante un «público selecto», aunque, por primera vez, no muy numeroso. Fue considerada por *El Diario Español* como una de las más interesantes de la serie porque «las cosas del teatro, la alegre farándula» han llamado la atención de todos los hombres en todos los tiempos.[130] El periódico justificó ciertas omisiones por tener que ceñirse al tiempo. *La Argentina,* en la reseña publicada al día siguiente, consideró que el orador se había desviado completamente del tema principal: «conferencia extensa y minuciosa, llena de digresiones. Abundó en detalles que, por lo común, poco tenían que ver con el tema en sí».[131]

Blasco Ibáñez habló superficialmente de los progresos del teatro, de sus géneros, de algunos de sus representantes como Shakespeare, Lope de Vega, Tirso de Molina o Calderón de la Barca. Reivindicó el teatro como una necesidad espiritual y explicó lo que trataría. Dejaría a un lado los orígenes para centrarse en el teatro español y en especial la figura de Lope de Vega, «prototipo de español» de los siglos XVI y XVII:

> Vosotros que encontráis en el teatro uno de vuestros placeres intelectuales más íntimos y mejores, que concurrís a estos grandes edificios, llenos de comodidades, de confort, que palpáis las ventajas y los adelantos del teatro moderno, difíciles, si no lo sabéis, el imaginaros cómo eran los teatros en la antigüedad. No os hablaré del teatro griego o romano, porque no entra en mis propósitos. Me circunscribiré a presentaros brevemente los orígenes del teatro español, haciendo como una especie de prólogo a la vida del portentoso don Lope de Vega.[132]

Junto a Lope de Vega vio conveniente incluir una semblanza de Shakespeare —figura central del arte teatral— y mencionó el estreno de su obra *Otelo,* con información recabada reciente:

---

[128]   *Idem.*

[129]   Reproducida parcialmente en el diario *La Prensa* y en *La Argentina* el 7 de julio de 1909.

[130]   «Blasco Ibáñez. La conferencia de ayer. El teatro español y sus intérpretes», *El Diario Español,* Buenos Aires, 7-7-1909, p. 2.

[131]   «La conferencia dada ayer en el Odeón por el señor Vicente Blasco Ibáñez», *La Argentina,* Buenos Aires, 7-7-1909, p. 8.

[132]   *Idem.*

Para pintaros la situación de los cómicos de la época, permitidme que, ayudado por recientísimas investigaciones, recientes descubrimientos históricos diré, os cuente cómo se estrenó en Inglaterra una de las obras más grandes y monumentales de todos los tiempos y una obra que todos vosotros conocéis y habéis aplaudido «Otelo».[133]

Posteriormente se propuso mostrar la evolución del teatro en España en función de la política de distintos monarcas. Finalizó su conferencia con los intérpretes, es decir, los actores, ofreciendo una breve selección de nombres, y fue este momento el elegido para «salpicar» la conferencia con anécdotas relativas a cada uno de ellos, que el diario *La Prensa* valoró positivamente porque conseguían mantener viva la atención.[134]

Al finalizar anunció que en la próxima ocasión hablaría de santa Teresa de Jesús, pero «no de la santa que, como dicen los empleados, no pertenece a su negocio, sino de la mujer de genio, de la admirable escritora», creando con ello cierto halo de expectación. En la tercera conferencia de este grupo, «El misticismo batallador de los españoles», dada el 8 de julio, trazó sus características centrándose en las figuras de santa Teresa y de san Ignacio de Loyola y, tal como había previsto, atrajo a numeroso público femenino.[135] Dejando establecida su neutralidad valorativa, iniciará la conferencia:

Lo confieso: jamás he empezado una conferencia con tanta preocupación y tanto miedo. Quizá una gran parte de vosotros venís con el preconcepto de que aprovecharé esta oportunidad para insistir en las ideas en cuya defensa he gastado tanto entusiasmo y tanta energía. No es así. Hablaré de altos personajes históricos que son santos, dejando a un lado mi juicio sobre la santidad, para hablar solo de sus características humanas y del ambiente en que actuaron. Otra parte del público pudiera preguntarse por qué he elegido este tema en que hablaré de personas que no se ajustan a las doctrinas de que he sido siempre sostenedor. Respondo: porque esta conferencia era imprescindible entre las que he venido dando acerca de España, pues hablaré en general del misticismo, una de las genuinas manifestaciones del alma española.[136]

Aunque siempre había manifestado un profundo anticlericalismo —sabía que sus palabras podrían suscitar cierta polémica, sobre todo entre aquellos que conocieran su pasado y su obra *El intruso* (1904)—, esta conferencia no era una excusa para insistir, siendo consciente de que era un tema peligroso y que sería atacado, y con un irónico «Digo, pues, como los creyentes: suceda lo que dios quiera», desarrolló su conferencia. En la primera parte expuso los efectos que en la historia del pueblo español había tenido este misticismo que consideraba distinto del de los demás pueblos católicos, por ser más enérgico, completo y rotundo, pero, también, sumamente individualista, considerando esto último como algo negativo.

---

[133] *Idem.*

[134] «Blasco Ibáñez», *La Prensa,* Buenos Aires, 7-7-1909, p. 7.

[135] Esta concurrencia femenina fue confirmada por el diario *La Prensa* y *La Argentina* el 9 de julio de 1909.

[136] Blasco Ibáñez, s. f. [*c.* 1910], p. 158.

Posteriormente puso el ejemplo de los que consideraba los santos más representativos del catolicismo español: san Ignacio de Loyola y santa Teresa de Jesús, a quienes comparaba con Don Quijote. Ambos fueron la base del catolicismo y freno del protestantismo en Europa. Respecto de san Ignacio, fundador de la Compañía de Jesús, Sánchez Samblás señala que Blasco Ibáñez consideraba que atesoraba la esencia nacional por su espíritu «ascético e idealista» y lo equiparaba a los conquistadores de América.[137] Destacó su espíritu «escrupuloso» y su afán por propugnar la obediencia como condición necesaria para ganarse el cielo. Aprovechó entonces para sacar su lado más reivindicativo: «La obediencia, sí, pero la obediencia para los otros, para los débiles, para los afligidos, al mando de él».[138] Criticó que Loyola terminara claudicando al dinero a pesar de haberlo rechazado en sus inicios y reparó en el mal gusto de los jesuitas en los adornos de sus construcciones. Al igual que hizo con Cervantes, quiso señalar que había estado en el castillo de Loyola: «Yo he estado en esa pequeña fortificación, en la casa del soldado fundador del jesuitismo y uno de los sostenes más firmes del catolicismo».[139] La neutralidad que había anunciado la cumplió parcialmente mostrando sus discrepancias con la Compañía. Sus palabras nada tenían que ver con lo vertido en su obra *El intruso* en la que no solo la demonizaba, sino que pedía su extinción. El cambio era notable, Sánchez Samblás señala que se situaría como conferenciante en un «plano supranacional» en el que separaba los logros humanos del personaje de su filiación religiosa.[140]

Posteriormente, como había adelantado, se acercó a la vida de santa Teresa, a la que dedicó la mayor parte de su alocución, destacando su faceta de escritora, aunque cayendo en contradicciones. Si bien al comenzar consideraba que «no fue en realidad una escritora», al final cambiaría: «grandes literatas ha habido, pero las supera esta escritora, por no tener como ellas ni el artificio de la profesión ni el deseo de renombre».[141] De su faceta mística señaló que fue la fundadora de las carmelitas descalzas y que fundó conventos por toda España. Cuando tan solo había nombrado dos fundaciones —el convento de San José en Ávila y el de Medina del Campo—, se dirige a su público: «¡A qué seguir! Podría contaros muchas otras fundaciones hechas por la santa, con las que demuestra su carácter quijotesco, pero sería repetir episodios y alargar demasiado esta conferencia».[142] Su propósito era componer una defensa de santa Teresa de Jesús, a la que consideraba la mujer más notable que había tenido la Iglesia católica, y se esforzó por desmontar la imagen negativa que se había creado en torno a la santa. Según la prensa porteña, estuvo elocuente en su exposición sobre el misticismo, sobre todo en la primera parte, dejando a un lado las condiciones teológicas para ocuparse exclusivamente de las grandes personalidades de la historia religiosa.[143] Como recoge Sánchez Samblás, para

---

[137]   *Ibidem*, p. 98.
[138]   *Ibidem*, p. 164.
[139]   *Ibidem*, p. 161.
[140]   Sánchez Samblás, 2009, p. 99.
[141]   Blasco Ibáñez, s. f. [*c.* 1910], p. 161.
[142]   *Ibidem*, p. 169.
[143]   «Blasco Ibáñez», *La Prensa*, Buenos Aires, 9-7-1909; «Blasco Ibáñez», *El Diario Español*, Buenos Aires, 9-7-1909, pp. 2-3.

Blasco Ibáñez la propagación del fenómeno místico en la República Argentina no implicaba convicción religiosa, sino que era una «exhibición patriótica».[144]

La cuarta y última de las intervenciones de este segundo grupo fue «Zuloaga y Sorolla», el 13 de julio. Título equívoco porque trató El Greco, Velázquez y Goya —tres de los representantes más importantes de la pintura española—. Lo justificó porque el estudio de estos *poetas del color* era importante para comprender la sensibilidad artística española. Ponderó a estos tres artistas como destacados retratistas de la esencia española, poseedores de una singularidad de espíritu. Comenzó con El Greco, que no era español sino griego, y por el que no sentía admiración por representar sus obras cierto desequilibrio mental, aunque sí reconocía su originalidad intensa. Su opinión contrastaba con la generación del 98, que reconoció en el arte de este pintor la más verídica representación de la espiritualidad de los Siglos de Oro, valorando su capacidad para capturar el alma española en los colores, texturas y trazos de los paisajes castellanos.[145]

Sí dejó ver su preferencia por Velázquez, al que consideraba el primer pintor del mundo. Estableció una comparación entre Cervantes y Velázquez concluyendo que ambos genios eran irónicos en sus obras, uno volcó en *El Quijote* toda la ironía que la caballería le sugería, y el otro se burló de la mitología. De nuevo sacó su lado más reivindicativo cuando hizo alusión a la supuesta protección de los reyes y papas hacia los artistas, señalando que Velázquez, el pintor de Felipe IV, estuvo en la lista de bufones de la Corte: «Ya ven, señores, cómo ayudaba la monarquía a los artistas».[146]

De la pintura del siglo XVIII, aludió a Francisco de Goya y Lucientes, al que consideraba el padre de la caricatura, y un pintor de época que lo mismo pintaba para Carlos IV que para José Bonaparte. A pesar del título de la conferencia, solo al final dedicará unas palabras a Zuloaga y Sorolla, elogiándolos, destacando su parcialidad hacia Sorolla por los lazos de amistad que les unían. Respecto a Zuloaga reconocía que era un gran pintor, lo comparó con El Greco porque en sus telas «presenta una España que no es la real, es una España de chulas, de guapos, de tipos a veces contrahechos, en cierto modo amanerada».[147] Se distancia en cierto modo de la opinión de la generación del 98, que admiraba a Zuloaga por su capacidad para retratar el alma castellana y a El Greco, por capturar el alma española. Sin detenerse en el pintor vasco, pasó a relatar cómo en su juventud conoció a Sorolla o «Sorollita», como lo llamaban; reveló que antes de ser novelista estudió un tiempo música y pintura, pero que, no logró perfeccionarse ni en uno ni en otro arte. Pasaron los años y se volvieron a encontrar, y cerró la conferencia describiendo ese momento y, de nuevo, sacó al literato que llevaba dentro:

> Un día, mientras paseaba por las playas de Valencia, recogiendo datos para lo que después fue mi novela «Flor de Mayo», haciendo caso omiso de las murmuraciones de los

---

[144] Sánchez Samblás, 2009, p. 98.

[145] *Ibidem,* p. 102. Según De Navascués, 1998, p. 437, varios noventayochistas sentían devoción por el paisaje castellano.

[146] Blasco Ibáñez, s. f. [*c.* 1910], p. 183.

[147] *Idem.*

pescadores que me creían un empleado del fisco que tomaba notas para aumentar los impuestos, llamóme *[sic]* la atención el «retratero» como le decían aquellas gentes, un pintor que en pleno sol llenaba sus telas de colores y de luz. Nos reconocimos. Era Sorolla que acababa de fracasar ruidosamente en Madrid [...] era Sorolla, que a su retorno de Italia y después de una breve estadía en Asís, prosiguió con su primera manera de pintar, tal vez sentida en la tierra de San Francisco, y definitivamente iba a reflejar la vida y coronarse de gloria. Su nombre hoy arranca los mejores juicios a la crítica. Muchas veces nos confiamos nuestros sueños para el futuro. ¿Estos sueños se realizaron? Creo que no, señores: la ambición humana es como el tonel de las Danaides, no tiene fondo, nunca satisface, siempre pretendemos más. Es la vida que sueña ascender hasta lo infinito.[148]

Esta conferencia consiguió generar un mayor interés que las anteriores. Iniciaba su gira por el interior del país y fueron muchos los que querían escucharle como tributo de despedida. Fue ovacionado hasta el punto de que, según indica el diario *La Prensa*, tuvo que salir dos veces al escenario.[149]

Disertaciones para sus compatriotas

Además de las conferencias incluidas en los dos grupos de abono, Blasco Ibáñez añadió las denominadas «extraordinarias»: «La madre patria frente al futuro» y «La Revolución de Septiembre», en la que tratará de rescatar y divulgar acontecimientos y figuras de la tradición liberal y progresista con la que él mismo se identificaba. Fueron impartidas en el teatro Coliseo de Buenos Aires los domingos 27 de junio y 4 de julio, y estuvieron dirigidas a un público diferente: los obreros. Mientras que a las anteriores asistieron una buena proporción de intelectuales, políticos y burgueses, el grueso de estas conferencias «populares» estaba compuesto por empleados, comerciantes, obreros y clase media que no podían acudir entre semana.[150] Destacó la presencia de españoles.

Por sus características y circunstancias la prensa argentina apenas les prestó atención y se publicitaban dos días antes o incluso el día anterior. *El Diario Español* generaba cierta expectación al afirmar que resultarían de gran interés dada su temática: «en nada puede emplearse mejor la tarde del domingo que en esta reunión donde se evocará la época contemporánea de la patria por la elocuencia de una de sus admirables inteligencias».[151] Interesaba lo que Blasco Ibáñez pudiese decir de la historia y la política española más

---

[148]   *Idem.*

[149]   «Blasco Ibáñez», *La Prensa*, Buenos Aires, 14-7-1909, p. 6.

[150]   El precio de las localidades sería reducido: tres pesos para las butacas, quince y diez para los palcos (según sean bajos, balcón o altos) y 0,80 la entrada al paraíso, véase: «Blasco Ibáñez», *El Diario Español*, Buenos Aires, 23-6-1909, p. 2. La idea principal fue que estas conferencias fueran gratuitas, véase: Sardá y Seé, J. «Blasco Ibáñez en Argentina», *El Diario Español*, Buenos Aires, 9-5-1909, p. 6.

[151]   «Blasco Ibáñez», *El Diario Español,* Buenos Aires, 27-6-1909, p. 2. Publicitará esta conferencia popular en primera página desde el 24 de junio de 1909.

recientes; como político republicano que había sido podía describir situaciones vividas recientemente o hablar de personajes relevantes que hubiese conocido.

En su insistencia de no defraudar al público, trató las vicisitudes políticas, literarias y sociales de la España del siglo xix, abandonando la neutralidad que caracterizó su discurso anterior, hizo gala de su carácter republicano y anticlerical. En «La madre patria frente al futuro», definirá como su interlocutor a la clase obrera identificándose con ella y exhibiendo sus dotes de agitador político:

> Yo, obrero como otros muchos, obrero de una profesión literaria, necesitaba comunicarme directamente con la masa obrera, con quienes son trabajadores, lo mismo que lo soy yo. Bien sé que estoy en este teatro ante representantes de todas las clases sociales. Empero, me permitirán que les diga: No me dirijo hoy a ustedes, sino a los que, esclavos de sus tareas durante toda la semana, hoy domingo han venido a oírme. Desde este escenario yo saludo a los obreros; a la juventud comercial aferrada al escritorio y al mostrador, y a todos cuantos no disponen de más tiempo para escucharme, que el de esta fiesta, que, por recordar a España entre tantos que son mis compatriotas, pudieran llamar fiesta de la patria y del corazón. No vengo aquí representando a la España de los blasones y de la monarquía. Yo soy hijo de un pobre comerciante, y a mi vez, un pobre escritor sin más facilidades que mi trabajo para ganarme la vida.[152]

Tras dedicar estas palabras a la masa obrera, quiso dirigirse a los emigrantes españoles, quienes a su juicio eran los que perpetuaban el pueblo español y el prestigio de España en América:

> Vosotros, mis compatriotas, los que sois españoles, yo aprovecho esta oportunidad para haceros una confesión, que desearía que llegara a España, y que, si no llega, la repetiré allí cuando regreso yo. Y es que una de las más grandes alegrías de mi viaje [es] el espectáculo de la colectividad de mi patria, presentándose como modelo de la laboriosidad dentro de la nación en que trabaja y para la nación de que proviene [...] Vosotros los españoles, que estáis aquí, sois como la imagen de la España que habéis dejado [...] Sois los representantes de un país que tiene en sí todas las razas históricas y todos los climas conocidos [...] Sois, en fin, vosotros, el resumen de esa gran nación española que ha provocado grandes amores y grandes odios... ¡Odios, sí, pero no por ella, sino por la torpeza de sus gobernantes![153]

En anteriores alocuciones se había referido a la emigración española y sus aportes, así como a las consecuencias que tuvo para España, hasta este momento no se había dirigido directamente a los españoles residentes. Ya había dedicado unos años antes de su viaje a América tres artículos publicados en la revista *España* a los emigrantes españoles y a lo que consideraba su «obra patriótica». Destacó su labor en la reconciliación de la «madre

---

[152]   Blasco Ibáñez, s. f. [*c.* 1910], p. 94. El valenciano siempre había tenido una relación directa con el movimiento obrero y de 1900 a 1902 tuvo una dedicación preferente, véase: Reig, 1986, p. 253.

[153]   Blasco Ibáñez, s. f. [*c.* 1910], pp. 95-96.

con sus hijas»; con su compromiso y acciones consiguieron mantener la influencia de España en el Nuevo Mundo y la *soberanía del idioma.*

Después comenzó a hablar de la España del siglo xix asumiendo que, extrañamente, la historia contemporánea era la más ignorada. Tocará aquí diversos puntos como la emigración, el sistema político, los distintos gobernantes españoles y la importancia de las Cortes de Cádiz. Hizo un recorrido por la historia de España desde el medievo hasta el siglo xix buscando explicar ciertos acontecimientos y ensalzar la tradición progresista frente al conservadurismo reaccionario.

Del siglo xix rescató a los hombres que contribuyeron al progreso de España. Blasco Ibáñez intentó ofrecer una alternativa a la Leyenda Negra que durante años había arraigado en las repúblicas americanas, a la vez que admitía cierta decadencia de la metrópoli apuntando directamente a la intolerancia religiosa y a los nefastos gobernantes y sus decisiones. Por ello, según él, las emancipaciones americanas constituyeron un proceso lógico y entendible. No desaprovechó la oportunidad de remarcar que las nuevas repúblicas quedaron unidas a la Madre Patria por los lazos del idioma, el afecto y el espíritu de raza. Estaba repitiendo lo tratado en las tres primeras conferencias.

Cuando abordó el movimiento anticlerical iniciado en 1835 como consecuencia del apoyo de las distintas órdenes religiosas a los carlistas en la guerra civil, arrancó con tanta fuerza que la persona encargada de transcribir la conferencia incluirá: «es imposible seguir en su rápido vuelo la elocuencia arrolladora del señor Blasco Ibáñez al describir y pintar con nítidos colores las escenas cruentas del movimiento anticlerical de 1836».[154] Era el Blasco Ibáñez más batallador que llamaba a la lucha y al combate para poder avanzar.

Como balance señaló que si bien el xix fue un siglo «triste» no por ello España dejó de ser grande. Se estaba trabajando para construir una nueva España en consonancia con los principios del regeneracionismo:

> Nosotros seguimos trabajando en la gran obra nacional de una España nueva [...] Creemos que España es una manifestación del alma humana, que encarna una raza, la raza española, toda la inmensa raza que tiene la misma sangre y el mismo idioma. Creemos que España es una concreción de la humanidad.[155]

La conferencia, tal y como era de esperar, tuvo un éxito de ocupación. Al inicio, en el momento en el que se presentó en el escenario, alguien gritó un «Viva la anarquía» que, según el diario *La Nación,* tuvo escasísimo eco y así debió de ser porque no hemos encontrado referencia a tal hecho en el resto de los diarios.[156] A Blasco Ibáñez no le interesaba que tuviera trascendencia porque podía perjudicarle en el resto de las alocuciones, todavía le quedaba por dar la segunda serie de abono que debía iniciarse el 2 de julio. Evitó hacer ninguna mención a las huelgas y a la inestabilidad sindical. Esto supuso ciertas

---

[154] *Ibidem,* p. 107.
[155] *Ibidem,* p. 109.
[156] A este episodio también alude Martínez de Sánchez, 1994, p. 47.

críticas por parte de grupos que se solidarizaban con la causa obrera. Sánchez Samblás menciona la denuncia del ensayista anarquista Rafel Barret a la «superficialidad» de las embajadas culturales en Buenos Aires, que estaba viviendo graves conflictos sociales.[157]

La segunda y última de estas conferencias *populares,* «La Revolución de Septiembre», suponía una continuación de la anterior, retomando el momento en el que colocaba frente a frente las dos Españas: la del pasado y el porvenir, en la lucha entre las tradiciones dinásticas y el régimen constitucional. Esta vez la disertación estuvo centrada en la Revolución de Septiembre y sus consecuencias, el destronamiento y exilio de Isabel II y el inicio del periodo denominado Sexenio Democrático. Si bien anteriormente había evitado hacer mención de su ideología política, aunque fuera conocida, en esta ocasión dijo que era republicano y como tal perfiló la figura de Isabel II, de la que tenía una opinión muy diferente a la de Isabel la Católica, a la que encumbró:

> Al trazar esta figura, siento escrúpulos, explicables en un conferenciante ante su público, y aun cuando puedo excusar describirla en su vida íntima, que por la historia escrita y oral vosotros conoceréis. Pero como soy republicano y no me intereso en mistificar el pasado de los reyes, diré que, en medio de una corte de cortesanos ambiciosos y aduladores, la inmoralidad de Isabel II no es un hecho excepcional en la monarquía europea, y no fue ella la primera reina así, ni será la última.[158]

En su afán de defender la República por encima de cualquier gobierno monárquico ensalzó al general Prim y llegó a justificar que pudiese haberse autoproclamado dictador para que la monarquía no hubiese vuelto a España. Precisamente fue Prim quien patrocinó la entronización de la Casa de Saboya en la persona de Amadeo I, al que Blasco Ibáñez, por sorprendente que parezca, consideró una persona simpática y amiga del progreso. Sin embargo, entró en contradicción más adelante respecto al papel del ejército en el gobierno, si anteriormente había justificado la posibilidad de que Prim se proclamase dictador, ahora destacará como uno de los cambios más significativos de la revolución que el poder pasó a manos civiles, lo que le parecía preferible y lógico.

Desde el principio manifestó entusiasmo ante la revolución, precursora de la República española que sería proclamada el 11 de febrero de 1873. Pese a que duró poco, inauguró una era de profundos cambios políticos, sociales y morales en la vida, influyendo en el arte, las ciencias y la vida intelectual. Nuevamente recurrirá a la enumeración de grandes figuras de la novela —Pérez Galdós, Alarcón, Pereda, Palacios, Emilia Pardo Bazán—; de la poesía —Gaspar Núñez de Arce, Ramón de Campoamor, Manuel de Palacio—; de la escultura —Benlliure, Blay, Querol—; de la pintura —Rosales, Fortuny, Sorolla—; del teatro —José Echegaray—, y de las ciencias naturales y médicas, haciendo especial hincapié en Ramón y Cajal, al que denominó «el Cristóbal Colón del sistema nervioso», y en Miguel Servet «el Magallanes de la circulación de la sangre».

---

[157] Sánchez Samblás, 2009, p. 79. La autora extrae a su vez la cita de la obra de Viñas, 1995.
[158] Blasco Ibáñez, s. f. [*c.* 1910], p. 144.

En el campo de las ciencias, quiso marcar la diferencia entre la ciencia del pasado y la actual. Para que los presentes pudieran entender a qué se estaba refiriendo puso dos ejemplos: el primero basado en su propia experiencia durante sus años de formación universitaria, que identificaba con la ciencia del pasado; después destacó la corriente krausista recordando la presencia en Argentina del catedrático Rafael Altamira, quien representaba uno de los mejores ejemplos de la ciencia actual:

> En las ciencias hace pocos años, señores, bien lo sabéis, cuál era sobre el punto la situación de España; yo al cursar en las universidades he tenido que sufrir profesores verdaderas momias de museo, vejestorios, que vivían del pasado; llevo sobre mi conciencia el haber aprobado Economía Política sin que el profesor me enseñara en qué consiste el socialismo; hoy tenemos catedráticos como el ilustre señor Altamira, que acaba de llegar a estas playas.[159]

Conocía perfectamente la labor de divulgación que Altamira estaba realizando. Resulta llamativo como Blasco Ibáñez, a pesar de haber formado parte del círculo de Altamira durante su juventud, de haberle incluso escrito para que le proporcionase obras que le ayudasen a preparar sus conferencias, no hizo ninguna otra referencia al alicantino. No se ha podido documentar ningún tipo de contacto entre ellos durante el tiempo que coincidieron en el país. Prado documenta la coincidencia de ambos en la inauguración de Villa Calzada; Altamira había sido invitado al acto fundacional y el 18 de julio de 1909 se colocó la piedra fundamental con el padrinazgo de Blasco Ibáñez y de Celina González Peña, esposa de Rafael Calzada.[160] Quizás la explicación de por qué no se encontraron se halle en que Altamira circuló por espacios universitarios, mientras que el novelista prefirió las tablas de un teatro limitándose la coincidencia a eventos festivos, donde no solo se reforzaba la cohesión de la colectividad, sino que también se afianzaba el lazo hispano-argentino. El que ambos cubriesen ámbitos diferentes revelaría por qué en la memoria social del centenario quedaron anclados el viaje y las actividades de Blasco Ibáñez, y se «olvidó» del viaje de Altamira.

El diario *La Prensa* afirmó que habló de una época, de unos hombres que había conocido personalmente, y de escenas que había vivido, y lo hizo con la corrección y facilidad acostumbradas.[161]

La Plata y la Sociedad Filantrópica del Centenario

Por último, además de las series de abono y las conferencias extraordinarias, pronunció dos más en ambientes muy específicos, la primera en la ciudad de La Plata, capital de

---

[159]   *Ibidem,* p. 157.

[160]   Prado, 2010b, p. 219. Según señala el autor, los Calzada también asociarán a Altamira en la fundación de Villa España concediéndole el honor de apadrinar el nuevo pueblo que quedó construido el 12 de septiembre de 1909 en un acto en el que Rafael y Fermín Calzada, Blasco Ibáñez y Carlos Malagarriga actuaron como testigos.

[161]   «Blasco Ibáñez», *La Prensa*, Buenos Aires, 5-7-1909, p. 9.

la Provincia de Buenos Aires, dirigida a estudiantes, y la segunda en la ciudad de Buenos Aires, en beneficio de la Sociedad Filantrópica del Centenario y dirigida especialmente a un público femenino.

El 29 de junio de 1909 impartió «La novela moderna» que, a pesar de estar incluida en el *Libro de Conferencias,* no pertenece a ninguna de las series. Destacó por lo que la rodeó, por su vertiente social y por el público: los estudiantes de la Universidad de La Plata. Tal y como se mencionó en el capítulo anterior, llegó acompañado por Joaquín V. González y por miembros de la colectividad española de Buenos Aires, visitó las dependencias de la Universidad y fue recibido por el propio presidente de la UNLP y miembros de los claustros. No habló en sus dependencias, sino que lo hizo en el teatro Argentino.

El presidente del Centro de Estudiantes de Derecho, Luis Reynal O'Connor, fue el encargado del discurso de bienvenida, en el que presentó a Blasco Ibáñez como un alto representante de la literatura española y un «obrero incansable del arte y la verdad».[162] El novelista comenzó con una serie de elogios a la República Argentina y su progreso destacando la figura del doctor González y su esfuerzo por convertir a La Plata en uno de los centros intelectuales más importantes. Expresó su admiración por la ciudad e incluso vaticinó que esta sería en el futuro la Salamanca de América del Sur. Trató el tema del desarrollo de la novela moderna; según *El Diario Español,* pudo ser sugerido o consensuado en una entrevista del novelista con los delegados del Centro de Estudiantes.[163] Suponiendo que fuese así, mostraría una vez más cómo se preocupó por abordar los temas específicos en función del auditorio, lo que suponía saber quiénes serían los asistentes y el lugar del acto. De este modo, no solo él se aseguraría cierto éxito.

Ya había tratado la Leyenda Negra, la conquista y colonización española, e incluso había dedicado tres sesiones al naturalismo y el realismo francés, por ello, consciente de que el auditorio era muy distinto al del Odeón, se decantó por la novela. Sería un reclamo tratándose de un novelista al que los asistentes conocían. Como venía siendo habitual, comenzó por adular a su público y justificaría el motivo de su elección temática:

No he elegido un tema científico para mi conferencia, pues considero que el auditorio que me escucha está compuesto de personas que tienen al respecto amplios conocimientos. Creo más oportuno tratar un tema que está más en contacto con mi persona, y nada más propio por consiguiente, que hablar de literatura de esa literatura al alcance de todos, que constituye el regalo del alma en momentos de aburrimiento y de dolor. Voy a hablar pues de la novela.[164]

Abordó los orígenes de la novela focalizándose en la novela en España destacando a Cervantes y su obra, y mencionó que tenía pensado escribir sobre la Argentina.[165] Cerró

[162] «El novelista Blasco Ibáñez en la ciudad de La Plata», *La Argentina,* Buenos Aires, 30-6-1909, p. 8 y «Blasco Ibáñez en La Plata», *El Pueblo,* Valencia, 7-8-1909, p. 1.

[163] «Blasco Ibáñez», *El Diario Español,* Buenos Aires, 23-6-1909, p. 2.

[164] Blasco Ibáñez, s. f. [*c.* 1910], p. 114.

[165] También aludió a novelistas europeos como el escocés Walter Scott, a los franceses Balzac, Victor Hugo y a los españoles Benito Pérez Galdós, José María de Pereda, Juan Valera y Emilia Pardo Bazán.

su conferencia aludiendo al papel de los novelistas en las sociedades contemporáneas. Regresó ese mismo día a Buenos Aires para preparar el inicio de su segundo ciclo de conferencias que se inauguraría con «Cervantes», de la que ofreció a los estudiantes un breve adelanto de lo que abordaría cuatro días más tarde en la sesión del Odeón.

Otra de las conferencias que no pertenecía a ninguno de los grupos y que tampoco está incluida en el *Libro de conferencias* fue «Amor conyugal», que se centraba en las figuras de Juana la Loca e Isabel la Católica. Blasco Ibáñez había iniciado su gira fuera de la capital, pero regresó para disertar en el teatro la Ópera en beneficio de la Sociedad Filantrópica del Centenario el 25 de julio. Las crónicas destacaron que «elegantes señoras» ocupaban las plateas en un público compuesto mayoritariamente por mujeres, aunque no muy numeroso, según algunos periódicos, debido a las condiciones climáticas. El diario *La Argentina* recoge que el orador escogió este tema porque «la historia de una mujer tenía que interesar a las mujeres que le escuchaban».[166] Estaban en un palco el presidente de la República —esta no era la primera vez que Figueroa Alcorta acudía a escuchar al novelista, recordemos que el 18 de junio asistió en el Odeón a «Las grandes figuras del descubrimiento de América»— y el presidente de la sociedad organizadora, el doctor José Penna.

Lo primero que hizo fue manifestar su satisfacción al saber que el producto de la conferencia iría a parar a los menesterosos. Posteriormente, explicó por qué había elegido ese tema, momento que aprovechó, como ya hizo en La Plata, para hacer propaganda literaria:

> Yo, señoras y señores, al elegir el tema de esta conferencia, tomé en cuenta de mis observaciones de escritor, y que he de utilizar, por cierto, en el libro que escriba en España acerca de la República Argentina. Y no toméis como adulación lo que voy a deciros, pues me baso en pruebas al afirmar que mi observación principal, lo primero que me llamó la atención en la República Argentina, es su alta moralidad, en que habrá naciones que la igualen, pero no que la superen […] Por todo esto, en honor a la sociabilidad argentina y a las damas, a que dedico especialmente esta conferencia voy a hablar de dos reinas, Isabel la Católica y doña Juana la Loca, que fueron heroínas del matrimonio, que fueron modelos en el amor.[167]

El que matizase que de Isabel hablaría brevemente tiene su lógica, ya que había tratado su figura en varias de las conferencias anteriores, sobre todo en «Las grandes figuras del descubrimiento de América». En aquella ocasión estaba centrado en combatir la Leyenda Negra, ahora tenía que entretener y, aunque destacó la alta inteligencia y carácter romántico de la Reina, también quiso destacar sus «virtudes domésticas». Se refirió a la leyenda que corría sobre la falta de higiene de Isabel:

> Se la calumniaba de falta de higiene. Y una leyenda en España cuenta que, en un arrebato de furor místico, en el sitio de Granada, Isabel juró que no se mudaría de ropa interior hasta que no conquistara Granada... y como el sitio duró siete meses, la reina pasó 7 me-

---

[166]   «Blasco Ibáñez», *La Prensa*, Buenos Aires, 26-7-1909, p. 8.

[167]   «Conferencia en la Ópera, del Sr. Blasco Ibáñez para la Sociedad Filantrópica del Centenario», *La Argentina*, Buenos Aires, 26-7-1909, p. 10.

ses con la misma ropa. Esta es una leyenda, pero dura todavía, y en España, hoy, cuando la ropa pierde su blancura, se dice que tiene el color de la de Isabel la Católica. ¡Figuraos lo que sería la historia vista a través de la mente de una lavandera![168]

Consciente de que su público era mayoritariamente femenino y de sectores de altos ingresos, pensó que podía estar interesado en las joyas que poseía la reina, que era una mujer modesta y de un gran gusto artístico. Como ya hiciera en su conferencia «La leyenda negra de España» con el Testamento de Isabel la Católica descubría: «Yo en el archivo de Simancas, he visto un documento fidedigno, del escribano de la reina, en que se habla de su collar de 240 perlas, cual avellanas, además de otras alhajas». No ofreció más detalles de su incursión archivística.

Pasó al matrimonio de Isabel y Fernando de Aragón, y lo que esta unión implicó para la unidad de España. Se centró en la fidelidad, aunque los Reyes Católicos «no fueron iguales» en el cumplimiento de este compromiso. Mientras que Isabel «hizo vida de una santa», Fernando hizo la de un guerrero, y durante sus campañas tuvo cuatro hijos, algo que, según el orador, la Reina perdonó porque nunca los reconoció. Nuevamente logró provocar la risa cuando relató cómo a la muerte de Isabel su viudo se casó con otra mujer, atraído «por ese verdor de juventud que tanto ilusiona a los viejos. Él tenía 70 años». Finalizó con la hija de los Reyes Católicos, Juana, que pasó a la historia como «la loca». Aludió a cómo dadas las costumbres de aquellos tiempos, las hijas de los soberanos se convertían en instrumentos de sus padres para ejercer influencia sobre otros países. Las tres hijas de Isabel y Fernando se desposaron con otros príncipes y monarcas; la menor, doña Juana, lo hizo con Felipe de Habsburgo, apodado el Hermoso, momento que Blasco Ibáñez aprovechó para dar su opinión sobre tal hermosura:

Esto de la hermosura de Felipe, paréceme otra leyenda originada quizá por su piel blanca y su cabello rubio, diferente a los de los hombres de España, por lo general morenos. Además de que ser rey basta para que las mujeres le llamen hermoso.[169]

La ardiente pasión amorosa de Juana dio lugar a escenas de lo más extravagantes. Felipe fue el primero en propalar que estaba loca para reivindicar su derecho al trono. La convivencia se hizo cada vez más complicada, hasta el punto de que vivían en palacios separados y que cuando se reunían era para discutir. Sin mencionar la palabra «maltrato», confirmó que existía cuando afirmó: «Doña Juana sufrió golpes en alguna de estas entrevistas». Prosiguió con uno de los espectáculos más tétricos que registra la historia de España, la procesión fúnebre que recorrió parte de la península en la que Juana paseó el cuerpo de su amado esposo por las noches, así como los quince años que, tras encerrarse en el convento de Santa Clara en Tordesillas, estuvo abriendo diariamente el ataúd. La exhibición acabó con la muerte de Juana. Blasco Ibáñez la defendió por considerar injusto que se la tildara de loca:

---

[168] *Idem.*
[169] *Idem.*

Doña Juana murió, pues, como había vivido, y es curioso observar como en el templo del amor una extraña anomalía se produce. Llegan allí Julieta y Romeo, y el ángel que cuida la puerta les dice: pasad. Llegan los adúlteros Paolo y Francesca y se les dice: pasad. Llegan, en fin, todas las figuras novelescas y románticas del amor, y tienen cabida. Pero llega doña Juana, la sublime enamorada de su esposo, y como llega vieja se la niega la entrada. Y como injusticia suprema se la tilda de loca.[170]

Después de esta conferencia retomó su gira por el interior. Tan solo cuatro días más tarde se encontraba en la ciudad de Colón en la provincia de Buenos Aires.

ARGENTINA Y SUS GRANDEZAS: UN NUEVO NEGOCIO EDITORIAL

Blasco Ibáñez fue un viajero incansable, sus desplazamientos respondieron a diferentes motivaciones, ya fuesen políticas, de estudio, de negocio o vitales.[171] Todos le proporcionaron información y le sirvieron de fuente de inspiración para artículos, relatos de viaje…, y la experiencia argentina no iba a ser la excepción. Las crónicas y relatos de los viajeros constituyen, como indica Cagiao Vila, una fuente narrativa excepcional, ofrecen una visión singular sobre los lugares en los que estos recalaron dando cuenta no solo del «grado de intimismo» contenido en el discurso derivado de esa experiencia personal, sino también de la «formación intelectual» que poseían y del momento cronológico de su visita.[172] Así pues, en el viaje se revela una doble perspectiva: por un lado, la interpretación histórica de lo observado y experimentado, esto es, los lugares visitados, los edificios, las gentes; y por otro, la que procede de la especificidad del momento en el que es redactado y que quedará reflejado en la escritura.[173]

Después de haber recorrido durante seis meses la Argentina de norte a sur impartiendo conferencias, y recopilando material gráfico y textual para su proyecto editorial, el 13 de diciembre de 1909 partió a Montevideo.[174] Desde allí tomaría el vapor que le llevaría de regreso a España, adonde llegó a principios de enero de 1910. Tenía un propósito: escribir un libro sobre Argentina y tenerlo terminado preferiblemente para el mes de mayo o junio, fecha que había previsto para regresar a Buenos Aires. No era casual, el país

---

[170]   *Idem.*

[171]   Codina Bas, 2002, pp. 92-106.

[172]   Cagiao Vila, 2015, p. 375. Estos escritos han gozado de gran interés en los estudios historiográficos de las últimas décadas, pues permiten acercarse a las realidades sociales desde nuevas perspectivas. Son fuentes heterogéneas y con peculiares cualidades polifacéticas que muestran lo diferente que fue cada uno de los viajeros, la variedad de formas en que presentan sus testimonios y los diferentes grados de observación. Para una reflexión teórica sobre los relatos de viajes, véase: Hilton, 1999.

[173]   Rújula López, 1994. Independientemente de cuáles fuesen los motivos y demás circunstancias personales de cualquier viaje, el hecho de elaborar un relato de esa experiencia lleva implícito un proceso intelectual de reflexión sobre lo visto y vivido.

[174]   Puede encontrarse un avance de la importancia que tuvo esta obra en el regreso de Blasco Ibáñez al país en 1910, así como algunas características de esta en: San Martín Molina, 2016, p. 230 y 2020, pp. 107-109.

celebraba el 25 de mayo el centenario de su independencia y quería presentar *Argentina y sus grandezas* como homenaje en el cenit de una efeméride, lo que aseguraría su éxito en las librerías porteñas y del interior. Quiso redactar en muy poco tiempo una obra monumental que, como su título indica, pretendía recoger las grandezas de Argentina. Además, quería tenerla en un plazo muy concreto en el que tenía que combinar el tiempo con el formato de una obra atractiva en Europa y América:

> Mi propósito es que sea leído fuera de la República, especialmente en Europa, donde las grandes naciones de alta intelectualidad, depositarias de todos los conocimientos modernos, no tienen una visión exacta y perfecta de lo que son los pueblos jóvenes y progresivos de Sud-América, al frente de los cuales marcha el de Argentina [...] Yo quisiera con este libro gritar a Europa: «Deja de admirarte. En el mundo hay algo más que tú».[175]

¿Qué significó *Argentina y sus grandezas*? Resulta una obra difícil de clasificar y analizar en cuanto que se construye en la intersección de múltiples tensiones.[176] Se advierte, en primer lugar, la existente entre el discurso de su autor y el gobierno que lo auspiciaba; en segundo lugar, entre los objetivos vitales contradictorios del autor —escindido entre un *emprendimiento cultural* y otro agrario—, y, en tercer lugar, y en relación con lo anterior, la tensión entre un autor que buscaba identificarse con el público ideal al que presuntamente interpelaba. Si estas han dejado rastro en el texto y hacen interesante su estudio, cabe atender, también, a otras cuestiones para poder comprender su naturaleza. Si tenemos en cuenta las condiciones materiales en las que se editó y se puso en el mercado, veremos que no podía cumplir una función de promoción migratoria entre las masas españolas o europeas por las características materiales: el volumen resultante fue de grandes dimensiones, con papel de gran calidad, tapa dura con relieves, imágenes y grabados, y un elevado precio de venta. Entonces hay que plantearse si el público ideal de este libro fue un subgrupo migratorio de *emprendedores agrícolas;* si fue el público español o americano que Blasco Ibáñez ya tenía o pretendía incorporar en cuanto que intelectual, literato, publicista o político; o si, por el contrario, los destinatarios de su obra fueron las élites argentinas o el propio gobierno.

Responder a esta pregunta permitirá definir si *Argentina y sus grandezas* fue un libro de no-ficción en el catálogo de obras de Blasco Ibáñez, una obra propagandística relativamente independiente pero encuadrada dentro de la política de promoción migratoria del Estado argentino o un simbólico presente, un lujoso *souvenir* con el que cortejar a una élite social, política, económica y cultural que podía favorecer su futuro emprendimiento agrario como editor o inmigrante colonizador. Por supuesto, en cuanto que mercancía, el libro buscaba compradores y pretendía hallarlos entre todos aquellos porteños, co-

---

[175]   Blasco Ibáñez, 1910, p. 3. La primera edición de esta obra: Vicente Blasco Ibáñez, *Argentina y sus grandezas,* Madrid, La Editorial Española-Americana, 1910. La Biblioteca Nacional de España dispone de la digitalización: https://datos.bne.es/edicion/Mimo0002197982.html [consultado 09/04/2024].

[176]   Sánchez Samblás, 2009, p. 165, señala que la obra se encuentra «a caballo» entre el ensayo y el libro de viajes. Viñuales, 2007, p. 69, apuntó que tuvo una tónica diferente a la de otras publicadas en el marco del centenario.

rrentinos, chaqueños, santafesinos, mendocinos, cordobeses, entrerrianos, salteños, que independientemente de su oficio, nivel de riqueza y propósitos, quisieran adquirirla. Pero siendo autor, editor, distribuidor y hasta vendedor —amén de *emprendedor cultural* y poseedor de un creciente capital simbólico y económico— puede entenderse que su rentabilidad no se alcanzase solamente con la venta de los ejemplares, sino también con su obsequio o donación, debiéndose observar esto como una inversión indirecta en sus actuales o potenciales proyectos económicos.

Un asunto que da cuenta del perfil de Blasco Ibáñez como *emprendedor cultural* es que él mismo cargaría con los ejemplares desde España, algo que le valdría críticas y burlas. En realidad, muestra a un literato afamado, que había sido aclamado en los principales teatros argentinos e invitado a las fiestas más elitistas y protocolarias, que ahora se verá en la necesidad de transportar su obra para darla a conocer y hasta para venderla. Sería su nueva carta de presentación en el país, tarea que acabaría asumiendo su secretario Julio Cola.

Las provincias: una fuente de inspiración para el viajero-artista y el escritor-viajero

En septiembre de 1909 un redactor del diario porteño *La Argentina* entrevistó a Blasco Ibáñez en el hotel donde se alojaba en Buenos Aires. Solo estaba de paso en la capital y dio cuenta al periodista de cuál había sido su recorrido, lo que tenía previsto visitar una vez reanudase su gira, sus primeras impresiones sobre lo que había visto en el interior y el litoral, y trasladó la grandiosa impresión que le había causado el país. También respondía que todos los datos que estaba recabando serían utilizados en un futuro; aunque no lo mencionaba, se estaba refiriendo al aprovechamiento para elaborar *Argentina y sus grandezas*. Precisamente este asunto atrajo al periodista, que le preguntó un posible título. En aquel momento adelantó que se titularía «La grandeza argentina». En este punto de la conversación reveló datos interesantes: no sería una novela sino un libro, ratificó que estaría destinado a Europa e introdujo que se compondría de dos partes y de qué trataría cada una de ellas:

> Será un libro destinado a contar a Europa los progresos de este país, y por lo innecesario excluyo decir que no es un libro para los argentinos, sino para los europeos que deseen conocer la Argentina. Sostendré en él, dejando de lado la quimera de las grandes fortunas improvisadas en poco tiempo y sin esfuerzos, que una parte notable de la buena inmigración puede aquí vivir mejor que en su país de origen. La obra, con miles de grabados y láminas en colores (no exagero al hablar de miles), constará de dos partes. Será la primera un resumen de la República Argentina tal como la he visto, en su faz política, administrativa, militar, industrial, colonizadora, educacional, periodismo, literatura, etc. La segunda parte comenzará con la descripción de Buenos Aires y seguirá a ella la de las provincias. Será una obra monumental, en la que irá mezclada a la seriedad del libro de estudio y de cronista, la nota pintoresca puesta en sus páginas por el temperamento del novelista.[177]

---

[177] «Impresiones de nuestro país recogidas por Blasco Ibáñez en su reciente jira [sic]», *La Argentina*, Buenos Aires, 28-9-1909, p. 7.

Las pretensiones sobre sus proyectos editoriales fueron variando, aunque desde el momento que planificó viajar a América decidió que su experiencia allí debía ser explotada a través de una producción literaria. A principios de enero de 1909, antes de realizar su primer viaje, pensó escribir novelas de todas las repúblicas visitadas para que en España se conociese la manera de ser y de pensar de sus antiguas colonias, contribuyendo esto a estrechar los lazos de unión. Según fueron pasando los meses, los diarios recogieron que escribiría un libro en el que se ocuparía del carácter y la vida de la Argentina. Blasco Ibáñez, ya estando en el país, y antes de incitar la gira por el interior, anunciaba que Buenos Aires sería la protagonista.[178]

Fue *El Imparcial* en marzo de 1909 el que lo definió como un libro de «viajero-artista» al estilo de lo que habían sido sus anteriores producciones, *Oriente* y *El País del Arte*.[179] Además, Blasco Ibáñez pensaba hacerla traducir al francés, inglés y alemán con los mismos editores y traductores de sus novelas, mostrando el interés de que estuviese en el mercado europeo. Gómez de Baquero, en un artículo publicado en *El Imparcial* en el mes de agosto de 1910, quiso marcar la diferencia de *Argentina y sus grandezas* respecto a sus obras anteriores, identificadas con el género de libros de viajes, a pesar de que estuviesen enlazadas, y perfiló lo que era este libro:

> en el libro de la Argentina —y esto le diferencia de los anteriores— Blasco Ibáñez no se ha limitado a la sensación estética, a ser poeta de aquellas tierras nuevas, de aquel medio joven y exuberante. Ha acumulado los elementos de información, que brindan la historia, la geografía y la estadística para sumarlos a esa insustituible impresión de la visión directa que da la visita de un país [...] Subsiste, pues en este libro la sensación estética, pero documentada como forma de una abundante materia informativa [...] No es solo un estudio y una obra artística, sino un acto de fe.[180]

Al concepto de libro elaborado por el «viajero-artista» se refiere en la entrevista cuando afirma que combinará la seriedad —identificada con el viajero, con el cronista— con la nota pintoresca —identificada con el artista, con el novelista—. Como viajero dará cuenta de los lugares visitados, como escritor-editor aportará su prestigio literario con su firma personal y el sello de su propia editorial. Esto último le permitirá decidir según sus criterios y le reportará beneficios económicos, aunque tenga que asumir los costes de edición.

En *Libros de Viajes* López-Burgos distingue dos elementos que hacen que una obra pueda ser considerada como tal.[181] El primero es que el viaje tiene que ser real y descrip-

---

[178]   Cagiao Vila, 2015, p. 383, indica que prácticamente todos los viajeros que visitaron la Argentina en el contexto del centenario centraron su atención en el medio físico y en primer lugar en la ciudad de Buenos Aires. Para una imagen de Buenos Aires a través de los viajeros, véase: García de D'Agostino, 1981.

[179]   «Actividad literaria», *El Imparcial,* Madrid, 10-3-1909, p. 2.

[180]   Gómez de Baquero, Eduardo. «Revista Literaria», *El Imparcial,* Madrid, 15-8-1910, p. 3. También consideró que sería la obra literaria culminante de la conmemoración del centenario.

[181]   Según indica López-Burgos, 2001, p. 2, en todas las épocas, países y culturas han existido los relatos de viajes, pero esto no significa que deban incluirse bajo el epígrafe genérico de «Literatura de

tivo, y el segundo que el viajero debe ser el autor y su protagonista.[182] Los dos elementos mencionados se encuentran parcialmente en *Argentina y sus grandezas*. Blasco Ibáñez hará uso del «yo» en determinadas ocasiones, para incorporar sus experiencias personales, afianzar su legitimidad como observador o validar su perspectiva.[183] Sin embargo, la obra no es la narración de su viaje, sino que se vale de la experiencia adquirida. Hay otras características que ayudan a identificar este género literario y que también están presentes en *Argentina y sus grandezas,* como la subjetividad,[184] el uso de la memoria con la consiguiente deformación,[185] y la incorporación de fotografías, ilustraciones y grabados. Este género, además, constituía un buen negocio, lo que explica por qué el novelista, en un primer momento, pensó *Argentina y sus grandezas* como un libro de viaje. Si bien comparte ciertos elementos, no debe incluirse en esta categoría.

La obra está vertebrada en una finalidad utilitaria e inmediata y en una literaria, ligada a los intereses de su autor. Al final de la obra incluyó una nota en la que hace un llamamiento a la emigración: «La República Argentina necesita gente». Este mensaje es clave, después de narrar todas las «grandezas» del país, especifica el emigrante necesario. Tras estas palabras se encontraba el gobierno argentino, interesado en poblar tierras que se hallaban prácticamente deshabitadas:

> El agricultor, el hombre de pastoreo, el dependiente de comercio, el obrero hábil en las artes manuales, pueden embarcarse sin temor con rumbo a la Argentina. Hay en ella espacio, trabajo abundante y bienestar para todos. Ellos son los hombres que necesita la república [...] Vayan a la Argentina labradores, comerciantes y obreros manuales. Quédense en Europa abogados, médicos y empleados, si es que no se sienten con valor para cambiar de profesión. Las comarcas casi desiertas de la Argentina necesitan brazos e iniciativas.[186]

En septiembre de 1909 Blasco Ibáñez escribió a su esposa comunicándole que tenía que pasar más tiempo del previsto en Buenos Aires porque estaba negociando con el gobierno, y concretamente con Figueroa Alcorta, que le adelantaran un dinero que iría destinado a la edición de la obra que pretendía escribir para el centenario y que, además, motivaría un segundo viaje: «yo busco ahora me larguen como adelanto para gastos de la edición 15 o 20 000 duros. La cosa se presenta bien. Ahora veremos. En cuanto los coja

---

Viajes». Para una definición de libro de viaje, véase: Rújula López, 1994.

[182] López-Burgos, 2001, p. 8.

[183] Blasco Ibáñez no se privará de declarar que ha visitado casi toda la Argentina ni de recordar que hizo grandes periplos por el mundo para sugerir la agudeza de su mirada sobre el Río de la Plata: «Yo he visitado casi toda la Argentina y puedo darme cuenta de lo que significa la palabra grande»; «Yo hice en cierta ocasión el viaje de Constantinopla a Madrid», véase: Blasco Ibáñez, 1910, p. 36.

[184] El escritor viajero «ve lo que quiere ver» precisamente porque parte de una idea o imagen previa del país. El viaje, en general, tiene mucho de utópico e idealista, véase: Porras Castro, 1995, pp. 181-188; Ruiz Baudrihaye, 2014, pp. 48-65.

[185] Ruiz Baudrihaye, 2014, p. 50. Blasco Ibáñez en la entrevista afirmó llevar la libreta y la memoria repleta de datos.

[186] Blasco Ibáñez, 1910, p. 766.

me voy. Ya estoy cansado».[187] Al referirse a Figueroa Alcorta como «mi amigo», quiere transmitir una relación muy cercana que, a juzgar por los escasos encuentros de ambos, así como por lo trascendido de las conversaciones mantenidas, resulta exagerada. Obtuvo apoyo económico del presidente porque esta obra contribuiría a mostrar una república madura y consolidada ante los visitantes internacionales que por aquellos años pasaron por la Argentina. *Argentina y sus grandezas* fue un empeño propagandístico vinculado al proyecto personal de Blasco Ibáñez, que podría utilizar como un instrumento para conseguir la adhesión de las élites del país para tener acceso a la propiedad de tierras y como una forma de reclutar colonos para su futuro proyecto agrario. Con este libro se puede decir que «pagó» la deuda de agradecimiento con Argentina a la vez que encontraba una nueva oportunidad para hacer negocios editoriales.

Llegada a España: la elaboración de una obra para el centenario

Cuando Vicente Blasco Ibáñez abandonó la Argentina en diciembre de 1909 desde Montevideo, anunció que estaría centrado en el libro que pretendía escribir, y que tenía pensado regresar: «háganme el favor de creerme siempre con ustedes; haciendo mi libro no voy a pensar en otra cosa: ya llegará el momento de despedirme cuando me vaya de veras, y que conste que por esta misma razón no me despido de nadie. Es un hasta luego».[188] A principios de enero de 1910 llegaba a Lisboa, donde, según indica la prensa, pretendía permanecer algún día antes de continuar hacia Madrid. En la capital lusa tenía una gran cantidad de admiradores y además se encontraba su editor Justino Guedes, con el que probablemente tratase algunos asuntos relativos a la obra y al viaje.

Regresó a Madrid sin apenas anuncios y telegramas, la prensa madrileña se limitó a informar de que ya se encontraba en España y puso énfasis en la vuelta del novelista a la Argentina para presentar su obra como tributo al Centenario de la Independencia. Debía ponerse a trabajar de inmediato; si la obra tenía que estar lista para mayo, tan solo tenía cuatro meses por delante. En una entrevista concedida a *El Heraldo de Madrid* reconocía que había estado muchos meses sin escribir y que necesitaba entrenarse. Además, tenía el título definitivo:

> Mis facultades oratorias con tanta conferencia, se han desarrollado extraordinariamente en cambio, como me he pasado siete meses sin escribir una línea, apenas puedo hilvanar un artículo cuando me pongo a escribir. El otro día lo intenté y tuve que dejarlo. Necesito entrenarme para empezar enseguida un libro que quiero terminar para mayo o junio, época en la que volveré a Buenos Aires y se titulará *Argentina y sus grandezas.*[189]

---

[187] ACMBI, Epistolarios, carta de Vicente Blasco Ibáñez a María Blasco del Cacho, Buenos Aires, 29-9-1909.

[188] «Vicente Blasco Ibáñez», *El Diario Español,* Buenos Aires, 14-12-1909, p. 2.

[189] «España en América», *El Heraldo de Madrid,* Madrid, 8-1-1910, p. 1.

La redacción comenzaría el 15 de enero y terminaría el 28 de junio de 1910, se puede corroborar en una nota que aparece al final del libro constatando que había sido impreso y encuadernado en Madrid, que comenzó a imprimirse el 20 de enero de 1910 y que quedó terminado el 4 de julio.[190] Tardó muy poco en culminar un libro tan ambicioso. Sors Cirera criticará las fuentes utilizadas deslizando que no sería del todo de su autoría: «La parte ilustrada de la obra está hecha de tarjetas postales y el texto a base de libros viejos; por eso se nota poco de propiedad de D. Vicente».[191] Es cierto que le ayudó la documentación que recopiló en Argentina: libros, mapas, estadísticas, memorias, apuntes y fotografías. Entraron en juego otros elementos como el número de horas diarias de trabajo, el cambio de hábitos y, por supuesto, su experiencia como escritor.[192] El resultado fue una obra de más de setecientas páginas, en sus diferentes partes trata de la Argentina de ayer y de hoy, de Buenos Aires, de las provincias y de los territorios nacionales. Visualiza la vastedad del territorio, la diversidad de la vegetación, la fauna, los climas y las razas, concluyendo que Argentina es «utilizable» de norte a sur.[193] Contiene ilustraciones seleccionadas por el novelista, que además contó con la ayuda de tipógrafos.[194] Estaba encuadernada en cuero con el escudo impreso de la Argentina.[195]

La edición tuvo un coste elevado y en ella Blasco Ibáñez invirtió un importante capital. No era un libro de lectura al uso, sino una obra de colección, lo que marcará el proceso de producción, distribución y por supuesto de recepción. Sabía que la venta de libros no estaba basada solo en la calidad literaria de los textos, sino también en los aspectos formales y simbólicos, algo que desarrolló ampliamente años más tarde en Prometeo.[196] Como escritor-editor debía encargarse del proceso completo de la gestación, de la difusión y del aspecto meramente industrial: precio, propaganda, presentación y forma de pago. Con *Argentina y sus grandezas* lanzó al mercado una obra con su sello

---

[190]   San Martín Molina, 2020a, p. 108. Véase: Blasco Ibáñez, 1910, p. 769.

[191]   Sors Cirera, 1910, p. 63.

[192]   En abril de 1910 el diario *El Pueblo* publicó un artículo firmado por Eduardo Zamacois, que también viajará a la Argentina en 1910, sobre la visita que hizo al novelista en su casa de Madrid y en la que este explicaba su nueva rutina, véase: Zamacois, Eduardo. «Figuras contemporáneas. Vicente Blasco Ibáñez», *El Pueblo,* Valencia, 7-4-1910, p. 1. Blasco Ibáñez dejó constancia del frenético y excesivo ritmo de trabajo en una carta que envió a Arturo Reyes: «Querido Reyes: Te he escrito al levantarme de la cama después de una enfermedad de varios días, sin duda por exceso de trabajo. Ya he acabado el libro sobre la Argentina, pero por poco acaba él conmigo. Nunca he hecho un trabajo más pesado en menos tiempo», véase: Carta de Vicente Blasco Ibáñez a Arturo Reyes, Madrid, s. f. Disponible en: https://riuma.uma.es/xmlui/handle/10630/20121 [consultado 09/04/2024].

[193]   Blasco Ibáñez, 1910, p. 41.

[194]   El libro tiene un total de 768 páginas y 32 cm de dimensión. Según el diario *La Argentina* trabajaron en su confección una «legión de tipógrafos» y su costo era de 150 000 pesetas, véase: «Entrevista de *La Argentina* con Blasco Ibáñez», *La Argentina,* Buenos Aires, 21-1-1910, p. 1. Eduardo Zamacois en su libro afirma que el volumen tendrá mil páginas y más de tres mil grabados, láminas, planos y que la edición no costaría menos de 30 000 duros, véase: Zamacois, 1910, p. 114.

[195]   La primera edición fue publicada por La Editorial Española Americana y la segunda por Prometeo.

[196]   Ariza González, 2020, p. 175.

editorial, renovó el peso de su nombre y generó un interés retrospectivo por su estancia en Argentina, lo que contribuirá a explotarlo como reclamo publicitario.

Durante el proceso de elaboración de *Argentina y sus grandezas,* tuvo que alternar la escritura y la edición con la asistencia a recepciones y homenajes,[197] esta vez no en su honor, sino en el de dos ilustres personalidades argentinas: el político y orador Belisario Roldán, y el presidente electo Roque Sáenz Peña. En estos eventos se relacionó con personalidades políticas y culturales, tanto españolas como argentinas, como Eduardo Wilde,[198] que tenía contacto con Figueroa Alcorta. Aunque el novelista no fuese el protagonista quizás sí le sirvieron para promocionar la obra, que para cuando tuvo lugar el banquete a Sáenz Peña ya se encontraba en imprenta. Es probable que, habiendo coincidido con el ministro argentino en diversas ocasiones, con Roldán y con el presidente electo solicitase algún tipo de ayuda o apoyo para la promoción de su obra en Argentina.

Regreso a la Argentina de 1910: promoción y venta de Argentina y sus grandezas

A principios de agosto de 1910 se embarcaba en Lisboa iniciando así una nueva etapa en su experiencia argentina, no solo como *emprendedor cultural,* sino también como «fundador de pueblos»,[199] resultando ser así la primera persona persuadida por su propia propaganda. Durante los días que permaneció en la ciudad aprovechó para promocionar su obra —allí se encontraba la Casa A. Editora que traducía sus novelas al portugués— y dictó una conferencia sobre la República Argentina a petición de la Sociedad Literaria Portuguesa, en la que mencionó sus proyectos agrarios. Su estancia también le permitió acudir al Real Palacio, donde fue recibido por la reina Amelia, a quien le entregó un ejemplar de *Argentina y sus grandezas,* todavía inédito.

Esperó a que llegase Sáenz Peña para embarcar juntos en el vapor alemán *König Friedrich August* el 7 de agosto de 1910. La coincidencia de ambos en el buque no pasó desapercibida para los diarios madrileños y porteños, y el literato envió una carta a su mujer desde Río de Janeiro donde le informaba del trato dispensado por el argentino:

> Querida María: Aprovecho el corto rato que nos detenemos en Río de Janeiro para enviarte estas breves letras. Tenemos mal tiempo, pero el barco es grande y marchamos bien. Sáenz Peña y toda su gente me tratan con grandes atenciones. Como no me había

---

[197] Blasco Ibáñez también fue solicitado por sus correligionarios para que volviese a la política, pero lo rechazó justificando sus compromisos literarios: «yo no puedo ser candidato. Mi obra literaria me absorbe el tiempo. Tengo contraídos compromisos de tal naturaleza con editores argentinos», véase: «Sesión solemne», *El Pueblo,* Valencia, 24-4-1910, p. 1.

[198] Wilde ofreció una cena en la legación argentina a la que acudieron representantes de la intelectualidad española, así como representantes diplomáticos como Carlos M.ª Ocantos —ministro residente de la República Argentina en Dinamarca—, Atilio D. Barilari —secretario de la legación argentina— y Amado Nervo —secretario de la legación de México—.

[199] Dicho término es el utilizado por Cola en el título de su libro, véase: Cola, s. f.

oído nunca me ha hecho dar a bordo una conferencia que fue un triunfo. El 23 llegaré a Buenos Aires, ya te escribiré desde allí.[200]

El buque llegó a Buenos Aires el 23 de agosto de 1910, tal y como estaba previsto. El día de antes *El Diario Español* recordaba a sus lectores la campaña de españolismo que realizó el novelista por todo el territorio argentino hacía un año; ya no era un simple viajero, ni un huésped de la colectividad española o de la nación argentina, sino un ciudadano más. Era «uno de los nuestros» y con la obra sobre la Argentina se incorporaba a los esfuerzos y a la actividad de la colectividad, contribuyendo a «acentuar la acción española».[201] Su llegada no fue publicitada como la vez anterior. Se hace muy complicado seguir sus pasos en el país a través de la prensa porteña, no hay una agenda pautada y los diarios no se hicieron el mismo eco. Los intereses habían cambiado, no solo los de Blasco Ibáñez, sino también los de la colectividad española que no utilizó este viaje ni su figura como un reclamo, aunque sí su obra como elemento de cohesión considerando que consolidaría los vínculos de confraternidad.

Después de dedicar seis meses a elaborar su obra, llegaba el momento de distribuirla, promocionarla y publicitarla, y la mejor plataforma fue la prensa. Los periódicos publicaron reseñas en las que describían el contenido y también aludieron al precio, los aspectos formales y técnicos, a la edición de lujo y ofrecieron un resumen del contenido.[202] Coincidían en que *Argentina y sus grandezas* era una obra de divulgación histórica y sociológica e interesó señalar el propósito de su autor y a quién iba dirigida. Sin embargo, Sors Cirera, siempre crítico a la descripción que circulaba acerca de la obra la denominó, de manera despectiva, como «prospecto». Indicaba las falsedades que, a su juicio, se cometían en ella centrándose en algunas de las características de edición y en su aspecto exterior:

> Aquí termina el prospecto, que es una lata mayúscula y un engaño [...] Prospecto es anuncio breve que se hace al público sobre una obra. Bien, pues, por lo tanto siempre se hace circular antes que la obra, y así fue el que nos ocupa, lo leyó medio mundo antes de que se pusiera en venta «Argentina y sus grandezas». El prospecto empieza diciendo que la obra contiene ochocientas páginas de texto, tres mil fotograbados y veinticinco tricromías, lo cual es una mistificación [...] Si miro el libro exteriormente no me resulta malo el mamotreto. Si se hubiera de juzgar las obras por el volumen o por lo que representan, el libraco de D. Vicente se llevaría el primer premio en un concurso de obesidad.[203]

Además, considera que fue el propio Blasco Ibáñez quien elaboró el «prospecto»:

---

[200] ACMBI, Epistolarios, carta de Vicente Blasco Ibáñez a María Blasco del Cacho, Río de Janeiro, 19-8-1910.
[201] «Vicente Blasco Ibáñez. Su regreso a Buenos Aires», *El Diario Español,* Buenos Aires, 23-8-1910, p. 3.
[202] Almela, Vicente. «Argentina y sus grandezas», *El Heraldo de Madrid,* Madrid, 26-7-1910, p. 1. Respecto a las características de la obra, véase: «Vicente Blasco Ibáñez», *El Pueblo,* Valencia, 7-4-1910, p. 1; «Argentina y sus grandezas», *El Heraldo de Madrid,* Madrid, 26-7-1910, p. 1; «Argentina y sus grandezas», *El Liberal,* Madrid, 28-7-1910, p. 2.
[203] Sors Cirera, 1910, pp. 45-50.

Se me podrá objetar que D. Vicente escribió ese prospecto antes de terminar la obra, y Dios me perdone la suposición de que allí corrió su afilada pluma; pero si así fue, por qué se dice con tanto énfasis que es la obra más estupenda, según la crítica europea. ¿Cómo pudo haber crítica si no se conocía la obra?[204]

Según el crítico, habría escrito el texto principal de promoción y a través de sus contactos lo habría distribuido entre los principales diarios. No se debe descartar que, efectivamente, llevase a cabo esta estrategia. También es cierto que pudo haber personas que accediesen a la obra antes de que saliese a la venta porque se ha podido constatar que Blasco Ibáñez viajó con ella a la Argentina. Sin embargo, no salió al mercado hasta finales de mes, lo que indica que pudo distribuirla entre las principales redacciones con el objetivo de que fuese reseñada, dado que algunos diarios madrileños lo hicieron a finales de julio.[205] *El Diario Español* comenzó una campaña de promoción para generar entre sus lectores cierto halo de expectación que les impulsase a comprar el libro. Se anunció que esta obra había despertado tal interés en el país que todas las librerías habían realizado pedidos considerables. Como muchos de los suscriptores del diario serían futuros compradores, trasladó la esperanza de que Blasco Ibáñez les proporcionase ejemplares y además poderlos ofrecer con algún tipo de rebaja: «Esperemos que a nosotros no nos negará ejemplares que ofrecemos a nuestros lectores, con la rebaja de costumbre, es decir, cediéndoles la comisión que acuerde a los intermediarios».[206] El 26 de agosto el diario avisó a los suscriptores del descuento anunciado.

Respecto al precio en España, el diario *El Pueblo* lo establecía en 50 pesetas, informando que podía ser encargado en la editorial valenciana de F. Sempere y Compañía, y hacía alusión a las características: se trataba de un «tomo en folio con cerca de tres mil fotograbados y tricromías encuadernado en piel y relieves».[207] En Argentina, *El Diario Español* lo fijó en 30 pesos, en 20 para los suscriptores dado que renunciaban a la comisión asignada a los vendedores.[208] Se justificaba el precio en que era una obra de lujo con muchos grabados y tricromías. Sors Cirera criticará la inclusión de grabados; si bien reconoce que algunos eran buenos, considera que el autor se había limitado a amontonarlos sin ningún tipo de lógica:

Si abro el libro, lo primero que aparece a los ojos del lector son 226 escudos argentinos, militarizados en columnas compactas. Si hojeo el libro resulta un *Caras y Caretas* de la peor especie. Es un amontonamiento de fotograbados sin ton ni son, sin orden ni concierto, que lo hubiera hecho cualquier rural que supiera sembrar alfalfa [...] Dejando

---

[204]   *Ibidem*, p. 46.

[205]   Una carta enviada por Luis Morote a Francisco Sempere el 28 de julio de 1910 confirmaba que Blasco Ibáñez regaló a Morote —que escribía en *El Heraldo de Madrid*— la obra: «Ayer estuve con Blasco Ibáñez toda la tarde y esta noche comeré con él. Está muy contento con su viaje a la Argentina [...] Ya me ha regalado su monumental libro», véase: Herráez, 1999, p. 312.

[206]   «Blasco Ibáñez», *El Diario Español*, Buenos Aires, 20-8-1910, p. 2.

[207]   Anuncio publicado en *El Pueblo* el 13 de septiembre de 1910.

[208]   «El libro de Blasco Ibáñez», *El Diario Español,* Buenos Aires, 26-8-1910, p. 2.

aparte ese hacinamiento inexplicable de clisés, sin plan, sin colocación lógica, hay muchos repetidos, muchos que no representan nada, y otros que no dan idea completa de lo que se quiere exponer [...] Indudablemente hay grabados muy buenos, que representan lo que se intenta; yo soy el primero en reconocerlo; pero hay muchos malos, que no representan nada, y en cuanto a su colocación repito, ha sido pésima.[209]

El Diario Español pidió a todos aquellos a los que les interesase hacerse con la obra que se anticiparan a reservarla en la administración del periódico, considerando que la demanda sería elevada y no habría demasiados ejemplares. Blasco Ibáñez no destinaría a cada punto de venta más de cincuenta. Días más tarde, el 28 de agosto, se volvió a dirigir a sus suscriptores informándoles del retraso en la entrega. Manifestó las dificultades que imponía el Despacho de Aduana. A su vez, esta publicación ofrece datos relacionados con el modo de envío y con el perfil de comprador de fuera de la capital. El diario comunica que entre los pedidos hay varios destinados a las provincias y esto supone cierto problema para enviarlos porque cada ejemplar pesa más de cuatro kilos, lo que encarece el envío:

> Entre los pedidos figuran varios de campaña y provincias, y a éstos debemos advertirles, que pesando cada ejemplar 4 kilos y algunos gramos, y entregándolos nosotros, sin un centavo de diferencia por el precio que exige el autor, deberán enviarnos además de este precio, o sea 20 pesos min, el valor que exija la remisión por agencia o por correo, teniendo presente que éste no acepta certificados más que hasta 3 kilos de peso.[210]

Por ello ofrecen una alternativa; dado que todos los peticionarios eran comerciantes se aconsejaba que aprovechasen las expediciones de mercaderías, no solo les resultaría menos costoso, sino que también se asegurarían de que el libro llegase en buenas condiciones.

El día 31 de agosto de 1910 se puso a la venta *Argentina y sus grandezas* y tanto *El Diario Español* como *La Argentina* informaron de ello a sus lectores. El primero confirmó que a la administración habían llegado ochenta y tres ejemplares, más de los previstos inicialmente. Los suscriptores, abonando su importe, desde ese día podían retirar el libro. Respecto a los pedidos de fuera de la capital que ya hubiesen sido abonados, el diario se encargaría de enviarlos con el porte a cobrar en destino. Se informó también de que a partir de este momento cualquier nueva reserva ya no la podrían hacer con rebaja dado que los libreros protestaron ante Blasco Ibáñez por el perjuicio que les estaba ocasionando la renuncia de la comisión de venta en favor de los lectores del diario. A principios de septiembre hubo suscriptores que no habían acudido a recoger los ejemplares, por lo que se anunció que los primeros que se presentasen en la administración podían beneficiarse de la rebaja estipulada. Debió de resultar exitoso porque recibieron nuevos pedidos.[211] También se indica que se habían agotado los cien únicos ejemplares que puso Blasco Ibáñez con el descuento otorgado y que no podría realizar más envíos por tener cerrados contratos con terceras personas por todo el país. Si se toma esta afirmación por válida,

---

[209] Sors Cirera, 1910, pp. 50-56.
[210] «El libro de Blasco», *El Diario Español,* Buenos Aires, 28-8-1910, p. 2.
[211] «El libro de Blasco Ibáñez», *El Diario Español,* Buenos Aires, 11-9-1910, p. 3.

dado que no disponemos hasta el momento de otras fuentes, Blasco Ibáñez a través de *El Diario Español* habría conseguido colocar cien ejemplares, de los cuales una gran mayoría se habrían quedado en la capital y otra partida habría ido a parar a provincias. En Buenos Aires, podía resultar relativamente fácil su venta, pero no ocurría lo mismo en el interior. Fue su secretario, Julio Cola, el encargado de cobrar los ejemplares y de ofrecer la obra a las autoridades gubernamentales.[212]

Cola indicaría que fue Blasco Ibáñez quien le mandó a Paraná y Corrientes: «A mí me destinaba a visitar Paraná y Corrientes para firmar las propuestas de adquisición y el cobro de los ejemplares de *Argentina y sus grandezas*».[213] Completó la misión, pues el gobierno de Entre Ríos, en Paraná, adquirió un gran número de ejemplares, sin especificar cuántos ni tampoco los réditos obtenidos. Sors Cirera, en su afán por denostar, señalaría que el gobierno nacional compró un gran número de ejemplares, con ello pretendía demostrar que prácticamente ninguna persona o institución lo había adquirido: «Bien es verdad que el gobierno nacional le compró una buena remesa, y que tal vez ya se ocupen las legaciones argentinas en hacerla circular gratuitamente».[214] Que el gobierno nacional se hiciera con ejemplares es algo lógico teniendo en cuenta que este financió una parte y que Blasco Ibáñez se encontró con Figueroa Alcorta cuando llegó al país;[215] lo que queda por determinar es el número de ejemplares adquiridos por el gobierno y si estos se entregaron con algún tipo de descuento, o si hubo algunos ofrecidos por el propio autor como regalo. El crítico también aprovechó para restar valor a la obra señalando que su precio, que inicialmente había sido establecido en 30 pesos, sufrió un importante descenso en poco tiempo y llegó incluso en algún momento a ofrecerse de manera gratuita:

> «Argentina y sus grandezas» se comenzó a vender en plaza a treinta pesos el ejemplar, más tarde a veinte y cinco pesos y hoy la ofrecen a doce pesos, y a este paso la regalarán al que se atreva a apechugar con ella. En Europa hay creencia de que en América se levanta el dinero con palas, que anda por las calles tirado y que lo recoge el que quiere, no el que puede. Por eso es que hay muchos que vienen a estas playas con el ingenuo propósito de llenar la maleta y volverse incontinenti a su país. Desde lejos, es de presumir que en ciudades colocadas en las márgenes del Río de la Plata haya en ellas mucho dinero […] No sé si el señor Blasco participa de esas ideas, pero se me ocurre esto a propósito del elevado precio en que se inició la venta de la obra.[216]

Bajo su punto de vista, tiene un alto precio y esto se debía a la creencia europea de que en América se podía ganar dinero fácilmente, aunque afirma no saber si Blasco Ibáñez participa de tales ideas, pues en su obra precisamente señalará las posibilidades de crecimiento que ofrece la Argentina.

---

[212] Martínez de Sánchez, 1994, p. 89.
[213] Cola, s. f., p. 34.
[214] Sors Cirera, 1910, p. 49.
[215] Martínez de Sánchez, 1994, p. 89.
[216] Sors Cirera, 1910, pp. 46-47.

En el mes de diciembre, a pesar de que *El Diario Español* había advertido tiempo atrás, a través de diferentes avisos, que no podría hacer descuento alguno, ya había bajado a 10 pesos el ejemplar y a mediados de mes el periódico dejó de publicitarlo. El día 3 se publicó un anuncio en la primera página donde se recordaban las características de la obra, informaban de esta rebaja y de cómo adquirirla:

> *Argentina y sus grandezas*. Magnífica obra de 800 páginas en 4.0, con más de 3000 foto-grabados y 25 tricromías, encuadernación de lujo en piel de Suecia, se encuentra a la venta en la Administración de *El Diario Español*. A 10 pesos el ejemplar. Pedidos a la adminis-tración de este periódico mandando adelantado el importe y un peso más cuando deba enviarse a domicilio o fuera de la capital.[217]

Significativa resulta la carta que Blasco Ibáñez envió en diciembre de 1911 a Fran-cisco Sempere en la que aludía a una «venta amortiguada» de la obra y manifestaba su descontento por la encuadernación, había ejemplares defectuosos y le proponía a su socio la búsqueda de una forma para venderlos:

> le remito 600 y pico ejemplares de *Argentina y sus grandezas*. Era todo lo que quedaba aquí. La mayor parte de los ejemplares están algo jodidos exteriormente, y son los que devolvieron los libreros por su mal estado. […] Como aquí va tan caro todo, arreglar estos ejemplares, o cambiarles la encuadernación, cuesta mucho, así que los libreros me ofrecían su precio muy bajo por los ejemplares. He preferido a tocar dinero, fuese como fuese enviárselos a Ud. para que los arreglase en el taller de encuadernación y los ponga a la venta. Con estos y la remesa anterior tiene Ud. una buena existencia. Le advierto que en este momento no queda en toda Argentina un ejemplar de mi libro a la venta. El libro, aunque de venta ya amortiguada, se buscará siempre.[218]

Todo apunta a que el impacto de esta obra fue escaso y no cumplió las expectativas de Blasco Ibáñez. Así lo atestigua Rafael Calzada en su obra *Cincuenta años de América. Notas autobiográficas*: «Parece que la elegante y voluminosa obra, digna de este gran país, al cual la dedicaba, no tuvo todo el éxito que merecía y que él esperaba».[219] Pudo minimizar su preocupación, porque se encontraba centrado en otros asuntos que nada tenían que ver con la literatura ni con el propósito principal por el que viajó por primera vez a la Argentina, siendo *Argentina y sus grandezas* parte del *emprendimiento cultural* que había iniciado en 1909 y que pretendió continuar en 1910. Se hallaba inmerso en un nuevo negocio, esta vez relacionado con el campo y la agricultura.

---

[217] Apareció publicado en *El Diario Español* los días 3, 4, 7, 9, 10 de diciembre de 1910. El 11 se avisó que solo durante esa semana se encontraría a 10 pesos el ejemplar.

[218] Herráez, 1999, pp. 67-68. Según indica Lluch-Prats, 2012b, p. 258, Sempere llegó a un acuerdo de venta porque meses más tarde la obra se publicitó en una edición de la casa Editora e Impresora Manuel Rodríguez Giles.

[219] Calzada, 1927, p. 357.

Capítulo 4
El emprendimiento agrario en Río Negro y Corrientes (1910-1914)

La vuelta a Argentina en agosto de 1910 no tuvo solo como objetivo la presentación del libro *Argentina y sus grandezas,* sino también —tal y como había advertido antes de abandonar el país tras su gira como conferenciante— convertirse en agricultor dejando al margen por un tiempo su actividad literaria.[1] En consecuencia, si en su etapa anterior podemos hablar de Blasco Ibáñez como un *emprendedor cultural,* desde ese momento su perfil público se reformulará drásticamente para redefinirse como el de un *emprendedor agrícola.*[2] Sin embargo, como se verá, ciertas situaciones sobrevenidas, que dificultaron enormemente el desarrollo de su proyecto colonizador, terminarían provocando no solo su vuelta a las letras, sino también su regreso definitivo a Europa en 1914.

Las fuentes utilizadas para el análisis de este periodo de cuatro años son las cartas que envió a sus familiares y amigos, las noticias publicadas por los diarios españoles y argentinos relacionadas con sus colonias —destacándose el diario *El Pueblo*—, el libro del ya mencionado Sors Cirera y, como testimonio directo de su acción colonizadora, el escrito por su secretario Julio Cola.[3] Esta obra, que constituye uno de los pocos documentos acerca de la aventura americana de Blasco Ibáñez, permite seguir con cierto orden cronológico sus acciones en Argentina al tiempo que ofrece una explicación razonada

---

[1] «El Sr. Blasco Ibáñez colonizador argentino», *La Argentina*, Buenos Aires, 15-7-1910, p. 2. El diario destacó que Blasco Ibáñez abandonaría las tareas literarias de todo género, incluso las conferencias públicas.

[2] Reig, 2002, p. 154 afirma que Blasco Ibáñez no solo se veía como «colonizador de tierras», sino como «conductor de hombres».

[3] También se utilizará el artículo publicado por el abogado e historiador correntino Bonastre, 1975. En él se reproduce el proyecto de ley que presentó el Poder Ejecutivo a la Legislatura Provincial en el que se autorizaba a contratar con Blasco Ibáñez la fundación de una colonia agrícola en Corrientes. Y el trabajo de Ockier, 1990, por contener fuentes primarias relativas a la colonia que el novelista fundó en Río Negro, algunas de ellas, dada su relevancia, serán reproducidas parcialmente.

del quebranto de la empresa. Al inicio de esta, el propio Cola justifica cuáles fueron los motivos que le inclinaron a redactarla:

> *Blasco Ibáñez, fundador de pueblos,* ha sido mi tema elegido para pergeñar unas cuartillas y reflejar la intensidad colonizadora de su acción en América. Ya en 1923 publiqué mi novela *La ruta de los conquistadores,* inspirada en motivos colonizadores de Blasco Ibáñez. Pero hacía falta algo más: reasumir en hechos reales y positivos, encargos concretos, y con sencillez de estilo, aquella labor que desplegó el Maestro, sinceramente, honradamente. No podía dejar que el entredicho se cebara con él. ¿Y quién, modestia aparte, más autorizado para hacer la crónica de lo acontecido en tierras de América? Por eso me he decidido a hilvanar estas cuartillas, aunque en ellas se abuse del subjetivismo de mi intervención. Pero son un tributo a la verdad, el tributo sincero y sentido que, en estos momentos de glorificación del Maestro, un discípulo suyo está obligado a trazar, siquiera por gratitud.[4]

El análisis de estas fuentes, y su contraste con otras, ha permitido detectar ciertas contradicciones en torno a fechas y acciones, así como la posibilidad de conocer los nombres de quienes participaron directa o indirectamente en dicho proyecto.

EL PASO DE LAS LETRAS A LA ACCIÓN

El 8 de junio de 1909 *El Diario Español* daba cuenta de que Vicente Blasco Ibáñez, en el trayecto de Montevideo a Buenos Aires —recordemos que fue acompañado en dicha travesía, entre otros, por Lorenzo Mira, José M. Cao, Carlos Malagarriga, Mariano Martínez, Ricardo Marín, Enrique García Velloso y su paisano Venancio Serrano Clavero—, había efectuado algunos comentarios acerca de sus posibles proyectos agrícolas. Los allí presentes pudieron escuchar en primicia como el «embajador de las letras españolas» les adelantaba su propósito de emplear los beneficios económicos de su labor como conferenciante en la compra de tierras. Su proyecto consistiría en traer familias labradoras de la huerta valenciana para «desarrollar en este suelo su incomparable espíritu agrícola».[5] Este dato resulta sumamente interesante teniendo en cuenta que el novelista todavía no había desembarcado en Argentina, lo que sugiere que, más allá de que el objetivo principal de su viaje se centrase en ofrecer una serie de conferencias que le permitieran potenciar su fama como escritor, establecer estrategias para la venta de sus obras literarias y promocionar su propia editorial, su intención de incursionar en el negocio agrario ya había sido pergeñada con anterioridad.

En *Argentina y sus grandezas,* manifestó abiertamente la admiración que sentía por quienes llegaban a abandonar su profesión para dedicarse a la colonización, tal y como llegaría a hacer él mismo, afirmando que esos eran los verdaderos héroes de la democracia. Ponía como ejemplo al argentino Juan Antonio Argerich y a los españoles Rafael

---

[4]   Cola, s. f., p. 8.
[5]   «Llegada de Blasco Ibáñez», *El Diario Español,* Buenos Aires, 8-6-1909, p. 1.

Escriña y Rafael Calzada, con quienes había estado en contacto durante su estadía en el país en 1909 y que, sin duda, pudieron influir en que se decidiera a cambiar de profesión:

> En el presente son muchos los hombres de importancia que abandonan la vida de la ciudad y las posiciones políticas para ser colonizadores. Al mismo tiempo que se labran con esto una honrada fortuna, sirven directamente a la grandeza de su país, mucho más que pronunciando discursos. Don Juan Antonio Argerich, ha abandonado la política, para dedicar inteligencia y energía a una población creada por él en las inmediaciones de Bahía Blanca, y que lleva su nombre. Antiguos funcionarios de importancia renuncian a sus empleos, para establecerse agrícolamente en las márgenes del río Negro y el Colorado. Recuerdo la simpática impresión que me produjo, cuando estaba yo recién llegado a Buenos Aires, una tarjeta de visita. Había recibido muchas, de ilustres doctores y personajes políticos. Esta era muy simple: «Rafael Escriña, *Colonizador*.». El título de colonizador resume para mí todas las glorias del país. Fundar colonias en Argentina da tanta nobleza como haber ganado hace siglos batallas en Europa de las que nadie se acuerda. […] Llegado ahora a la profesión de una fortuna respetable, parece sentir Calzada esa influencia del país argentino que tuerce los destinos de los hombres y les hace cambiar de profesión. El antiguo abogado se ocupa ahora de fundar poblaciones.[6]

Según se deduce de la noticia publicada por *El Diario Español* el 8 de junio de 1909, mencionada más arriba, Blasco Ibáñez manifestaba claramente la intención de adquirir terrenos en Argentina con el fin de fundar una explotación agraria y atraer a familias valencianas de agricultores que se animasen a cruzar el Atlántico, ofreciéndoles ciertas garantías. Sin duda, esto explica por qué, tanto en sus conferencias como en *Argentina y sus grandezas,* se ocupó de manifestar su cambio de postura en torno a la emigración y, de alguna manera, promocionar su idea para reclutar colonos, para lo que también utilizó la prensa como medio más eficaz.

Sin embargo, su forma de actuar y la evolución de sus emprendimientos agrícolas parecen mostrar que detrás de cada una de sus decisiones primaban sus propios intereses económicos. Su ansia por enriquecerse fue señalada por el periodista español Abelardo Fernández Arias,[7] aunque, en una carta a su esposa, afirmase que no era eso lo que deseaba, sino exclusivamente garantizar la seguridad económica de sus hijos.[8] De hecho, a comienzos de 1910, en una entrevista concedida a *El Heraldo de Madrid,* llegó a reconocer que a pesar de que en Argentina sus conferencias le habían hecho ganar dinero, regresaba

---

[6] Blasco Ibáñez, 1910, pp. 482-490. De Rafael Escriña señaló que era un «colonizador incansable», había fundado unos treinta pueblos, cuatro colonias en la provincia de Santa Fe y dos en la de Córdoba. En la provincia de Entre Ríos también colonizó más de cuarenta leguas cuadradas. Respecto a Calzada destacó que había inaugurado en las cercanías de Buenos Aires una población con el nombre de Villa-Calzada y en Rosario había adquirido territorios donde estaba construyendo un barrio que llevaría por nombre Barrio-Calzada.

[7] El texto se encuentra reproducido en los trabajos de Maida, 1971, p. 13 y Ockier, 1990, p. 705. En relación con la inmigración en el Alto Valle del Río Negro, véase: Maida, 2001.

[8] ACMBI, Epistolarios, carta de Vicente Blasco Ibáñez a María Blasco del Cacho, Buenos Aires, 17-9-1910.

«sin un cuarto» porque todo lo recaudado lo había empleado en otros proyectos que tenía allí, aludiendo veladamente a los referidos a la colonización.[9] Estas declaraciones serían aprovechadas por Sors Cirera para criticar el cambio de actividad del literato y vaticinar que no se tardaría tiempo en «palpar» el fracaso de «esta agricultura novelesca»:

> Una cosa es escribir novelas; otra cosa es recitar conferencias improvisadas en estudio durante dos o tres años; otra cosa es hacer un estudio de una república sin conocerla, y otra cosa muy distinta es meterse a agricultor. ¿Se ha creído, por ventura, que esto de los almácigos es lo mismo que freír buñuelos en aceite o soplar botellas? ¡Pobre agricultura en manos de un novelista valenciano! […] Esto de mezclar el arte con las hortalizas, es propio de un temperamento original y desordenado, lleno de grandes fantasías y repleto de sueños de riqueza. Hasta la fecha no se ha visto cosa más cómica que andar de bracete el arte con los repollos.[10]

Con el fin de meterse a fondo en el asunto de las explotaciones agrícolas, Blasco Ibáñez aprovechó su gira de conferencias por el interior de Argentina para visitar distintas estancias y colonias, aunque su mayor empeño estuvo centrado en buscar fórmulas que le permitiesen agilizar los trámites de adquisición de tierras antes y establecer contactos para sus próximos objetivos. En este sentido, no cabe duda de que se valió tanto de su prestigio como escritor e intelectual, como de las «amistades» que trabó en el gobierno argentino para acceder más fácilmente a las concesiones de terrenos. Para ello utilizó su capital simbólico como escritor e intelectual, así como los vínculos —personales, políticos o ideológicos— que estableció con referentes de las élites migratorias españolas y del campo cultural argentino para acceder a los círculos de poder en beneficio de sus emprendimientos. Fue así como consiguió llegar al presidente Figueroa Alcorta y a su sucesor, contactos más que útiles para su proyecto colonizador, a tenor de lo que manifestó en alguna de las cartas que envió a su esposa, en la que comentaba que confiaba que Sáenz Peña, después de tomar posesión de su cargo, pudiese ampliar la concesión de tierra prevista: «Después del 12 de octubre, o sea cuando el señor Peña tome posesión de la Presidencia de la República aún me ensancharán la tierra, dándome otras tierras inmediatas».[11]

Sin duda, las distintas relaciones que el escritor tenía en las esferas de poder le permitieron gozar de información privilegiada y de ciertas facilidades para desarrollar su empresa colonizadora. Ockier destaca que para la adquisición de las tierras se valió de todos los mecanismos que tuvo a su alcance, llegando incluso a mentir, exagerar e incumplir obligaciones, para lo que, evidentemente, debió contar con la connivencia de funcionarios, políticos, ministros e incluso de los dos presidentes anteriormente mencionados que de una u otra forma contribuyeron a agilizar los trámites para la concesión de tierras y

---

[9]   «España en América», *El Heraldo de Madrid,* Madrid, 8-1-1910, p. 1.
[10]   Sors Cirera, 1910, pp. 67-68.
[11]   ACMBI, Epistolarios, carta de Vicente Blasco Ibáñez a María Blasco del Cacho, Buenos Aires, 17-9- 1910.

para otorgar los títulos definitivos de propiedad mediante prácticas —especialmente en Río Negro— que incluso rozaron la ilegalidad.[12]

Los proyectos de colonización en el Río de la Plata eran de larga data; se remontaban a la época colonial, pero adquirieron creciente importancia a lo largo del siglo xix y estaban en relación directa con las necesidades de atraer y fijar población que permitiera incorporar las tierras a un ciclo productivo estable.[13] Por supuesto, desde mediados del siglo xix, la organización política e institucional y la modernización económica y social fueron los pilares en los que se asentó el proceso de transformación que impulsó una política sostenida de atracción de capitales y mano de obra.[14] Las condiciones políticas y económicas que ofrecía la Argentina, sobre todo a partir de 1880, sirvieron de estímulo para la llegada masiva de inmigrantes;[15] a esto hay que añadir las políticas de fomento por parte del Estado destacándose la Ley Nacional de Inmigración y Colonización (Ley N.º 817) sancionada en 1876 durante la presidencia de Nicolás Avellaneda (1874-1880).[16] La ley, como indican Lanteri y Martirén, brindó «un marco normativo para ambos lados del

---

[12]   Ockier, 1990, pp. 727-728.

[13]   Lanteri y Martirén, 2020, pp. 131-132. Según indican estos autores la colonización en la Argentina ha sido asociada a dos modalidades: la «colonización estratégica» promovida por la Corona española sobre territorios de frontera, sobre todo durante el siglo xviii, y los «proyectos estatales privados» surgidos en la década de 1820, los cuales buscaron ocupar territorios de frontera a la vez que fomentaron la creación de centros de producción agrícolas con emigrantes europeos.

[14]   Fundamental fue la inmigración, con ella no solo se pretendía poblar el desierto sino también modificar la composición de su población. Estas ideas ya habían sido ilustradas en «Bases y puntos de partida para la Organización Política de la República Argentina», de Juan Bautista Alberdi, cuya primera edición se publicó en mayo de 1852. Esta obra fue uno de los textos en los que se inspiró la Constitución de 1853.

[15]   Se había logrado una expansión económica sin precedentes que se vio acompañada de una pacificación política y de una consolidación de las instituciones. Para un estudio del impacto de la inmigración, véase: Di Tella, 1989, pp. 211-230.

[16]   Novick, 1995, p. 437. Dicha ley aportó el marco jurídico dentro del cual se canalizaría el flujo migratorio y el proceso colonizador. Estaba compuesta de dos partes. La primera se ocupó de la inmigración y tenía diez capítulos: I. Departamento de Inmigración, II. De los Agentes de Inmigración en el Exterior, III. De las Comisiones de Inmigración, IV. De las Oficinas de Trabajo, V. De los inmigrantes, VI. De los buques conductores de inmigrantes; VII. Del desembarco de los inmigrantes, VIII. Del alojamiento y manutención de los inmigrantes, IX. De la integración y colonización de los inmigrantes, X. De los fondos de inmigración. La segunda parte se centró en la colonización y estaba formada por siete capítulos: I. Oficina Central de Tierras y Colonias, II. Territorios Nacionales y su división, III. Colonización, donaciones, venta y reserva de tierras, IV. Producido de tierras y de explotación dentro de los Territorios Nacionales, V. Fomento de las Colonias Nacionales, VI. Administración de las Colonias, VII. Colonización de los terrenos provinciales y de particulares. En 1903, al sancionarse la ley N.º 4167 «de venta y arrendamiento de tierras fiscales», quedó derogada la parte correspondiente a la colonización, véase: https://www.argentina.gob.ar/interior/migraciones/museo/el-estado-y-la-inmigracion/la-legislacion-migratoria [consultado 09/04/2024]. Para ampliar sobre la mencionada ley y su contexto histórico, véase: Fernández, 2017, pp. 51-85. Según indica este autor, la Ley N.º 817 presentó dificultades de implantación, en lo referido a la promoción y selección de la inmigración, pero también en lo relativo a la instalación de una estructura de colonias agrícolas administradas por el Estado nacional, que estaban localizadas en sitios agrestes o poco integrados. Respecto a las ideas sobre inmigración en los distintos

Atlántico». Por medio de ella no solo se clasificaron cinco sistemas de colonización, sino que se tipificó al inmigrante, se diferenció a inmigrantes de viajeros, y se establecieron normas sobre la higiene, desembarco y alojamiento.[17]

Además, por medio de la ley se creó el Departamento General de Inmigración que otorgaba al Poder Ejecutivo la facultad de nombrar agentes en aquellos puntos de Europa o de América que se considerasen convenientes para incentivar la emigración al país. En el artículo 76 del proyecto se estipuló que dicho poder fomentaría especialmente la llegada de los provenientes del Norte de Europa y para ello se subvencionaría a determinadas líneas de vapores.[18]

Según indica Fernández, hubo una apuesta por promover y seleccionar la emigración que se concretó a través de cuatro acciones: adelantar los pasajes marítimos a las familias que estuvieran dispuestas a instalarse como agricultores en las colonias, la donación gratuita de tierra o su venta a largo plazo, el traslado gratuito desde el puerto de desembarco hasta el lugar elegido y el adelanto por un año de víveres, semillas, útiles y animales tanto de labor como de cría.[19] Por otro lado, cuando el inmigrante lo desease, podía obtener ocupación a través de la Oficina de Trabajo.

Como el mayor aliciente para la emigración se consideraba que era la posesión de la tierra, la ley, tal y como adelantábamos, preveía diversos sistemas de colonización: *colonización directa por el Estado* en territorios nacionales y en tierras cedidas por los gobiernos de provincia; *colonización indirecta* a través de empresas particulares en tierras ya mensuradas y divididas, o en lugares que no hubieran sido explotados; *colonización por iniciativa individual; colonización de los gobiernos provinciales* estimulados por el gobierno nacional; *colonización por particulares amparados por el gobierno*. La colonización fue un hecho político o jurídico que requirió de la intervención del Estado en el diseño de un marco legal, tanto para llevarla a cabo como para garantizar su vigencia.[20]

En 1903 se dictó la Ley de Tierras (Ley N.º 4167), que derogó la parte correspondiente a la colonización de la ley anterior.[21] Con ella se pretendía acabar con los problemas que

---

debates, así como la inmigración en Argentina, véanse: Devoto, 1992 y 2003; Halperín Donghi, 1987; Pérez, 2012; Rontera, 1988.

[17] Lanteri y Martirén, 2020, p. 132.

[18] Fernández, 2017, p. 78. El presidente Miguel Juárez Celman decidió intervenir en el flujo migratorio mediante el subsidio masivo de los viajes y la ampliación de las funciones de las agencias de propaganda en Europa. Se financiaron aproximadamente 150 000 pasajes y uno de los objetivos que persiguió esta medida fue diversificar el origen nacional de la emigración.

[19] Según indica el mencionado autor, la intervención del Estado no finalizaba con la selección y traslado de agricultores, dado que el loteo consiguiente le correspondía a otra agencia pública, la Oficina de Tierras y Colonias. Esta tenía a su cargo la subdivisión y mensura de las tierras que eran aptas para colonizar y posteriormente era el Departamento de Inmigración el encargado de enviar a las familias seleccionadas, véase: Fernández, p. 56 y pp. 72-73.

[20] Blanco, 2014. Los variados sistemas de colonización también aparecen recogidos en: Lanteri y Martirén, 2020, p. 132.

[21] Cap. 21 «Quedan derogadas todas las leyes generales de tierras, bosques y yerbales anteriores a la presente, las cuales serán aplicadas únicamente para la resolución de los asuntos en trámite, exceptuándose las disposiciones relativas a la inmigración consignadas en la ley de 19 de octubre de 1876»,

había suscitado el otorgamiento de terrenos públicos estableciendo normas que acabasen con los abusos cometidos en el pasado, sin embargo, también terminó por posibilitar la concentración y especulación porque la adjudicación de terrenos quedaba sujeta al criterio de cada administración.[22] La ley no alentaba el arraigo de los productores, es por ello por lo que en 1908 se aprobó la Ley de Fomento de los Territorios Nacionales (Ley N.º 5559), inspirada por el ministro de Agricultura Ezequiel Ramos Mexía.[23] El recurso a las obras de infraestructura fue uno de los mecanismos utilizados para poblar los territorios.[24]

El sistema de tenencia de la tierra constituyó un tema central en los distintos gobiernos y hasta mediados del siglo XX el debate sobre una posible solución precisamente giró en torno a la implantación de políticas de colonización. La colonización agraria, esto es, ocupación, asentamiento o poblamiento de un área con fines agrícolas, se planteó como una vía para responder a las inquietudes que habían surgido en el seno, tanto de los sectores vinculados productivamente al ámbito rural, como en los espacios vinculados a la toma de decisiones políticas, estos últimos debían analizar la política agraria para ofrecer soluciones.[25]

Esta política era necesaria para poblar el espacio rural, con ella se pretendía conseguir un arraigo del productor al medio en un contexto de importantes migraciones hacia los centros urbanos, por ello no debería extrañar que Blasco Ibáñez —conocedor de esa política— insistiera en la idea en *Argentina y sus grandezas*. También, como indica Blanco, fue la forma más adecuada de responder a los desafíos planteados por la producción agrícola, expansión de la superficie sembrada, incremento de la productividad, mejoramiento tecnológico y aumento de los pequeños y medianos propietarios.[26] Se aprecia, por tanto, un creciente intervencionismo estatal en la política agraria desde las primeras décadas del siglo XX. Durante la administración de Roque Sáenz Peña se produjeron los intentos más significativos por atender las nuevas demandas, que tomaron como principales parámetros de acción la implementación de nuevas líneas de crédito y colonización.[27]

---

véase: Ley 4167 (R.N. 1903, t.l, p. 24). Disponible en: https://www.argentina.gob.ar/normativa/nacional/ley-4167-285291/texto [consultado 09/04/2024].

[22] De 1903 a 1916 se intentó completar y corregir los procedimientos administrativos para distribuir la tierra.

[23] Los Territorios Nacionales fueron conformados legalmente en 1884, puede consultarse el trabajo de Leoni, 2001.

[24] Schaller, 2005, p. 25. Para la tierra pública, véase: Auza, 1980, pp. 61-89; Bandieri y Blanco, 2009, pp. 168-198; Carcano, 1972.

[25] Blanco, 2014. Para un estudio del conflicto agrario en 1912, véase: Arcondo, 1980, pp. 351-381. Respecto al término *colonización*, Lanteri y Martirén sostienen que no está asociado a una época o espacio puntual, sino que su significado ha ido incorporando diferentes alcances a lo largo del tiempo. Los objetivos de la colonización pueden ser variados: estrategia geopolítica, explotación de recursos naturales, favorecimiento de un sector social o étnico, véase: Lanteri y Martirén, 2020, p. 127. En relación con dicha terminología, así como a la expansión agrícola y colonización, resultan de interés los trabajos de: Djenderedjian, Bearzotti y Martirén, 2010 y Sommer, 2011, pp. 183-193.

[26] Blanco, 2014.

[27] *Idem.* El diario *La Prensa* publicó una nota en la que informaba de la nueva política de Juan Benjamín Terán —director general de Tierras y Colonias— destinada a conocer las necesidades de las colonias nacionales. Se realizaron diversas preguntas a los agricultores, entre otras: ¿Cuándo se estableció en las colonias? ¿A qué nacionalidad pertenece? ¿A qué trabajo se prestan la colonia y los terrenos

Dos fueron las colonias que fundó Blasco Ibáñez en territorio argentino: la colonia Cervantes en la provincia de Río Negro y la colonia Nueva Valencia en la provincia de Corrientes.[28] Para trasladarse de una a otra eran necesarios cuatro días y cuatro noches de ferrocarril, lo que, lógicamente, entrañaba grandes dificultades para la gestión simultánea de ambas que, además, fueron planificadas de manera diferente. Aparte de las notables diferencias climáticas entre las dos regiones que hacían pensar en distintos tipos de productos agrícolas,[29] la empresa de Río Negro consistía en «rescatar» un terreno y hacerlo apto para el cultivo mientras que en la de Corrientes se trataba de implantar una colonia valenciana.[30] Pero, a pesar de estos matices, si algo tenía claro el novelista era que ambas servirían para ofrecer trabajo a aquellos que lo desearan y que serían organizadas como cooperativas, tal y como declaró en una entrevista concedida a un diario francés:

> Quiero organizar estas dos poblaciones según mis ideas, dando a cuantos vayan una casa, instrumentos de trabajo, animales de labor y un terreno. Los productos recolectados serán vendidos en junto, porque los mercados son muy lejanos, y los beneficios repartidos entre todos. Esto será una especie de cooperativa de producción agrícola, en donde todo el mundo será dichoso, y los pobres labradores de España encontrarán un medio de vivir desahogadamente. ¡Fundar allí otra España, libre y próspera! ¡Qué hermoso sería![31]

Terminaba la entrevista manifestando su deseo de fundar una España Nueva al otro lado del Atlántico —labor que le llevaría muchos años— sin dejar de insinuar cierto trasfondo utópico que, si existió, muy pronto comenzó a desvanecerse.

La adquisición de tierras en Río Negro y Corrientes

En agosto de 1910 el diario El Pueblo publicaba un artículo firmado por Julio Cola en el que anunciaba el abandono de las letras por parte de Blasco Ibáñez para pasar a la acción colonizadora estableciendo una similitud con la decisión que, en su día, tomó el conquistador Hernán Cortés:

> Si Hernán Cortés quemó sus naves a su arribo a este continente americano para conquistar las indianas gentes, Blasco Ibáñez, al igual que aquel héroe inolvidable, deja sus libros y emprende la gran cruzada para infundir en tierras argentinas el sentimiento y la acción.[32]

---

linderos? ¿Qué medidas cree que pueden mejorar las condiciones de la colonia, ya sea de orden policial, judicial o administrativo? ¿Ha llamado a algunos amigos o parientes para que se establezcan cerca de Vd? Véase: «Las colonias nacionales», La Prensa, Buenos Aires, 19-11-1910, p. 13.

[28]   Puede encontrarse un avance de este emprendimiento agrario, tomando como fuente el diario El Pueblo, en San Martín Molina, 2017.

[29]   «Con el Sr. Blasco Ibáñez», La Nación, Buenos Aires, 21-11-1910, p. 10.

[30]   San Martín Molina, 2017, pp. 162-163.

[31]   «Blasco Ibáñez», El Pueblo, Valencia, 3-4-1912, p. 2. El diario reproduce parte de la entrevista realizada al novelista por el medio francés Paris Journal.

[32]   Cola, Julio. «Blasco Ibáñez colonizador», El Pueblo, Valencia, 15-8-1910, p. 1. El artículo fue firmado el 23 de julio de 1910. El periódico madrileño El Imparcial, sin embargo, indicó en una nota del

Con estas palabras su secretario mostraba la nueva etapa que iniciaba su jefe, que, sin duda, representaría una aventura en la que también participó. De la estrecha relación entre ambos dio cuenta Blasco Ibáñez a su mujer en una carta en septiembre de 1910: «Conmigo tengo de secretario y ayudante a Cola, que era amigo de Mario y que es muy buen chico y trabajador y en poco tiempo conoce todo el país».[33] Un año más tarde volvería hacer referencia a él en otra misiva donde informaba que Cola se había casado con una valenciana que vivía en Buenos Aires.[34]

Blasco Ibáñez confió a Cola distintas tareas. Entre otras, lo envió a la provincia de Entre Ríos, pensando, quizás, que sus autoridades, además de adquirir ejemplares de su obra *Argentina y sus grandezas,* podrían facilitarle la fundación de una colonia cuya base fuese el cultivo de arroz. Esta suposición deriva de la carta que el 8 de agosto de 1909, en plena gira de sus conferencias, envió a su amigo y socio Francisco Sempere comunicándole que el gobierno de Entre Ríos le iba a proporcionar, a bajo coste, doscientas leguas de tierras idóneas para ese cultivo. Sin embargo, dicha concesión no debía de ser del todo segura porque, después de pedirle a Sempere que buscase a un grupo de hombres —republicanos, inteligentes, educados— para que se trasladasen hasta allí, le indicaba que, por prudencia, esperase sus órdenes:

> Querido Paco: Se trata de lo siguiente. Si Ud. recibe un cablegrama mío que diga así: Vengan hombres-Blasco, esto quiere decir lo siguiente. El gobierno de la provincia de Entre Ríos va a darme por un ínfimo precio y a pagar en un sin número de años, un territorio de ¡¡¡Doscientas leguas cuadradas!!!, algo así como las provincias de Valencia y Castellón y Alicante juntas, terrenos semejantes al de la Albufera, junto al río Paraná, grande como un mar, y que sirve para arroz, e inundaría de arroz al mundo. Baste decir que el arroz crece allí silvestre. Como aquí no se conoce el cultivo del arroz, y sólo se consume el que viene de fuera, por eso nadie lo ha aprovechado. Además los millonarios españoles de aquí, y el Banco Español del Río de la Plata, están entusiasmados y me ofrecen toda clase de facilidades. Estas son cosas que sólo se ven en América. Ahora bien lo que necesito es lo siguiente. Que Ud. me busque un par de hombres inteligentes en el cultivo del arroz. Podrían ser dos republicanos de Sueca, dos muchachos labradores, jóvenes y de educación. El mismo Beltrán, como diputado por allá, podía ayudarle a designarlos. El objeto es que vinieran aquí, a ver las tierras directamente y dar su dictamen. En el momento que reciba Ud. mi cablegrama los embarca en Barcelona o en el puerto de donde primeramente salga vapor. El gobierno de Entre Ríos (aquí es república federal, y cada provincia tiene su gobierno) les costea el viaje con toda comodidad, ida y vuelta en 1ª clase, y todo pagado […] Nada pues: ya sabe lo que deseo: que Ud., con toda prudencia y sin que trascienda

---

15 de agosto de 1910 que, aunque Blasco Ibáñez llegase a ser un gran hacendado, no se olvidaría de las letras, dado que eran su pasión.

[33]   ACMBI, Epistolarios, carta de Vicente Blasco Ibáñez a María Blasco del Cacho, Buenos Aires, 17-9-1910. Esta misiva también se encuentra reproducida en: Blasco-Ibáñez Blasco, 2016, pp. 244-247. De los documentos analizados, Blasco Ibáñez nombró por primera vez a Julio Cola en esta carta enviada desde el Royal Hotel de Buenos Aires.

[34]   ACMBI, Epistolarios, carta de Vicente Blasco Ibáñez a María Blasco del Cacho, Corrientes, 30-5-1911.

el asunto, tenga buscados los hombres listos, inteligentes y que no sean brutos. Se llega la orden, me los embarca enseguida.[35]

Un año más tarde, en julio de 1910, mientras se encontraba en España preparando su segundo viaje al país, el diario porteño *La Argentina* publicaba un artículo donde se afirmaba que de lo único que se ocupaba el escritor era de obtener medios para colonizar algunos territorios en Argentina y que estaba en Valencia estudiando la forma de introducir en el país una serie de procedimientos de cultivo, destacándose el del arroz en la provincia de Entre Ríos.[36] De ahí pasaría a Río Negro donde ya tenía claros sus planes de colonización.[37]

Aunque no hay constancia de que Blasco Ibáñez llegase a fundar en Entre Ríos —situada al sur de lo que el geógrafo francés Martín de Moussy denominó la «Mesopotamia argentina» por hallarse entre los ríos Paraná y Uruguay—,[38] no deja de llamar la atención que, a mediados de diciembre de 1910, iniciados los trámites para la adquisición de terrenos en Río Negro y en Corrientes, *El Diario Español* de Buenos Aires indicase en una noticia que se le había otorgado una última concesión en dicha provincia.[39] Todo ello parece indicar que las negociaciones del novelista con el gobierno entrerriano no llegaron finalmente a fraguarse, a pesar de que el propio Blasco Ibáñez afirmaba que le había ofrecido diversos lugares del país, decidiéndose finalmente por las provincias de Río Negro y Corrientes que contaban con mejores condiciones:

> Yo he de vivir en estas tierras de Río Negro y Corrientes. El Gobierno me dio a escoger en diversos lugares de la República, y cuando yo, después de un detenido estudio, las he escogido para mi residencia, es porque en ningunas otras se encuentran mejores condiciones para la salud.[40]

El 23 de agosto de 1910 llegaba de nuevo a Argentina decidido a poner en marcha su proyecto colonizador. Su idea era permanecer algunos meses ultimando los detalles de adquisición de tierras y, a comienzos del año siguiente, viajar a España para asistir a la boda de su hija Libertad con Fernando Llorca.[41]

---

[35] Herráez, 1999, p. 65.

[36] «El Sr. Blasco Ibáñez colonizador argentino», *La Argentina,* Buenos Aires, 15-7-1910, p. 2. Blasco Ibáñez dedicó varias páginas a describir la provincia, destacando que Entre Ríos era denominada el «jardín del litoral» y que poseía unas condiciones naturales propicias para la expansión colonizadora, véase: Blasco Ibáñez, 1910, pp. 571-583.

[37] Para un estudio de esta colonización, el contingente valenciano en el Alto Valle del Río Negro y la formación de la colonia Cervantes, véase: Maida, 1971.

[38] Blasco Ibáñez, 1910, p. 571.

[39] «Blasco Ibáñez y sus colonias», *El Diario Español,* Buenos Aires, 14-12-1910, p. 3. Según la noticia la colonia recibiría el nombre de «Blasco Ibáñez».

[40] «Blasco Ibáñez, la Argentina y la emigración», *El Pueblo,* Valencia, 19-11-1910, p. 1.

[41] La boda se celebró el 3 de marzo y acudieron artistas, escritores y periodistas. Entre los testigos, además de amigos de Blasco Ibáñez como Mariano Benlliure, Félix Azzati, Francisco Sempere, Luis Morote y Alfredo Vicenti, cabe destacar a Augusto J. Coelho —Gerente General del Banco Español del

Según atestigua el membrete de las cartas que envió a sus familiares, durante los meses que permaneció en Argentina se alojó en el Royal Hotel de Buenos Aires, lugar en el que fue constantemente visitado por distintas personalidades de la colectividad española y de la sociedad argentina, así como por representantes de maquinaria que se interesaron por su actividad colonizadora.[42] Entre otros, destaca el caso del estanciero Benito Villanueva que, si en 1909 le había agasajado como representante de las letras españolas, lo visitaba ahora como hombre de negocios. Según afirma Cola, el volumen de visitas y de solicitud de reportajes de prensa que recibía provocó la alarma del novelista, que decidió no contestar correspondencia y seleccionar las peticiones de entrevista.[43]

En la que concedió a la redacción de *La Argentina* el mismo día de su llegada confirmó que su objetivo era establecerse en el país para cumplir sus propósitos colonizadores. Entre otras cuestiones, reiteró la importancia de introducir el regadío, además de afirmar que disponía de una lista de tres mil familias que calificó de «aristocracia de la agricultura» deseosas de instalarse en sus emprendimientos agrícolas.[44] Una vez más, sus declaraciones fueron criticadas por Sors Cirera, quien afirmó:

> Según él y lo que manifiesta un importante diario, «se hará caudillo de tres mil familias de inmigrantes que esperan sus órdenes para embarcarse, gente apta, seleccionada y que han vivido toda la existencia cultivando la tierra» […] A esa cantidad habrá que suprimirle algún cero para que se ajuste a la verdad […] Empezó diciendo D. Vicente que traería cien familias valencianas, a los pocos días trescientas, después las hizo ascender a tres mil, y mañana quién sabe a cuántos miles alcanzará su fecundidad. Nos está haciendo la historia de los peces.[45]

En cualquier caso, la cita precedente demuestra que el proyecto de Blasco Ibáñez tuvo un diseño temprano que se ocupó de pregonar incluso antes de haber adquirido los terrenos y que, por tanto, ciertas gestiones comenzaron a realizarse durante su primer viaje y durante los meses que estuvo en España escribiendo *Argentina y sus grandezas*. Además, el hecho de mencionar a las familias seleccionadas esperando su llamada para embarcarse hacia Argentina es otra señal de la planificación previa, al menos para el caso de Río Negro, ya que la posibilidad de fundar una colonia en la provincia de Corrientes

---

Río de la Plata— con el que trató diversos asuntos económicos relativos a sus proyectos colonizadores y con el que en marzo de 1912 se reunió en París para lograr futuros empréstitos. La prensa madrileña informó del enlace: «Una boda», *El Liberal*, Madrid, 4-3-1911, p. 2; «Matrimonio civil. La hija de Blasco Ibáñez», *El País*, Madrid, 4-3-1911, p. 1; «Boda de la hija de Blasco Ibáñez», *ABC*, Madrid, 4-3-1911, p. 4.

[42] Según Cola, fueron al hotel invitados por el literato: «Rafael Escriña, fundador de un pueblo; Braulio Bilbao, gran cultivador de tierras en Bahía Blanca; Sánchez Sorondo, personalidad argentina de grandes estancias; Benito Villanueva, el Romanones de la Argentina; los representantes de la casa Tosi de Milán; Molinero, de Buenos Aires, el de los tractores roturadores de tierra, etc.», véase: Cola, s. f., p. 33.

[43] *Ibidem*, pp. 33-34. También destaca que en el hotel estaban alojados George Clemenceau y Enrico Ferri y que el italiano, al conocer el proyecto de Blasco Ibáñez, solicitó concesión de tierras al gobierno argentino.

[44] «Conversando con el Sr. Blasco Ibáñez», *La Argentina*, Buenos Aires, 24-8-1910, p. 8.

[45] Sors Cirera, 1910, pp. 72-76.

surgió estando ya en el país precisamente porque sus autoridades se enteraron por la prensa de que Blasco Ibáñez iba a establecerse en la provincia del norte patagónico.[46] Claro que, por más avanzado que tuviera el concepto de su emprendimiento agrario, afirmar públicamente que tenía ya un grupo de colonos comprometidos y la maquinaria agrícola preparada no dejaba de ser una estrategia que siguió, no solo para publicitar su empresa, sino también para que las tierras se le concedieran más rápidamente, tal y como se verá posteriormente.

Fue el gobierno de Figueroa Alcorta el que facilitó al novelista el acceso a una concesión en el entonces territorio nacional de Río Negro,[47] descrito en *Argentina y sus grandezas* como una extensión territorial de 210 000 kilómetros cuadrados que contaba con tan solo 22 000 habitantes y cuya capital era Viedma, que tenía cerca de 3000.[48] El lugar se hallaba prácticamente desierto, las lluvias eran escasas y con una fauna pobre. Sin embargo, su tierra admitía los cultivos de la vid, el olivo, el nogal, árboles frutales, alfalfa o cereales. Blasco Ibáñez afirmaba que la prosperidad de ese territorio sería mayor cuando el Gobierno aumentara las obras públicas de irrigación y los particulares —como sería su caso— la secundaran con sus iniciativas.[49]

Por aquellos años, el gobernador era el ingeniero Carlos Gallardo,[50] que intentó incentivar la producción primaria poniendo especial énfasis en la promoción de la actividad agrícola y preocupándose por el riego de las tierras, y al que el novelista dedicará en *Argentina y sus grandezas* unas palabras laudatorias a su persona y a su labor al frente de la gobernación de Río Negro.[51] Había tenido varios encuentros con Gallardo antes de su segundo viaje —fue quien le acompañó a visitar a los ministros de Agricultura y Relaciones Exteriores, y la provincia de Río Negro durante su gira por el interior—,[52] por lo que no debe descartarse que estos políticos de ámbito nacional y provincial le hubieran facilitado la adquisición de terrenos rionegrinos.

La prueba de que el novelista había solicitado territorios en Río Negro durante su estancia en el país en 1909 la ofrece el diario *La Argentina* en una nota de octubre de ese

---

[46] Bonastre, 1975, p. 52. Fue el senador Resoagli el que dijo a Cola que habían leído acerca de los planes de Blasco Ibáñez.

[47] También escribió en su obra sobre los territorios nacionales: Misiones, Chaco, Formosa, Los Andes, La Pampa, Neuquén, Chubut, Santa Cruz, Tierra de Fuego y por supuesto Río Negro, véase: Blasco Ibáñez, 1910, pp. 701-764.

[48] *Ibidem*, p. 743. La ciudad estaba situada en la desembocadura del río Negro, frente a la ciudad de Carmen de Patagones. La gobernación tenía el puerto de San Antonio y de ahí partía una línea férrea que fue construida por el Gobierno.

[49] San Martín Molina, 2017, pp. 163-164.

[50] Fue gobernador del territorio nacional de Río Negro de 1906 a 1913, año en el que renunció a su cargo.

[51] Blasco Ibáñez, 1910, p. 743. Además de la semblanza se incluyó un retrato.

[52] San Martín Molina, 2020a, p. 180. Gallardo y Blasco Ibáñez realizaron una excursión a Bahía Blanca, de ahí el gobernador le acompañó a la provincia de Río Negro con el objetivo de que el escritor pudiese conocer y estudiar la provincia. También se indica que tenía la intención de recorrer detenidamente ese y algunos territorios limítrofes, véase: «Blasco Ibáñez en la Casa Rosada», *La Argentina*, Buenos Aires, 5-10-1909, p. 7.

mismo año en la que se señalaba que se había reunido con el ministro de Agricultura con el objetivo de tratar la cuestión de la colonización con familias españolas.[53] Según la noticia, Pedro Ezcurra afirmó que la propuesta de Blasco Ibáñez no se hallaba encuadrada dentro de las prescripciones de la ley sobre la materia y para que el Ejecutivo Nacional pudiese aceptar la presentación era necesario que este realizara algunas modificaciones, por lo que se deduce que, tal y como adelantábamos anteriormente, solicitó tierras durante su primer viaje y que pudo obtener el asesoramiento de este ministro, quien le habría dado ciertas pautas para elaborar lo más correctamente posible el proyecto que presentó al año siguiente.

En todo caso, inició los trámites oficialmente el 31 de agosto de 1910 ante el Ministerio de Agricultura solicitando —tanto para él como para un grupo de 39 personas, de las que era apoderado— 84 lotes de tierra en la Colonia Roca por un total de 8169 hectáreas.[54] Para ello, junto con su solicitud, remitió a la Dirección General de Tierras y Colonias el siguiente compromiso:

1ª Me obligo en nombre propio y de mis poderdantes a cercar de alambrado las citadas tierras, desmontarlas, roturarlas y ararlas.

2ª. A construir en ellas habitaciones de albañilería para los colonos, sanas, amplias y cómodas.

3ª. A crear por propia cuenta el riego para dichas tierras, colocando grandes máquinas elevadoras de agua en la orilla del Río Negro, con bombas, motores, etc.

4ª. A construir canales mayores y secundarios para la distribución de agua en las tierras, y a cumplir, además, con todas las obligaciones exijidas [sic] por el decreto reglamentario.[55]

Sin embargo, Blasco Ibáñez no era el único interesado en adquirir tierra pública. A este respecto, Ockier señala que la Dirección General de Tierras y Colonias elaboró una «Plantilla de los lotes libres en la Colonia Roca» en la que se determinaba que los únicos aún fiscales en ella eran 84, justo los que había solicitado el español, lo que hace pensar que pudo valerse de ciertos contactos para obtener información previa.[56] Eleazar Garzón —director general de Tierras y Colonias— presentó su dictamen al ministro de Agricultura el 6 de septiembre de 1910 justo a raíz de la solicitud y manifestó que apoyaba su propuesta.[57]

El Poder Ejecutivo expidió finalmente un decreto que concedía 25 lotes de 100 hectáreas a un grupo de colonos patrocinados por Blasco Ibáñez que iban a establecerse en la Colonia Roca.[58] Es importante señalar que constituyó la asociación para llevar a cabo la colonización estando en Valencia y que, según recoge el diario *El Pueblo* en palabras del propio novelista, estaba compuesta por:

---

[53] «El asunto de las tierras de Río Negro», *La Argentina,* Buenos Aires, 27-10-1910, p. 7.

[54] Ockier, 1990, p. 706.

[55] *Idem.*

[56] *Ibidem,* pp. 706-707.

[57] *Ibidem,* p. 708.

[58] Martínez de Sánchez, 1994, p. 100. San Martín Molina, 2017, p. 163. «Colonia Roca. La concesión a Blasco Ibáñez», *La Nación,* Buenos Aires, 8-10-1910, p. 12.

experimentados agricultores, todos pequeños capitalistas, que se han comprometido a ayudarme a poblar aquellos terrenos. Desde Buenos Aires les avisaré en el momento oportuno para emprender la migración. No se trata de gente ignorante y pobre que se ausenta impulsada por la desesperación, sino de personas cultas, poseedoras de pequeños capitales. Trabajarán las tierras por su cuenta.[59]

Según Ockier, el hecho de que recibiese finalmente 25 lotes y no los 84 que había solicitado se atribuye a que hubo otras personas de «reconocida responsabilidad» que presentaron proyectos que resultaban ventajosos para la zona, lo que hacía necesario buscar una solución que satisficiese a todos.[60] Esta autora también señala que, tanto Figueroa Alcorta como su ministro de Obras Públicas y Agricultura —Ezequiel Ramos Mexía— firmaron el decreto de adjudicación en virtud de:

> [...] el Sr. Blasco Ibáñez, manifiesta que ha llegado al país una parte de las familias agri-
> cultoras que se comprometió a establecer en las tierras de la Colonia General Roca y que,
> además, ha adquirido máquinas e implementos de agricultura, que ya han sido enviados a
> su destino, circunstancias que permiten explicar la urgencia que invoca, estando por otra
> parte, satisfechos los requisitos establecidos por el decreto 24 de septiembre.[61]

Como decíamos antes, es muy probable que Blasco Ibáñez no estuviese diciendo toda la verdad y utilizase tales argumentos para «presionar» al gobierno con el objetivo de agilizar los trámites de adquisición y hasta cabe la posibilidad de que el propio gobierno fuese consciente de ello. En una entrevista de julio de 1910 publicada en *El Pueblo* afirmaba que ya contaba con cien familias aragonesas que se establecerían «formando campamento hasta que se vayan edificando las casas»,[62] por lo que, quizás, a las que se refiere en el fragmento anterior fuesen las mismas que las citadas en la entrevista concedida antes de su segundo viaje al país. Por otro lado, en la misiva que envió a su esposa María en el mes de septiembre de 1910 daba cuenta de que con él había ido un matrimonio recomendado por Lerroux dispuesto a trabajar a su servicio:

> Viene conmigo un matrimonio joven de Madrid. Son señoritos, pero han venido en ter-
> cera como emigrantes. Él me lo han recomendado Lerroux y Fuentes, y está dispuesto a
> hacer de todo. Ella se ha metido aquí de planchadora para poder comer y ansía ir a Río
> Negro, donde guisará, lavará, etc. Aquí la gente tiene que transformarse para poder vivir
> y hacerse a todo.[63]

---

[59] «Blasco Ibáñez», *El Pueblo*, Valencia, 27-7-1910, p. 3. Por su parte *El Diario Español* de Buenos Aires el 18 de diciembre de 1909 señaló que el escritor tenía pensado regresar con una vanguardia de labradores.

[60] Ockier, 1990, p. 710.

[61] *Ibidem*, pp. 710-711.

[62] «Blasco Ibáñez», *El Pueblo*, Valencia, 27-7-1910, p. 3.

[63] ACMBI, Epistolarios, carta de Vicente Blasco Ibáñez a María Blasco del Cacho, Buenos Aires, 17-9-1910.

El caso es que, en sucesivas entrevistas, alude a las familias que están esperando en Valencia para zarpar, y el hecho de que la propaganda migratoria se iniciase fundamentalmente en el mes de noviembre conduce a pensar que pudo exagerar al afirmar que tenía «una parte de las familias agricultoras» como una estrategia de presión.[64] Por otro lado, en lo que atañe a la adquisición de maquinaria, y a pesar de que en numerosas ocasiones habló de la importancia del riego, fue posterior a la concesión.

El diario *La Nación* publicó la lista de las concesiones y a Blasco Ibáñez le correspondió el lote 322. Entre los adjudicatarios se encontraban su socio Francisco Sempere (lote 311), su yerno Fernando Llorca (lote 341 fracciones c y d) y sus tíos, Rafael Blasco Teruel (lote 352, fracciones a y b) y José Blasco Teruel (lote 307).[65] La lista que ofrece el diario porteño es fundamental para poder confirmar que en esta ocasión Blasco Ibáñez se valió de la utilización de testaferros. La entrega de lotes agrícolas se hacía con lo establecido en la ya mencionada Ley de Tierras (Ley N.º 4167) y, según señala Ockier, los nombres de quienes emigraron a las colonias no se corresponden con los beneficiarios originales de los lotes, con lo cual utilizó este mecanismo para «eludir y burlar las leyes vigentes sobre concesiones de tierras públicas».[66]

Todas las cláusulas acerca de las obligaciones que debían cumplir los concesionarios se hallaban explícitas en el decreto sancionado el 24 de septiembre de 1910. En él se introdujo un punto importante y es que en ningún caso se otorgaría el título definitivo de propiedad sin haberse comprobado el cumplimiento de las mismas que se resumían en cercar, desbocar, nivelar, cultivar, construir población.[67] En enero de 1912 se elaboraría un informe, al que se aludirá posteriormente, que sirvió —a pesar de que demostró que no se cumplía con los requisitos establecidos por contrato— para otorgar el título de propiedad de las tierras al novelista. Tras la promulgación del decreto, Blasco Ibáñez realizó un depósito de 25 000 pesos como primer trámite para la concesión de tierras,[68] noticia que, según Cola, celebró en el Royal Hotel con Carlos Malagarriga y Justo López de Gomara, quienes fueron testigos directos de las primeras reacciones del novelista que por fin veía más cerca que su proyecto se hacía realidad.[69]

---

[64]   *El Diario Español* el 18 de octubre de 1910 publicó que los colonos valencianos estaban dispuestos a trasladarse a la Argentina cuando Blasco Ibáñez lo ordenase, lo que indica que todavía no se encontraban allí.

[65]   «Colonia Roca. La concesión a Blasco Ibáñez», *La Nación*, Buenos Aires, 8-10-1910, p. 12. La noticia detalla la concesión indicando que los lotes fueron concedidos por un decreto del 24 de septiembre de 1910. Martínez de Sánchez, 1994, p. 100 y p. 150, también recoge la lista de distribución de los lotes de la colonia concedida a Blasco Ibáñez, pero indica que el decreto fue del 4 de octubre. Según Varela, 2015, p. 607, muchos de los nombres que aparecen en la lista eran deudos, amigos valencianos, parientes o correligionarios de Blasco Ibáñez.

[66]   Ockier, 1990, p. 730.

[67]   *Ibidem*, p. 709.

[68]   *Ibidem*, p. 711. La autora recoge el fragmento en el que la Contaduría señalaba que Blasco Ibáñez había realizado el depósito a su nombre.

[69]   «Se me conceden dos leguas de tierras en territorio hirsuto, y para obtener su propiedad tengo que destroncarlas y prepararlas al cultivo de riego. Hay que dotarlas de maquinaria y canales para la irrigación», véase: Cola, s. f., p. 30.

Por otro lado, no puede pasar por alto el hecho de que los principales líderes de la colectividad española estuvieran al lado de Blasco Ibáñez para apoyarlo —y cabe pensar que también para aconsejarlo y mover sus propios contactos—, si además se tiene en cuenta que el director de *El Diario Español* tenía experiencia como colonizador en Mendoza, donde fundó y organizó la Villa de Guaymallén.[70] En este punto, quizás pueda trazarse, a grandes rasgos y con matices, cierta similitud en la trayectoria de vida de López de Gomara y Blasco Ibáñez. Ambos fueron republicanos, intelectuales que vivieron de su pluma directa o indirectamente por dirigir sendos periódicos influyentes que les proporcionaron la posibilidad de relacionarse con el mundo de la política, y operaron como «fundadores de pueblos».[71] En el caso que nos ocupa, existe la posibilidad, y más sabiendo que López de Gomara siempre se implicó en las actividades desarrolladas por Blasco Ibáñez en el país, de que su experiencia como fundador de un pueblo y sus contactos con la élite argentina, sobre todo con Roque Sáenz Peña y sus clientelas, hubiesen servido para ayudar al novelista en los inicios de sus proyectos colonizadores. También hay constancia de que se vio con Malagarriga en la inauguración del Ateneo Hispanoamericano del que era director y donde el valenciano pronunció un discurso con referencias a la raza, al alma y a la lengua españolas.[72] La presencia de Blasco Ibáñez en dicha inauguración, en la que estuvieron Joaquín V. González y Rubén Darío, que fue presidida por el ministro de Instrucción Pública, demuestra que a pesar de que entonces se hallaba inmerso en los problemas que se sucedían en sus colonias, no perdía la oportunidad de seguir acudiendo a eventos que le mantuviesen ligado de alguna forma a las élites políticas y culturales del país.

---

[70]   López de Gomara, además de fundar y organizar esta villa, fue presidente del Consejo Deliberante del Departamento de la localidad. En tierras mendocinas, editó el diario *El Porvenir,* fundó el Banco Agrícola Comercial, un Instituto Agronómico y los Talleres Municipales de Cerámica y Tejido. Ejerció como síndico del Banco de la Provincia de Mendoza y puso en marcha proyectos culturales como el Ateneo Artístico. Participó en el diseño y la creación de industrias municipales como experiencias de trabajo social y estuvo al frente de la colonia Segovia, véase: García Sebastiani, 2005, pp. 165-166. Blasco Ibáñez señaló en *Argentina y sus grandezas* la ubicación de Guaymallen, véase: Blasco Ibáñez, 1910, p. 424.

[71]   Blasco Ibáñez describió a López de Gomara como: «escritor excelente, hombre de generosos sentimientos e incansable en la acción, recuerda por sus facultades y las peripecias de su vida a los antiguos y nobles aventureros de España. Siéntese apto para toda clase de empresas y hace frente con igual serenidad a las alzas y bajas de la fortuna. Casado en el país, con hijos argentinos y treinta años de residencia en la República, ha participado en todas las alternativas de su segunda patria. Fue modesto periodista y director del importante Banco de la Provincia; ha manejado millones y conocido de cerca la pobreza. Sin dejar el periodismo, López de Gomara ejerció en su vida las más diversas profesiones: autor de dramas, e interesantes libros en prosa y verso, pródigo protector de inventores y empresarios, bolsista, banquero, colonizador, agricultor, organizador de la industria de la pesca en Mar del Plata, tejedor, bodeguero, director de bancos y ferrocarriles, fundador de pueblos, presidente del municipio, jefe político, y lo que es más importante, millonario y pobre», véase: Blasco Ibáñez, 1910, pp. 424-425.

[72]   El discurso fue reproducido por Venancio Serrano Clavero en un artículo que envió al diario *El Pueblo* y que afirmó haber extraído de *El Correo de España,* véase: Serrano Clavero, Venancio. «Un día con Blasco Ibáñez», *El Pueblo,* Valencia, 11-10-1912, p. 1.

El mismo día que le fueron concedidos los terrenos, Blasco Ibáñez comió con el director de Tierras y Colonias —Garzón— con el que habló de los derechos y deberes que debía cumplir con el Gobierno, que estaban recogidos en el decreto. Por la noche se reunió con el diplomático chileno Matías Errázuriz Ortúzar, quien le ofreció que visitase su colonia para observar su funcionamiento administrativo con objeto de que pudiese aplicarlo en Cervantes,[73] nombre con el que el valenciano denominó a la suya como homenaje a la memoria del que consideraba, según fue dicho, el más grande de los novelistas.[74] A este respecto, en un artículo publicado en *El Pueblo* que posteriormente recordaría en el libro dedicado a Blasco Ibáñez, Eduardo Zamacois expresó que este ya le había comunicado hacía tiempo su idea de hacerse agricultor fundando una colonia que denominaría Cervantes, al que además quería levantar una estatua.[75]

La concesión de las tierras suponía un logro importante para Blasco Ibáñez que, entusiasmado con su proyecto, se apresuró a transmitir a su esposa:

Ya me han concedido las tierras que había solicitado [...] Ahora falta lo más duro, que es trabajarlas, pero por donde han pasado todos los ricos de la Argentina también puedo pasar yo que soy de la misma pasta. Trabajando sin parar y con las facilidades que hay aquí, dentro de cinco años tendremos muy bien un millón de pesetas de renta al año, o sea, un capital de 9 o 10 millones [...] Ahora voy a comprar dos locomotoras movidas a petróleo, como los automóviles, para abrir canales, arrancar las plantas, matorrales, etc. Hay que trabajar de firme, pero figúrate qué porvenir para nuestros hijos que serán grandes propietarios a estilo argentino y no necesitarán ejercer una carrera y depender de nadie. Yo por ellos lo hago. Bien sé que voy a sacrificar los mejores años de mi vida y a envejecerme antes de tiempo, viviendo como un salvaje en el desierto, pero a todo estoy dispuesto por ser para ellos. Por mí no deseo ser rico, pues cada vez tengo menos necesidades, pero quiero hacer esto por ellos, no porque sean ricos ociosos, sino ricos trabajadores; pues cuando sean hombres estas tierras aún darán mayor producto en sus manos que en las mías, si son inteligentes. Los primeros momentos son los más difíciles. Figúrate que dentro de unos días me voy a Río Negro. Hay que empezar a construir una casa y hacer un pozo y tendremos que vivir las primeras semanas en tiendas de campaña (he comprado tres) y beber del río.[76]

Cervantes se hallaba en la zona conocida como «saliente de la Colonia Roca».[77] Las tierras adjudicadas eran dos leguas de extensión en el departamento de Río Negro, ubi-

---

[73]   Cola, s. f., p. 32. Errázuriz estaba casado con Josefina Alvear, dueña de la colonia.

[74]   San Martín Molina, 2017, p. 164. Véase: Bonastre, 1975, p. 52. Oreja, 1966 y 1975 ha escrito sobre el desarrollo y destino de la Colonia Cervantes.

[75]   Zamacois, Eduardo. «Figuras contemporáneas. Vicente Blasco Ibáñez», *El Pueblo*, Valencia, 7-4-1910, p. 1. Respecto a la idea de la estatua, Sors Cirera apuntó: «Muy original aquello de levantar con dirección al cielo un colosal monumento a Cervantes, el "manco de Lepanto", en medio del desierto, para solaz de las nubes y para que los animales de cuatro patas lo contemplen y aplaudan a D. Vicente por su idea estupenda y piramidal», véase: Sors Cirera, 1910, p. 74.

[76]   ACMBI, Epistolarios, carta de Vicente Blasco Ibáñez a María Blasco del Cacho, Buenos Aires, 17-9-1910. La misiva se puede encontrar en: Blasco-Ibáñez Blasco, 2016, pp. 244-247.

[77]   Varela, 2015, p. 606.

cadas en el extremo sur del territorio.[78] Estaban a unos 800 kilómetros de Buenos Aires y eran tierras secas y duras. Se trataba de un territorio prácticamente despoblado, todo lo necesario tenía que ser transportado desde largas distancias, algo que encarecía los productos. La colonia necesitaba de obras de irrigación y, por ello, inició la constitución de la cooperativa de riego prevista en el decreto de adjudicación.

Según indica Ockier, usando los poderes que le otorgaban sus mandantes, designó a nueve miembros de la colectividad española de Buenos Aires como representantes cada uno de un grupo de cesionarios de las tierras con el fin de que les representasen en los actos relativos a la constitución de dicha sociedad.[79] Después de realizar la reunión constitutiva y redactados los estatutos, acudió al Ministerio de Justicia solicitando la aprobación y tras una serie de observaciones, finalmente Sáenz Peña firmó un decreto aprobando los estatutos de la sociedad. El 17 de diciembre de 1910 otro decreto autorizaba que esta se inscribiese con el nombre de «Sociedad Anónima Cooperativa Limitada de Irrigación, Colonia Cervantes».[80]

Respecto del asunto del regadío, interesa señalar que la colonia de Blasco Ibáñez, como recoge Ockier, fue una de las primeras en acogerse al decreto de 27 de septiembre de 1907 por el que se crearon en los Valles Superior y Medio del Río Negro una serie de entidades societarias cuyos objetivos consistían en dotar a las mencionadas zonas de canales de riego imprescindibles para la producción agrícola.[81] Por un decreto del 28 de octubre de 1910 el español no solo consiguió el permiso para realizar, en lote 316, las obras necesarias para la toma de agua para el riego de la futura colonia, sino que también recibió los títulos provisorios de propiedad e inició una serie de gestiones para poder modificar la disposición referida a los materiales a utilizar en las viviendas que debían construir en los lotes. Su propuesta fue aceptada y avalada por un decreto firmado por Sáenz Peña.[82] Así pues, a finales de diciembre, Blasco Ibáñez podía dar por finalizados los trámites administrativos relativos a sus tierras rionegrinas. Sin embargo, aún tendría que esperar algunos años para obtener el título de propiedad definitivo tras un proceso sumamente dificultoso durante el cual tuvo que enfrentarse a infinidad de problemas, sobre todo económicos, que le harían viajar a Europa para buscar la financiación necesaria.

Ya en diciembre de 1911 Blasco Ibáñez se presentó ante el Ministerio de Agricultura para solicitar la reducción del precio de la tierra y el otorgamiento de los títulos definiti-

---

[78]   San Martín Molina, 2017, p. 164. Según una nota publicada en el diario *El Pueblo* el 27 de julio de 1910, los terrenos tenían una extensión de 30 leguas cuadradas.

[79]   Ockier, 1990, p. 712.

[80]   *Ibidem*, p. 713. Varela, 2015, p. 608, señala que los apellidos que aparecen en el decreto no coinciden con los que figuran en la adjudicación de los lotes, indicando esto que serían «cooperativistas de ficción». También puede consultarse: San Martín Molina, 2017, p. 165. Algunos datos relativos a la concesión y riego de esta colonia se encuentran en: Martínez de Sánchez, 1994, pp. 100-102.

[81]   Ockier, 1990, p. 665, afirma que hubo otras sociedades, previas y posteriores, como la Sociedad Cooperativa de Irrigación Limitada de la Colonia General Roca (1907), La Sociedad Cooperativa de Irrigación de Chocle Choel (1908) o la Sociedad Cooperativa del Este (1911).

[82]   *Ibidem*, pp. 711-712.

vos de propiedad.[83] En el documento que redactó como justificación describía las dificul-tades y logros alcanzados y, mientras que entre las primeras señalaba la sequía peculiar de la tierra, la falta de agua potable y la existencia de espesa vegetación que abundaba en la zona, cuando aludió a los segundos, como indica Ockier, sin duda exageró e, incluso, mintió.[84] Poco después, en enero de 1912, escribió una carta a su hija Libertad y a Fernan-do Llorca —al que consideraba como un hijo— para informales acerca de los trámites que estaba gestionando con el Gobierno:

> Ahora estoy gestionando que el gobierno me dé el título definitivo para poder hipotecar las tierras y que el Banco Hipotecario me dé 250 000$. Bien los necesito, pues llevo gas-tados más de 400 000$. Yo no sé de dónde he sacado el dinero, pero lo cierto es que llevo gastado más de un millón de pesetas. Estos milagros solo aquí pueden realizarse.[85]

Los términos de la carta no dejan lugar a dudas de que necesitaba el título para acce-der a un préstamo que le permitiera poder hacer frente a los gastos de las colonias y así lo trasladó en su informe, donde también quiso dejar claro, ante la posible desconfianza del gobierno, que no quería los títulos para venderlos sino para una operación hipoteca-ria.[86] La solicitud finalizaba expresando que el pedido realizado se hallaba avalado por el cumplimiento exigido por la ya mencionada Ley de Tierras y Colonias.

El 29 de enero de 1912, el Poder Ejecutivo —gracias al informe favorable que había emitido Augusto Margueirat, director de Tierras y Colonias— sancionó un decreto a tra-vés del cual se otorgaban los títulos de propiedad a nombre de los beneficiarios originales y se accedió a rebajar el precio de la hectárea. Hubo que esperar hasta el mes de febrero para que Blasco Ibáñez comunicase a su yerno que había logrado el título de las tierras que iba a inscribir en el Registro de la Propiedad, anunciándole, además, que se habían revalorizado:

> Le escribo para manifestarle que el Gobierno acaba de darme el título definitivo de las tierras de Río Negro. Ya tengo las escrituras y acabo de inscribirlas en el Registro de la Propiedad. Esto se lo escribo para tranquilidad mía, pues si yo por ejemplo muriese de

---

[83] El diario *El Pueblo*, en una noticia publicada el 2 de septiembre de 1911, informó que la colonia estaba casi terminada y que en el mes de noviembre estaría en disposición para que el gobierno argenti-no concediera la propiedad definitiva de los terrenos al novelista.

[84] Según apunta esta autora, el escritor exageró al afirmar que tenía 1600 hectáreas desmotadas y que había construido 20 km de canales. Por otro lado, señala que Blasco Ibáñez mintió cuando afirmó que había sembrado unas 700 hectáreas de alfalfa, véase: Ockier, 1990, p. 716.

[85] ACMBI, Epistolarios, carta de Vicente Blasco Ibáñez a Libertad Blasco Ibáñez y Fernando Llor-ca, Buenos Aires, 12-1-1912. Blasco Ibáñez solicitaba el título porque, si bien no habían transcurrido los dos años que fijaba la ley, argumentó que las obras que se habían realizado superaban los requerimientos oficiales. De dicha solicitud informó a su socio Francisco Sempere un mes antes, el 31 de diciembre de 1911: «Yo me encuentro en el momento más crítico de mi situación. He pedido el título definitivo de las tierras de Río Negro para poder hipotecarlas por 250 000 pesos. Creo conseguirlo. Ahora veremos. Si logro esto inmediatamente, el triunfo es definitivo», véase: Herráez, 1999, pp. 67-68.

[86] Ockier, 1990, pp. 716-717.

repente ya sabe Ud. que eso es nuestro, y que Ud. tiene un poder para vender. Le advierto que estas tierras representan hoy cuando menos dos o tres millones de pesetas […] Yo estoy gestionando en este momento un préstamo sobre las tierras de 250 000 pesos, o sea 600 000 ptas., para continuar los trabajos, y tan pronto lo consiga me iré por un mes a Europa. Estoy reventado de tanto trabajar y sufrir y necesito descanso.[87]

La misiva que envió a Llorca está fechada el 10 de febrero de 1912, sin embargo, no fue hasta cinco días más tarde cuando el Poder Ejecutivo firmó los títulos y estos fueron entregados a Blasco Ibáñez en calidad de apoderado y, aunque en el escrito había manifestado su intención de adquirir la titularidad para realizar una operación económica, tan solo un año más tarde procedió a la transferencia de los terrenos.[88]

Paralelamente a la concesión de tierras en Río Negro surgió el proyecto de Corrientes. En octubre de 1910 se hallaba inmerso en el desarrollo de su primer plan de colonización y visitó las tierras que le habían sido concedidas.[89] Durante los meses en los que trataba de cerrar todos los trámites, Julio Cola viajó por el Norte del país en busca de apoyos económicos. En la provincia de Corrientes fue recibido por el gobernador Juan Ramón Vidal —a quien Blasco Ibáñez también dedicó unas líneas en *Argentina y sus grandezas*—[90] que, como partidario de la creación de colonias agrícolas que fomentasen el poblamiento de la zona, le preguntó si el novelista estaría interesado en llevar a cabo un proyecto colonizador en la provincia y que, si así fuera, estarían dispuestos a ofrecer la ayuda necesaria.[91] Es importante señalar cómo el propio Cola afirma que en las numerosas visitas que realizó al gobernador conoció a los hermanos Bonastre, Manuel y Pedro, quienes le propusieron que se radicase en Corrientes para atender los intereses de la colonización y que incluso podían ofrecerle un puesto en algún periódico.[92] Por su parte, Ramón Vidal se comprometió a ofrecer ayuda para que se estableciese una colonia en la provincia y su gobierno expropió las tierras para vendérselas al novelista. Así pues, en plena construcción de la colonia Cervantes, Blasco Ibáñez se comprometió a una nueva empresa agrícola, esta vez en la zona del Litoral Rioplatense, de la cual *El Pueblo* informó a sus lectores —algunos de ellos futuros colonos— mostrándoles que las cosas le iban muy bien a su paisano.

La provincia de Corrientes está ubicada en la ya mencionada «región mesopotámica», y según la descripción que aparece en *Argentina y sus grandezas* se trata de una

---

[87] ACMBI, Epistolarios, carta de Vicente Blasco Ibáñez a Fernando Llorca, Buenos Aires, 10-2-1912. El mismo día envió otra carta a Francisco Sempere en la que también daba cuenta de dicha operación, además de comunicarle su próximo viaje a Europa con la idea de reunirse en París con una serie de banqueros para conseguir un empréstito para el gobierno de Corrientes, véase: Herráez, 1999, pp. 68-69. Varela, 2015, p. 608.

[88] Ockier, 1990, p. 727. Las tramitaciones culminaron el 15 de febrero de 1912.

[89] «Blasco Ibáñez», *El Diario Español,* Buenos Aires, 18-10-1910, p. 2; «Blasco Ibáñez», *El Diario Español,* Buenos Aires, 3-12-1910, p. 2.

[90] Blasco Ibáñez, 1910, p. 604.

[91] Cola, s. f., pp. 46-47. Fue Vidal quien le presentó a Manuel Bonastre —presidente de la Cámara de Diputados de la provincia—.

[92] Cola, s. f., p. 48.

península fluvial que está rodeada por el norte, oeste y este por el Alto Paraná, el Paraná y el Uruguay.[93] Por el sur destacan los riachos Guayquiraro, Mocoreta, que la separan junto con otros de la provincia de Entre Ríos. Esta provincia del Litoral, que tiene una extensión de 84 000 kilómetros, era entonces la menos poblada de la zona. Su clima subtropical, con importantes lluvias, permitía un desarrollo ganadero que constituía su principal riqueza, frente al escaso desenvolvimiento de la agricultura que, de producirse, contribuiría a aumentar la población.[94] Por ello, los esfuerzos del gobierno estaban encaminados a trabajar en esa dirección. Esto determinó la necesidad de emprender un sistema de colonización moderno que necesitaría de la llegada de agricultores extranjeros.[95] Blasco Ibáñez mostró interés por el cultivo del naranjo y del algodón.[96]

La implantación de arrozales se convirtió en una de sus principales preocupaciones. De hecho, Martínez de Sánchez indica que, en este punto, fue una especie de visionario porque si por algo se caracterizó posteriormente esta zona fue por su producción arrocera.[97] Sin embargo, es probable que, aunque, como se ha indicado anteriormente, en Entre Ríos sí tuvo claro que quería cultivar arroz, en Corrientes no fue su prioridad, a juzgar por una noticia publicada en el diario *La Prensa* en la que se indica que solo después de instalar debidamente la nueva colonia, estudiaría las posibilidades de su eventual cultivo.[98] Esto estaba estrechamente relacionado con la necesidad de realizar obras de ingeniería para introducir el riego, algo en lo que no solo insistirá Blasco Ibáñez en el proyecto que presentó al Poder Ejecutivo, sino también el propio gobierno de la provincia.

El 13 de septiembre de 1910 Ramón Vidal promulgó la Ley N.º 498 por la que se autorizaba al gobierno provincial a adquirir tierras para su colonización. Las colonias se dividirían en lotes y además declaraba de utilidad pública determinados terrenos. Esta ley era favorable a los proyectos de Blasco Ibáñez y, al igual que ocurrió en Río Negro, aprovechó la oportunidad para iniciar los trámites de adquisición. El 30 de octubre de 1910 propuso al Poder Ejecutivo de Corrientes la fundación de una colonia en el paraje conocido como «Rincón Lagraña» en el que hizo alusión a las obras de irrigación.[99] De esto dio cuenta el diario *La Prensa*, en la nota anteriormente citada, en la que informaba de que el escritor español, quien representaba a una asociación capitalista de España,

---

[93]   Blasco Ibáñez, 1910, pp. 584-607.

[94]   El diario *El Pueblo* en una nota del 6 de diciembre de 1910 afirmó que estas tierras eran «feracísimas y vírgenes» y de gran porvenir para la agricultura.

[95]   Gutiérrez y Sánchez Negrete, 1995, p. 119.

[96]   «Empresa de colonización», *La Prensa*, Buenos Aires, 2-11-1910, p. 9. En una carta enviada a su mujer indicó que plantaría algodón en Corrientes para venderlo en Inglaterra, véase: ACMBI, Epistolarios, carta de Vicente Blasco Ibáñez a María Blasco del Cacho, Corrientes, 30-5-1911.

[97]   Martínez de Sánchez, 1994, p. 99. San Martín Molina, 2017, p. 166.

[98]   «Empresa de colonización», *La Prensa*, Buenos Aires, 2-11-1910, p. 9.

[99]   El diario *El Pueblo* confirmó que el gobierno de Corrientes había concedido territorio en el departamento denominado de Lagraña, véase: Serrano Clavero, Venancio. «El Tigre de Blasco Ibáñez», *El Pueblo*, Valencia, 11-10-1912, p. 1. Varela, 2015, p. 611 recoge en su trabajo parte de la instancia manuscrita dirigida al gobernador de la provincia.

efectivamente había presentado ante el Poder Ejecutivo una importante exposición por la cual demostraba la trascendencia que tendría su obra.[100]

Por su parte, el gobierno de la provincia, según la ley mencionada, se proponía proceder a la expropiación de tierra en el lugar donde Blasco Ibáñez solicitaba terrenos aclarándose que parte de ellas serían para «hijos del país» que quisieran dedicarse al cultivo y que debería establecerse una escuela experimental agrícola. El Poder Ejecutivo dio forma a la propuesta remitiendo a la Legislatura Provincial un proyecto de ley que se convirtió en la Ley N.º 38 en diciembre de 1910.[101]

Por tanto, tuvo que firmar un contrato que establecía una serie de condiciones: el gobierno le vendería los terrenos y él, a su vez, efectuaría la venta a los colonos de una extensión de 2500 hectáreas como mínimo, quedaría a su cargo la instalación de las maquinarias necesarias para el riego previsto para 6500 hectáreas y obras complementarias.[102] Respecto a las radicaciones, estaba obligado a establecer en el término de un año de la fecha de posesión una familia de agricultores españoles en cada 100 hectáreas de la colonia como mínimo, debiéndose hacer responsable de su traslado, instalación, adquisición de maquinaria, herramientas y plantaciones.[103] Esto último es muy importante porque, como veremos, Blasco Ibáñez hizo un llamamiento a la emigración a través de la prensa y el hecho de que él fuera el responsable, a la larga, terminó causándole numerosos problemas.

A finales de octubre de 1910 visitó Corrientes y, según el diario *La Prensa,* acudió de excursión a Rincón Lagraña acompañado, entre otros, por Bonastre y por el historiador y periodista Francisco Mazi.[104] Finalmente, se le concedieron 5000 hectáreas cuyo precio debería abonar en el término de diez años y, en caso de incumplimiento de las cláusulas establecidas en el contrato, las tierras volverían de inmediato al poder de la provincia.[105] Allí fundó Nueva Valencia, nombre significativo con el que evocaba a su ciudad natal al otro lado del Atlántico, convirtiéndose en el impulsor de un proyecto colonizador español en Corrientes. Sin embargo, la concesión de los terrenos creó problemas políticos por la intervención de legisladores opositores al gobernador Vidal.[106] El diario *La*

---

[100]   «Empresa de colonización», *La Prensa,* Buenos Aires, 2-11-1910, p. 9.

[101]   Fue el 27 de diciembre de 1910 cuando el Poder Ejecutivo promulgó la ley. El texto se encuentra reproducido en el artículo que Gaspar R. Bonastre escribió en la revista *Todo es Historia,* véase: Bonastre, 1975, p. 54. Las condiciones establecidas entre Blasco Ibáñez y el gobierno correntino también aparecen mencionadas parcialmente en: Folguerá, «Crónica de un sueño: refundar Valencia al otro lado del mar, Corrientes», Corrientes, 2011, 14, http://www.acpaarrozcorrientes.org.ar/Jornadas-2011/Cronica_de_un_sueno-ORIGINAL.pdf [consultado 09/04/2024].

[102]   Gutiérrez y Sánchez Negrete, 1995, p. 124. Véase también: San Martín Molina, 2017, p. 168.

[103]   Gutiérrez y Sánchez Negrete, 1995, p. 124. Según el documento aportado por Bonastre, todas estas exigencias podían ser prorrogables si hubiera una causa que lo justificase, véase: Bonastre, 1975, p. 54.

[104]   «Empresa de colonización», *La Prensa,* Buenos Aires, 2-11-1910, p. 9.

[105]   «Con el Sr. Blasco Ibáñez», *La Nación,* Buenos Aires, 21-11-1910, p. 10.

[106]   Varela, 2015, p. 614, señala que el senador Caussat dirigió las críticas, no a los planes colonizadores de Vidal, sino al proyecto presentado por Blasco Ibáñez porque la colonia iba a establecerse en terrenos que eran de propiedad particular, lo que hacía necesario que fueran sometidos a un juicio de expropiación. Según una noticia de *El Diario Español* a mediados de diciembre, Blasco Ibáñez seguía

Nación señala en una noticia de noviembre de 1910 que el proyecto de Blasco Ibáñez, a pesar de recibir elogios en la prensa, no convencía a todos los legisladores, aunque sería sancionado porque estaba secundado por el gobierno.[107] Concluida la expropiación, el entonces ministro de gobierno, Manuel Mora Araujo, ordenó en abril de 1911 poner en posesión de la colonia a Blasco Ibáñez y después se le otorgó la suma de 89 000 pesos como anticipo para la adquisición de maquinarias.[108]

Atracción de colonos: un llamamiento a la emigración a través de El Pueblo

Una vez concretada la posesión quedaba lograr la titularidad definitiva de las tierras. Todo parecía jugar a favor. Por su extensión para ser cultivados, los terrenos eran propicios y las máquinas adecuadas. Las condiciones de financiación obtenidas eran favorables y, además, Blasco Ibáñez contaba con el apoyo de los gobiernos nacional y provincial. Solo faltaban dos cosas: colonos y maquinaria para ponerlas en producción bajo el riego. Los contratos que había firmado le obligaban a ello si quería adquirir la titularidad pues, como había ocurrido en el caso de Río Negro, por la Ley N.º 38 de diciembre de 1910, se especificaba que correría a cuenta del propio Blasco Ibáñez el traslado de familias a la colonia, su instalación, la adquisición de maquinarias, herramientas agrícolas, plantaciones, injertos y métodos de cultivo. En el caso de Corrientes las cosas no eran diferentes, dado que el escritor se había comprometido con el gobierno a colonizar con inmigrantes valencianos las tierras solicitadas. Se enfrentaba a una doble tarea: por un lado, establecer asentamientos en unas zonas deshabitadas y por otro, desarrollar una actividad productiva.

Ambas colonias requerían de mano de obra, de agricultores experimentados que comenzasen a trabajar esos terrenos tal y como había manifestado el propio Blasco Ibáñez en reiteradas ocasiones. Sin embargo, no valía cualquier elemento colonizador. En la reunión que tuvo en el diario *La Nación* tras regresar de ver sus tierras en Corrientes, llegó a afirmar que la razón por la que otros emprendimientos a gran escala habían fracasado residía precisamente en que no se había elegido a los colonos atendiendo a sus condiciones y aptitudes, sino que se había aceptado todo lo que llegaba al país con el resultado nefasto de que, en muchas ocasiones, «resultaron inadaptables al género de trabajos a que se les dedicaba».[109] Envió una carta a su editor, socio y amigo Francisco Sempere que, debido a

---

esperando la concesión de tierras en Corrientes, véase: «Blasco Ibáñez y sus colonias», *El Diario Español*, Buenos Aires, 14-12-1910, p. 3.

[107] «Corrientes», *La Nación,* Buenos Aires, 9-11-1910, p. 9. En la última sesión celebrada por la Cámara de Diputados, los partidarios del proyecto «pretendieron sancionarlo sobre tablas», pero uno de los diputados pertenecientes a la oposición logró que dicho asunto fuera postergado para otra sesión.

[108] Gutiérrez y Sánchez Negrete, 1995, p. 124, establecen que la posesión se concretó el 20 de abril de 1911. En el artículo de Bonastre se indica que fue el 11 de abril de 1911 cuando el Poder Ejecutivo otorgó la posesión de las tierras a Blasco Ibáñez, véase: Bonastre, 1975, p. 54. Para la concesión y el riego de esta colonia también puede consultarse Martínez de Sánchez, 1994, pp. 115-119.

[109] «Con el Sr. Blasco Ibáñez», *La Nación,* Buenos Aires, 21-11-1910, p. 10.

su estrecha amistad, fue la persona de confianza para secundar en Valencia su proyecto en Argentina. En ella pedía agricultores e indicaba cuál sería su forma de proceder:

> Querido Paco: De una vez para siempre y con el objeto de que se entere bien de lo de la Argentina. La gente que yo me lleve no necesita contrato (aunque no tengo inconveniente en hacerlo), pues viene para siempre, es decir para quedarse mientras ella quiera y seguramente querrá. Al principio le pagaré el jornal, porque son terrenos incultos, y los hombres han de vivir mientras aquellos se preparan, pero, una vez quede terminada la roturación, riego, etc., entonces se quedarán como agricultores, o pagando arriendo por los terrenos o a medias, etc., según sea la clase de cultivo que convenga mejor. No vienen como simples braceros, pues de estos encontraría yo allá en abundancia, sino para quedarse si quieren como agricultores, de los que resulta que, al roturar la tierra, trabajan para ellos mismos. [...] Creo que está claro. No necesito braceros, ni voy a darles una patada cuando terminen el trabajo. Quiero que el que venga a lo más malo, que es lo del principio, siga y goce *[sic]* de lo bueno. Si ellos quieren y cumplen la cosa, es para siempre [...] Tengo también mucha gente disponible, si quiero, de la Marina, de Pego y pueblos inmediatos. Me la proporciona el exdiputado republicano C. Camilo Pérez Pastor.[110]

Posteriormente hizo un llamamiento a sus paisanos a través del periódico *El Pueblo* —como no podía ser de otro modo— que entonces estaba dirigido por su discípulo Félix Azzati. Además, tenía pensado viajar a España a principios de 1911 para seleccionar personalmente en Valencia a los colonos con el objetivo de buscar a gente experimentada para evitar los errores anteriormente mencionados. Desde Buenos Aires y con fecha 22 de octubre de 1910 volvió a enviar a Sempere una carta que fue publicada parcialmente por *El Pueblo* el 19 de noviembre de 1910, pero ya desde el día anterior se avisó a los lectores de que aparecería una noticia relevante para los agricultores.[111] En su primera página y bajo el título «A los agricultores. Blasco Ibáñez, la Argentina y la Emigración», el día 18 el diario les pedía que leyesen al día siguiente *El Pueblo* donde el propio Blasco Ibáñez efectuaría un «llamamiento patriótico» a los agricultores valencianos y también a los demás pueblos agrícolas de España. Se aclaraba además que se trataba de un llamamiento patriótico porque facilitaría los medios de vida a sus compatriotas evitando con ello que los emigrantes, a quienes «España niega subsistencia» —aquí el diario arremetía claramente contra la política migratoria del gobierno español—, fuesen víctimas de empresas de explotación.

Blasco Ibáñez, por tanto, actuó como una especie de mediador y conseguidor, sin caer en la cuenta de que, más adelante, el asunto se volvería en su contra. El anuncio también avisaba de que se reproducirían párrafos enteros de su puño y letra en los que describían aquellas tierras, las facilidades que se ofrecían a los emigrantes agricultores para desarrollar su actividad sin preocuparse de los medios económicos y el modo de efectuar

---

[110]   Herráez, 1991, p. 66. La carta fue remitida desde Madrid, no se especifica la fecha, pero por el análisis suponemos que pudo ser enviada en julio de 1910.

[111]   «Blasco Ibáñez, la Argentina, y la emigración», *El Pueblo*, Valencia, 19-11-1910, p. 1. Parte de la carta puede encontrarse reproducida en: Martínez de Sánchez, 1994, pp. 104-105.

el viaje.[112] Respecto a esto último, el emigrante labrador tenía que pagarse el pasaje en el vapor hasta Buenos Aires. Aludía a la ya mencionada Ley Nacional de Inmigración y Colonización de 1876 en la que en uno de sus artículos disponía que el Poder Ejecutivo fomentaría la llegada de los emigrantes provenientes del Norte de Europa y para ello, precisamente, se subvencionarían determinadas líneas de vapores. Sin embargo, existía otra razón para que el emigrante se pagase su pasaje, y estaba relacionada con la picaresca ya que si era Blasco Ibáñez quien lo subvencionaba corría el riesgo de perder el dinero invertido si el recién llegado optaba por irse donde quisiese sin que el escritor pudiese reclamar ante los tribunales de un país en el que existía «libertad absoluta de trabajo». Ambos motivos fueron los que ofreció el novelista a los lectores para explicar el porqué de su decisión: con el primero parecía actuar como «vocero» del gobierno argentino, mientras que el segundo, seguramente el que tuvo más peso, estaba relacionado con sus propios intereses. Del aviso efectuado por *El Pueblo* se deducen fundamentalmente dos cuestiones importantes. La primera es que constantemente se insiste en que se trata de un mensaje dirigido a los agricultores por lo que, de hecho, se utiliza el término «emigrante agricultor», reforzando esta idea tal y como solicitaba Blasco Ibáñez. En segundo lugar, el que se reproduzcan sus palabras exactas puede ser interpretado como un mensaje de tranquilidad, de confianza, de manera que quienes leyesen la carta publicada pudieran estar tranquilos porque todo lo que en ella se dijese sería cierto, ya que lo había escrito el propio novelista y, por tanto, cumpliría con lo prometido.

Así pues, el 19 de noviembre, tal y como se había advertido, también en primera página y con el mismo titular que el del anuncio del día anterior, se reprodujo de manera parcial la carta enviada por el novelista a Sempere que el propio autor justificaba que la enviaba porque se encontraba en «magníficas condiciones» para poder instalar a los futuros colonos.[113] Con este llamamiento declaraba que su objetivo era, por un lado, facilitar a los agricultores españoles los medios necesarios para crearse un porvenir y evitar que cayesen en manos de explotadores y, por otro, promover que fuesen los españoles los que se hiciesen dueños de las tierras:

> Que se fijen bien en el hecho de que sin gastar nada, pueden ser partícipes de la mitad del producto de la tierra, y llegar con sus ahorros a ser dueños de ella por entero. La tierra aquí marcha a saltos en su valorización. Lo que el año pasado vi yo que valía 20 pesos, tiene ahora un valor de 100. Y este aumento va a continuar en proporciones cada vez mayores; así es que nada tiene de extraño augurar que los hijos de los que vengan ahora a trabajar la tierra, se encontrarán millonarios con sólo los campos que adquirieron sus padres, sin otro esfuerzo ni capital que sus brazos.[114]

---

[112] La nota advertía que los párrafos entrecomillados estaban tomados literalmente de la carta enviada a Sempere. Un avance de lo expuesto en ella puede encontrarse en: San Martín Molina, 2017, pp. 169-172.

[113] «Blasco Ibáñez, la Argentina, y la emigración», *El Pueblo*, Valencia, 19-11-1910, p. 1.

[114] *Idem.*

Esto último es importante porque refleja claramente el ideal de Blasco Ibáñez, que, en primer lugar, pretendía crear una cooperativa en sus colonias, de ahí el reparto de las cosechas, algo que terminó confirmando años más tarde al *Paris Journal* en la entrevista que este medio le realizó y que, tal y como se indicó anteriormente, recogió *El Pueblo* en una noticia de marzo de 1912.[115] En segundo lugar, el hecho de que los emigrantes pudiesen convertirse en propietarios constituía uno de los principales reclamos ya que, en España, los agricultores trabajaban para otros mientras que, en la Argentina, con el paso de los años, podían adquirir sus propias tierras. Señalaba, además, que sus hijos serían millonarios gracias al trabajo de sus padres, tal y como el propio Blasco Ibáñez deseaba para los suyos según subrayó a su esposa en la carta que le envió en septiembre de 1910: «figúrate qué porvenir para nuestros hijos que serán grandes propietarios a estilo argentino y no necesitarán ejercer una carrera y depender de nadie».[116]

Para hacer llamativa su propuesta también quiso destacar que el trabajo allí sería menos duro por la existencia de la maquinaria necesaria que representaba una modernidad tecnológica inusual en España, afirmando que: «Un hombre laborioso, trabajando en estas condiciones de tierra magnífica, ayuda de máquinas, etc., puede muy bien reunir en diez años 15 000 duros, y aun mayor cantidad».[117] La conjunción de hombre trabajador con las condiciones que ofrecía la tierra, y con el apoyo de la maquinaria, daba lugar a importantes réditos económicos que, al fin y al cabo, era de lo que se trataba: obtener ganancias de las tierras cultivadas tanto para él, como *emprendedor agrícola,* como para los colonos que habían decidido emigrar a Argentina.

Es importante destacar que, al final de la nota, se encuentran advertencias en relación con el tipo de emigración que buscaba para sus colonias con el objetivo de hacerlas viables, quería gente joven que pudiera trabajarlas y sobre todo familias que se asentasen. El trabajo duraría no menos de doce años, ya que a Blasco Ibáñez no le interesaba gente que a los pocos años quisiese regresar a España, él mismo daría ejemplo cuando consiguió que sus dos hijos se radicasen en el país. Finalmente, se advertía que todas aquellas personas que estuviesen de acuerdo con sus proposiciones para trasladarse a la Argentina tenían que dirigirse a la Casa Editorial de Francisco Sempere y Compañía.[118]

El Pueblo pretendía que este anuncio fuese conocido en todas las regiones agrícolas posibles. *La Nación* rápidamente se hizo eco afirmando que había tenido una intensa repercusión no solo en Valencia sino en las poblaciones de la zona como Alicante, Gandía, Orihuela y Denia hasta el punto de que, unos días después de la publicación, los centros y corporaciones agrícolas organizaron un mitin popular con el objetivo de considerar las ideas centrales planteadas por Blasco Ibáñez.[119]

---

[115] «Blasco Ibáñez», *El Pueblo,* Valencia, 3-4-1912, p. 2.
[116] ACMBI, Epistolarios, carta de Vicente Blasco Ibáñez a María Blasco del Cacho, Buenos Aires, 17-9-1910.
[117] «Blasco Ibáñez, la Argentina, y la emigración», *El Pueblo,* Valencia, 19-11-1910, p. 1.
[118] Esta Casa Editorial estaba situada en la calle Palomar, 10, Valencia.
[119] «La colonización de Blasco Ibáñez», *La Nación,* Buenos Aires, 25-11-1910, p. 10.

La noticia del llamamiento a los agricultores españoles causó un gran impacto en Portugal y, según indicaba una nota del diario *La Argentina,* tanto en Lisboa como en el resto del país se repartieron folletos de propaganda relativos a los grandes recursos agrícolas del país sudamericano publicados por Blasco Ibáñez.[120] Los diarios lusos se hicieron eco de la llamada que realizaba el escritor a los agricultores españoles y muchos portugueses —que comenzaron a conocer las posibilidades que ofrecía la Argentina gracias a la carta publicada en *El Pueblo*— estuvieron dispuestos a sumarse.[121] Según el periódico mencionado, había un grupo de «ricos negociantes» en Lisboa que se dedicaban a la compra y venta de tierras y, siguiendo el ejemplo de Blasco Ibáñez, pretendían comprar grandes extensiones en Argentina aunque, a diferencia del escritor español, tenían la intención de pagar el pasaje a los emigrantes.[122]

El caso es que la carta causó verdadera sensación por cuanto hacía su llamamiento desde la mismísima América, la tierra de las oportunidades, ofreciendo precisamente eso a los agricultores españoles y sobre todo a los valencianos. Sin embargo, pronto surgirían voces críticas como la aparecida en la revista *Vida Socialista* tan solo ocho días más tarde de que el diario valenciano publicase la carta del escritor:

> Nuestra enhorabuena más cordial a los obreros argentinos. Ya todos los que vivían muriendo de hambre, por no hallar trabajo, están colocados, ya no se sabe lo que es un desocupado en aquella República, y al que no trabaje es por vagancia. Allí debe dirigirse ahora todo el que quiera ganar su pan. Sí; Blasco Ibáñez ha publicado en *El Pueblo* de Valencia, un llamamiento a los obreros del campo que quieran trabajar en sus nuevas posesiones argentinas, lo cual, si no se nos ha extraviado el sentido común, significa que en la América del Sur hacen falta brazos. O bien que Blasco adopta los procedimientos de aquella burguesía, atrayéndose desocupados para que, a mayor número de hambrientos, sean más bajos los jornales. ¡Pero suponer eso en Blasco! ¡Todavía en Romanones![123]

Las críticas irían surgiendo, sobre todo a medida que avanzasen los trabajos en las colonias y los colonos comenzasen a reclamar lo prometido por el valenciano. Pero, de momento, fue tal el impacto del llamamiento que *El Pueblo,* a petición de Francisco Sem-

---

[120] «La propaganda de Blasco Ibáñez», *La Argentina,* Buenos Aires, 29-10-1910, p. 1.

[121] *La Argentina* en la citada noticia señaló que los diarios portugueses mostraron su preocupación ante la publicidad realizada por Blasco Ibáñez sobre Argentina porque podía provocar una corriente migratoria de portugueses a América y que el país se quedase sin brazos para cultivar sus campos y que las aldeas se despoblasen.

[122] También se harían cargo de las semillas, los útiles de la labranza y en general de los gastos de su instalación.

[123] «Escobazos», *Vida Socialista,* Madrid, 27-11-1910, p. 14, n.º 48. Esta revista semanal fue publicada entre 1910 y 1914, y fundada por los periodistas y militantes socialistas Tomás Álvarez Angulo y Juan Almela Meliá (hijastro de Pablo Iglesias), que se turnaron en su dirección. En ella se daban cita intelectuales y escritores, tanto españoles como extranjeros. Entre los españoles destacaban Pío Baroja, Leopoldo Alas, Concepción Arenal, Benito Pérez Galdós, Julián Besteiro, José Ortega y Gasset o Jacinto Benavente.

pere, tuvo que anunciar que quedaban suspendidos los viajes hasta que llegase Blasco Ibáñez a España para organizar las expediciones:

> El artículo que publicamos días pasados explicando detalladamente la obra colonizadora de Blasco Ibáñez, ha bastado para que numerosas personas solicitaran datos y antecedentes para realizar el viaje a la Argentina. Lo mismo de la región valenciana que de las poblaciones agrícolas de España, D. Francisco Sempere, representante en nuestra ciudad de Blasco Ibáñez, ha recibido numerosas cartas.[124]

A pesar de haber sido contundente con las condiciones para realizar la emigración, resultó inevitable que se produjesen algunas dudas y confusiones. El dramaturgo español José Fillol Sanz, que escribía para *El Heraldo de Madrid*, y había comentado el plan del novelista, debido a la malinterpretación de sus palabras, en diciembre de 1910 tuvo que publicar un artículo titulado «Emigración» donde señalaba que no dejaba de recibir cartas de todas partes solicitando precisiones,[125] por lo que se vio obligado a afirmar que él era ajeno al asunto, pues no era colaborador de Blasco Ibáñez y ni siquiera partidario de la emigración.

El hecho es que, el 3 de diciembre, cuando todavía Blasco Ibáñez se encontraba en Argentina dirigiéndose a Río Negro, recibió un telegrama de Valencia en el que se le anunciaba que en dicho puerto habían embarcado a bordo del trasatlántico *Liguria* cien familias de agricultores valencianos que estaba previsto que llegasen al país a finales de año para dirigirse a sus colonias.[126] Ya en el mes de agosto, en una nota del diario *La Argentina*,[127] —en esa fecha aún no se había publicado el anuncio en *El Pueblo*—, señaló que había cien familias preparadas para embarcar. Quizás se tratase de las mismas que viajaron en el *Liguria* y con las que Blasco Ibáñez pudo haber contactado durante el tiempo que permaneció en España escribiendo *Argentina y sus grandezas*.[128]

Tras visitar Río Negro volvió a la capital porque el día 30 de diciembre debía embarcarse para viajar a España, casualmente en el *Cap Vilano*, el buque que le había llevado por primera vez al país en 1909.[129] Poco antes, la prensa ya había notificado de la llegada

---

[124] «Noticias», *El Pueblo*, Valencia, 6-12-1910, p. 2. *El Diario Español* señaló que la presencia de Blasco Ibáñez en España facilitaría la organización de las expediciones de los colonos levantinos, véase: «Blasco Ibáñez y sus colonias», *El Diario Español*, Buenos Aires, 14-12-1910, p. 3.

[125] Fillol Sanz, «Emigración», *El Heraldo de Madrid*, Madrid, 14-12-1910, p. 4. Señaló que algunas cartas le habían llegado directamente a él, otras reexpedidas de Madrid en la redacción del periódico y otras aparecían con el remitente Centro de Emigración para Buenos Aires.

[126] «Los colonos valencianos», *El Diario Español*, Buenos Aires, 4-12-1910, p. 3. En el mes de agosto el diario *La Argentina* publicó una noticia en la que indicaba que había preparadas cien familias para embarcarse en el primer aviso.

[127] «Conversando con Blasco Ibáñez», *La Argentina*, Buenos Aires, 24-8-1910, p. 8.

[128] «El Sr. Blasco Ibáñez colonizador argentino», *La Argentina*, Buenos Aires, 15-7-1910, p. 2. Se señala que había quinientas familias en Valencia esperando la orden para ponerse en viaje y trabajar para él.

[129] Darán cuenta del nombre del buque tanto *El Diario Español*, en una nota del 28 de diciembre de 1910, como *La Argentina*, el 29 de diciembre. En la primera se indicaba que el novelista viajaría el 3 de enero reclamado por la salud de su esposa.

inminente de dos buques más cargados de colonos —el *Barcelona* y *Valbanera*—[130] y el día anterior a su partida, una noticia del diario *La Argentina* afirmaba que tenía más de 50 familias valencianas en la colonia. Como puede observarse, el contingente migratorio comenzó a aumentar incluso antes de que Blasco Ibáñez hubiera viajado a España y según el mencionado periódico unos 3000 agricultores se hallaban en la provincia de Buenos Aires esperando las indicaciones del novelista para agruparse en los lugares señalados. A ellos había que añadir otros 600 campesinos valencianos más que estaba previsto que llegasen a principios de enero a bordo del *Valbanera*. Evidentemente que comenzasen a llegar colonos sin control —se supone que Blasco Ibáñez había seleccionado tan solo a 500 familias— constituía un problema de primer orden porque había planificado viajar a Europa. No solo pretendía adquirir maquinaria en Londres, sino también reclutar en España a los labriegos —el diario *La Nación* indica que regresaría con 180 familias que se distribuirían entre sus dos colonias—[131] y organizar las expediciones, puesto que en Corrientes todavía no había nada preparado. De hecho, el primer contingente de colonos a Nueva Valencia no llegaría hasta mayo de 1911.

Todo indica, como señala Reig, que el escritor tenía motivos para estar preocupado por la «peligrosa precipitación».[132] El que los colonos se adelantasen a sus previsiones implicaba necesariamente problemas de logística y de ubicación en las colonias, aunque durante su ausencia quedaban en Argentina su secretario Julio Cola y Antonio Navarro, a quien había dejado como administrador en Río Negro y que le fue recomendado por Ricardo Fuente —publicista español de ideología republicana— tal y como daría cuenta a su esposa en mayo de 1911.[133] Blasco Ibáñez tuvo que confiar en él, además, no tuvo muchas más opciones ya que Cola, su hombre de confianza, tenía otras atribuciones y él debía desplazarse entre sus dos colonias para supervisarlas, además de viajar a Europa.

Es importante señalar que esta no fue la única recomendación que recibió el escritor por parte de sus afines. En Corrientes, el encargado de supervisar los cultivos y realizar la selección del elemento colonizador fue José Arráez, un ingeniero agrónomo recomendado por el intelectual krausista y político republicano español Gumersindo de Azcárate.[134] El hecho de que dos notorios republicanos españoles actuasen en esta dirección ofrece pistas acerca del caladero social, político e ideológico donde Blasco Ibáñez podía atraerse

---

[130] «Blasco Ibáñez y sus colonias», *El Diario Español*, Buenos Aires, 14-12-1910, p. 3 y «Partida de Blasco Ibáñez», *La Argentina*, Buenos Aires, 29-12-1910, p. 7.

[131] «Con el Sr. Blasco Ibáñez», *La Nación*, Buenos Aires, 21-11-1910, p. 10. La noticia afirmaba que el novelista tenía decidido emprender un viaje a España en diciembre para elegir personalmente en Valencia a los colonos con los que establecería el primer plantel.

[132] Reig, 2002, p. 157.

[133] ACMBI, Epistolarios, carta de Vicente Blasco Ibáñez a María Blasco del Cacho, Corrientes, 30-5-1911. Cola, s. f., p. 34, también aludió a Navarro señalando que llegó cuando Blasco Ibáñez se disponía a tomar posesión de las tierras de Río Negro y a fundar Cervantes.

[134] Cola, s. f., p. 82. En 1902 tuvo lugar la inauguración del curso 1902-1903 de la Universidad Popular de Valencia, un proyecto impulsado por Blasco Ibáñez, y precisamente el encargado de realizar la conferencia inaugural fue Gumersindo de Azcárate.

colonos, sobre todo para Nueva Valencia. Por su parte, para Río Negro, su socio y amigo Francisco Sempere le recomendaría al perito agrónomo José Velasco.[135]

Es muy probable que se valiese de sus influyentes vínculos políticos para reclutar colonos y que estos viesen en él al antiguo líder republicano que ahora ofrecía una oportunidad al otro lado del Atlántico a los «obreros del campo». Quizás esa imagen pudo verse alimentada por el escritor a juzgar por una carta enviada a su esposa en mayo de 1911 en la que afirmó:

> [...] el gobernador, que es íntimo amigo mío, es a modo de un presidente de pequeña república, pues tiene sus ministros, cámara de diputados y senadores, etc. Es íntimo amigo mío y yo mando aquí como si estuviese en Valencia.[136]

La última precisión tenía que ver con el hecho de que, por su faceta política, años atrás Blasco Ibáñez había sido considerado en su ciudad natal como «el amo de Valencia», «el virrey o sultán de Valencia», por lo que, al haber fundado en Argentina una colonia denominada Nueva Valencia, pretendía seguir sintiéndose como tal.[137] Pero, igual que había ocurrido en la Valencia peninsular, donde también había sido odiado, muchos de los colonos, que inicialmente habían visto al «amo de Valencia» como una esperanza, terminarán por repudiarlo. Sin embargo, antes de que eso ocurriera, durante el viaje que realizó a España en enero de 1911, fue objeto de varios homenajes por parte de sus correligionarios de Valencia.[138] Durante el tiempo que permaneció en la ciudad se alojó en la casa de Francisco Sempere y acudió a diversos eventos, como el banquete en su honor ofrecido por el ayuntamiento o el celebrado con motivo de la inauguración del Asilo para los Inválidos del Mar.[139] También tuvo tiempo para pronunciar una conferencia en el teatro del Circo de la Exposición donde trató los temas de «La novela» y «La influencia social» y para disertar ante 2000 agricultores a los que suponemos que les explicaría las condiciones de emigración.[140] Algunas de estas actividades públicas fueron criticadas por diarios opositores que consideraban que, con el beneplácito de ciertos cargos políticos, Blasco Ibáñez aprovechaba para reclutar agricultores actuando a la manera de los «ganchos» de emigrantes.[141]

---

[135] Blasco Ibáñez envió una carta a Francisco Sempere el 31 de diciembre de 1912 en la que dejó constancia de dicha recomendación, véase: Herráez, 1999, p. 67.

[136] ACMBI, Epistolarios, carta de Vicente Blasco Ibáñez a María Blasco del Cacho, Corrientes, 30-5-1911.

[137] Cola en una de las crónicas enviadas a *El Pueblo,* firmada el 18 de mayo de 1911, afirmó que Nueva Valencia era una «colonia blasquista», véase: Cola, Julio. «Con rumbo a Nueva Valencia», *El Pueblo,* Valencia, 16-6-1911, p. 1.

[138] El día de su llegada a la ciudad fue recibido por la mayoría del ayuntamiento y amigos, entre ellos Félix Azzati, que desde un artículo publicado en *El Pueblo* aprovechó para rendir homenaje a su maestro, precisamente destacando su carácter republicano y su pasión por la política, véase: Azzati, Félix. «Blasco Ibáñez», *El Pueblo,* Valencia, 21-2-1911, p. 1.

[139] «Blasco Ibáñez en Valencia», *El Pueblo,* Valencia, 19-2-1911, p. 1.

[140] «En Honor de Blasco Ibáñez», *El Globo,* Madrid, 21-2-1911, p. 1. En esta conferencia habló de la labor de Balzac, Voltaire, Victor Hugo y Cervantes. *El Pueblo* avisó en una nota del 21 de febrero de 1911 que dicha alocución comenzaría a publicarse en el diario en forma de folletín encuadernable.

[141] «De la noche», *Las Provincias,* Valencia, 22-2-1911, p. 3.

Las colonias de Río Negro y Corrientes

Para adquirir la titularidad de las tierras, que se convirtió en su principal objetivo, estaba obligado a poner en marcha sus proyectos colonizadores. Cumplir con lo pactado implicaba no solo atraer colonos para poblar y trabajar los terrenos y distribuirlos entre Cervantes y Nueva Valencia, sino también introducir el riego, iniciar la siembra y, desde luego, obtener financiación.[142]

A Río Negro rápidamente comenzaron a llegar las máquinas necesarias para adecuar los terrenos, entre las que destacaban los arados de cinco discos capaces de arar una superficie de una hectárea por hora.[143] La idea consistía en aprovechar los campos para el cultivo de alfalfa y viñas, aunque, posteriormente, siguiendo los consejos del ya mencionado perito agrónomo José Velasco, también consideró la introducción de azafrán.[144] Para las obras de irrigación, cuyas mediciones fueron efectuadas por el ingeniero agrimensor Christian Nielsen, adquirió un equipo de bombeo en Italia.[145] En una carta enviada a su esposa en mayo de 1911, se aprecia la ilusión por sus proyectos, informaba de que sus colonias marchaban bien y daba cuenta de los cambios que se iban produciendo:

> Mis colonias marchan bien en Río Negro y Corrientes. En Río Negro me ha hecho perder algún tiempo un ingeniero informal que se comprometió a hacer las obras de riego y al fin no las ha hecho; pero ahora tengo otro ingeniero francés, persona seria, y todo marcha bien. No hay nada más que el tiempo perdido.[146]

Es interesante ver cómo la queja de pérdida de tiempo dista de lo que ocurriría posteriormente cuando se añadió la falta de recursos económicos que le llevarían a la desesperación. La instalación de las bombas centrífugas no fue algo sencillo y, según indica Ockier, hubo que efectuar cambios en los emplazamientos porque la primera construcción sobre la costa del río corrió peligro de ser arrastrada por el agua. Para solucionarlo, se recurrió a una excavación natural cuya función era almacenar el agua que llegaba del río a través de un canal. Sin embargo, nunca llegó a funcionar porque la boca se obstruía.[147]

A pesar de estas dificultades, las obras de la colonia rionegrina prosperaban y las tierras se iban roturando y fertilizando. De que el mayor problema estaba en el sistema

---

[142] Un avance del desarrollo del proyecto, sus logros y dificultades, tomando como fuente el diario *El Pueblo*, puede encontrarse en: San Martín Molina, 2017, pp. 172-180.

[143] Según Ockier, 1990, p. 714, Blasco Ibáñez incorporó dos máquinas emparejadoras, dos máquinas de bordear y dos motores «Hart-Parr». Esto era algo novedoso y extraordinario para la época y la región. Sors Cirera recogió en su libro un fragmento de un diario, sin citar de cuál se trataba, en el que se afirmaba que el novelista, para cultivar las tierras, recurriría al uso de reflectores por la noche, véase: Sors Cirera, 1910, pp. 73-74.

[144] Varela, 2015, p. 633. Blasco Ibáñez envió una carta a Sempere en diciembre de 1911 en la que le pidió que enviase simientes para poder realizar un ensayo de este cultivo, véase: Herráez, 1999, pp. 67-68.

[145] Martínez de Sánchez, 1994, p. 101.

[146] ACMBI, Epistolarios, carta de Vicente Blasco Ibáñez a María Blasco del Cacho, Corrientes, 30-5-1911.

[147] Ockier, 1990, p. 714.

de riego daba cuenta un informe realizado en enero de 1912 donde se indicaba que en el caso de que el sistema de elevación mecánica del agua previsto hubiese funcionado, tan solo habría llegado a ocho de los veinticinco lotes que componían Cervantes —50 hectáreas—, que efectivamente quedaban muy lejos de sus expectativas.[148] Y frente a la afirmación de Cola acerca de que el riego alcanzó 8000 hectáreas convirtiendo un campo «yermo en tierras de regadío», lo que permitía llevar a cabo grandes cultivos intensivos,[149] la inspección realizada para este informe sostuvo que tan solo se habían arado 855 hectáreas y realizado escasas siembras.[150] Aunque, evidentemente, los datos ofrecidos por Cola difieren de los del autor del informe elaborado por el inspector nacional, Emilio Cornejo, *El Diario Español* afirmó que, cuando este acudió al acto de inauguración, que el secretario de Blasco Ibáñez calificó de memorable, felicitó al novelista por los resultados de las obras que se habían efectuado en tan poco tiempo.[151] Blasco Ibáñez reivindicó su figura como novelista: «He llegado a demostrar al mundo que los proyectos de un novelista no son despreciables […] los que aramos en el campo de las letras también sabemos descender a coger el fruto que nos brinda el agro».[152] Este éxito, según Cola, aseguraba la solvencia de la empresa colonizadora y cumplía con los requisitos impuestos en la concesión, por lo que la banca nacional o extranjera no dudaría en prestar dinero a los planes y demás obras proyectadas por el valenciano.[153]

El informe al que venimos aludiendo fue encargado por el director de Tierras y Colonias —Augusto Margueirat— porque Blasco Ibáñez había iniciado los trámites para la adquisición de los títulos de propiedad de las tierras, y tal y como establecía el decreto del 24 de septiembre de 1910 se debía comprobar si el escritor había cumplido con las obligaciones estipuladas en el contrato.[154] A pesar de no haber cumplido   el escritor adquirió la titularidad el 26 de enero de 1912— Margueirat elaboró un informe donde justificaba dicho otorgamiento destacándose el «enorme esfuerzo» llevado a cabo por Blasco Ibáñez en el que se tomaba en consideración que el importante monto de capital para las obras de riego aseguraba la explotación de la tierra.[155]

---

[148] *Ibidem*, pp. 714-721. Según señala la autora, el encargado de verificar las obras de irrigación e informar a la Inspección de colonias fue Patricio Piñeiro Sorondo —presidente de la Sociedad Cooperativa de Irrigación de la Colonia Roca—. Por su parte, Cola afirmó que en el acto de inauguración de las obras hidráulicas las bombas instaladas elevaron la cantidad de 80 toneladas de agua por minuto a seis metros de altura, véase: Cola, s. f., p. 69.

[149] Cola, s. f., p. 68.

[150] Ockier, 1990, p. 715.

[151] «Informes de Río Negro», *El Diario Español*, Buenos Aires, 19-1-1912, p. 4. Ockier señala que en los informes elaborados por los funcionarios abundaban las imprecisiones y contradicciones. En los considerandos que avalaban la entrega de los títulos definitivos de tierras se indicaba que la inspección acreditaba que: la «Sociedad Cooperativa de Irrigación Colonia Cervantes había constituido importantes obras de irrigación», véase: Ockier, 1990, pp. 731-732.

[152] Cola, s. f., pp. 68-70.

[153] *Ibidem*, p. 69.

[154] Ockier, 1990, p. 721.

[155] *Ibidem*, pp. 723-725.

En Corrientes, el principal objetivo antes de iniciar la colonización consistía en llevar a cabo obras de regadío similares a las de Río Negro aprovechando el agua del río Paraná para distribuirla en función de los cultivos.[156] Blasco Ibáñez sostenía que no existía tierra mala cuando el riego era abundante tal y como había afirmado en una entrevista publicada por el periódico *La Argentina* en agosto de 1910, donde señaló que pensaba introducir máquinas a vapor con las que regar una hectárea con tan solo diez pesos anuales. Poco más adelante, en declaraciones a otro diario porteño, indicó que estas máquinas elevarían hasta 60 toneladas de agua por hora.[157] No deja de resultar llamativo que ya entonces tuviese calculados los «escasos» gastos que todo eso acarrearía teniendo en cuenta que en aquellas fechas ni siquiera se le habían adjudicado los terrenos.

Antonio Pont fue el encargado de montar el equipo de bombeo en los terrenos correntinos, sistema que, según Blasco Ibáñez, sería el segundo del mundo en importancia. En una curiosa hipérbole —con fines evidentemente propagandísticos— *El Diario Español* de Buenos Aires llegó a decir que esta obra constituía el trabajo hidráulico de mayor envergadura de la América del Sur y que era digna de compararse con las más famosas de Egipto y Europa realizadas recientemente.[158] Por otro lado, en abril de 1911 escribió a la fábrica alemana para la compra de material agrícola. Por esta época tenemos noticia de que se habría reunido con el presidente —Roque Sáenz Peña—, quien le había prometido acudir a la inauguración de las máquinas elevadoras de agua prevista para el mes de octubre. Según informa *El Pueblo* sería la firma Tossi de Milán la encargada de instalar los equipos de irrigación y Francisco Martignoni el que lo inspeccionaría, ya que, según el diario, tenía una experiencia en este tipo de trabajos pues había ejecutado importantes obras de esta clase con anterioridad en Europa.[159] Blasco Ibáñez fue quien le acompañó hasta Nueva Valencia para que pudiese inspeccionar los trabajos ya realizados y comenzar cuanto antes con la construcción de la usina, que estaría dotada de una chimenea de 40 metros de altura.

La maquinaria estaba previsto que llegase a Buenos Aires en el mes de septiembre, lo que implicaba que gran parte de las obras debían estar realizadas para entonces. A finales de julio debía reunirse en la capital con el ministro de Obras Públicas para presentarle todos los planos y datos de la obra hidráulica.[160] La supervisión de los cultivos y de los colonos corrió a cargo del ya mencionado José Arráez, acerca de quien el escritor dio cuenta a su esposa en una misiva en octubre de 1912. Además, también le prestaron ayu-

---

[156] «Blasco Ibáñez en América», *El Pueblo,* Valencia, 11-9-1911, p. 1. Esta noticia contiene párrafos extraídos de una entrevista que un redactor de *La Gaceta de Buenos Aires* realizó a Blasco Ibáñez.

[157] «Conversando con el Sr. Blasco Ibáñez», *La Argentina,* Buenos Aires, 24-8-1910, p. 8. Según otra nota de este diario del 29 de diciembre de 1910, la capacidad de estas máquinas permitiría extraer cien mil litros por minuto a una altura de 17 metros.

[158] «Blasco Ibáñez», *El Pueblo,* Valencia, 26-8-1911, p. 1. Se especificaba que la noticia fue extraída de otra publicada por *El Diario Español* de Buenos Aires del 29 de julio de 1911.

[159] «Blasco Ibáñez en América», *El Pueblo,* Valencia, 5-9-1911, p. 1. Cola, s. f. pp. 68-69, señalaba que las bombas instaladas en Cervantes eran similares a las de Nueva Valencia. Es muy probable que la información publicada por el diario valenciano la diese el secretario de Blasco Ibáñez.

[160] «Blasco Ibáñez», *El Pueblo,* Valencia, 26-8-1911, p. 1.

da en aquella colonia un fotógrafo llamado Arce, del que no disponemos de más datos, y su fiel Julio Cola.[161]

A pesar de las primeras complicaciones, las obras en las colonias seguían su curso, en la carta enviada en mayo de 1911 a su esposa, Blasco Ibáñez, que tan solo llevaba unos meses en el país y ya había experimentado los primeros problemas, transmite optimismo e indica en qué fase están en aquel momento sus emprendimientos:

> [...] hasta ahora estamos en el periodo de preparación y se gasta el dinero sin sacar toda-vía nada. Pero a fines de año y principios del otro vendrá la primera cosecha y empezarán a recogerse muchos miles de duros, y se despertará la codicia hasta de los más honrados, pues a América se viene a hacer dinero sea como sea.[162]

Sin embargo, la vida de los colonos, sobre todo de los primeros, no fue fácil. Las casas con las que se encontraron eran precarias y no disponían de lo indispensable, tal y como se les había prometido. De hecho, hubo ciertos enfrentamientos entre el novelista y los colonos, quienes reclamaban las condiciones de bienestar que se les habían prometido.[163]

El primer contingente de inmigrantes llegó al valle de Río Negro en marzo de 1911 y estaba compuesto por unas 25 o 30 familias de agricultores, aunque en sus declaraciones de diciembre de 1910 al periódico *La Argentina* Blasco Ibáñez había manifestado que ya tenía allí más de 50 familias valencianas que se estaban dedicando a destroncar el terreno como estrategia para agilizar los trámites de adquisición de tierras.[164] Por su parte, en una carta enviada a su esposa desde Corrientes en mayo de 1911 afirmaba tener en Cervantes a unos cien españoles, castellanos en su mayoría.[165] Por otro lado, estos colonos no eran los beneficiarios de los lotes originales, lo que demuestra otro de los métodos utilizados por el escritor que se concretaba en el uso de testaferros.

Para poner a punto estas tierras recurrió tanto a labriegos valencianos como a jorna-leros y contratistas, con los que no tardaría en tener problemas. Con unos porque no les

---

[161]   Blasco mencionó a Arráez para tranquilizar a su esposa; quería transmitirle que sus hijos esta-ban bien y que además se estaban formando, véase: ACMBI, Epistolarios, carta de Vicente Blasco Ibáñez a María Blasco del Cacho, Corrientes, 5-10-1912. El diario *La Nación* recogió una conversación con Blasco Ibáñez que se publicó el 21 de noviembre de 1910 en la que afirmó que este tenía la intención de cultivar varios tipos de naranjas con los injertos adecuados, ya que en Corrientes y Paraguay solo exis-tían uno o dos tipos. También se ocuparía del acondicionamiento para el transporte de la fruta.

[162]   ACMBI, Epistolarios, Carta de Vicente Blasco Ibáñez a María Blasco del Cacho, Corrientes, 30-5-1911.

[163]   «Blasco Ibáñez en América», *El Pueblo*, Valencia, 2-9-1911, p. 1. A estos enfrentamientos tam-bién aludirá Martínez de Sánchez, 1994, p. 109.

[164]   Ockier, 1990, p. 714; «Partida de Blasco Ibáñez», *La Argentina*, Buenos Aires, 29-12-1910, p. 7. Los colonos fueron trasladados en carros hasta la colonia.

[165]   ACMBI, Epistolarios, carta de Vicente Blasco Ibáñez a María Blasco del Cacho, Corrientes, 30-5-1911. El 19 de enero de 1911 *El Heraldo de Madrid* señaló que Blasco Ibáñez contaba en sus colonias con trabajadores de la meseta castellana y la región levantina. Esta información fue publicada por el diario el mismo día que Blasco Ibáñez llegó a España, lo que podría indicar que los castellanos a los que se refiere, ya fuesen una parte o todos, llegaron antes de que emprendiese su tercer viaje a la Argentina.

pagó el dinero que había prometido y con otros porque consideraron que no cumplía con lo acordado.[166] Esto provocó que desde muy pronto comenzase la deserción de familias que no estaban de acuerdo con las condiciones de trabajo. El informe de 1912 anteriormente señalado también dio cuenta de ello además de indicar que las viviendas construidas, unas treinta y siete aproximadamente, eran de dimensiones reducidas y que estaban realizadas en chapa.[167] Sin embargo, en la carta que envió a su yerno en febrero de 1912, apenas un mes más tarde de la elaboración del informe, afirmaba tener construidas cuarenta y cuatro casas, en clara contradicción con el documento encargado por el director de Tierras y Colonias.[168]

A Nueva Valencia comenzaron a llegar familias valencianas.[169] Según Blasco Ibáñez, en mayo de 1911, tenía en Corrientes a unos 150 españoles, todos valencianos y muchos de ellos de Sueca que, incluso, conocían a su hijo Mario.[170] Los primeros meses de la vida en Nueva Valencia parecieron ser más fáciles que en Cervantes, aunque pronto surgieron los problemas ya que habían llegado más colonos de los necesarios. Las infraestructuras se hicieron insuficientes a pesar de que Blasco Ibáñez, en una entrevista en enero de 1911, afirmase que por entonces estaban en marcha treinta y ocho casas,[171] algo que, a juzgar por los testimonios de los colonos recogidos en la prensa, parece que no era cierto. En mayo de ese año, Cola envió una crónica a *El Pueblo* en la que indicaba que se habían construido provisionalmente *barraques* y que después iría la edificación de «casas de ladrillo y chalets de recreo».[172] Por otro lado, si tenemos en cuenta que, según el informe de enero de 1912, en Río Negro se habían contado aproximadamente treinta y siete viviendas, y esta colonia estaba más avanzada que la de Corrientes, parece poco creíble que, en Nueva Valencia, un año antes hubiese comenzado la construcción de más de treinta viviendas como las que había prometido el novelista en las condiciones publicadas en noviembre de 1910.

Cola fue el encargado de contestar a cuantos criticaban el proyecto y la actitud del novelista a través de las páginas de *El Pueblo*.[173] Uno de los mejores testimonios de este

[166]   Ockier, 1990, p. 718.

[167]   *Ibidem*, p. 715.

[168]   ACMBI, Epistolarios, carta de Vicente Blasco Ibáñez a Fernando Llorca, Buenos Aires, 10-2-1912.

[169]   Martínez de Sánchez, 1994, pp. 119-131, y Gutiérrez y Sánchez Negrete, 1995, p. 124.

[170]   ACMBI, Epistolarios, carta de Vicente Blasco Ibáñez a María Blasco del Cacho, Corrientes, 30-5-1911. Por su parte Cola afirmó en una crónica con fecha del 26 de mayo de 1911 que Nueva Valencia estaba poblada por más de cien familias valencianas, véase: Cola, Julio. «Tierras Correntinas», *El Pueblo,* Valencia, 22-6-1911, p. 1. Según un artículo publicado en *El Pueblo,* los labradores suecanos comunicaron que acudirían más de 150 braceros del municipio, véase: Marín, María. «Valencia y Blasco Ibáñez. Los que se van con el maestro. Un saludo», *El Pueblo,* Valencia, 27-10-1911, p. 1.

[171]   De Candamo, Bernardo G. «En casa de Blasco Ibáñez», *El Pueblo,* Valencia, 29-1-1911, p. 1. *El Diario de Valencia* publicó un artículo, que fue extraído de un diario correntino, en el que se indicaba que era falso que el Ministerio de Agricultura hubiese revisado las condiciones de las viviendas, y que los colonos cuando llegaron se encontraron con «un mísero galpón de adobe, casi en ruinas», véase: «Resplandece la verdad. La obra de Blasco Ibáñez en América», *El Diario de Valencia,* Valencia, 19-5-1912, p. 1.

[172]   Cola, s. f., p. 1.

[173]   Cola envió una serie de crónicas al diario *El Pueblo* en las que defendía la labor del novelista y narraba las mejoras en Nueva Valencia, véanse: «Con rumbo a Nueva Valencia», 16-6-1911, p. 1; «Tierras

enfrentamiento aparece en su libro, donde explica que cuando Blasco Ibáñez y él se dirigieron a Nueva Valencia, los colonos valencianos acudieron a saludarle y aprovecharon dicho encuentro para exponerle sus puntos de vista relacionados con la colonización y manifestarle ciertas necesidades. Ante las «exigencias» de algunos que se quejaban porque no tenían trabajo o no podían cocinar con aceite, el escritor contestó:

> Por ese camino, queridos paisanos, no se va a ninguna parte. Han olvidado que la concesión de tierras de esta colonia está hecha a nombre de Vicente Blasco Ibáñez, y que soy yo quien tiene que cargar con la responsabilidad de cumplir sus cláusulas, con la preocupación de conseguir dinero necesario para su construcción y explotación […] Ustedes se presentaron en el país, sin ser llamados individualmente […] pecaron de impacientes, de desconfiados, y así me pidieron con gran insistencia venir aquí, pues decían que ustedes allí estaban mal y solo querían estar en Nueva Valencia, que era, en suma, la ilusión que les hizo venir a América. Yo les hablé claro —Cola les escribió a todos ustedes exponiéndoles detalladamente el estado en que se encontraba la colonia—, que tardaría en estar en condiciones de trabajo para recibirles algunos meses… Por fin, fueron tantas las insistencias, ruegos y súplicas, que les trasladé aquí. Ya lo ven ustedes: aquí tienen gratuitamente la comida, no se les obliga a ningún trabajo… Disponen de carne, galletas y verduras en abundancia diaria.[174]

Estas palabras son significativas porque, aunque las utilizaba para justificar la situación, demuestran que hubo colonos que llegaron antes de tiempo, que algunos no estaban contentos y que así se lo transmitieron. El novelista se defendía diciendo que como habían llegado precipitadamente al ver el aviso en *El Pueblo,* él no había podido, siquiera, enviar a Cola a recibirlos, agregando, además, que la colonia no estaba todavía preparada y por tanto no podía ofrecerles trabajo. En *España Nueva* se publicó un artículo titulado «La obra del gaucho» —reproducido por el diario valenciano *Las Provincias*— en el que figuraban fragmentos de una carta enviada por un español residente en Buenos Aires el 27 de diciembre de 1910 que da fe de la situación vivida por los primeros colonos:

> Debo decirte lo siguiente, relativo a lo que está pasando con el Sr. Blasco Ibáñez en esta república. Tú bien sabes que, en *El Pueblo* de Valencia, se anunció que dicho señor tenía en Buenos Aires grandes terrenos cultivables y sin saber qué terrenos eran (yo supongo que él mismo no lo sabía), han venido 200 españoles, buscados por un tal Sampedro, y allí les dijeron que en la Aduana había un representante de Blasco, y no había ninguno, por lo cual tuvieron que irse a las oficinas de Emigración. Dos de ellos fueron a buscar a Blasco, y no les quiso atender, y les tiene a todos en las oficinas de Emigración pasando trabajos, ¿para qué sacar de sus hogares a 200 españoles engañados, si no se les puede dar trabajo? […] Los 200 emigrantes de que hablo están sin saber qué partido tomar para darles de

---

correntinas», 22-6-1911, p. 1 y «De Nueva Valencia», 13-8-1911, p. 1.
 [174] Cola, s. f., pp. 53-55. El escritor también resultó muy contundente: «respecto a las condiciones que han de proponerme como colonos, esas, como comprenderán ustedes, esas condiciones las tengo que dictar yo, como concesionario responsable que soy, y en armonía con las que a mí se me exigen oficialmente».

comer a sus familias, pues al presentarse otra vez a Blasco, algunos de ellos le han dicho que el 3 de enero se va a España a traer a 300 familias de buenos valencianos.[175]

El Pueblo tuvo que salir en defensa de Blasco Ibáñez afirmando que tanto en Río Negro como en Corrientes se estaba cumpliendo cuanto se había prometido y que, como en la redacción habían tenido oportunidad de leer numerosas cartas enviadas por agricultores de las dos colonias a sus familias, conocían perfectamente el «estado floreciente» de la obra colonizadora.[176] Esta exculpación tan solo era el principio de las muchas otras que tuvo que efectuar el diario cuando las cosas comenzaron a complicarse en ambos sitios y comenzó a cuestionarse directamente su moralidad. Según Cola, ya desde un principio, los colonos provocaron numerosos incidentes que los enemigos de Blasco Ibáñez supieron explotar para desacreditarlo personalmente y criticar su proyecto de colonización.[177] De hecho, en Corrientes, estas circunstancias fueron aprovechadas por la prensa opositora al gobierno para llevar a cabo una campaña difamatoria contra la empresa.

El diario también comentó un incidente ocurrido en julio de 1911 en Nueva Valencia que venía a mostrar como los opositores de Vidal utilizaron la colonización del novelista para atacar al gobernador por considerar que ambos eran amigos. Afirmaba que en aquellos momentos Blasco Ibáñez se encontraba viajando a Río Negro y que un grupo de «politiquillos reaccionarios y beatas» aprovechó su ausencia para provocar una huelga en la colonia.[178] Consiguieron reclutar a un hombre —del que la noticia no daba nombre, limitándose tan solo a decir que ni siquiera era agricultor y que Blasco Ibáñez le guardaba cierta consideración— que fue quien logró convencer a un grupo de colonos para que abandonasen la colonia con la promesa de tierras. Lejos de verlo como algo negativo, el diario consideraba que este hecho había servido para que la gente «seria y trabajadora» se liberase de los «bullangueros, perezosos e inútiles». Seguramente, el propio Blasco Ibáñez, a tenor de la carta que en mayo de 1911 envió a su esposa en la que subrayaba que los colonos de Nueva Valencia eran sus paisanos, era incapaz de imaginar que algo así iba a ocurrir.[179] Independientemente de que este episodio ocurriese tal y como narraba *El Pueblo* —que lo primero que indicaba era que su intención era explicar el incidente para «deshacer el efecto que pudieran causar noticias tendenciosas» y falsas—, confirma que hubo colonos que, efectivamente, abandonaron Nueva Valencia. Por aquellos años,

---

[175] «Un artículo de España Nueva», *Las Provincias,* Valencia, 6-3-1911, p. 3. Se especificó que la misiva fue enviada a un amigo de dicho periódico con el fin de que fuese publicada.

[176] «Blasco Ibáñez en América», *El Pueblo,* Valencia, 2-9-1911, p. 1. El diario justificó que: «se da comida gratis a los colonos y sus familias; pero comida al estilo de Valencia, con arroz y aceite que allí son carísimos; se les han entregado ya los lotes de tierra y se ha sembrado la primera cosecha de maíz».

[177] Cola, s. f., p. 81.

[178] El diario *La Defensa* se hizo eco de este episodio y publicó el suelto que les llegaba de «un colega catalán» en el que se informaba que cuarenta y nueve familias se habían declarado en huelga en Nueva Valencia porque Blasco Ibáñez no había cumplido con los compromisos contraídos y adeudaba a «los colonos huelguistas los sueldos correspondientes a tres mensualidades», véase: «Aprende pueblo», *La Defensa,* Alcoy, 1-9-1911, p. 1.

[179] «Blasco Ibáñez en América», *El Pueblo,* Valencia, 2-9-1911, p. 1.

a propuesta de los hermanos Bonastre, Cola había sido nombrado director del diario del gobierno de Corrientes —*La Unión*— desde donde pudo contestar en numerosas ocasiones a dichas acusaciones al igual que hacía a través de *El Pueblo*.[180] Aun así, y a medida que la situación se complicaba, los ataques a Blasco Ibáñez por parte de sus detractores fueron en aumento.

A estas críticas se sumó en España *El Diario de Valencia* —un medio católico totalmente contrario al blasquismo—[181] que extrajo algunas noticias, precisamente, del diario *La Libertad* y que calificaba al novelista de «criminal», «negrero», «hombre sin conciencia», «miserable sin corazón» y que también lo acusaba de explotar y engañar a los valencianos que acudían a él.[182] Advertía a los lectores de que no había cumplido nada de lo prometido basándose en las cartas enviadas por los colonos al periódico, animando a quienes dudaran de la veracidad de su contenido a que acudiesen a la redacción para efectuar las comprobaciones necesarias. En este punto hay que decir que, en junio de 1911, el periódico publicó la carta que un colono de Río Negro había enviado a un familiar el 22 de mayo, advirtiendo que se habían hecho algunas modificaciones en el texto porque había sido escrita en el lenguaje de «pueblo», lo que quizás insinúa que, además de hacer este tipo de correcciones, también pudieron realizar alguna modificación a su conveniencia. No obstante, merece la pena reproducir parte de esta misiva porque el diario la recogió como un testimonio contrario:

> Todo lo que decía Blasco Ibáñez ha salido al revés. Tú ya sabes que hablé con él en Valencia y me dijo, como a todos los valencianos, que llevásemos dinero nada más que para el viaje, que una vez allí os llevo de balde donde queráis, bien a Corrientes o a Río Negro, y que allí ganaréis un duro español, o sea 60 pesos. También me dijo que las familias valencianas tendrían sus casas, y que allí no quería más que valencianos. Pues bien; hemos venido aquí a Río Negro porque estando en Buenos Aires fuimos al Hotel Royal, donde estaba Blasco y fuimos en compañía de quince valencianos, y nos dijo que ahora no podíamos ir a Corrientes, y nosotros sacamos el boleto para ir a Río Negro, y vinimos aquí,

---

[180]   Cola, s. f., p. 85. *El Diario de Valencia* aprovechó también para criticar tanto a Cola, del que dirá que sirve a Blasco Ibáñez de «gancho» por unas «perras chicas», como al diario que dirige afirmando que *La Unión* «era el periódico de Blasco Ibáñez dedicado a la obra de Blasco Ibáñez», véase: «Blasco Ibáñez y sus colonias», *El Diario de Valencia*, Valencia, 27-5-1912.

[181]   *El Diario de Valencia* fue fundado por Manuel Simó Marín, un abogado y político carlista valenciano que fue diputado por Valencia y concejal del Ayuntamiento de Valencia por la Liga Católica, una coalición formada por carlistas y conservadores contra el blasquismo. El primer número salió el 18 de marzo de 1911, era de ideología católica y sufrió una evolución desde el tradicionalismo a la democracia cristiana bajo la influencia de Luis Lucía. Durante la Segunda República fue el órgano de la Derecha Regional Valenciana, véanse: Checa Godoy, 1989, p. 289 y Comes Iglesia, 1992, pp. 205-216. También pueden encontrarse algunas referencias interesantes a dicho diario en: Brines i Blasco, 2002, pp. 355-382.

[182]   San Martín Molina, 2017, p. 175. Los artículos referidos son: «La obra de Blasco Ibáñez», *El Diario de Valencia*, Valencia, 27-6-1911, p. 2; «El negrero de Blasco Ibáñez», 6-4-1912, p. 1; «Resplandece la verdad. La obra de Blasco Ibáñez en América», 19-5-1912, p. 1. *España Nueva* también se unió a los ataques y calificó a Blasco Ibáñez de «osado traficante de carne humana», véase: «De la noche», *Las Provincias*, Valencia, 22-2-1911, p. 3.

y aquí no hay ni casas, ni familias valencianas, ni nada. Tantas familias valencianas como han venido, se han marchado, siendo en más de doscientos los que han probado esto y han huido. No quedan más que cuatro o cinco valencianos en su colonia y los sesenta pesos que ofrecía no los da, pues es mentira todo; solo les daba lo que quería, y les trataba como si fueran esclavos, por lo que un día unos, otro día otros, todos se han marchado. En su colonia no tiene más que unos bandidos y Blasco es el peor, si todos los que hay aquí en la Argentina fueran como Blasco, ya estaba la inquisición. […] Ahora estamos trabajando en otras tierras, en las que se saca más que en las de Blasco, aunque ahora estamos en invierno y hay poco trabajo. Si conocieran a Blasco en Valencia tanto como le conocen en la Argentina no saldrían a recibirle tantos como salen en Valencia, pues aquí viene Blasco a un pueblo y hacen tanto caso de él como de una…[183]

El éxodo de valencianos en Río Negro fue confirmado por el inspector Cornejo cuando visitó Cervantes para elaborar el informe encargado por Margueirat con objeto de comprobar que se cumplía con lo establecido para el otorgamiento de la titularidad de las tierras.[184] En 1912, el diario valenciano aludido aprovechó para elevar el tono hacia las prácticas de Blasco Ibáñez llegando incluso al insulto personal. En una nota publicada en el mes de abril de ese año ofrecía los nombres de seis colonos que habían regresado de Nueva Valencia y demandado al novelista por incumplimiento de las obligaciones contraídas reclamándole 30 000 pesos de indemnización.[185] A esta demanda, iniciada en los tribunales correntinos, también hizo alusión Cola en su libro calificando a los colonos que la llevaron a cabo de «díscolos», «vengativos» y «taimados» porque, impulsados por los opositores al gobierno y aprovechando la ausencia de Blasco Ibáñez, le exigían el pago de daños y perjuicios. Cola, que consideraba esta demanda injusta ya que ningún derecho podía asistir a quienes voluntariamente habían entrado en la colonia e igualmente la abandonaron por decisión propia, los acusaba de haber sembrado el descrédito de la acción colonizadora no solo en Argentina sino también en España.[186]

---

[183] «La obra de Blasco Ibáñez. ¡Ojo a los agricultores!», *El Diario de Valencia,* Valencia, 27-6-1911, p. 2. La carta finalizaba con esos puntos suspensivos, se supone que el emigrante incluyó una palabra más, pero que el diario no la había incluido por ser «impublicable».

[184] Según recoge Ockier, 1990, p. 719, en el documento se indicó que: «Actualmente son menos en número los colonos que existen que hace algunos meses vinieron».

[185] El diario indicaba que el suelto publicado es de *La Correspondencia de Valencia* y los excolonos son: Ramón López, José Martínez, Vicente Llinares, José Collantes, Vicente García y Rafael Martí. Los colonos les exhibieron la copia de la demanda presentada contra Blasco Ibáñez, véase: «El negrero de Blasco Ibáñez», *El Diario de Valencia,* Valencia, 6-4-1912, p. 1. Según una pequeña nota aparecida en *Las Provincias,* el medio *España Nueva* publicó la noche del 24 de febrero un párrafo en el que se hacían preguntas relacionadas con una posible denuncia del Consejo Superior de Emigración contra Blasco Ibáñez por actuar como agente emigratorio: «¿Es cierto que el Consejo Superior de Emigración denunció a Blasco Ibáñez ante la Audiencia de Valencia como agente emigratorio? ¿Es cierto que allí no se admitió la denuncia, y que por eso se piensa presentarla al Tribunal Supremo?», véase: «Un "Entrefilet" de España Nueva», *Las Provincias,* Valencia, 25-2-1911, p. 3.

[186] Cola afirmó que se cumplió con lo establecido y que quien verdaderamente hubiese tenido derecho a demandar era Blasco Ibáñez. La demanda no tenía un fundamento justo porque los colonos «Habían sido trasladados en tren, gratuitamente, de Tucumán a Corrientes; recibían comida y albergue

El 19 de mayo de 1912 *El Diario de Valencia* publicaba un artículo en su primera página titulado «Resplandece la verdad. La obra de Blasco Ibáñez en América» en el que se trataba de demostrar las mentiras vertidas por el escritor en relación con su proyecto colonizador. Desde el día anterior rogó a sus lectores que el siguiente número se hiciese circular «extensamente entre los humildes labradores» para así acabar con los «crímenes que Blasco Ibáñez está cometiendo con sus compatriotas».[187] Quizás, con este aviso, *El Diario de Valencia* quiso recrear, a modo de burla, la estrategia de *El Pueblo,* que, en su día, también había avisado previamente de la inmediata publicación de la carta del novelista con su «llamamiento patriótico» a los agricultores valencianos. Fuese o no así, se conseguía crear expectación y si en el caso de *El Pueblo* se trataba del mensaje propagandístico de Blasco Ibáñez, en el diario enemigo lo que se publicaba eran dos artículos extraídos de *La Libertad* y *La Democracia,* que incluían algunos párrafos con comentarios adicionales en tono irónico.[188] No solo se atacaba al novelista, sino también a Cola, al que consideraban cómplice de sus actividades. Además, se acusaba a Blasco Ibáñez de haber utilizado el nombre del Ministerio de Agricultura para llevar a cabo sus planes con el fin de hacer recaer en el gobierno nacional unas responsabilidades que «solo incumbe al colonizador y al gobierno local que otorgó la concesión».[189]

Dichas acusaciones tenían cierta lógica, ya que Cola era en aquel tiempo director del diario del gobierno de Corrientes y no dudó en utilizar este medio como plataforma de defensa de la labor y de la imagen de Blasco Ibáñez que, a su juicio, estaba siendo denostada sin razón, tanto por parte de la prensa como por ciertos colonos. Por su parte, Sors Cirera recopiló en su libro algunos sueltos de los diarios anteriormente citados en los que se apoyaba para demostrar que no cumplió con sus obligaciones obligando con ello a los agricultores a abandonar Nueva Valencia.[190]

A todos los incidentes derivados de la llegada precipitada de emigrantes y su posterior éxodo, los ataques recibidos por la prensa y a los problemas con el riego de los terrenos, se añadió el escaso éxito que tuvieron los cultivos a pesar de que Blasco Ibáñez, en una entrevista concedida a Bernardo G. de Candamo, afirmase que conocía cuáles eran los más adecuados «más por la imaginación que por el saber»:

---

gratuito; cultivaban tierras sin percibir beneficio el propietario; abandonaron la colonia cuando ellos quisieron, y sin ser despedidos», véase: Cola, s. f., p. 89.

[187] El anuncio fue publicado el 18 de mayo de 1912.

[188] «Resplandece la verdad. La obra de Blasco Ibáñez en América», *El Diario de Valencia,* Valencia, 19-5-1912, p. 1. Debajo del título dedicaron a Blasco Ibáñez el siguiente párrafo: «Blasco Ibáñez, convertido en negrero, explota a los valencianos pobres, haciéndoles ir engañados a que le cultiven las tierras. Blasco, para deslumbrar, abusa hasta del nombre de las autoridades argentinas. En la colonia de Blasco, ni hay casas, ni colonia, ni paga el salario a los infelices trabajadores».

[189] «Los colonos llegaron a la Argentina y el señor de Cola, sirviéndoles de guía, los puso a cubierto de las explotaciones de los "ganchos" que abundan en las inmediaciones del muelle de Buenos Aires. Luego peregrinaron como fardos sin etiqueta, de aquí para allá, hasta que encontraron un refugio», véase: «Resplandece la verdad. La obra de Blasco Ibáñez en América», *El Diario de Valencia,* Valencia, 19-5-1912, p. 1.

[190] Sors Cirera, 1910, pp. 77-80. Según una de las notas, el éxodo de agricultores fue tal que en la colonia tan solo quedaron trece pobladores.

Yo estaba seguro de que no sabía ni una palabra de agricultura. Pero la imaginación puede mucho […] Yo he nacido en una región eminentemente agrícola. Hasta he tenido necesidad de puntualizar algunas cosas para escribir «La barraca», «Cañas y barro». Era todo ello ciencia sin fórmulas y sin datos precisos, la ciencia que la observación nos procura. Luego, en la Argentina he ojeado algunos libros, y más tarde he asombrado, en diferentes discusiones, a los mismos ingenieros agrónomos del ministerio de Agricultura.[191]

Pese a las sucesivas complicaciones, que demostraron que se siguió una estrategia equivocada desde el principio por puro desconocimiento —reconoció no saber «ni una palabra de agricultura» aun cuando se documentó para algunas de sus novelas y hojeó algunos libros en Argentina—, siguió adelante con sus proyectos porque necesitaba adquirir los títulos definitivos de propiedad con el fin de venderlos en un futuro.

Por otro lado, a primeros de diciembre de 1911, Mario Blasco se trasladó a la Argentina para hacer compañía a su padre y ayudarle en las colonias. Efectuó la travesía en el vapor *Balbanera,* aunque como demuestra la carta que el novelista envió a su esposa, realmente la partida del hijo estaba prevista para el 16 de noviembre en el buque *Barcelona.*[192] En numerosas ocasiones, Blasco Ibáñez había insistido a su esposa que dejase marchar a Mario a América, no solo para que le ayudase en su empresa, sino también para que prosperase y adquiriese formación.[193] Este deseo aparece plasmado, por ejemplo, en una de las cartas que le remitió desde Corrientes, en la que le explicaba que necesitaba gente de su confianza en sus empresas —y quién mejor que su hijo para ello—, además de considerar que, en unos años debería también ir Julio, pues, en definitiva, serían ellos quienes deberían hacerse cargo de los negocios:

No tomes a mal lo que voy a decirte, pues yo haré lo que tú quieras, pero creo que al finalizar el verano Mario, en vez de volver a Gibraltar, debía venirse aquí. Esto es una ciudad mucho mejor que Gibraltar, sin peligros de ninguna clase, con muy buena sociedad, y él completaría su educación y se iría imponiendo en los negocios. Hasta es seguro que, con el tiempo, siendo hijo mío, se casaría con una millonaria argentina […] Fíjate bien lo que voy a decirte. Yo necesito aquí personas de mi confianza, pues mis empresas son grandes

---

[191]   De Candamo, Bernardo G. «En casa de Blasco Ibáñez», *El Pueblo,* Valencia, 29-1-1911, p. 1. Cola, en una de sus crónicas, firmada el 20 de junio de 1911, y refiriéndose a la producción de Nueva Valencia señaló que en pocos años «España podrá contar con una ciudad nueva que abastecerá de productos agrícolas e industriales al viejo continente», véase: Cola, Julio. «De Nueva Valencia», *El Pueblo,* Valencia, p. 1.

[192]   «Mario Blasco», *El Pueblo,* Valencia, 4-12-1911, p. 1. En la carta enviada desde Corrientes en mayo de 1911, Blasco Ibáñez confesó que estaba muy solo y que le gustaría tener a su hijo Mario, véase: ACMBI, Epistolarios, carta de Vicente Blasco Ibáñez a María Blasco del Cacho, Corrientes, 30-5-1911. En otra carta de octubre de 1911 le explicaba a María la fecha y el lugar desde donde tenía que salir Mario y que no se preocupase porque iba recomendado al capitán y al médico del buque. Le pide que Julio César se aplique en sus estudios y que el año que viene viajase también a la Argentina, véase: ACMBI, Epistolarios, Carta de Vicente Blasco Ibáñez a María Blasco del Cacho, Buenos Aires, 20-10-1911.

[193]   En una misiva de septiembre de 1910 ya avisó a su esposa de la intención de traerse a Mario, ACMBI, Epistolarios, carta de Vicente Blasco Ibáñez a María Blasco del Cacho, Buenos Aires, 17-9-1910.

y necesito mucha gente que me recuerde y vigile [...] Mario debe venir ahora y Julio dentro de dos años. Así se capacitarán de los negocios, se prepararán para ser ricos y me reemplazarán, pues te advierto que yo solo trabajo para ellos y dentro de 4 o 5 años me retiraré para descansar, que bien lo necesito.[194]

Su idea era instalar a Mario en la ciudad de Corrientes para que esporádicamente acudiese a la colonia:

[...] Piénsalo bien. Yo no te digo de llevarlo a Río Negro que es un bonito país, aunque algo desierto y frío en el invierno. Yo lo quiero traer a vivir a la ciudad de Corrientes, donde vivirá con el gobernador y su señora, que no tienen hijos, con los ministros, y con muchos catedráticos amigos míos [...] Así podré yo vigilar mejor lo de Río Negro y cuando me vaya allá dejarme en Corrientes a mi hijo para que vigile, lleve las cuentas y, sobre todo, cobre y pague.[195]

Sin embargo, según se observa en la correspondencia posterior, se estableció primero en Río Negro:

Mario llegó bien. Después de pasar una semana conmigo en Buenos Aires viéndolo todo, vino conmigo a Río Negro y se ha quedado allí mientras yo despacho aquí el asunto del título definitivo. Está muy contento en Río Negro, donde ya monta a caballo [...] Allí se robustecerá pues vino algo desmejorado.[196]

Casi un año después, en 1912, llegó su hijo Julio en el buque alemán *Savoia*. De lo feliz que se encontraba en compañía de sus dos hijos daría cuenta a su esposa en otra carta fechada el 5 de octubre de 1912:

Estoy aquí hace algunos días en compañía de los chicos. No puedes figurarte lo bien que están Mario y Julio. Comen magníficamente y están todo el día a caballo [...] Para ellos es gran cosa haber venido aquí, pues se robustecen como jamás les habría robustecido gimnasia alguna.[197]

Había conseguido lo que tanto ansiaba: tener a sus dos hijos en la Argentina para darles un porvenir. Además, como se observa en uno de los textos anteriormente repro-

---

[194]   ACMBI, Epistolarios, carta de Vicente Blasco Ibáñez a María Blasco del Cacho, Corrientes, 30-5-1911.

[195]   *Idem.*

[196]   ACMBI, Epistolarios, carta de Vicente Blasco Ibáñez a Libertad Blasco y Fernando Llorca, Buenos Aires, 12-1-1912. En la carta enviada a su hija Libertad en junio de 1912, Blasco Ibáñez afirmó que no había podido ir a Corrientes a ver a Mario, lo que hace suponer que este ya se encontraba viviendo en aquella provincia, véase: ACMBI, Epistolarios, carta de Vicente Blasco Ibáñez a Libertad Blasco, Buenos Aires, 24-6-1912.

[197]   ACMBI, Epistolarios, carta de Vicente Blasco Ibáñez a María Blasco del Cacho, Corrientes, 5-10-1912. Respecto a la llegada de Julio también Serrano Clavero dejó constancia en un artículo, véase: Serrano Clavero, Venancio. «Un día con Blasco Ibáñez», *El Pueblo,* Valencia, 11-10-1912, p. 1.

ducidos, tenía la idea de retirarse a lo sumo en cinco años después de haber hecho un capital y regresar a Europa, aunque, a tenor de una de las cartas que envió a su amante, ese regreso no sería para vivir con su esposa, sino con Elena Ortúzar. Pero entretanto, debería realizar viajes frecuentes, razón por la cual, en mayo de 1912, justo acabado de regresar de uno de esos viajes, escribió a Elena para plantearle la posibilidad de vivir juntos durante los meses que permaneciese en París.[198]

Al margen de estos asuntos de carácter personal, a juzgar por las cartas enviadas a sus familiares y amigos entre 1911 y 1912, las colonias parecían prosperar y el entusiasmo de Blasco Ibáñez era palpable en cada una de ellas, a pesar de que afirmaba que tenía que trabajar como «un condenado».[199] Por aquellos años, decía que ya se habían terminado las obras más importantes en Río Negro y que ya subía el agua para los cultivos.[200] Agregaba que se iba a instalar una estación de ferrocarril y que pronto se comenzaría a edificar el pueblo. De hecho, ya había solicitado más de 300 solares, con lo que, de alguna manera, se había convertido, en «una especie de señor feudal»,[201] ya que las tierras, donde ya se sembraba alfalfa y pronto se empezaría con la viticultura, se habían revalorizado en unos dos o tres millones de pesetas.[202]

Respecto a la siembra, según comunicó a su hija Libertad, resultaba necesario encontrar a una persona de confianza que entendiera en el asunto de las viñas y del vino.[203] Por ello, le pedía que localizase a Francisco Merenciano —un pintor discípulo de Sorolla—, quien tenía estos conocimientos, añadiendo que, además de conseguirle trabajo como dibujante en *Caras y Caretas* o *Fray Mocho,* podía emplearlo en sus tierras e, incluso, convertirlo en su socio en un futuro:

> Yo necesito un hombre de mi confianza. Merenciano tiene nociones de viña, fabricación del vino etc. Además, yo lo enviaría un mes a Mendoza pues es el principal centro vinícola

---

[198]   MuVIM, carta de Vicente Blasco Ibáñez a Elena Ortúzar, Buenos Aires, 28-5-1912: «[…] nos conviene tener casa propia pues yo voy a ir con frecuencia. Como este me interesa yo leo los anuncios de *Le Journal,* pues recibo aquí este diario y lo leo pensando que lo lees también, y en estos anuncios veo que hay muchas casitas como las que queremos a 1500 francos al año, que es lo que convendría […] El adorno se lo haríamos nosotros; de muebles y papel de paredes y quedaría muy bonita. Nos divertiríamos haciendo el nido a nuestro gusto y tendríamos allí nuestras cosas, y cuando yo tuviera que volverme aquí no me vería obligado a llevármelo todo».

[199]   ACMBI, Epistolarios, carta de Vicente Blasco Ibáñez a Fernando Llorca, Buenos Aires, 10-2-1912.

[200]   ACMBI, Epistolarios, carta de Vicente Blasco Ibáñez a Libertad Blasco y Fernando Llorca, Buenos Aires, 12-1-1912. En febrero de 1912 Blasco Ibáñez envió una carta a Sempere en la que confirmaba la buena marcha de sus negocios y que ya subía el agua con máquinas en Río Negro refiriéndose a ella como «obra grandiosa». También indicó que el próximo año tendría cosecha y «tocaría dinero», véase: Herráez, 1999, pp. 68-69.

[201]   ACMBI, Epistolarios, carta de Vicente Blasco Ibáñez a Libertad Blasco, Buenos Aires, 24-6-1912.

[202]   ACMBI, Epistolarios, carta de Vicente Blasco Ibáñez a Fernando Llorca, Buenos Aires, 10-2-1912.

[203]   ACMBI, Epistolarios, carta de Vicente Blasco Ibáñez a Libertad Blasco, Buenos Aires, 24-6-1912. Justificaba que necesitaba a alguien que se encargase de esto en Río Negro porque Navarro «no entiende una palabra de agricultura y de viña».

de aquí, cerca de unos amigos franceses para que aprendiera todos los procedimientos. Por el momento le daría 400 pesos al mes, comida, casa magnífica, pues voy a construir en Cervantes un chalet y hotelito igual al de los alrededores de París.[204]

La idea era construir bodegas y talleres de tonelería cuando las viñas produjesen para seguir aumentando sus negocios y hacerse ricos,[205] por lo que, a través de su hija, solicitaba que Merenciano contestase a su propuesta porque, en el caso de rechazarla, recurriría a un francés que le estaba haciendo proposiciones en esta dirección.

Blasco Ibáñez había invertido mucho dinero en Río Negro, más de un millón de pesetas de la época.[206] Necesitó de un crédito de 30 000 pesos, que le fue concedido por su amigo Braulio Bilbao, para hacer frente a los primeros gastos de destroncamiento. Más tarde, pudo cancelarlo mediante una hipoteca en el Banco de la Nación y con el sobrante emprendió los trabajos en Nueva Valencia.[207] Tal y como había comunicado a su hija y su yerno, necesitaba urgentemente dinero,[208] entre otras cosas, para viajar a Europa y tratar ciertos asuntos financieros, por lo que muy expresivamente, en febrero de 1912 les comunicaba: «Estoy reventado de tanto trabajar y sufrir y necesito descanso. Además, me conviene ir a París para tratar con Coelho de futuros empréstitos para este negocio y otros».[209]

Las cosas en Corrientes —solo acudía a Río Negro para supervisar la colonia— parecían ir muy bien. Los negocios en esta provincia eran cada vez mayores y no podía encargarse de todos ellos solo. Por esa razón, cuando regresó de uno de sus viajes por Europa, junto con unos banqueros españoles que aportaban al negocio millón y medio de pesos, constituyó una sociedad anónima que giraba bajo el nombre de «Fomento Agrario de Corrientes». A cambio del capital, había dado a sus socios «más parte en el negocio» aunque, para tranquilidad de sus familiares, él seguía conservando la mayoría.[210] Justificaba esta operación ante su hija explicándole que ese capital le permitiría trabajar más deprisa para iniciar otros negocios como el relacionado con los ferrocarriles secundarios que estaban proyectándose: «la Sociedad como dispone de medios va a adquirir nuevas

---

[204] *Idem*. Según Blasco Ibáñez había escrito a Merenciano dos cartas desde Lisboa, justo cuando regresaba de su viaje a Europa, y no había recibido respuesta. La proposición que tiene para él creía que sería sumamente beneficiosa: «no se le presentará mejor ocasión para emprender un nuevo rumbo en la vida». En esta carta también aprovechó para indicar a su hija que le había enviado dinero para que hiciese alguna excursión.

[205] *Idem*.

[206] ACMBI, Epistolarios, carta de Vicente Blasco Ibáñez a Libertad Blasco y Fernando Llorca, Buenos Aires, 12-1-1912.

[207] Cola, s. f., p. 86.

[208] ACMBI, Epistolarios, carta de Vicente Blasco Ibáñez a Libertad Blasco y Fernando Llorca, Buenos Aires, 12-1-1912.

[209] ACMBI, Epistolarios, carta de Vicente Blasco Ibáñez a Fernando Llorca, Buenos Aires, 10-2-1912.

[210] ACMBI, Epistolarios, carta de Vicente Blasco Ibáñez a Libertad Blasco, Buenos Aires, 24-6-1912. Según indicaba Bonastre, Blasco Ibáñez contrató una sociedad cediendo la mitad «indivisa» de sus derechos y del patrimonio de la colonia. Dicha transferencia fue aprobada en noviembre de 1912 por el gobierno provincial, véase: Bonastre, 1975, p. 54.

tierras y el año próximo emprenderá con el gobierno de la provincia la construcción de algunos ferrocarriles secundarios de los que seré yo gerente».[211]

Si las cartas de estos primeros años mostraban el entusiasmo de Blasco Ibáñez y la prosperidad de las colonias, el diario *El Pueblo* hacía lo mismo mediante sus publicaciones que, entre 1911 y 1912, informaban puntualmente acerca de los avances en Nueva Valencia y Cervantes.[212] Sin embargo, las cosas no iban tal y como el diario valenciano afirmaba. La empresa, que ya había mostrado enormes dificultades desde el principio, comenzó a desmoronarse. A partir de 1913, la situación se volvió cada vez más angustiosa: no había beneficios y sí muchos gastos, y tampoco se conseguían los créditos necesarios. Llegó a tal extremo que tuvo que reducir la cantidad de dinero que enviaba a su esposa.[213] Además, como se ha señalado, tuvo que soportar una importante campaña en contra de su actividad colonizadora por parte de la prensa opositora —especialmente en Corrientes y de algún diario español— que también debió desgastarle porque en reiteradas ocasiones se vio obligado a justificar sus acciones, de ahí que en ciertas misivas de 1912 confesase a sus familiares que estaba cansado.[214]

Precisamente, ese mismo año, viajará dos veces a Europa —en marzo y en noviembre— en búsqueda de financiación para poder hacer frente a los pagos y a los nuevos negocios, como la creación de bodegas, pero también para promocionar su vuelta a la escritura. Podríamos decir que aquí comienza «el regreso» del Blasco Ibáñez literato, aunque durante un tiempo se viese obligado a compaginar ambas actividades que —como ya había afirmado en 1910— no eran excluyentes. Evidentemente las circunstancias eran distintas a las de aquel momento, pero, si quería volver a hacer de la literatura su medio de vida debía gestionar de la mejor manera posible sus asuntos económicos en Argentina y a la vez escribir novelas que le permitiesen entrar de nuevo en el mercado editorial. Por todo ello, ya desde 1912, en las entrevistas concedidas a los diferentes medios, no solo se dedicó a promocionar sus colonias —de las que se dirá que son sus mejores novelas—,[215] sino también su futura producción literaria. La vuelta a la política seguía estando completamente descartada. En eso sí que se mantuvo firme desde que decidió renunciar a su acta de diputado en 1907.[216]

---

[211] ACMBI, Epistolarios, carta de Vicente Blasco Ibáñez a Libertad Blasco, Buenos Aires, 24-6-1912.

[212] *El Pueblo*, 26-8-1911, 2-9-1911, 5-9-1911 y 11-10-1912. No habrá más publicaciones acerca de la labor de Blasco Ibáñez en Argentina hasta marzo de 1913.

[213] María recibía 1000 pesetas, 500 las enviaba Blasco Ibáñez y 500 Julio. En mayo de 1913 Blasco Ibáñez envió una carta donde afirmaba que desde el próximo mes tan solo podría enviarle 250, véanse: ACMBI, Epistolarios, carta de Vicente Blasco Ibáñez a María Blasco del Cacho, Corrientes, 5-10-1912 y carta de Vicente Blasco Ibáñez a María Blasco del Cacho, Buenos Aires, 16-5-1913.

[214] En octubre de 1911 trasladó a su mujer que no podía «con su alma de tanto trabajar», véase: ACMBI, Epistolarios, carta de Vicente Blasco Ibáñez a María Blasco del Cacho, Buenos Aires, 20-10-1911.

[215] «Blasco Ibáñez», *El Liberal*, Madrid, 1-4-1912, p. 1.

[216] En 1912 el diario *El País* realizó una entrevista a Blasco Ibáñez a bordo del trasatlántico *Infanta Isabel* en la que confirmó: «No quiero saber nada de política, absolutamente nada», véase: «Blasco Ibáñez», *El País,* Madrid, 24-11-1912, p. 1. En 1913 volvió a ser preguntado reafirmando: «Estoy apartado por completo de ella. Si me pidiese un juicio sobre los últimos acontecimientos ocurridos en España

FRACASO DE LA EXPERIENCIA Y RETORNO A LA ACTIVIDAD LITERARIA

Entre 1911 y 1912 luchó incansablemente por sacar sus empresas adelante, pero las dificultades económicas, sobre todo en Río Negro, se hacían insostenibles. Ya en septiembre de 1911, *El Pueblo* publicaba una entrevista donde afirmaba que había hecho un mal negocio con la compra de las tierras porque, a su juicio, quien verdaderamente había salido beneficiado de este asunto era el gobierno. Los obstáculos con los que se fue encontrando dieron lugar a un discurso más crítico hacia el gobierno, al que comenzó a responsabilizar de sus problemas.[217] Blasco Ibáñez, que se sentía engañado y en cierto modo abandonado —sentimientos que irían en aumento según iba viendo que no lograba sus objetivos— no perdía sin embargo la esperanza y decidió viajar en marzo de 1912 a París y Madrid en busca de financiación para sus colonias.[218]

En mayo pasó fugazmente por Valencia —de hecho, *El Pueblo* señaló que viajaba de incógnito acompañado de Fernando Llorca—,[219] donde se instaló en la casa de Sempere y allí fue visitado por distintos amigos con los que habló de literatura. Aunque no se especifica de qué exactamente, a tenor de la entrevista que un mes antes había concedido al *Paris Journal* en la que precisamente afirmaba que dentro de un año volvería a escribir para publicar cuatro libros acerca de la «vida sur americana», cabe suponer que expuso sus nuevos proyectos en este campo. Parte de los presentes, si no todos, ya debían conocerlos porque en la visita que realizó a Valencia en 1911 ya había expresado que iba a escribir tres novelas.[220]

En la entrevista al diario francés, se aventuró, incluso, a ofrecer títulos y argumentos de sus próximas novelas, que ahora serían cuatro. La primera, que se titularía *El Arca de Noé*, serviría de prólogo a las siguientes y trataría el tema de las ilusiones de los emigrantes a bordo de un trasatlántico.[221] Por el argumento se deduce que esta fue la que posteriormente tituló *Los argonautas* y, como se verá, fue la primera novela que comenzó

---

no podría dárselo», véase: Bravo, Emilio. «Hablando con Blasco Ibáñez», *El Pueblo*, Valencia, 26-3-1913, p. 1. Sin embargo, será un artículo publicado en el diario *Las Provincias* en 1914 el que indicó que, según medios locales, un familiar de Blasco Ibáñez —se apuntaba a su yerno— señaló una posible vuelta del novelista a la política activa, véase: Mustieles, Jacint María. «Un político, un artista y un barbero», *Las Provincias*, Valencia, 30-10-1914, p. 1.

[217]   «Blasco Ibáñez en América, *El Pueblo*, Valencia, 11-9-1911, p. 1. La entrevista en la que concedió estas declaraciones fue realizada por un redactor de *La Gaceta de Buenos Aires*. Véase: San Martín Molina, 2017, pp. 176-180.

[218]   En febrero de 1912 escribió una carta a su yerno en la que le informaba de que estaba haciendo todo lo posible para embarcarse el 5 de marzo en el *Cap Finisterre* y que podría estar en París el día 22, ACMBI, Epistolarios, carta de Vicente Blasco Ibáñez a Fernando Llorca, Buenos Aires, 10-2-1912. Martínez de Sánchez, 1994, p. 126, señala que cuando Blasco Ibáñez viajó a Europa dejó a su hijo Mario como administrador en la colonia Cervantes. Sin embargo, Cola, s. f., p. 88 recogió que Blasco Ibáñez llamó a Mario para que se trasladase a Nueva Valencia y que esto causó un «excelente efecto» en la opinión correntina.

[219]   «Blasco Ibáñez en Valencia», *El Pueblo*, Valencia, 3-5-1912, p. 1.

[220]   «Blasco Ibáñez en el Ayuntamiento», *El Pueblo*, Valencia, 21-2-1911, p. 1.

[221]   «Blasco Ibáñez», *El Liberal*, Madrid, 1-4-1912, p. 2.

a escribir estando en Argentina.[222] La segunda obra que tenía en mente llevaría el título de *Babel* y en ella pretendía describir la «mescolanza de razas», característica de Buenos Aires. De la tercera, *La tierra de todos,* afirmaría que sería «el cuadro de la campiña, de la verdadera Argentina» y según Julio Cola, estaba inspirada en la Colonia Cervantes.[223] Por último, la cuarta novela, *Los murmullos de la selva,* estaría ambientada en Corrientes y según indicaba el propio novelista sería la que más interesaría en París.[224]

El hecho de que a la altura de mayo de 1912 ya ofreciese una serie de títulos y argumentos indica que, sin duda, Blasco Ibáñez tenía muy claro que debía volver a su verdadero oficio. Y como buen escritor-editor —no debe olvidarse que aunaba ambas tareas, como se aprecia en las cartas que envió a Fernando Llorca en 1912 y 1913—,[225] comenzó a publicitar una vuelta a las letras que definitivamente se precipitó al ir viendo la evolución de sus colonias agrícolas.

En una entrevista concedida a *El Diario Español,* publicada en mayo de 1912, justificaba este regreso a las letras afirmando: «El demonio de la literatura no abandona jamás a los que la poseen. Escribiré en los momentos de reposo de mi vida colonial, en el agreste rancho de Nueva Valencia».[226] A esta aseveración agregaba que las novelas que pretendía escribir serían un nuevo género en las que habría mucho de su propia existencia,[227] y que lo haría cuando sus negocios estuviesen encaminados y estables. Sin embargo, la realidad fue que tuvo que comenzar a escribir en una situación de completa inestabilidad.

Después de permanecer en Europa dos meses, en mayo, embarcó en Lisboa de regreso a la Argentina aparentemente sin ninguna solución a sus problemas económicos, aunque con nuevas ideas.[228] No había obtenido los créditos necesarios en Europa porque algunos de los amigos y defensores de su proyecto colonizador comenzaron a poner en

---

[222] La novela *Los argonautas* relata una travesía en trasatlántico a principios del siglo xx de Europa a Argentina. Según indica Sánchez Samblás, es marcadamente autobiográfica y fuertemente descriptiva; además muestra fielmente la variopinta emigración hacia la Argentina en relación con intereses, clases sociales y nacionalidades, véase: Sánchez Samblás, 2014, pp. 131-146. La autora a lo largo de su trabajo expone, utilizando fragmentos de la propia obra, como Blasco Ibáñez muestra los dos discursos indispensables para las relaciones España-Argentina de principios del siglo xx.

[223] Cola, s. f., p. 72. Según indica Sánchez Samblás, 2009, pp. 167-168, el novelista utilizó el material recopilado en *Argentina y sus grandezas* para elaborarla. Con ella ejecutó el denominado «drama del criollo», un tema narrativo pampeano de principios de la década del siglo xx.

[224] «Blasco Ibáñez», *El Liberal,* Madrid, 1-4-1912, p. 2. Según el artículo de Gaspar Bonastre, su padre le había confesado que Blasco Ibáñez pensaba introducir en esta novela episodios enfocando las creencias y supersticiones de los correntinos, véase: Bonastre, 1975, p. 56.

[225] Las cartas referidas son: ACMBI, Epistolarios, carta de Vicente Blasco Ibáñez a Libertad Blasco y Fernando Llorca, Buenos Aires, 12-1-1912; ACMBI, Epistolarios, carta de Vicente Blasco Ibáñez a Fernando Llorca, Buenos Aires, 30-7-1913.

[226] Estas declaraciones fueron publicadas por *El Diario Español* de Buenos Aires el 30 de mayo de 1912 y por *El Pueblo* el 26 de junio.

[227] Cuando el novelista se despidió señaló que su pretensión era que la novela más interesante fuese su propia vida, véase: «Blasco Ibáñez», *El Pueblo,* Valencia, 23-6-1912, p. 1.

[228] El 3 de mayo Blasco Ibáñez se trasladó a Madrid con Llorca donde tan solo permaneció un día y desde allí se trasladó a Lisboa. Según una noticia de *El Pueblo* en Lisboa los amigos de Blasco Ibáñez le preguntaron sobre una vuelta a la literatura, a lo que respondió que tenía en preparación un «reflejo

duda su éxito y decidieron no arriesgar. Las colonias parecían abocadas al fracaso, pero, aun así, al regresar a Buenos Aires, Blasco Ibáñez se asoció con el banquero español Máximo Ruiz Díaz, cuyo nombre aparece por primera vez en la carta que remitió a su esposa el 5 de octubre de 1912 para comentarle que pretendía viajar de nuevo a Europa cuando le aprobasen un proyecto que ambos habían presentado al gobierno correntino.[229]

Finalmente, no viajó hasta noviembre y como en la anterior ocasión aprovechó para publicitar su inminente producción literaria.[230] A bordo del trasatlántico *Infanta Isabel* concedió una entrevista al periodista Rafael García para *El País* en la que manifestó que, con el producto obtenido de las labores agrícolas de Río Negro y Corrientes, que le harían millonario, se proponía «pensionar» a varios literatos españoles para que realizasen estudios en el extranjero.[231] Sus afirmaciones contrastan con la situación real de las colonias, donde todo eran problemas. Sin embargo, parecía convencido, o al menos así lo quería transmitir, de que llegaría a enriquecerse lo bastante como para acometer esa labor filantrópica.

Tras esa estancia europea en la que creyó haber encontrado solución a sus problemas, a su regreso a la Argentina surgieron otros que, a su juicio, estaban relacionados con la propia situación del país. Ese año de 1913 fue crucial y, según muestran cartas enviadas a sus familiares entre los meses de marzo y julio de 1913, ya no puede ocultar más los problemas económicos. Estaba realmente desesperado y cansado, pero, aun así, se encontraba inmerso en acabar su nueva novela, *Los argonautas,* que se convertiría en un halo de esperanza. La primera de las cartas mencionadas fue la que envió a su hija en marzo de 1913 indicándole que estaba trabajando muchísimo. Y aunque no lo expresaba con toda claridad, dejaba caer que algo no iba bien. Sin embargo, en ese momento no debía tener pensado abandonar el país ni que tampoco sus hijos lo hicieran, a tenor de los proyectos que exponía:

> Estoy esperando a que venga Julio de Corrientes para ingresarlo en la Escuela de Agricultura de La Plata que es como en Madrid la Escuela de la Moncloa. En cuatro años si se aplica podrá ser ingeniero agrónomo. Mario ha estado estos días conmigo y se va a Río Negro.[232]

---

fiel de cuanto ha visto y observado en tierras argentinas», véase: «Blasco Ibáñez», *El Pueblo,* Valencia, 9-5-1912, p. 3.

[229] ACMBI, Epistolarios, carta de Vicente Blasco Ibáñez a María Blasco del Cacho, Corrientes, 5-10-1912. Ruiz Díaz se convirtió en mandatario del novelista, lo que implicó libertad de acción. Según Bonastre, 1975, p. 54, esta asociación se produjo en octubre de 1912 y fue «el punto de partida» de las desgracias de Blasco Ibáñez. Más drástico sería Mogorot Solanes, que afirmó que la elección del banquero como socio fue «la causa del fracaso de Blasco como colonizador», véase: Mogorot Solanes, Felipe, «Blasco Ibáñez Colonizador», *Caras y Caretas,* Buenos Aires, 28-8-1938, p. 114.

[230] Algunos de los diarios como *El Heraldo de Madrid, Las Provincias, El Liberal* o *El País* aludieron a su llegada a España y a su paso por París. Respecto a su paso por Valencia los dos diarios enfrentados, *El Diario de Valencia* y *El Pueblo* ofrecieron sus distintas versiones. El primero, en una nota del 17 de enero de 1913, indicó que Blasco Ibáñez había llegado a Valencia y que nadie acudió a su recibimiento. Al día siguiente *El Pueblo* desmintió que Blasco Ibáñez se encontrase en Valencia, estaba en París. Acusó a la prensa enemiga de desinformación y falsedad.

[231] «Blasco Ibáñez», *El País,* Madrid, 24-11-1912, p. 1.

[232] ACMBI, Epistolarios, carta de Vicente Blasco Ibáñez a Libertad Blasco, Buenos Aires, 17-3-1913.

Por su parte, en la carta enviada a su esposa María en mayo de 1913, comentaba todos los problemas que tenía más abiertamente, en buena medida porque tenía que justificar la reducción de la cantidad de dinero que le enviaba y, en definitiva, terminaba por confesar que sus negocios se encontraban estancados:

Mira: mis negocios no es que marchen mal, pero se han estancado y el país pasa por una crisis. Además, yo debo mucho a mis negocios, y los chicos me cuestan dinero. Total, que me veo obligado a hacer economías y que desde el próximo mes en vez de enviarte 500 ptas. solo podré enviarte 250, o sea 50 duros. Créeme que lo siento con toda mi alma y que es como si me lo quitase yo de la boca, pero no puede ser de otro modo.[233]

Esta situación le había llevado a tener una vida de lo más económica y como prueba de ello comentaba en su carta:

Yo llevo una vida de lo más económica: he suprimido el vino en la comida porque aquí es muy caro, o fumo de lo peor. Esto solo será una temporada. […] Tanto necesito de dinero que me he puesto a escribir y estoy trabajando continuamente en la novela *Los argonautas* que terminaré en Julio […] Estoy trabajando mucho. Como estoy solo no hago más que escribir, mañana, tarde y noche. Por fortuna estoy fuerte y animoso.[234]

Ese estado de ánimo que en principio revela que no tenía intención de abandonar Argentina —en una entrevista concedida al diario *El Pueblo* Blasco Ibáñez llegó a declarar: «Si la patria no necesita de mí, aquí estaré y aquí espero que me entierren»—[235] fue cambiando con el paso de los meses subsiguientes, pues en julio de 1913 ya tenía decidido que debía fijar su residencia en París. Sin embargo, antes de tomar esa determinación envió una carta a su yerno Fernando Llorca en junio de 1913 en la que se mostraba más explícito respecto a los problemas:

La Argentina empieza a marchar mal: hay poco dinero como consecuencia de los asuntos de Europa, quiebran algunos bancos y todo aconseja la conveniencia de ponerse a cubierto oportunamente. Ruiz Díaz, mi consocio en el negocio de Corrientes ha quebrado, o

---

[233] ACMBI, Epistolarios, carta de Vicente Blasco Ibáñez a María Blasco del Cacho, Buenos Aires, 16-5-1913. También señaló su intención de escribir a Sempere para ponerle al tanto de la situación porque consideraba que la cantidad entregada no era suficiente. A la mencionada crisis también aludirá Bonastre en su artículo señalando que, a finales de 1912 y principios de 1913, una fuerte depresión económica azotó la Argentina, véase: Bonastre, 1975, p. 54.

[234] ACMBI, Epistolarios, carta de Vicente Blasco Ibáñez a María Blasco del Cacho, Buenos Aires, 16-5-1913. Ese mismo día envió una carta a Sempere en la que, tras mostrar su malestar por no recibir contestación a una carta anterior, le informó de que estaba trabajando en una nueva obra y de sus intenciones futuras, véase: Herráez, 1999, pp. 69-70.

[235] Bravo, Emilio. «Hablando con Blasco Ibáñez», *El Pueblo,* Valencia, 26-3-1913, p. 1. La entrevista fue publicada el 15 de febrero por la revista argentina *Vida Española.*

más bien ha quebrado el Banco Popular Español del que era gerente director, pillándome en la quiebra algún dinero.[236]

La quiebra del Banco Popular Español lo había llevado a poner todo a nombre de Llorca, al que pedía que le enviara un poder para realizar determinadas operaciones financieras porque, según relata, le convenía quedar sin ningún tipo de responsabilidad en el país:

A mí me conviene quedar irresponsable para el porvenir, poniendo todo lo que tengo aquí a nombre de Ud., y si compro algo nuevo con el dinero que tengo, comprarlo a nombre de Ud. Por de pronto, en la venta de lo de Río Negro todo lo que queda a pagar a plazos y que es más de 60 000 duros, o sea 150 000 pesos argentinos, lo he puesto a nombre de Ud. y se cobrará a fines del año próximo.[237]

El texto de la carta es fiel reflejo de la desesperación:

necesito inmediatamente pero inmediatamente, sin perder una hora ni un minuto, un poder de Ud. a mí, amplio y completo autorizándome para comprar y vender a nombre suyo, hipotecar, dar cantidades a préstamo, cobrar alquileres o intereses, dar recibos y cartas de pago, administrar, etc.; en fin, el poder más completo que exista.[238]

En esta misiva a su yerno, al que también comunicaba sus progresos en la novela que estaba redactando, daba instrucciones de cómo proceder insistiendo en que el trámite solicitado se realizase lo antes posible, pues corrían el peligro de quedarse sin nada,[239] Era normal que manifestase cierta inquietud, el Banco de la provincia de Corrientes no disponía de fondos desde agosto de 1912 y la situación se fue agravando hasta que en 1913 se hizo insalvable. De hecho, bastantes años más tarde, en 1924, en una carta enviada al jurisconsulto Enrique Gotarredona —a través de la cual le pediría ayuda para solucionar un asunto pendiente en la Argentina— llegó a confesar:

Debo decir que tuve la desgracia de unir mi suerte a la de un banco que hizo quiebra en 1913, el Banco Popular Español de Buenos Aires. Me junté con estos compatriotas como socios capitalistas, y al quebrar ellos como banqueros me arrastraron en su quiebra. Perdí cuanto dinero tenía en dicho banco; esto como particular. Como además era yo gerente y director de la colonia que explotábamos, firmaba los pagarés de las máquinas que recibíamos, herramientas, etc., de lo que resultó que, además de haber perdido toda mi fortuna,

---

[236] ACMBI, Epistolarios, carta de Vicente Blasco Ibáñez a Fernando Llorca, Buenos Aires, 14-6-1913.
[237] *Idem.*
[238] *Idem.*
[239] Pidió que el trámite lo realizase en un notario de Madrid y que dichos poderes fueran delegables. Llorca debía legalizar una copia y visarla en el Consulado Argentino para posteriormente enviársela por cablegrama diferido.

me encontré con numerosos pagarés suscritos por mí únicamente, y que eran objetos de la citada colonia. Todo esto fue en 1913 y principios de 1914.[240]

Acusaba a Ruiz Díaz, como gerente del Banco Popular Español de Buenos Aires, de ser el culpable de la quiebra de la entidad. Por su parte, Reig recoge en su trabajo la versión de los hijos del novelista —Mario y Julio—, quienes en una carta a Francisco Sempere también sostenían esta acusación, aunque tampoco eludían la parte de responsabilidad que le tocaba a su padre en la gestión del asunto.[241]

Nuevos sucesos vinieron a consolidar la desazón experimentada, las elecciones a gobernador fueron ganadas por Mariano Indalecio Loza, un opositor directo de Vidal. Los «amigos políticos» de Blasco Ibáñez, partidarios de la llegada de inversiones y mano de obra extranjera, habían sido derrotados.[242] Las dificultades cada vez eran mayores y el gobierno de Loza mostró su rechazo a las acciones llevadas por su predecesor. El gobierno correntino también entró en crisis y el ministro de Gobierno, Manuel Mora y Araújo fue sustituido por Evaristo Pérez Virasoro, contrario a la obra de Nueva Valencia.[243] Cola se referirá al nuevo ministro de gobierno como «caudillejo brusco y mal intencionado» afirmando que le advirtió de sus propósitos.[244] Los ataques a Blasco Ibáñez y a su obra colonizadora a través de la prensa se hicieron continuos y ni siquiera Cola podía ya defenderlo.

En la última de las cartas analizadas, la más extensa, con fecha de julio de 1913 y enviada también a su yerno, se observa cómo daba por imposible la salvación de sus colonias y comenzaba a centrarse en nuevos proyectos relacionados con la literatura:

Estoy cansado de la vida que llevo aquí. Este es un país de fluctuaciones y acabo de verme a dos dedos de la ruina. Por fortuna me he salvado; algo mal y con pérdidas, pero me he salvado. Además, esta es una vida de bruto indigna de mí. Mis nietos, no mis hijos, serían ricos, pero con un sacrificio de mi parte que no vale la pena. Me han vuelto las ganas de escribir; este avatar de mi vida no ha sido inútil, pues he visto lo que ningún escritor español y puedo hacer lo que ninguno hará.[245]

---

[240]   Blasco-Ibáñez Blasco, 2016, pp. 265-269.

[241]   «Nuestro padre, con esa irreflexión que es tan peculiar en él, hizo un contrato con el Sr. Ruiz Díaz. Este señor se comprometió a llevar adelante la colonia, pero hoy, gracias a ciertos negocios sucios, ha quebrado y está en la cárcel, de donde no saldrá en mucho tiempo», véase: Reig, 2002, p. 162. El autor no ofrece la fecha de la misiva.

[242]   Millán, 2011, p. 11.

[243]   Cola, s. f., p. 98; Martínez de Sánchez, 1994, p. 129.

[244]   Cola señaló que quedaron al descubierto las prácticas de Pérez Virasoro con la distribución de las ayudas económicas: «[…] el Gobierno había hecho un empréstito de dos millones de pesos oro para destinarlo a la colonización indígena y extranjera, y que éste se había invertido, casi la totalidad, en derrames a colonos indígenas, indebidamente justificados, y, en cambio, nada se había hecho para crear colonias extranjeras… De ahí que, al apresurarse a ofrecer a Blasco ayuda económica, fue con el fin de justificar la inversión de los pocos fondos que quedaban destinados a ese extremo», véase: Cola, s. f., pp. 98-101.

[245]   ACMBI, Epistolarios, carta de Vicente Blasco Ibáñez a Fernando Llorca, Buenos Aires, 30-7-1913.

A lo largo de esta misma epístola, explicaba que tenía pensadas veinte novelas que le «valdrán la gratitud nacional», que le proporcionarían la «inmortalidad», pues con ellas estaría prestando un gran servicio a España, aparte del interés que concitarían en las repúblicas americanas, pues había ideado, además de las obras referidas a la Argentina, redactar tres sobre Chile, otras tantas sobre Perú y dos más de Bolivia. Con este ambicioso ciclo novelístico, como indica Sánchez Samblás, pretendía «ejecutar la utopía americanista» de reconquistar el continente a través del discurso y la historia común y, concretamente como la novela *Los argonautas,* «restaurar el crédito de la Conquista», una de las principales tareas del hispanoamericanismo.[246]

No cabe duda de que con este proyecto volvía de alguna manera a una de sus ideas iniciales cuando planificó el viaje a América en 1909. Entonces quería recorrer las distintas repúblicas con el objetivo de escribir sobre ellas y de hecho así lo explicitaba en la carta a la que venimos aludiendo: «iré recorriendo toda América, que fue mi primitivo plan al emprender el primer viaje a Buenos Aires».[247] Y es también aquí donde señala que para poder elaborar esta «obra colosal», debería trasladarse a vivir a París. Su intención era hacerlo a finales de agosto o principios de septiembre de 1913 y poder dedicarse exclusivamente a escribir, aunque tuviese que realizar algunos viajes a América para documentarse, pero lo haría ya desde una vida «civilizada» donde pudiera relacionarse con «gentes que valgan la pena». Como puede observarse, estas palabras difieren notablemente de las pronunciadas cuatro meses antes cuando afirmaba que quería ser enterrado en Argentina.[248] Por tanto, a finales de julio, ya manifestaba abiertamente su deseo de abandonar el país, idea que muy probablemente, dadas las circunstancias y a pesar de la entrevista, comenzase a barajar a principios de año influyendo notablemente en la decisión su segundo viaje a Europa en búsqueda de financiación.

Otro de los puntos relevantes de este documento es que propone a Llorca fundar una nueva casa editorial explicándole su plan al respecto. La idea estaba fundamentada en el hecho de que La Editorial Española-Americana, creada en 1906 y gestionada por Llorca, editaba desde 1908 los volúmenes de *Novísima Historia Universal,* cuyas traducciones estaban realizadas por el propio Blasco Ibáñez que, según el epistolario que venimos siguiendo, seguía estando muy atento a sus negocios editoriales.[249] Sin embargo, la competitividad existente en el mercado hacía necesario introducir ciertos cambios que hiciesen más atractiva, no solo esta producción, sino también la propia editorial. Así, en su carta

---

[246] Sánchez Samblás, 2014, p. 133 y 137. Sales Dasí, 2001, pp. 57-92, en su trabajo compara algunos de los fragmentos de las conferencias de Blasco Ibáñez con lo expuesto posteriormente en la novela *Los argonautas.* También aborda lo que ha denominado «españolismo blasquiano». Hubo que esperar hasta mayo de 1914 para que *El Pueblo* mencionase la novela *Los argonautas* y el 25 de mayo se ofreció un fragmento. Días más tarde, el 29 de junio de 1914, se describió el libro y se informó que se había comenzado a publicar en el folletín del *Diario Español* de Buenos Aires.

[247] ACMBI, Epistolarios, carta de Vicente Blasco Ibáñez a Fernando Llorca, Buenos Aires, 30-7-1913.

[248] Bravo, Emilio. «Hablando con Blasco Ibáñez», *El Pueblo,* Valencia, 25-3-1913, p. 1.

[249] ACMBI, Epistolarios, carta de Vicente Blasco Ibáñez a Libertad Blasco y Fernando Llorca, Buenos Aires, 12-1-1912.

a Llorca, le comunicaba que había visto publicado en el diario *La Nación* la *Historia* de Sopena. Agregaba que al tratarse de historia inglesa en tiempos modernos no creía que pudiese afectar a la que ellos estaban produciendo, pero también le ponía en alerta de la necesidad de completar lo más rápidamente posible su propia colección y, sobre todo, trabajar la idea de crear una nueva casa editorial que fuese popular entre los libreros:

> Ud. debe pensar qué es lo que necesita para llevar adelante la *Historia,* de modo que quede completa cuanto antes, pues entonces es cuando la casa será casa. Claro está que no será necesario lo que Ud. me dice en su carta de 50 000 duros (yo no tengo tantos) y es lógico que los tomos, al aparecer seguidos y con frecuencia, den una parte importante para contestar algo de los siguientes. Además una casa con solo una publicación —aunque sea importante como lo es la *Historia*— lleva una vida lánguida y no suena ni tiene movimiento, ni se populariza entre los libreros. Hay que pensar que con 18 000 ptas. que cuesta un tomo de la *Historia* se pueden hacer 18 volúmenes que son 18 títulos y dan movimiento comercial, que es lo que le falta a la casa de Madrid. Por esto debe Ud. pensar que no solo hay que hacer la *Historia*, sino al mismo tiempo volúmenes de 1 pta., de 2 y de 3´50, o sea novelas importantes [...] Yo creo que volúmenes a esos precios con cubiertas de color bien hechas y con gusto, tendrían éxito. Hay un sinnúmero de novelas francesas «de amor» que a peseta y con cubiertas bonitas se venderían mucho.[250]

Según indicaba, la casa adquiriría prestigio gracias a la publicación de sus novelas y el nuevo proyecto no necesitaría de grandes sumas de dinero porque no habría que empezar de cero sino «dar impulso a lo que ya está establecido». Encargaba pues a Llorca que pensase detenidamente cuánto dinero podía necesitarse, advirtiéndole que, en su caso, no disponía de mucho:

> Piense Ud. qué dinero necesita para dar un empujón a la casa, tirando por bajo y con economía y acierto [...] Mis novelas contribuirán al prestigio de la casa, y además, todas las anteriores se le irían sacando a Sempere conforme se agotasen las existencias. Y hay que ver que ahora con las nuevas novelas se moverán mucho las antiguas.[251]

Otro de los cambios necesarios tenía que ver con el nombre de la casa, porque según señalaba, «eso de la Editorial Española Americana no dice nada. Nadie en América conoce la casa y la confunden con otras que llevan títulos parecidos». El nuevo nombre que tenía pensado era el de Llorca y Compañía, para poder incluir a sus hijos, ya que deseaba sacarlos de Argentina confesando abiertamente que no les esperaba un porvenir digno:

> Mario y Julio no saben nada todavía, pero yo pienso llevármelos de aquí. Están hechos unos rústicos, pasan en el campo penalidades, aunque ellos las sobrellevan bien por su juventud. Esto no es un porvenir digno, aunque algún día hiciesen dinero. Además, su

---

[250]   ACMBI, Epistolarios, carta de Vicente Blasco Ibáñez a Fernando Llorca, Buenos Aires, 30-7-1913.

[251]   *Idem.*

afición principal es a los libros y aquí en el campo no hacen más que comprar volúmenes y hablan de literatura [...] Se han acostumbrado a trabajar y serían de gran utilidad en la casa editorial [...] Ahí pueden ser unos hombres; aquí serán unos gañanes. Además, en el porvenir, si la casa llega a ser grande, podían ser viajantes por América [...] Yo no les he dicho nada aún, pues hace meses que no los he visto, pero si vendo en estos días lo de Corrientes los envío a Madrid, con la seguridad de que esto es lo más acertado.[252]

Evidentemente, estos argumentos contrastan notablemente con los que esgrimía entre 1910 y 1911 cuando intentaba convencer a su esposa de que sus hijos tendrían mejor porvenir en la Argentina que en España y con los de 1912, donde la informaba de lo bien que estos estaban en el país. Por otro lado, es también en esta misma carta en la que confiesa que se encuentra tramitando la posible venta de Nueva Valencia con la esperanza de que el asunto se cerrase en agosto y reunirse con Llorca en París en septiembre para tratar juntos los asuntos relativos al nuevo proyecto editorial —pensado especialmente para el porvenir de su yerno y sus hijos— en el que tenía depositadas altas expectativas.[253]

Sin embargo, acosado por las deudas, se vio obligado a liquidar Cervantes para salvar Nueva Valencia. Una sociedad agrícola, La Verde, la adquirió por 400 000 pesos y con este dinero consiguió pagar parte de lo que debía, pero no fue suficiente.[254] Según indica Ockier, en junio de 1913, en una asamblea extraordinaria de los accionistas de la «Sociedad Cooperativa de Irrigación, Blasco Ibáñez», disolvió la sociedad y transfirió «tierras y mejoras» a José María Rosa, quien había sido ministro de Hacienda con Roca y Sáenz Peña.[255] Esta entidad, denominada «Sociedad Comercial J.M. Rosa e Hijos Limitada», dejó prácticamente inactivas las chacras hasta la llegada del riego estatal en 1921, momento a partir del cual fueron fraccionadas y ofrecidas a la venta. El caso es que, si bien Blasco Ibáñez había solicitado la concesión del título definitivo de las tierras de Río Negro afirmando en su momento que no lo quería para venderlas, puede comprobarse que no fue así y, además, como ha sido señalado, ni siquiera cumplió con lo establecido.

Esto le generó toda una serie de críticas, ya que se consideraba que se había aprovechado de las favorables condiciones ofrecidas para llevar a cabo un proyecto de colonización en la provincia. Uno de los mejores ejemplos se encuentra en el ya mencionado *Diario de Valencia* que, desde el principio, manifestó su hostilidad hacia su persona y su obra colonizadora afirmando que, según una noticia extraída del diario de Buenos Aires *Última Hora*, había vendido a Rosa la concesión de tierras por 750 000 pesos cuando

---

[252] *Idem.*
[253] Blasco Ibáñez señaló cuál sería el papel de Llorca en el negocio: «Yo deseo que todo sea para Uds. y que prosperen, aunque para ello tenga que hacer los mayores sacrificios. Eso de las partes es para el porvenir, pues ahora y en muchos años todos marcharán juntos y Ud. debe ser el padre de todos», véase: ACMBI, Epistolarios, carta de Vicente Blasco Ibáñez a Fernando Llorca, Buenos Aires, 30-7-1913.
[254] Cola, s. f., pp. 103-104, indicó que con este dinero Blasco Ibáñez canceló sus deudas.
[255] Ockier, 1990, pp. 728-732. Según indica Varela, 2015, p. 647, el 5 de julio de 1913 fue derogado el decreto que había autorizado el funcionamiento de la cooperativa y las tierras fueron utilizadas para plantar cebada por la Cervecera Quilmes. También hace alusión a esta transferencia Martínez de Sánchez, 1994, p. 109.

hacía unos años las había adquirido por 6250, por lo que este periódico lo calificaba, irónicamente, como «un negocio estupendo». También recogía los comentarios que Maximino de Barrio efectuaba desde La Plata para *El Correo de Zamora* criticando al novelista:

> Inútil es ponderar el efecto desastroso que aquí ha producido la venta hecha por Blasco Ibáñez. Porque en este, que es el país de los negocios, a nadie le extraña que un hombre de suerte venda hoy por mil lo que ayer compró por uno, siempre que en la compra y venta nada haya reprobable; pero lo que no se tolera, lo que no se deja pasar sin protesta, es que para estos negocios se valga alguien de malas artes. Blasco Ibáñez pudo comprar sus terrenos sin decir nada, sin comprometerse a nada y venderlos ahora por un precio diez veces mayor, y nadie podría argüirle en lo más mínimo; pero acudir al Gobierno con ofrecimientos que no ha cumplido, para conseguir barata la tierra, y después que la ha visto valorada venderla inmediatamente, sin esperar siquiera a hacer honor a su palabra, a que se vieran los efectos de esos cultivos nuevos que había prometido, eso no lo tolera la opinión argentina, y si legalmente nada puede hacerse contra él, puesto que había adquirido por compra sus terrenos, moralmente Blasco Ibáñez es un cadáver que huele a lo que huelen los bajos fondos de la sociedad donde pululan los vividores, los que no reparan en medios para hacerse con lo ajeno.[256]

Una vez vendida Cervantes, quedaba hacer lo propio con Nueva Valencia, aunque su liquidación —debido a una serie de circunstancias relacionadas con las prácticas de Ruiz Díaz, que acabó en la cárcel, y la quiebra del Banco Popular Español y del Banco de la Provincia de Corrientes— resultó ser más complicada, a pesar de que a finales de julio de 1913 tenía la esperanza de vender, según la carta enviada a Llorca.[257] Necesitaba tanto pagar sus deudas que, para hacerles frente, llegó a vender en Valencia el edificio heredado de su padre, Gaspar Blasco.[258] Así se acababa el sueño colonizador de Blasco Ibáñez, que abandonó la Argentina acompañado de sus dos hijos. Una nueva carta a Llorca, fechada en diciembre de 1913, demuestra que en esa fecha ya se encontraba en Europa y que, además, estaba inmerso en sus labores editoriales.

Sin embargo, distintas fuentes señalan que hizo otro viaje en 1914 para realizar ciertas gestiones y que fue en ese momento cuando se trajo a sus hijos. Emilio Gascó Contell —biógrafo del novelista— señala que estando en plena «labor gozosa de creación» le llegó la quiebra de Nueva Valencia.[259] Esto provocó que en 1914 viajase de nuevo a Argentina, donde permaneció unos meses. A su vez, Martínez de Sánchez señala que

---

[256] «El negrero Blasco Ibáñez: un negocio estupendo», *El Diario de Valencia,* Valencia, 17-6-1913, p. 3. Maximino de Barrio fue secretario del Museo de La Plata.

[257] La Compañía Arrocera Argentina de Frugoni y Preve se hizo cargo de la colonia para su explotación. Esta empresa utilizó las instalaciones de Nueva Valencia, aprovechando los canales realizados por los colonos para elevar el agua, de modo que esta colonia se convertiría en una importante explotación arrocera en Corrientes.

[258] Martínez de Sánchez, 1994, p. 129. Bonastre, 1975, p. 54, afirmó en su artículo que esta venta sirvió de «paliativo».

[259] Gascó Contell, 2011, p. 27.

abandonó Buenos Aires a bordo del trasatlántico alemán *Köning Friedich August* el 10 de abril de 1914 con sus hijos Mario y Julio.[260] Efectivamente, una misiva enviada por estos a Francisco Sempere el 13 de marzo de 1914 revela que todavía se encontraban en Nueva Valencia absolutamente desesperados por salir de allí:

> Desde hace un tiempo hemos comido gracias a la amistad que nos une con administrador y su señora, que han sido muy buenos con nosotros […] Le advertimos a V. que vamos vestidos gracias a unos trajes viejos del papá que encontramos en un armario arreglados por la señora del administrador. Los hijos de Blasco Ibáñez recibiendo la caridad de todo el mundo. Nuestra situación no sé qué da más, risa o lástima. Ya comprendemos que este cuadro de miseria le parecerá a V. exagerado. Sin embargo, daríamos todo lo dable por que V. nos pudiera ver un momento. Y eso que ahora estamos bien en relación a como estaremos cuando V. lea estas líneas, porque no hay más que esperar auxilio hasta dentro de dos meses lo más pronto. […] Sempere, lea V. bien esta carta, hágase cargo de nuestra situación, y ayúdenos como pueda, lo más pronto posible, pues nuestra situación es insostenible. Una vez que se nos acabe el dinero, tendremos que acogernos al cónsul. Esto es vergonzoso.[261]

Trasladaban su angustia al amigo de la familia narrando brevemente la situación vivida con Ruiz Díaz y confirmando que la colonia estaba abandonada. Además, mostraban su preocupación por la actitud tomada por su padre de seguir manteniéndolos allí:

> Es una tontería el decirle a V. que los colonos se han marchado hace mucho tiempo, y que a últimos de mes la colonia se queda con un ayudante de mecánico por todo personal. Se va el administrador, se va el ingeniero, se van los capataces y se va la peonada. […] El papá dice que viene en abril, pero no le creemos […] Veremos si mi padre da algún paso y se decide a hacernos volver a España, donde deberíamos estar hace tiempo, pues no comprendo qué interés puede tener nuestro padre con tenernos aquí, donde no hacemos nada más que [ser] despreciados y mancillados. Atraviese V. el mar, deje V. su madre y sus hermanas para no hacer nada, y ser el juguete de las intrigas de un estafador y una pandilla de indios.[262]

Blasco Ibáñez no volvió más a la Argentina, pero nunca se olvidó de ella y supo plasmarla en sus novelas posteriores.[263] En alguna ocasión había confesado que su experien-

---

[260] Martínez de Sánchez, 1994, p. 131. Por su parte Varela, 2015, p. 667, apunta a que seguramente Blasco Ibáñez realizó un último viaje a la Argentina antes del inicio de las hostilidades. La fecha sería incierta, dado que en el prólogo de *Los cuatro jinetes del Apocalipsis* indicó que llegó a Francia en julio de 1914.

[261] Herráez, 1999, pp. 313-315.

[262] *Idem.*

[263] Blasco-Ibáñez Blasco, 2016, p. 265; Scarno, 2000, pp. 80-85. Pueden encontrarse referencias a esta experiencia en la novela *La tierra de todos,* en narraciones como *El préstamo de la difunta, Las plumas del caburé, La familia del doctor Pedraza* o *El rey Lear impresor.* En *Los argonautas* y *La tierra de*

cia en aquel país no había sido inútil, pues había visto lo que ningún escritor español.[264] Por su parte, el diario *El Pueblo,* además de informar a sus lectores de que el escritor ya estaba instalado en París mediante una noticia fechada el 21 de mayo de 1914, publicaba una entrevista con él donde explicaba sus nuevos objetivos:

> Quiero dedicar lo que me queda de vida, de esfuerzo mental a América. He venido a instalarme en París, después de un viaje al Nuevo Mundo, para acometer en paz y tranquilidad el plan que me he trazado […] Cuando haya terminado *Los argonautas* iré a Buenos Aires, permaneciendo allí cosa de un mes, regresando a Europa… y a fines de año, otro viaje a América, para recorrerla en su totalidad, de una punta a otra, para documentarme. Y residiré en cada nación todo el tiempo preciso.[265]

El plan de recorrer las distintas repúblicas americanas para documentarse, que ya le había trasladado a su yerno en la misiva del 30 de julio de 1913,[266] se vio modificado porque la Gran Guerra ocupó durante unos años su tiempo. Escribió artículos sobre la contienda que fueron publicados en las columnas de *El Pueblo* y una obra titulada *Historia de la guerra europea de 1914.*[267] Con la última, según señala Lluch-Prats, al igual que había ocurrido con *Argentina y sus grandezas,* Blasco Ibáñez ofreció una nueva modalidad de obra, el *instant book* o libro creado a partir de un acontecimiento excepcional.[268] El mismo autor afirma que la primera fue «reveladora de su astucia», en tanto que los cuadernos de *Historia de la guerra europea* representan un «caso palmario», pues nacieron coyunturalmente a la vuelta de América con «el fragor de la batalla y con Blasco a modo de corresponsal de guerra».[269]

---

todos dejó plasmada su mirada utópica, véase: Anderson, 2008; Siracusa, Pacheco y Klein, 2004. Para un estudio de la presencia de América en la obra de Blasco Ibáñez, véase: Smith, 1986.

[264] ACMBI, Epistolarios, carta de Vicente Blasco Ibáñez a Fernando Llorca, Buenos Aires, 30-7-1913.

[265] Sevilla, Diego. «La devoción de América», *El Pueblo*, Valencia, 21-5-1914, p. 1. La entrevista fue realizada para la revista *Mundial*.

[266] ACMBI, Epistolarios, carta de Vicente Blasco Ibáñez a Fernando Llorca, Buenos Aires, 30-7-1913.

[267] El 19 de septiembre de 1914 el diario *El Pueblo*, mediante un anuncio en la primera página, comunicó a sus lectores que Blasco Ibáñez volvería a escribir en las columnas del periódico. Durante la permanencia del escritor en Valencia se publicaron una serie de artículos en los que relataba lo que había observado en el curso de la campaña, estos iban acompañados de ilustraciones. Unos meses más tarde, el 17 de noviembre, apareció un anuncio de la obra *Historia de la Guerra Europea de 1914* escrita por Vicente Blasco Ibáñez y editada por la editorial Prometeo. En él se señaló que la obra estaba ilustrada con millares de grabados y láminas. Los temas que abarcaba eran: Las grandes batallas; El heroísmo; Horrores de la lucha; Asedio de ciudades; La guerra en el mar y en los aires; Tipos de costumbres de los beligerantes; Personajes de la tragedia; Retratos, caricaturas, documentos; Planos y mapas; La vida en el campamento, en los campos de batalla y en los hospitales; Panoramas trágicos. Se trataba de una obra por entregas que se publicaría en cuadernos de gran tamaño con veinticuatro páginas, que contendrían un «nutrido texto, abundantes grabados y además una lámina suelta de color». El precio era de 50 céntimos por cuaderno y se podía adquirir en todas las librerías, quioscos y centros de suscripciones.

[268] Lluch-Prats, 2012b, p. 263.

[269] *Idem.* El autor recoge que Blasco Ibáñez señaló que este tipo de obras no eran literatura y que resultaban interesantes por las circunstancias y no por su mérito.

Por otro lado, en la entrevista publicada por *El Pueblo* mencionada más arriba, el redactor informaba a los lectores de que el novelista le había enseñado las primeras pruebas de imprenta de *Los argonautas*. Era importante, desde luego, hacer propaganda de su nueva novela porque, al fin y al cabo, suponía el regreso a su profesión. De ahí que Blasco Ibáñez, en una carta sin fechar remitida desde París recogida en el libro de su hija, trasladase a Llorca la importancia de moverse para divulgarla.[270] Le pedía que le proporcionase la lista de todas aquellas personas a las que debía enviarla y que le dijese a Sempere que le mandase primeros pliegos para las dedicatorias. Sin embargo, llama la atención que un escritor experimentado como él pidiese consejo a su yerno acerca de cómo difundir la obra, seguramente porque llevaba mucho tiempo fuera de España. A ese hecho precisamente aludieron medios afines como *El Liberal* cuando se ocuparon de publicitarla, subrayando que Blasco Ibáñez había estado sin escribir por «haber estado centrado en la emigración», «entregado a sus empresas mercantiles», a sus «pruritos de colonizador», lo que para el redactor no implicaba que abandonara la literatura:

> Blasco Ibáñez ha tenido con la vida coqueterías estupendas, gestos de desdén, que solo pueden permitirse los escritores de gran vitalidad […] Lo mismo echó por la ventana su carrera política, su espléndida posición de virrey o de sultán de Valencia cuando se cansó parecía abandonar también la literatura en el momento culminante de su fama […] Pero allí mismo cuando da cima a su empresa colonizadora renace en él la vocación adormecida, vuelve a asaltarle el ansia de renombre literario. Y sin acordarse del terreno perdido en los seis años, en este mundo de las letras en el que el olvido acecha a la revuelta de cada esquina como un salteador, vuelve a la palestra con una novela.[271]

Por su parte, consciente de su «fracaso» en los medios extraliterarios intentaba capitalizar los conocimientos adquiridos como verdadera ganancia para compensar idealmente su quiebra material. Sin embargo, el balance de su experiencia argentina no siempre fue positivo —por mucho que al principio quisiese transmitirlo así— y una década más tarde en la carta enviada a Enrique Gotarredona confesaría alguno de sus errores: «cometí la tontería de meterme a colonizador, lo que me hizo perder cinco años de mi vida, durante los cuales no escribí nada, y perdí igualmente toda mi fortuna».[272] Obviamente, estas palabras contrastan con lo predicado en sus primeros años en Argentina, pues tanto en sus cartas como en sus entrevistas, así como en *Argentina y sus grandezas,* había afirmado que existían posibilidades reales de hacerse rico en aquel país

---

[270]   Blasco-Ibáñez Blasco, 2016, pp. 264-265.

[271]   González Blanco, Andrés. «La novela de la emigración. *Los argonautas*», *El Liberal,* Madrid, 5-7-1914, p. 3. Esta misma línea fue seguida por otros medios como *La voz de Galicia,* cuya reseña fue publicada por *El Pueblo* en junio de 1914 donde se afirmaba que: «Blasco Ibáñez, a quien creíamos poco menos que perdido para la literatura desde que lo llevaron a las Pampas Americanas sus altas empresas de colonizador y civilizador, nos sorprende gratamente con un libro suyo: una novela», véase: «Los Argonautas», *El Pueblo,* Valencia, 29-6-1914, p. 1. También se indicaba que la novela estaba en los escaparates de las distintas librerías y que *El Diario Español* de Buenos Aires la había comenzado a publicar en folletín. La revista argentina *Caras y Caretas* publicó el último capítulo de esta obra el 18 de julio de 1914.

[272]   Blasco-Ibáñez Blasco, 2016, pp. 265-269. Véase: San Martín Molina, 2017, p. 179.

pero que había que trabajar duramente y que no siempre se conseguía, y que aquellos que habían fracasado siempre hablaban mal de Argentina y echaban la culpa a la nación de todas sus desgracias:

> Otro desencanto de cierta parte de la inmigración tiene por base el hecho indiscutible de que todos los que desembarcan en Argentina no mueren ricos. El europeo es así: solo concibe el viaje a América para ganar millones, y los que no llegan a poseerlos se consideran engañados, aunque gocen de un bienestar que nunca habrían conocido en su tierra. No les cabe en la cabeza que una nación, por grande que sea su progreso, no pueda ofrecer a todos fortuna; y se muestran desencantados, y hablan mal del país en el cual, si no se consiguen millones, se conquista con facilidad lo necesario para la vida. Recuerdo que en Buenos Aires he discutido muchas veces con «gringos» y con «gallegos», que se quejaban amargamente de la República. Llevaban muchos años de permanencia en ella… ¡y todavía no eran millonarios! Algunos habían llegado a reunir cierta fortuna, perdiéndola luego en negocios torpemente concebidos.[273]

Las desfavorables circunstancias vividas provocaron un drástico giro en sus ideas, «desnudando» lo utópico, quizás, por lo apresurado que fue su proyecto amén de su impostura. Y aunque siempre había criticado a aquellos que emigraban a la Argentina solo en busca de riquezas, en el fondo, persiguió lo mismo,[274] pues como queda atestiguado en su epistolario íntimo, Blasco nunca dejó de recalcar una y otra vez las oportunidades existentes para regresar a España rico.

Así pues, pese a sus ideales, a su elevada cultura, y a su posición acomodada, demostró tener las mismas pautas de comportamiento y sueños que el resto de los emigrantes, y ante el fracaso hubo de abrazar la explicación tópica que lo exculpaba de su suerte: echarle la culpa al país de recepción. Y a pesar de que en *Argentina y sus grandezas* había defendido que el extranjero, aun pasando ciertas penalidades, vivía con mayor amplitud y dinero que en su país natal,[275] él en cuanto pudo regresó al continente europeo buscando recuperar su vida anterior y dedicarse a la profesión que había abandonado cuando creía fielmente que el futuro estaba en los campos argentinos.

Por otro lado, es importante señalar el papel fundamental que *El Pueblo* desempeñó durante estos años publicitando las colonias de Cervantes y Nueva Valencia y sus detalles, así como las intenciones que tenía Blasco Ibáñez para su explotación. Esta propaganda, como se ha apuntado, era apoyada por las crónicas enviadas por Julio Cola, donde informaba acerca de todos los avances y de la llegada continua de colonos, haciéndose

---

[273] Blasco Ibáñez, 1910, p. 495. Cuando vendió Cervantes, según uno de sus biógrafos, trasladó a sus más íntimos: «¡Ya veréis como saldré sin un céntimo de este país donde tantos imbéciles han ganado millones!», véase: Gascó Contell, 2012, p. 139.

[274] Según Reig, la respuesta para entender por qué Blasco Ibáñez abandonó las letras para embarcarse en tal aventura se encuentra en el prólogo de *Los argonautas*. El autor considera que contiene la explicación buscada: el protagonista de la obra quería convertirse en un rico hacendado, que podría dedicarse a la literatura sin preocupaciones monetarias, véase: Reig, 2002, pp. 153-154.

[275] Blasco Ibáñez, 1910, p. 496.

hincapié en el origen valenciano de la mayoría. El periódico, ante los continuos ataques al novelista y a su proyecto colonizador, se propuso protegerlo.[276] Para ello, en muchas ocasiones, obvió los problemas que acontecían al otro lado del Atlántico, justificó las acciones realizadas por el escritor y comenzó a promocionar sus obras literarias y a recordar su talante político evocando con ello al antiguo Blasco Ibáñez. Los éxitos literarios cosechados le convirtieron en el novelista español más internacional y, según indican Laguna Platero y Martínez Gallego, fue «el primer líder republicano conocido que conseguía triunfar mundialmente» pasando con ello a protagonizar las «imágenes referenciales de los altares republicanos».[277]

A pesar de haber dado por finalizada su aventura como colonizador, siete años más tarde de su regreso a Europa recibió noticias desde la Argentina. Según indica Gaspar Bonastre, la Corte Suprema de la Justicia de la Nación falló definitivamente el pleito iniciado años atrás entendiendo el Alto Tribunal que:

> Está probado que ninguna de las dos partes ha cumplido estrictamente lo convenido, resuelve la rescisión del contrato, sin costas por haberse desestimado pretensiones recíprocas y se condena a la Provincia de Corrientes al pago de la suma de $ 281 597,50 m/n (doscientos ochenta y un mil pesos, quinientos noventa y siete pesos con cincuenta centavos m/nacional) en concepto de mejoras, legalmente acreditadas.[278]

Pero ese dinero llegaba tarde, ahora estaba centrado nuevamente en la literatura; después de años de inactividad volvía a escribir y las letras fueron las que recuperaron su fama universal. Lluch-Prats afirma que, si bien Blasco Ibáñez no regresó como un indiano de América, «su aventura allí entre 1909 y 1914 lo sitúa en la antesala del triunfo» de un editor y escritor profesional.[279] La obra *Los cuatro jinetes del Apocalipsis,* inspirada en su experiencia argentina y la trágica guerra europea, en la que exhibe su postura de aliadófilo, fue el inicio de la reconstrucción de su fortuna y su fama como literato.

Volvió a América, pero esta vez el éxito lo logró en Estados Unidos, donde su obra se convirtió en un *best seller* en 1919.[280] Blasco Ibáñez llegó a ser un autor de superventas, como bien señala Martínez Martín que lo encuadra en el prototipo de autor que llegó a

---

[276]   San Martín Molina, 2017, pp. 181-182.

[277]   Laguna Platero y Martínez Gallego, 2020, p. 453.

[278]   Bonastre, 1975, p. 56. La Provincia de Corrientes demandó ante la Corte Suprema de Justicia de la Nación a Blasco Ibáñez y Ruiz Díaz por rescisión de contrato y por daños y perjuicios. El novelista estaba representado por Estanislao S. Ceballos y actuó como perito el ingeniero Octavio S. Pico.

[279]   Lluch-Prats, 2012b, p. 263.

[280]   Blasco Ibáñez, en Estados Unidos (1919-1920), triunfó como articulista y conferenciante y la Universidad de Washington lo nombró Doctor *Honoris Causa*. Respecto a que Blasco Ibáñez fue el creador del moderno *best seller* en lengua española, Lluch-Prats, 2012b, p. 264 entiende esto como «un autor de extraordinaria popularidad, de textos contingentes o no, y en lo fundamental de venta masiva a una heterogénea esfera lectora». A pesar de este éxito, la labor editorial no fue su preferente, delegó en Sempere y en Llorca, y mientras exploró otros ámbitos como el del cine. Para un estudio sobre el paso y actividades de Blasco Ibáñez en Estados Unidos véase: Sales Dasí, 2020 y Smith, 1998, pp. 67-74. Para un estudio de la recepción de su obra en aquel país, véase: Cobeta Gutiérrez, 2018.

ser «millonario de la pluma».[281] A ello no solo contribuyeron sus actividades personales y su trayectoria de vida, sino también el contexto de la época de grandes transformaciones en el que se desarrolló. Así pues, según sostiene este autor, en la segunda década del siglo, su aventura americana lo consolidó como escritor cosmopolita que llevó a cabo la «asociación del dinero con la literatura» con el objetivo de obtener rentabilidad, ventas e ingresos.[282] Precisamente su estancia y experiencia argentina incrementó los lazos con América —objetivo que se había planteado con su primer viaje— y le hizo seguir prestando atención al mercado americano. De hecho, en algunas cartas enviadas a Sempere en 1914, y en relación con la venta de la obra *Historia de la guerra,* le pedía «cultivar América» e insistía en la necesidad de hacer propaganda.[283] Vemos, por tanto, como Blasco Ibáñez en cierto modo «volvió» al proyecto original, a la idea matriz que en mayo de 1909 le hizo embarcarse rumbo a aquel continente para hacer propaganda de las letras y su sello editorial.

Ahora todo parecía favorable, sin embargo, la carta enviada al jurisconsulto al que hemos aludido demuestra que los asuntos argentinos seguían persiguiéndole todavía en 1924 pero, además, en ella hay algo aún más importante y es que da cuenta de que seguía conservando vínculos y amistad con algunos de los hombres más destacados de la colectividad española de Buenos Aires, como es el caso de Carlos Malagarriga, quien, una vez más, le prestaría ayuda. El motivo de esta misiva —de ahí que en ella ofreciese toda una serie de explicaciones de cómo sucedió su quiebra en Argentina y del fallo del Tribunal Supremo a su favor— está relacionado con la acción que un alemán —un tal Croft— había iniciado en su contra en los tribunales porteños porque no había cobrado un pagaré. Según exponía Blasco Ibáñez, este individuo había adquirido Mayer y Cía., una casa alemana que le surtía de ferretería y con la que, durante los tres años que fue su proveedora, siempre había cumplido. Sin embargo, cuando sufrió la quiebra de sus negocios dicha casa se encontraba en manos de Croft quedando en su poder un pagaré «insignificante», pero que el alemán utilizó como arma política para desprestigiarlo internacionalmente por su intervención a favor de los aliados durante la guerra. Basaba su afirmación en que durante su transcurso los periódicos de Berlín y Hamburgo le habían acusado de deber «muchísimo dinero a los alemanes de la Argentina».[284]

El caso es que, pasados unos años, en un momento en que se encontraba viviendo en Niza, recibió una carta del Banco Alemán de Madrid en la que se indicaba que tenían el

---

[281]   Martínez Martín, 2009, p. 232.

[282]   *Idem.*

[283]   En relación con los ejemplares que podía llegar a vender, escribió: «Aprieten en la propaganda ahí: cultiven América y verán como llegamos a 20 000. Tengo la seguridad», véase: carta de Vicente Blasco Ibáñez a Francisco Sempere, París, 3-12-1914; «¡Y América! ¡Ese Buenos Aires, con la propaganda de *Fray* Mocho! Bien podía ser que metiera unos 5 o 6000. Por lo menos 2 o 3 seguro», véase: carta de Vicente Blasco Ibáñez a Francisco Sempere, París, s. f. Ambas misivas se encuentran en: Herráez, 1999, pp. 96-97.

[284]   Señaló también que los diarios germanófilos publicados en lengua española, tanto en España como en las repúblicas sudamericanas, «se hicieron eco de esta desleal propaganda», véase: Blasco-Ibáñez Blasco, 2016, p. 267.

pagaré de Croft y que podía pasar a pagarlo, a lo que contestó que de todos aquellos asuntos se encargaba un representante que tenía en Buenos Aires. Dicha persona no era otra que Malagarriga, a quien tuvo que escribir «rogándole» que visitase a Croft y al Banco Alemán de Buenos Aires para buscar una solución.[285] Según sigue, Malagarriga hizo todo lo posible por localizarlos, hasta el punto de pasar «más de cuatro meses yendo al Banco Alemán, telefoneando a su gerente, escribiendo a Croft».[286] Finalmente, obtuvo respuesta del alemán en una carta fechada el 26 de septiembre de 1923 en la que indicaba que, a través de su abogado en España, había iniciado acciones ante las autoridades españolas. Rápidamente remitió la misiva a Blasco Ibáñez quien, según indica a Gotarredona, se encontraba emprendiendo su viaje «alrededor del mundo».

Fue precisamente después de regresar de ese periplo cuando decidió escribir a Gotarredona para que le ayudase a resolver este asunto. Su texto resulta sumamente interesante, pues deja constancia de que, una vez más, se valió de sus influyentes vínculos políticos para llevar a cabo sus acciones. En esta ocasión, para solucionar sus problemas judiciales en Buenos Aires, acudió en España a los mencionados Enrique Gotarredona y Emilio Menéndez Pallarés, con los que afirmaba tener amistad, en el caso del segundo por ser «antiguo amigo y compañero en la diputación a Cortes».[287] Sin embargo, es aún más relevante que aparezca en esta escena Malagarriga porque muestra una vinculación fuerte mantenida en el tiempo que tuvo su origen en el primer viaje a la Argentina del novelista en 1909 para llevar a cabo su *emprendimiento cultural,* pues contribuyó a su materialización y, además, le acompañó en parte de su gira como conferenciante en el interior. También lo encontramos durante su faceta como colonizador y, junto con López de Gomara, utilizó sus influencias para agilizar los trámites de adquisición de las tierras además de presentarle a determinadas personalidades argentinas destacadas de la política y la cultura. Y, finalmente, se vuelve a observar que, muchos años después de su regreso a Europa, vuelve a recurrir a él para que le ayude en Argentina con los asuntos legales derivados de su proyecto colonizador. Por todo ello, quizás la vinculación existente entre Malagarriga y Blasco Ibáñez merezca un estudio más profundo y particularizado habida cuenta del protagonismo de este miembro destacado de la colectividad española de Buenos Aires en los diversos asuntos del escritor en aquel país.[288]

---

[285]   Malagarriga tenía instrucciones precisas para arreglar en Argentina todos los asuntos pendientes de Blasco Ibáñez.

[286]   Blasco-Ibáñez Blasco, 2016, p. 268.

[287]   *Idem.*

[288]   Blasco Ibáñez dedicó unas líneas a Malagarriga en *Argentina y sus grandezas,* incidiendo en su carácter republicano, véase: Blasco Ibáñez, 1910, pp. 490-491. También se ocupó a lo largo de la obra de otros hombres destacados de las élites españolas, muchos de ellos republicanos y masones.

Conclusiones

Vicente Blasco Ibáñez fue un reputado político y escritor español de la segunda mitad del siglo xix y primeras décadas del xx. Al margen de su producción literaria y de su compromiso republicano, a lo largo de su trayectoria se preocupó por alcanzar prestigio, reconocimiento y una solvente situación económica. Sus obras, especialmente sus artículos periodísticos y sus novelas, lograron un considerable éxito tanto en España como en América. Viajero empedernido, recorrió Argentina, Estados Unidos y México, y en distintos formatos dejó rastro escrito de sus estancias.

Este libro se ha propuesto reconstruir su intensa, y podría afirmarse «insólita», experiencia argentina, país al que viajó en dos ocasiones con propósitos distintos, pero interconectados. En la primera, como *emprendedor cultural* durante unos meses en 1909, desarrolló su perfil de escritor y editor con la pretensión de ser conocido en ciertos ámbitos culturales —que no académicos— a través de conferencias impartidas en distintos lugares (en la capital y en las provincias de Buenos Aires, Santa Fe, Entre Ríos, Corrientes, Tucumán, Salta, Jujuy, Santiago de Estero, Córdoba, Mendoza y San Juan) que le proporcionaron ingresos económicos considerables y tuvieron un alto nivel de aceptación entre sectores transversales de la sociedad. En la segunda, que se prolongó entre 1910 y 1914, se cimentó en el conocimiento del país previamente adquirido. Su objetivo fue continuar con la dinámica de promoción cultural, pero sobre todo fue un *emprendedor agrario* que adquirió territorios en la región de Río Negro y en Corrientes con el fin de promover colonias agrícolas, favorecer la emigración española y fijar su residencia en el país.

El libro se articula en torno a estas dos experiencias, indagando en sus contextos y circunstancias. Se presentan las características de ambas en clave comparativa, profundizando en cuáles fueron sus motivaciones, de qué medios se valió para hacer propaganda, y cómo buscó y consiguió apoyos entre las élites argentinas y de la colectividad española para lograr un entramado que le diera cobertura social y económica. Se hace un balance de los logros y limitaciones de ambos viajes para aportar conocimiento sobre una faceta poco conocida del intelectual, escritor y político valenciano en una Argentina que se modernizaba y en la que se abría paso una corriente hispanoamericanista que favoreció sus expectativas.

El primer viaje a Argentina, de junio a diciembre de 1909, se prolongó en un recorrido por distintas provincias argentinas, con centro en Buenos Aires y con visitas intermedias a Paraguay, Uruguay y Chile de apenas unos días. Fue planificado y ejecutado en función de intereses literarios/culturales y crematísticos, y obedeció a una iniciativa promocional y comercial del propio Blasco Ibáñez en que convergieron una serie de elementos favorables: los contextos políticos e intelectuales español y argentino; el respaldo y colaboración de sectores de la élite rioplatense y de la colectividad emigrante española, y siempre el empeño personal del escritor que diseñó toda una estrategia para que la experiencia concluyera de acuerdo con sus planes.

En el escenario público argentino desplegaría, plenamente imbricadas, dos facetas igualmente importantes: la de intelectual —a través de las máscaras de literato, conferenciante y embajador cultural español— y la de empresario —a través de las máscaras de promotor editorial y colonizador de pueblos—. Su experiencia en Argentina muestra cómo tuvo capacidad para impulsar alternativamente dos proyectos de naturaleza muy diferente, mostrando habilidad para aprovechar su fama y las condiciones favorables para adaptarse a las oportunidades sobrevenidas que se presentaron en sus dos etapas, operando primero como *emprendedor cultural,* difusor de ideas panhispanistas y del valor de la cultura española; y después como propagandista convencido de la emigración a través de una empresa colonizadora.

Lo que fue un proyecto personal se vio favorecido por una coyuntura propicia, el surgimiento y desarrollo de una corriente hispanoamericanista que recorrió buena parte del continente y que en Argentina contó con el aval de sectores políticos, culturales y económicos, y con la presencia de una numerosa colonia española resultado del intenso proceso migratorio de ese tiempo, tal y como han tratado Cagiao, García Sebastiani o Prado. Hay que recordar que sus estancias coincidieron con los preparativos y las secuelas posteriores de la celebración del Centenario de la Independencia. Blasco Ibáñez entendió el momento, y se valió de la identidad española como una estrategia compartida en el marco de una «hermandad hispanoamericana» que rentabilizó en sus contribuciones periodísticas y conferencias, aprovechando la disposición de sectores de la oligarquía criolla y de las élites de la colectividad española.

El estudio de las estancias de Blasco Ibáñez en Argentina permite plantear algunas consideraciones. En una valoración global, se puede subrayar el lugar que reclamaría el escritor-viajero como «embajador no oficial» de España; estudiar las estrategias que desarrolló antes, durante y después de su experiencia argentina, y rescatar y caracterizar a los integrantes de las redes que contribuyeron directa o indirectamente al éxito de sus empresas. Además, se abren líneas para futuras investigaciones en las que se entrecrucen el perfil de un *emprendedor cultural* independiente y el proceso de reconstrucción de las relaciones intelectuales hispanoamericanas, en especial de las hispanoargentinas. Porque, a pesar de su interés por mantenerse como un agente extraoficial y autónomo, su trayectoria argentina no puede deslindarse de lo que fue un fenómeno de amplio espectro que recorrió las relaciones entre España e Hispanoamérica, el de la intensificación de los intercambios culturales, sociales, políticos y económicos con una amplia proyección que han analizado, entre otros, Marcilhacy, Moreno Luzón y Sepúlveda Muñoz.

En el primer viaje de 1909, tomando en consideración la importancia que tenía el mercado americano para el libro español, Blasco Ibáñez se planteó promocionar su producción literaria y su negocio editorial, valiéndose tanto de su capital económico como de su capital simbólico en cuanto que intelectual, escritor y publicista comprometido social y políticamente. Aprovechó el hecho de que su firma era conocida —en parte gracias a sus colaboraciones con la prensa hispanoamericana— para intentar abrir nuevos canales que le permitiesen vender sus obras y posicionar su editorial en el emergente mercado literario argentino, y también para crear vínculos de confianza, contactos de negocios y acudir a amistades influyentes que apuntalaran sus proyectos inmediatos y futuros.

Era consciente de que no podía cumplir sus pretensiones con el solo respaldo de su biografía y prestigio profesional, sino que requería de valedores que lo introdujeran en circuitos que le facilitaran la organización de su programa de conferencias y la expansión de sus negocios editoriales. De ahí que, una vez decidido el viaje, se concentrara en los preparativos con meses de antelación y estudiara las posibilidades que le ofrecían sus vínculos trasatlánticos. Por otro lado, para difundir su perfil biográfico y su imagen, organizó una oportuna distribución de sus textos y fotografías. El público potencial debía asociar su nombre y su imagen, como una manera de favorecer la venta de sus novelas y amplificar el impacto de su discurso.

Como escritor y hombre de negocios era consciente de las limitaciones de la difusión del libro español en el mercado hispanoamericano, y no solo argentino, y entendió su viaje como una oportunidad para que se ampliara la circulación de las obras de escritores españoles, poniendo la suya en primer lugar. Demostró ser un excelente publicista, y los réditos se mostraron en su primera estancia y en la posterior promoción de *Argentina y sus grandezas*.

Una decisión previa, que tomó deliberadamente, fue su desvinculación de la política y de la empresa periodística, buscando que su radicalidad republicana quedara relegada en favor de su idiosincrasia intelectual y literaria, aunque sin eliminar aquellos rasgos de su personalidad pública —como el compromiso, el idealismo, la pasión o la sensibilidad social— que pudieran favorecerle en la construcción de su nueva imagen. Se propuso en definitiva romper con lo que era una limitada militancia política para abrirse a lo que esperaban escuchar las masas, un público transversal que comprendería todos los niveles de la sociedad y que le reportaría ingresos adicionales. En los distintos escritos promocionales y en las entrevistas concedidas a medios españoles y americanos, hizo un esfuerzo por reivindicar la figura del escritor, del viajero inquieto por conocer y crear vínculos socialmente útiles, proyectándose como un intelectual íntegro y consciente de las responsabilidades de su tiempo.

Este planteamiento estaba en sintonía con la construcción de un ambicioso proyecto editorial y literario, en el que se integraran miembros destacados de la colectividad española en la Argentina, que se beneficiaban del proceso de modernización que atravesaba el país y de la coyuntura, paradójicamente propicia, de la celebración del primer centenario de su independencia del Imperio español. Así pues, partiendo de intereses diferentes, tanto Blasco Ibáñez como los líderes étnicos de la emigración española, confluyeron y cooperaron eficazmente para cumplir sus propios objetivos. Blasco Ibáñez se convertiría en un reclamo para las élites políticas y culturales de Argentina, pero también para los principales líderes de la colectividad española, que mediaban en las relaciones entre la comunidad emigrante y hacia el país receptor.

Cuando en su primer viaje arribó a Buenos Aires, se presentó como escritor, hombre de cultura y representante de una hispanidad desprovista de rasgos facciosos o sectarios, una seña de identidad que siempre antepuso a cualquier otra y que sus anfitriones reafirmaron en sus presentaciones y agasajos. Así, los miembros más destacados de las élites españolas y argentinas enfocaron la visita y las actividades como las de un «embajador no oficial» de España. En su primera estancia recorrió distintos espacios —teatros, centros asociativos, redacciones de los principales periódicos—, convocó a un público numeroso, acudió a numerosos banquetes y recepciones, fue recibido por el presidente de la República y logró el reconocimiento de máximo representante de las letras españolas de ese momento por sus partidarios, pero también por otros —españoles, argentinos, uruguayos, paraguayos o chilenos— que simplemente eran conocedores de su producción literaria.

Blasco Ibáñez no disertó en instituciones académicas o universitarias, como sí lo hicieron otros españoles que, por aquellos años, acudieron a América, y especialmente a la Argentina en torno al centenario. El caso más notable fue el de Rafael Altamira, cuyo recorrido por distintos países respondía a un plan de cooperación para el fomento de los intercambios educativos y a la creación de una red intelectual que sustentase la idea de comunidad cultural hispanoamericana, como ha tratado Prado.

Respecto al ámbito que Blasco Ibáñez eligió para sus presentaciones, en este libro se demuestra que no emprendió su primer viaje hasta que tuvo cerrado con el empresario del teatro Odeón de Buenos Aires un acuerdo económico para pronunciar una serie de conferencias. Se acordó que no solo se cobraría entrada, sino que además su producto material sería gestionado por el escritor, aunque para la promoción se apoyaría en una estructura publicitaria ya establecida, que incluía la difusión en los periódicos porteños y de la colectividad española.

Al margen de este acuerdo, la investigación revela que Blasco Ibáñez no tenía contratadas las conferencias con ningún otro empresario, sino que se aventuró, alentado por miembros notables de la colectividad, a realizarlas por su cuenta y riesgo. Para ello alquiló distintas salas teatrales y cedió a los empresarios encargados de gestionarlas un porcentaje de la venta de las entradas. Esa es la razón por la que manifestó en reiteradas ocasiones su preocupación por que sus conferencias no generasen demasiado interés, o que pudiesen ser eclipsadas por las de otros. Que un escritor notable venido de España llevase a cabo esta práctica no debe ser reducido a un hecho anecdótico, pues nos demuestra su carácter empresarial y cómo armonizó pragmáticamente ambos registros, el cultural y el crematístico, para obtener éxito y lograr sus objetivos. No fue el único que llevó a cabo esta práctica empresarial que, como se ha demostrado a través de variadas fuentes, fue muy criticada por verse en ella a oportunistas europeos que acudían a los países americanos con el objetivo de enriquecerse. Cuando ocasionalmente ofreció alguna conferencia gratuita o con precios reducidos, lo hizo atendiendo a sus intereses, en la convicción de que redundaría en su popularidad y revertiría en posteriores ingresos.

Se ha mencionado cómo necesitó del apoyo de diferentes valedores locales. Autores que han analizado el paso de Blasco Ibáñez por Argentina casi no introducen el papel de estos cicerones, eclipsados por la arrolladora personalidad del viajero y su relato autorreferencial y egocéntrico. En este estudio se tratan sus vínculos previos con ciertos hombres destacados de la colectividad española y del país, para que le ayudaran a planificar y a promocionar su agenda, incluso hay constancia de que le facilitaron la posibilidad de que ampliara su oferta de conferencias más allá de las previstas inicialmente. De hecho, ciertos puntos de la gira por el interior argentino terminaron de cerrarse estando Blasco Ibáñez en Buenos Aires.

Dos emigrantes españoles resultaron ser clave: Justo López de Gomara y Carlos Malagarriga, ambos republicanos y pertenecientes a la élite de la colectividad en Argentina. El primero actuó como intermediario con el empresario del Odeón y lo hizo sin retribución económica alguna. Respecto a Malagarriga, acompañó y ayudó a Blasco Ibáñez en la gira por el interior. Se implicaron también el Club Español y el Círculo Valenciano; son solo unos ejemplos puntuales que muestran el interés de seguir avanzando en el estudio de las élites de la emigración y el papel que desempeñaron, tanto de manera individual como a través de asociaciones, para promover distintas modalidades de intervención cultural española. También destacan los argentinos Manuel Ugarte y Juan Antonio Argerich —a quienes confió los propósitos de su viaje y pidió ayuda para que lo promocionasen— y Eduardo Wilde y Roque Sáenz Peña, ambos se encontraban fuera del país desempeñando cargos oficiales y escribieron cartas de recomendación al novelista que fueron presentadas a José Figueroa Alcorta —presidente de la República Argentina— y al expresidente Julio Argentino Roca.

En relación con el discurso de Blasco Ibáñez, se observa un importante giro «españolista», en una línea de tendencia más conservadora, que se acentuó a partir de su desvinculación política, y que atribuimos a razones de oportunismo. En varias de sus conferencias, se concentró en defender el legado español combatiendo la Leyenda Negra valiéndose de la autoridad que le confería su prestigio. Parte de sus argumentos habían sido avanzados en artículos que envió como colaborador a la revista *España* de la Asociación Patriótica Española de Buenos Aires y que le sirvieron para obtener visibilidad en la colonia española rioplatense. El análisis de los contenidos muestra cómo sus discursos se acomodaban al público que asistía a escucharlos, una prueba más de su habilidad para hacer de sus conferencias un *espectáculo literario* porque, sobre todo, le importaba crear expectativas y alimentar el interés de posibles oyentes más que el fondo de los temas. Es decir, le movía más la conveniencia que la convicción.

Blasco Ibáñez participaba de la circulación de ideas de su generación, si bien él las modeló y defendió de manera contradictoria. En sus intervenciones, incidía en problemas palpitantes en torno al debate sobre hispanoamericanismo e hispanismo frente a quienes lo rebatían. Se refería al reconocimiento de España como una nación prestigiosa por su historia y su cultura, defendía la conquista y colonización, y la existencia de una confraternidad hispanoamericana en torno a la lengua común. En líneas generales, abrevaba eclécticamente y sin mayores complejos en diferentes corrientes —hispanoamericanismo

progresista, generación del 98, regeneracionismo, nacionalismo argentino del centenario— para desarrollar un discurso patriótico triunfalista y orientado al mundo comercial.

Sus éxitos apenas quedaron empañados por algunas reacciones negativas, como el
informe crítico que envió a las instancias españolas la legación española de Montevideo
o algunas notas de prensa. Las críticas que le atacaban por sus flagrantes incongruencias
y por el beneficio económico que le movía provenían fundamentalmente de elementos
católicos y conservadores españoles, socialistas españoles y argentinos, hispanófobos y
personajes vinculados a otras colectividades de inmigrantes.

De manera premeditada optó por intervenciones de carácter divulgativo que salieran
de los cenáculos especializados y siempre trataba de diferenciarse de otros conferenciantes. En cuanto que su auditorio pagaba una entrada, cuidó la puesta en escena, y
adaptó su discurso a las características del público, que cubría un amplio espectro desde
las oligarquías a los sectores populares. Con ello logró el aplauso de oyentes que habían
rechazado el acercamiento a una España que consideraban que había explotado a los
hombres y los recursos americanos.

Una imagen que se repitió desde su llegada fue la de la policía de Buenos Aires
intentando contener a un público que quería ver, escuchar y tocar a Blasco Ibáñez. En
las distintas provincias que recorrió esta fue la nota distintiva, la priorización del personaje sobre el hombre de letras. Esa *tournée,* en la que el novelista tuvo que alternar sus
disertaciones con un gran número de eventos sociales, terminó por agotarle tal y como
manifestó a sus allegados.

A pesar de las contrariedades, consiguió fama y dinero desplegando sus dos facetas, la
de hombre de cultura y de negocios. El resultado más visible fue *Argentina y sus grandezas,*
publicado en agosto de 1910 por su propia editorial, un libro que ya tenía en mente escribir
antes de su viaje: se trata de una obra excepcional que va más allá del relato de un viajero
y difícil de clasificar, dado que se construye en la intersección de múltiples tensiones. Aco-
metió su elaboración como una empresa personal en la que fue autor, editor, distribuidor y
hasta vendedor (llegó a transportar ejemplares en su segunda estancia en Argentina).

Demostró una vez más su audacia para diseñar un nuevo negocio cultural en la conexión triangular entre nacionalismo, producción cultural y poder político. Aprovechó
que las altas instancias de poder de la Argentina buscaban recursos de propaganda en
la coyuntura signada por el clima del centenario, y se situó en un lugar privilegiado con
acceso al presidente de la República, al que ofreció una obra que debería en parte ser
financiada por el gobierno, y que diera a conocer en el escenario internacional la riqueza
y potencialidades del país, y atrajera inversiones e inmigrantes. Como escritor-editor,
sabía que el éxito del libro en el mercado no estaba basado únicamente en la calidad
literaria de los textos, sino también en los aspectos formales y simbólicos y, dado que su
objetivo era vender el mayor número de ejemplares, en *Argentina y sus grandezas* puso
especial énfasis en una edición atractiva, en la que invirtió un importante capital. Aunque
la mayor parte de los ejemplares estaban destinados a la venta, se ha podido constatar
que algunos fueron ofrecidos como obsequio o donación a determinadas personalidades.
Esta práctica de inversión indirecta revela una estrategia comercial novedosa por parte
de Blasco Ibáñez, que también se preocupó de que la obra fuese reseñada y publicitada

en los principales medios argentinos. A pesar de los esfuerzos, ni los beneficios obtenidos por la venta ni su impacto social cumplieron con las expectativas. El elevado precio restringía su acceso, a lo que hay que añadir que su peso y dimensiones dificultaron enormemente la logística de la distribución. Sin embargo, además de permitirle regresar a la Argentina e iniciar un nuevo negocio editorial, la obra implicó una reformulación de sus planes y le abrió el camino para desarrollar un proyecto que lo convertiría durante cuatro años en un *empresario colonizador*.

Si la primera etapa resulta un fenómeno digno de estudio porque supone un acercamiento al complejo desarrollo de las relaciones intelectuales hispanoargentinas, así como a las actividades de Blasco Ibáñez como emprendedor en función de su proyecto cultural, su segunda etapa resulta aún más sorprendente. Las ganancias obtenidas de su gira como conferenciante en 1909, y de *Argentina y sus grandezas* le permitieron alcanzar el segundo de sus objetivos: convertirse en colonizador. El recorrido por distintas provincias no solo le sirvió para recopilar materiales para su obra, sino que pudo conocer las posibilidades que ofrecía Argentina en aquellos años de grandes flujos migratorios desde Europa. Apoyado por personalidades políticas de primer orden y en el marco de una legislación propicia, se embarcó en la fundación de dos colonias de explotación agrícola con las que pretendía ayudar a emigrantes españoles.

Esta etapa, que se desarrolló entre 1910 y 1914, supuso un punto de inflexión en su vida porque implicó a sus hijos y a familias valencianas. El fracaso le llevó a la ruina porque invirtió cuanto poseía, incluidas las ganancias como conferenciante, las obtenidas de la venta de *Argentina y sus grandezas,* e incluso la herencia dejada por su padre. Sus nuevos planes le absorbieron de tal manera que durante un tiempo no asumió proyectos literarios, lo que le privó de unos ingresos habituales y necesarios.

La intención de Blasco Ibáñez de incursionar en el negocio agrario fue esbozada en su primer viaje en junio de 1909. Su proyecto consistía principalmente en atraer a familias de la huerta valenciana, pero también de otras regiones agrícolas de España, con la intención de ofrecer oportunidades y garantías de una emigración segura. Para su reclutamiento utilizó la prensa como medio más eficaz. Fundó dos colonias, Cervantes en Río Negro y Nueva Valencia en la provincia de Corrientes, que fueron planificadas de forma diferente y dedicadas a cultivos distintos. En su deseo de establecer una «España Nueva» al otro lado del Atlántico no estuvo solo, contó con la ayuda de su amigo Francisco Sempere, que secundó en Valencia su proyecto en Argentina, y con su secretario y ayudante Julio Cola, su hombre de confianza en el país y su mayor defensor.

El desconocimiento de la actividad agrícola, las características de las regiones que eligió, una sobrevaloración de sus contactos con las élites argentinas, la heterogeneidad de los emigrantes españoles y la inexperiencia sobre cómo llevar la gestión financiera acabaron con su empresa y con sus ilusiones. Comprendió demasiado tarde que para ser un empresario agrícola en la Argentina de principios del siglo xx no bastaba con la fama, con poseer experiencia como agitador político, novelista, con planificar la erección de estatuas, con leer libros de agricultura, ni siquiera con contar con apoyos que secundasen el proyecto. Había que mantener una constante lucha con una tierra que no resultó tan promisoria, acometer una serie de inversiones en materiales, como la maquinaria y el sistema de riego, que no conocía, atender las demandas que le planteaban unos colonos que progresivamente se fueron marchando por considerar que Blasco Ibáñez no cumplió con lo prometido, la mala sintonía con sus socios y las exigencias de los bancos que le habían concedido créditos a los que no pudo hacer frente. Fueron factores adversos los que le llevaron a la ruina. La prensa no tardó en pregonar su fracaso, y solo algunos medios afines como el diario *El Pueblo,* que le había servido de plataforma para atraer a emigrantes, especialmente valencianos, trataron de protegerle justificando su obra colonizadora.

Más allá de su condición privilegiada y su preparación, se puede apreciar como Blasco Ibáñez, pese a emigrar con el respaldo de un capital considerable y con ciertos vínculos de relaciones sociales recientemente establecidas, aunque también se valió de sus influyentes vínculos políticos consolidados, compartió ciertas experiencias, comportamientos y estrategias con la emigración española. En este sentido, no solo inició su aventura de forma individual, para luego «tirar de la cadena migratoria» y atraer a su proyecto a miembros de su familia y paisanos; sino que sus utopías, euforias, expectativas de crecimiento, agobio ante las dificultades y, finalmente, sensaciones de desarraigo, fracaso y resentimiento, no fueron diferentes de aquellas que experimentaron muchos emigrantes que no lograron «hacer la América».

Tras abandonar la Argentina definitivamente en 1914 junto a sus dos hijos, no regresó a España. Se estableció en París; como corresponsal de guerra escribió artículos sobre la contienda europea que fueron publicados en la obra *Historia de la guerra europea,* e inició nuevos proyectos editoriales que terminaron por convertirle en un editor y escritor profesional. No se olvidó del mercado americano, como queda atestiguado en su correspondencia con Sempere y Llorca, su estancia y experiencia argentina incrementó los lazos con el continente. Años más tarde volvió a América; en Estados Unidos se transformó en un autor de *best seller* con su obra *Los cuatro jinetes del Apocalipsis.*

Las dos etapas de Blasco Ibáñez en Argentina supusieron un punto de inflexión en su vida personal y en su trayectoria como escritor y editor. La primera contribuyó a consolidarle como un intelectual de mercado, porque además de impartir conferencias aprendió los mecanismos que regían un negocio del que decidió tomar las riendas convirtiéndose en *emprendedor cultural*. En su prolongada segunda estancia, trató de rentabilizar su conocimiento del país y sus contactos para comportarse como un *emprendedor agrícola y colonizador* que además de buscar beneficios económicos intentó apoyar a emigrantes españoles convirtiéndoles en protagonistas de su empresa.

La experiencia de Blasco Ibáñez en esas dos estancias, con diferentes proyectos y expectativas, supone un caso de estudio a sumar en la potente historiografía sobre las relaciones entre España y la república rioplatense que atiende a una multiplicidad de líneas de investigación. Entre ellas, la incorporación de emigrantes españoles a los sectores de poder que llegaron a ser grandes hacendados, empresarios, profesionales, y agentes culturales; o la secuencia de escritores, académicos, artistas y políticos que fueron invitados a participar en actividades profesionales o en manifestaciones simbólicas como el Centenario de la Independencia. Blasco Ibáñez fue uno entre los que viajaron aprovechando su prestigio en el medio cultural, pero también asumió el papel de emigrante que trató de hacer fortuna fundando colonias agrícolas.

Fuentes y Bibliografía

ARCHIVOS Y REPOSITORIOS CONSULTADOS

Archivo del Ministerio de Asuntos Exteriores de España (AMAE), Madrid. Fondos transferidos al Archivo Histórico Nacional (AHN), Madrid.

Archivo de la Casa-Museo Blasco Ibáñez, Epistolarios (ACMBI), Valencia.

Biblioteca de la Academia Nacional de la Historia, Buenos Aires.

Biblioteca de la Casa-Museo Blasco Ibáñez, Valencia.

Biblioteca de la Facultad de Filosofía y Letras de la Universidad de Buenos Aires, Buenos Aires.

Biblioteca de la Legislatura de la Ciudad Autónoma de Buenos Aires, Buenos Aires.

Biblioteca del Instituto de Historia de España Dr. Claudio Sánchez Albornoz de la Universidad de Buenos Aires, Buenos Aires.

Biblioteca Nacional de Argentina, Buenos Aires.

Biblioteca Nacional de España, Madrid.

Biblioteca Valenciana Nicolau Primitiu, Valencia.

Biblioteca Virtual de Prensa Histórica.

Departamento de Archivos de la Biblioteca Nacional de Argentina, Buenos Aires.

Repositorio Documental de la Universidad de Salamanca (Gredos).

Hemeroteca Archivo General de la Nación Argentina, Buenos Aires.

Hemeroteca Municipal de Valencia, Valencia.

Hemeroteca Nacional de Argentina, Buenos Aires.

Museo Valenciano de la Ilustración y de la Modernidad (MuVIM), Valencia.

Repositorio Institucional de la Universidad de Málaga (RiUMA).

FUENTES HEMEROGRÁFICAS

ABC
Caras y Caretas
El Diario Español

El Heraldo de Madrid
El Imparcial
El Liberal
El País
El Pueblo
España
La Argentina
La Defensa
La Nación
La Prensa
La Vanguardia
Las Provincias
Nosotros
Vida Socialista

OBRAS DE BLASCO IBÁÑEZ

BLASCO IBÁÑEZ, V. (1902). Una visita a Zola. En: P. Alexis, L. Bonafaux y V. Blasco Ibáñez, *Emilio Zola. Su vida y sus obras*. (2.ª ed., pp. 187-189). Valencia: F. Sempere y C.ª Editores.

— (1904). Alma valenciana. *España*, 7-10, 23 de febrero.

— (1907). Españoles fuera de España I. El salón cerrado. *España*, 433-435, 23 de junio.

— (1907). Españoles fuera de España II. El porvenir de nuestra raza. *España*, 449-450, 30 de junio.

— (1907). Españoles fuera de España III. La obra patriótica de la emigración. *España*, 49-51, 28 de julio.

— (1907). Españoles fuera de España IV. Patriotismo verdadero. *España*, 81-82, 11 de agosto.

— (1907). Múnich. El festival de Wagner. *España*, 229-231, 13 de octubre.

— (1907). Hermoso Danubio Azul. *España*, 244-246, 20 de octubre.

— (1907). La ciudad de los Magyares. *España*, 261-262, 27 de octubre.

— (1907). Constantinopla. El gran Visir. *España*, 292-295, 10 de noviembre.

— (1907). Constantinopla. El Palacio de la Estrella. *España*, 326-328, 24 de noviembre.

— (1907). Constantinopla. El Selamlik. *España*, 344-346, 1 de diciembre.

— (1907). Constantinopla. Los perros. *España*, 354-356, 8 de diciembre.

— (1908). Recuerdos de Oriente. Santa Sofía. *España*, 67-68, 26 de enero.

— (1908). La Madre de los Gigantes. *El Pueblo*, 2 de junio.

— (1909). Mi viaje a la Argentina. *La Nación*, 5, 11 de abril.

— (s. f. [c. 1910]). *Conferencias completas dadas en Buenos Aires por el eminente escritor y novelista español*. Buenos Aires: Imprenta y casa editora Grau.

— (1910). *Argentina y sus grandezas*. Madrid: La Editorial Española-Americana.

— (s. f.). *Argentina y sus grandezas*, 2.ª edición. Valencia: Prometeo.

— (1914). *Historia de la guerra europea*. Valencia: Prometeo.

— (1914). *Los argonautas*. Valencia: Prometeo.

— (1916). *Los cuatro jinetes del Apocalipsis*. Valencia: Prometeo.

— (1919). *La barraca*. Valencia: Prometeo.

— (1919). *Los muertos mandan*. Valencia: Prometeo.

— (1919). *Entre naranjos*. Valencia: Prometeo.

— (1922). *La tierra de todo*. Valencia: Prometeo.

— (1923). *Flor de mayo*. Valencia: Prometeo.

— (1924). *Cañas y barro*. Valencia: Prometeo.

— (1925). *El intruso*. Valencia: Prometeo.

— (1999). *La vuelta al mundo de un novelista*. Madrid: Ediciones Jaguar.

— (2004). *Oriente*. Murcia: Nausícaä.

FUENTES PRIMARIAS IMPRESAS Y BIBLIOGRAFÍA

ABELLÁN, J. L. (1968). *Visión de España en la Generación del 98. Antología*. Madrid: Editorial Magisterio Español.

— (1997). *Sociología del 98. Un acercamiento a su significado*. Madrid: Biblioteca Nueva.

ACADEMIA ARGENTINA DE LAS LETRAS (1940). *Boletín de la Academia Argentina de las Letras*, t. VIII, 29.

AGUILAR MUÑOZ, M. (1964). *Una experiencia editorial*. Madrid: Aguilar.

ALMELA, V. (1909). Los muertos mandan. La nueva novela de Blasco Ibáñez. *El Heraldo de Madrid*, *1*, 13 de enero.

— (1910). Argentina y sus grandezas. *El Heraldo de Madrid*, *1*, 26 de julio.

— (1910). Argentina y sus grandezas. *El Imparcial*, *2*, 28 de julio.

ALÓS, V. R. (1999). *Vicente Blasco Ibáñez. Biografía política*. Valencia: Diputación de Valencia.

ALONSO, C. (2002). Acerca del entorno editorial y literario de Blasco Ibáñez en Valencia a finales del XIX. En: M. Chust Calero (Coord.), *De la cuestión señorial a la cuestión social: homenaje al profesor Enric Sebastiá* (pp. 283-306). Valencia: Universidad de Valencia.

ALTAMIRA, Rafael (1946). *Manual de Historia de España*. Buenos Aires: Editorial Sudamericana.

— (1997). *Psicología del pueblo español*. Madrid: Biblioteca Nueva.

— (2008). *La huella de España en América*. Salamanca: Universidad de Salamanca.

ALTAMIRANO, C. (2005). *Para un panorama de historia intelectual y otros ensayos*. Buenos Aires: Siglo XXI Editores.

ALTAMIRANO, C., & SARLO, B. (1997a). *Ensayos argentinos. De Sarmiento a la Vanguardia*. Argentina: Ariel.

— (1997b). La Argentina del Centenario. Campo intelectual, vida literaria y temas ideológicos. En: C. Altamirano & B. Sarlo, *Ensayos argentinos. De sarmiento a la Vanguardia* (pp. 161-200). Buenos Aires: Ariel.

— (1983). *Literatura/Sociedad*. Buenos Aires: Hachette.

ALTAMIRANO, C. (Dir.), & Myers, J. (Ed.) (2008). *Historia de los intelectuales en América Latina. I – La ciudad letrada, de la conquista al modernismo*. Buenos Aires: Katz.

ÁLVAREZ JUNCO J. (2001). *Mater dolorosa. La idea de España en el siglo XIX*. Madrid: Taurus.

— (2005). *Alejandro Lerroux. El Emperador del Paralelo*. Madrid: Síntesis.

ANDERSON, C. L. (2005). *Vicente Blasco Ibáñez: an annotated bibliography 1975-2002*. Newark. Delaware: Juan de la Cuesta cop.

— (2008). *Los argonautas: la experiencia argentina y la primera novela evocativa de Vicente Blasco Ibáñez*. Memoria Académica. Primer Congreso de Literatura y Cultura Contemporáneas Españolas. 1 a 3 de octubre. Buenos Aires: Universidad Río de la Plata.

ANDERSON IMBERT, E. (1980). La generación del 80. En: H. Rodríguez Alcalá (Comp.), *On the Centennial of the Argentine Generation of 1880* (pp. 2-10). Riverside: Latin American Studies Program of the University of California.

ANSOLABEHERE, P. (2010). La vida bohemia en Buenos Aires (1880-1920): lugares, itinerarios y personajes. En: P. Bruno (Dir.), *Sociabilidad y vida cultural. Buenos Aires, (1860-1930)* (pp. 155-186). Bernal: Editorial de la Universidad Nacional de Quilmes.

APIC, M. (2017). Vicente Blasco Ibáñez y Gérard de Nerval: dos miradas europeas de viajeros a Oriente. *Letras, 74-75*, 7-27, julio de 2016-junio de 2017.

ARCONDO, A. (1980). El conflicto agrario argentino de 1912. Ensayo de interpretación. *Desarrollo Económico, 20* (79), 351-381.

ARENAL, C. (2001). *Política exterior de España y relaciones con América Latina*. Madrid: Fundación Carolina.

ARIZA GONZÁLEZ, F. (2020). Vicente Blasco Ibáñez, Pío Baroja y el comercio del libro en los Estados Unidos. *Revista de Literatura, 82*(163), 173-185, enero-junio.

AUZA, N. T. (1980). La ocupación del espacio vacío: de la frontera interior a la frontera exterior. 1876-1910. En: G. Ferrari & E. Gallo (Comps.), *La Argentina del Ochenta al Centenario* (pp. 61-89). Buenos Aires: Sudamericana.

AVELLANAL, F. (1978). *Juan Ramón Vidal. El último caudillo federal*. Corrientes.

AZZATI, F. (1909). Notas. *El Pueblo, 1*, 2 de mayo.

— (1911). Blasco Ibáñez. *El Pueblo, 1*, 21 de febrero.

BALFOUR, S. (1998). *El fin del Imperio Español (1898-1923)*. Barcelona: Crítica.

BALFOUR, S., & Quiroga, A. (2004). *España reinventada. Nación e identidad desde la transición*. Barcelona: Península.

BALSEIRO, J. F. (1949). *Blasco Ibáñez, Unamuno, Valle-Inclán y Baroja. Cuatro individualistas de España*. Carolina del Norte: University of North Carolina Press.

BANDIERI, S., & Blanco, G. (2009). Política de tierras públicas en los Territorios Nacionales: entre la norma y la práctica. En: G. Blanco & G. Banzato (Eds.), *La cuestión de la tierra pública en Argentina. A 90 años de la obra de Miguel Ángel Carcano* (pp. 168-198). Rosario: Prohistoria.

BAQUERO ESCUDERO, A. L. (2008). Las novelas históricas olvidadas de Blasco Ibáñez. *Anales de Literatura Española, 20* (pp. 75-103).

BAS CARBONELL, M. (1998). Aproximación al catálogo de la Editorial Prometeo. *Blasco Ibáñez: y el periodismo se hizo combativo* (pp. 95-103). Valencia: Diputación de Valencia.

— (2003). *Viajeros valencianos: Libros de viajes (ss. XII-XX)*. Valencia: Ayuntamiento de Valencia.

BERNABEU, S. (1987). *1892: El IV Centenario del Descubrimiento de América en España: coyuntura y conmemoraciones*. Madrid: CSIC.

BERTONI, L. A. (2001). *Patriotas, cosmopolitas y nacionalistas. La construcción de la nacionalidad argentina a fines del siglo XIX*. Buenos Aires: FCE.

BETHANY, A. (2008). *Leyenda negra y leyendas doradas en la conquista de América. Pedrarias y Balboa.* Madrid: Marcial Pons.

BIAGINI, H. (1995). *La generación del ochenta.* Buenos Aires: Losada.

BLANCO, M. (2014). Colonización y política agraria en la provincia de Buenos Aires. Demandas sectoriales y respuestas oficiales durante la primera mitad del siglo xx, *Mundo Agrario, 15* (30).

BLANCO RODRÍGUEZ, J. A. (2001). El asociacionismo español en América. En: A. Morales Moya (Coord.), *Las claves de la España del siglo xx. La modernización social* (pp. 193-216). Madrid: Sociedad Estatal España Nuevo Milenio.

— (Ed.) (2005). *El sueño de muchos. La emigración castellana y leonesa a América.* Zamora: UNED.

— (Ed.) (2008). *El asociacionismo en la emigración española a América.* Zamora: UNED.

— (2008). Aspectos del asociacionismo en la emigración española a América. En: J. A. BLANCO RODRÍGUEZ (ED.), *El asociacionismo en la emigración española a América* (pp. 9-30). Zamora: UNED.

BLANCO RODRÍGUEZ, J. A., & DACOSTA, A. (Eds.) (2014). *El asociacionismo de la emigración española en el exterior: significación y vinculaciones.* Madrid: Sílex.

BLANCO RODRÍGUEZ, J. A.; Dacosta, A., & Sánchez, R. (2016). Identidades en la emigración española a Iberoamérica, *Revista Populaçao e Sociedade, CEPESE, 25,* 27-63, Porto.

BLANCO AGUINAGA, C. (1998). *Juventud del 98.* Madrid: Taurus. 3.ª ed.

BLASCO-IBÁÑEZ BLASCO, L. (2016). *Blasco Ibáñez, su vida y su tiempo.* Valencia: Ayuntamiento de Valencia, Delegación de Patrimonio Cultural y Recursos Culturales, Publicaciones de la Casa-Museo Blasco Ibáñez.

BONASTRE, G. R. (1975). El colonizador Vicente Blasco Ibáñez. *Todo es Historia, 103,* 51-58.

BOSCHETTI, A. (2014). El campo literario. En: D. SANZ ROIG (Comp.), *Bourdieu después de Bourdieu* (pp. 71-98). Madrid: Lecturas.

BOTANA, N. R. (1977). *El orden conservador. La política argentina entre 1880 y 1916.* Buenos Aires: Sudamericana.

BOURDIEU, P. (1986). The forms of capital. En: J. G. Richardson (Ed.), *Handbook of Theory and Research for the Sociology of Education* (pp. 241-258). Nueva York: Greenwood Press.

— (1995). *Las reglas del arte. Génesis y estructura del campo literario,* trad. de Thomas Kauf. Barcelona: Anagrama.

— (2002). *Campo de poder, campo intelectual. Itinerario de un concepto.* Tucuman: Montressor.

BRAVO, E. (1913). Hablando con Blasco Ibáñez, *El Pueblo, 1,* 26 de marzo.

BRESCIANO, J. A. (Comp.) (2020). *Las migraciones europeas a América Latina. Nuevas perspectivas socioculturales a través del estudio de la prensa.* Montevideo: Centro de Estudios Interdisciplinarios Migratorios, Facultad de Humanidades y Ciencias de la Educación, Universidad de la República.

BRINES I BLASCO, J. (2002). La difusión del periodismo en el País Valenciano (1909-1938). *Anales de Historia Contemporánea, 18,* 355-382.

BRUNO, P. (2005). *Paul Groussac. Una estrategia comercial.* Buenos Aires: Universidad de San Andrés, Fondo de Cultura Económica.

— (2011). *Pioneros culturales de la Argentina. Biografías de una época.* Buenos Aires: Siglo XXI.

— (Coord.) (2014a). *Visitas culturales en la Argentina (1898-1936).* Buenos Aires: Biblos.

— (Dir.) (2014b). *Sociabilidades y vida cultural. Buenos Aires, 1860-1930*. Bernal: Universidad Nacional de Quilmes.

— (2017). Biografía e historia de los intelectuales. Balance y reflexiones sobre la vida cultural argentina entre 1860-1910. *Literatura y lingüística, 36*, 19-36.

— (2018). *Martín García Mérou. Vida intelectual y diplomática en las Américas*. Bernal: Universidad Nacional de Quilmes.

Bunge, C. O. (1903). *Nuestra América*. Barcelona: Imprenta de Henrich y Cía.

Cabanès, L. (2007). Les Banquets littèraires: pompes et circonstances. *Romantisme, 137*, 61-77.

Cabello, A. (2012). Eduardo Zamacois: empresario cultural y *viajante* de literatura. *Revista de Estudios Hispánicos, 46*, 223-245.

Cagiao Vila, P. (1997). *Muller e emigración*. Santiago de Compostela: Xunta de Galicia.

— (2010). Cuestiones españolas en la celebración del Centenario argentino de 1910. *XIV Encuentro de Latinoamericanistas españoles: congreso internacional*, septiembre, Santiago de Compostela (pp. 365-381).

— (2013). *La emigración gallega a América del Sur*. A Coruña: Ediciones Hércules.

— (2015). Viajeros españoles en Argentina en el tiempo del Centenario. En: E. González Martínez & R. González Leandri (Eds.), *Migraciones transatlánticas. Desplazamientos, etnicidad y políticas* (pp. 374-395). Madrid: Catarata.

Cagiao Vila, P., & Rey Tristán, E. (2007). *De Ida y Vuelta. América y España: los caminos de la cultura*. Santiago de Compostela: Universidad de Santiago de Compostela.

Calzada, R. (1927). *Cincuenta Años de América. Notas autobiográficas. Obras Completas*, t. V, vol. III, Buenos Aires: Librería y Casa Editora de Jesús Menéndez.

Camba, F., & Mas y Pi, J. (1910). *Los españoles en el Centenario argentino*. Buenos Aires: Mestres.

Campella, H. (1983). *La generación del ochenta*. Buenos Aires: Tekne.

Candamo, B. G. (1909). La Vida literaria. Un encuentro, *El Pueblo, 1*, 14 de junio.

— (1911). En casa de Blasco Ibáñez, *El Pueblo, 1*, 29 de enero.

Carbia, R. D. (2004). *Historia de la leyenda negra hispano-americana*. Madrid: Ambos Mundos.

Carcano, M. (1972). *Evolución Histórica del Régimen de la Tierra pública 1810-1916*. Buenos Aires: Eudeba.

Casáus Arzú, M., & Pérez Ledesma, M. (Eds.) (2005). *Redes intelectuales y formación de naciones en España y América Latina 1890-1940*. Madrid: UAM Ediciones.

Castro Montero, Á. (Coord.) (2012). *Españoles en el diario La Prensa*. Fundación Ortega y Gasset Argentina. Buenos Aires: Bergerac Ediciones.

Caudet Roca, F. (1998). Reivindicación de Blasco Ibáñez frente a la crítica. En: J. Oleza & J. Lluch (Eds.), *Vicente Blasco Ibáñez: 1898-1998. La vuelta al siglo de un novelista*, Actas del Congreso Internacional Celebrado en Valencia del 23 al 27 de noviembre, vol. I (pp. 680-699). Valencia: Biblioteca Valenciana.

— (2002). *El parto de la modernidad: la novela de los siglos xix y xx*. Madrid: Ediciones de la Torre.

Checa Godoy, A. (1989). *Prensa y partidos políticos durante la II República*. Salamanca: Universidad de Salamanca.

Chumillas, B. (1909). Desde Buenos Aires. *El Diario Español* y su director. *Nuevo Mundo, 829*, 7, 25 de noviembre.

Chust Calero, M. (Coord.) (2002). *De la cuestión señorial a la cuestión social: homenaje al profesor Enric Sebastiá*. Valencia: Universidad de Valencia.

Círculo Valenciano (1909). *Tributo de admiración y de cariño del Círculo Valenciano de Buenos Aires al ilustre literato, primer embajador de las letras españolas en América Don Vicente Blasco Ibáñez*. Buenos Aires: Imprenta de Juan A. Alsina.

Clark, J. (2015). Introducción al pensamiento social de Élisée Reclus. En: *Libertad, Igualdad, Geografía. Ensayos escogidos de Élisée Reclus* (pp. 27-204). Madrid: Enclave de Libros.

Cobeta Gutiérrez, B. (2018). *La recepción de la obra de Vicente Blasco Ibáñez en Estados Unidos (1900-1928)*. Tesis doctoral. Madrid: UNED, Escuela Internacional de Doctorado.

Codina Bas, Juan Bautista (1998). Los viajes de Blasco Ibáñez: causas y consecuencias. En: J. Oleza & J. Lluch (Eds.), *Vicente Blasco Ibáñez: 1898-1998. La vuelta al siglo de un novelista*. Actas del Congreso Internacional celebrado en Valencia del 23 al 27 de noviembre, vol. I (pp. 92-106). Valencia: Biblioteca Valenciana.

Cola, J. (1911). Con rumbo a Nueva Valencia. *El Pueblo, 1,* 16 de junio.

— (1911). Tierras Correntinas. *El Pueblo, 1,* 22 de junio.

— (1911). De Nueva Valencia. *El Pueblo, 1,* 13 de agosto.

— (s. f.). *Blasco Ibáñez fundador de pueblos*. Madrid: Ambos Mundos.

Colombi, B. (2004). *Viaje intelectual. Migraciones y desplazamientos en América Latina (1880-1915)*. Rosario: Beatriz Viterbo Editora.

Comes Iglesia, V. (1992). La aparición de «Diario de Valencia» (1911). Un factor dinamizador del catolicismo político valenciano. En: A. Laguna Patero & A. López Blasco (Coords.), *Dos-cents anys prensa valenciana: Actes* (pp. 205-216). Valencia: Generalitat Valenciana.

Corbalán, R. T. (1998). *Vicente Blasco Ibáñez y la nueva novela cinematográfica*, Colección Textos Minor. Valencia: Ediciones Filmoteca.

Cortés Conde, R. (1979). *El progreso argentino 1880-1914*. Buenos Aires: Editorial Sudamericana.

Dalla-Corte Caballero, G. (2010). Mercado del libro y empresas editoriales entre el Centenario de las Independencias y la Guerra Civil española: la editorial Sudamericana. *Revista Complutense de Historia de América, 36,* 257-289.

— (2012). *Cultura y negocios: el americanismo catalán de la Revista Comercial Ibero-Americana Mercurio, Barcelona, 1901-1938*. Barcelona: Edicions Casa Amèrica Catalunya, Col·lecció Km 13.774.

Dalla-Corte Caballero, G., & Fernández, S. (1998). *Sobre viajeros, intelectuales y empresarios catalanes en Argentina*. Barcelona: Xarxa Temàtica Medamèrica.

Dalla-Corte Caballero, G., & Prado, G. H. (2005). El movimiento americanista español en la coyuntura del Centenario. Del impulso ovetense a la disputa por la hegemonía entre Madrid y Cataluña. *Estudios Migratorios Latinoamericanos, 19* (56), 31-64.

— (2006). Luces y sombras de dos paradigmas del americanismo español en la renovación del diálogo hispanoamericano (1909-1912). *Anuario de Estudios Americanos, 63* (2), 195-216.

— (2007). La pluralidad del americanismo español: el contexto del primer Centenario de las Independencias. En: P. Cagiao & E. Rey Tristán, *De Ida y Vuelta. América y España: los caminos de la cultura* (pp. 321-332). Santiago de Compostela: Universidad de Santiago de Compostela.

De la Calle Velasco, D. (2013). Rafael Altamira y su idea de España. En: P. Altamira (Coord.), *La huella de Rafael Altamira*. Congreso Internacional octubre de 2011 (pp. 10-24). Madrid: Universidad Complutense de Madrid.

DE MARCO, M. Á. (2006). *Historia del periodismo argentino. Desde los orígenes hasta el Centenario de Mayo.* Buenos Aires: Editorial de la Universidad Católica Argentina.

DE URQUIZA, J. J. (1973). *Testimonios de la vida teatral argentina.* Buenos Aires: Ministerio de Cultura y Educación.

DEL POZO ANDRÉS, M.ª del M. (2007). Los educadores ante el «problema de España»: reflexiones sobre su papel en la construcción de la identidad nacional. En: V. L. Salavert Fabiani & M. Suárez Cortina (Eds.), *El Regeneracionismo en España. Política, educación, ciencia y sociedad* (pp. 125-165). Valencia: Universidad de Valencia.

DEL VILLAR, A. (2005). *El centenario de La República de las Letras: una revista republicana y literaria.* Madrid: Colectivo Republicano Tercer Milenio.

DJENDEREDJIAN, J.; BEARZOTTI, S., & MARTIRÉN, J. L. (2010). Expansión agrícola y colonización en la segunda mitad del siglo XIX. En: *Historia del capitalismo agrariopampeano,* t. 6. Buenos Aires: Teseo.

DELGADO, V. (2010). *El nacimiento de la literatura argentina en las revistas literarias (1896-1913).* La Plata: EDULP.

DESCOUZIS, P. (1970). *Cervantes y la Generación del 98. La cuarta salida de Don Quijote.* Madrid: Ediciones Iberoamericanas.

DEVOTO, F. (1992). Políticas migratorias argentinas y flujo de población europea (1876-1925). *Estudios sobre la emigración italiana a la Argentina en la segunda mitad del siglo XIX* (pp. 45-68). Napoli: Edizioni Scientifiche Italiane.

— (2003). *Historia de la Inmigración en la Argentina.* Buenos Aires: Editorial Sudamericana.

— (2010). *El país del primer Centenario. Cuando todo parecía posible.* Buenos Aires: Capital Intelectual.

DEVOTO, F., & MÍGUEZ, E. (Comps.) (1992). *Asociacionismo e identidad étnica.* Buenos Aires: CEMLA-CSER-IEHS.

DI TELLA, T. (1989). El impacto inmigratorio sobre el sistema político argentino. *Estudios Migratorios Latinoamericanos, 12,* 211-230.

DÍAZ, J. A. (1998). La paradoja romántica del discurso regeneracionista. En: G. Sobejano e Y. Lissorgues (Eds.), *Pensamiento y literatura en España en el siglo XIX. Idealismo, positivismo y espiritualismo* (pp. 295-310). Toulouse: Presses Universitaires du Mirail.

DÍAZ PÉREZ, V.; SILVANO GODOY, J., & BÁEZ, C. (1909). *Las conferencias de Blasco Ibáñez en el Paraguay.* Asunción: Imprenta Grabow & Schauman.

DOMÍNGUEZ, C. (2011). Making a career of the Arriere-garde. Vicente Blasco Ibáñez as a world autor. *European Review, 19* (2), 307-320.

DOSSE, F. (2007). *La apuesta biográfica: escribir una vida.* Valencia: Universidad de Valencia.

DUARTE, Á. (1998). *La República del emigrante. La cultura política de los españoles en Argentina (1875-1910).* Lleida: Milenio.

— (2002). Republicanos, emigrados y patriotas. Exilio y patriotismo español en la Argentina en el tránsito del siglo XIX al XX, *Ayer, 47, 57-79.*

— (2003). España en la Argentina. Una reflexión sobre el patriotismo español en el tránsito del siglo XIX al XX. *Anuario de Estudios Histórico Sociales, 18,* 251-271.

DUARTE, Á., & GARCÍA SEBASTIANI, M. (2010). Carlos Malagarriga, el republicano catalán españolista. En: M. García Sebastiani (Dir.), *Patriotas entre naciones. Elites emigrantes españolas en Argentina (1870-1940)* (pp. 159-198). Madrid: Editorial Complutense.

ESPINÓS I QUERO, A. (2003). Vicente Blasco Ibáñez, autor, impresor y editor. *Hibris: Revista de bibliofilia, 17,* 4-17.

FARÍAS, R. (2016). Construyendo la patria a través de la cultura. La difusión de la identidad nacional española de Buenos Aires: los casos de la Asociación Patriótica Española y la Institución Cultural Española (1910-1939). *Anuario IEHS, 31* (2), 121-138.

FERNÁNDEZ, A. (1987). Patria y cultura. Aspectos de la acción de la elite española en Buenos Aires, 1890-1920. *Estudios Migratorios Latinoamericanos, 6-7,* 291-307.

— (1996). Inmigración y redes comerciales. Un estudio de caso sobre los catalanes de Buenos Aires a comienzos de siglo. *Estudios Migratorios Latinoamericanos, XI* (32), 25-60.

— (2004). *Un mercado étnico en la Plata. Emigración y exportaciones españolas a la Argentina, 1880-1935.* Madrid: CSIC.

— (2008). El asociacionismo español en Argentina: una perspectiva de largo plazo. En: J. A. BLANCO RODRÍGUEZ (ED.), *El asociacionismo en la emigración española a América* (pp. 469-501). Zamora: UNED.

— (2017). La ley argentina de inmigración de 1876 y su contexto histórico. *Almanack, Guarulhos,* 17, 51-85, diciembre.

FERNÁNDEZ, P. (1998). El monopolio del mercado internacional de impresos en castellano en el siglo XIX: Francia, España y la «ruta» de Hispanoamérica. *Bulletin Hispanique, 100* (1), 165-190.

— (2012). Redes trasatlánticas: el espacio editorial en castellano en el campo cultural contemporáneo. *Revista de Estudios Hispánicos, 46* (2), 177-200.

FERNÁNDEZ CABRELLI, A. (1996). La múltiple actividad del masón español Adolfo Vázquez Gómez en el Río de la Plata. En: J. A. Ferrer Benimeli, *La masonería en la España del siglo XX,* vol. 1 (pp. 257-270). Toledo: Universidad de Castilla-La Mancha. Centro de Estudios Históricos de la Masonería Española. Cortes de Castilla-La Mancha.

FERNÁNDEZ FERNÁNDEZ, J. M. (2013). Capital simbólico, dominación y legitimidad. Las raíces weberianas de la sociología de Pierre Bourdieu. *Papers, 98* (1), 33-60.

FERNÁNDEZ TERÁN, R. E., & GONZÁLEZ REDONDO, F. A. (2010). Las cátedras de la Institución Cultural Española de Buenos Aires. Ciencia y educación entre España y Argentina, 1910-1940. *Historia de la Educación: Revista Interuniversitaria, 29,* 195-219.

FERRERES, O. (2004). *Dos siglos de economía argentina (1810-2004).* Buenos Aires: Fundación Norte y Sur.

FILLOL SANZ, J. (1910). Emigración. *El Heraldo de Madrid,* 4, 14 de diciembre.

FOLGUERÁ, S. M. (2011). Crónica de un sueño: refundar Valencia al otro lado del mar, Corrientes. http://www.acpaarrozcorrientes.org.ar/Jornadas-2011/Cronica_de_un_sueno-ORIGINAL.pdf [consultado 09/04/2024].

FOMBONA, J. (2005). *La Europa necesaria. Textos de viaje de la época modernista.* Rosario: Beatriz Editora.

FONTANA, P., & ROMÁN, C. (2009). Un tesoro encerrado en una caja de cristal opaco: Carlos A. Aldao, primer traductor viajero de la literatura argentina. *Memoria Académica* [en línea]. VII Congreso Internacional Orbis Tertius de Teoría y Crítica Literaria, 18, 19 y 20 de mayo. La Plata. http://www.memoria.fahce.unlp.edu.ar/trab_eventos/ev.3543/ev.3543.pdf [consultado 09/04/2024].

FORGUES, R. (1987). *Vicente Blasco Ibáñez. Mito y realidad.* Barcelona: Puvill Libros.

FORMENTÍN IBÁÑEZ, J., & VILLEGAS SANZ, M.ª J. (1992). *Relaciones culturales entre España y América: La Junta para la Ampliación de Estudios (1907-1936).* Madrid: Mapfre (Colección 1492).

FOSTER, D. (1990). *The Argentine Generation of 1880. Ideology and Cultural Text*. Columbia: University of Missouri Press.

FUENTES CODERA, M. (2014). José Ortega y Gasset y Eugenio d'Ors: las primeras visitas a la Argentina y sus proyecciones. En: P. Bruno (Coord.), *Visitas culturales en la Argentina (1898-1936)*. Buenos Aires: Biblos.

GALLO, E., & VIÑUALES, I. (Coords.) (2010). *Las dos verdades de la historia. Argentina y España 1810-2010*. Buenos Aires: Edhasa.

GÁLVEZ, M. (2002). *Recuerdos de la vida literaria (I). Amigos y maestros de mi juventud. En el mundo de los seres ficticios*. Buenos Aires: Taurus.

GARABEDIAN, M. (2017). Los estudios sobre los periódicos de los inmigrantes en la historiografía argentina. La prensa española. En: M. Garabedian (Comp.), *La prensa periódica española en América Latina. Voces, prácticas y diálogos para la identidad española en la diáspora* (pp. 13-34). Buenos Aires: Leviatán.

GARCÍA, I. (2001). El oro de América. La contribución de los emigrantes del Plata al tesoro de la Unión Republicana. *Anuario de Estudios Americanos*, t. LVIII, 1, 253-279.

GARCÍA DE D'AGOSTINO, O. (1981). *Imagen de Buenos Aires a través de los viajeros, 1870-1910*. Buenos Aires: Universidad de Buenos Aires.

GARCÍA PÉREZ, F. (2011). *Hijos de la madre patria. El Hispanoamericanismo en la construcción de la identidad nacional colombiana durante la Regeneración (1878-1900)*. Zaragoza: Institución Fernando el Católico (CSIC).

GARCÍA SEBASTIANI, M. (2004). Crear identidades y proyectar políticas de España en la Argentina en tiempos de transformación del liberalismo. El Diario Español de Buenos Aires. *Estudios Migratorios Latinoamericanos, 55*, 525-555.

— (2005). La eficacia de las redes y los resultados de los vínculos: las élites de los inmigrantes españoles en la Argentina (1862-1923). *Revista Complutense de Historia de América, 31*, 147-176.

— (2006). Prensa e identidad de los españoles inmigrantes en la Argentina: El Diario Español de Buenos Aires en los comienzos del siglo XX. En: J. J. Sánchez Baena & L. Provencio Garrigós (Eds.), *El Mediterráneo y América: Actas XI Congreso Internacional de la Asociación Española de Americanistas (AEA)*, vol. II (pp. 861-871). Murcia: Editora Regional de Murcia.

— (Dir.) (2010). *Patriotas entre naciones. Elites emigrantes españolas en Argentina (1870-1940)*. Madrid: Editorial Complutense.

— (2010b). Justo López de Gomara: Entre el periodismo, la cultura y el negocio de la política de los españoles en Argentina. En: M. García Sebastiani (Dir.), *Patriotas entre naciones. Elites emigrantes españolas en Argentina (1870-1940)* (pp. 83-126). Madrid: Editorial Complutense.

— (2010c). Antonio Atienza y Medrano: Institucionista en otras tierras. En: M. García Sebastiani (Dir.), *Patriotas entre naciones. Elites emigrantes en Argentina (1870-1940)* (pp. 127-158). Madrid: Editorial Complutense.

— (2012). Emigración, nacionalismo y conmemoraciones. En: J. Moreno Luzón & R. Gutiérrez Viñuales (Eds.), *Memorias de la independencia. España, Argentina y México en el primer centenario (1908-1910-1912)* (pp. 79-95). Madrid: Acción Cultural Española.

— (2013). España fuera de España. El patriotismo español en la emigración argentina: una aproximación. *Hispania, LXXIII* (244), 469-500.

— (2020). Nacionalismo e identidad nacional entre los españoles en Argentina (1860-1975). En: M. García Sebastiani & X. M. Núñez Seixas (Eds.), *Hacer patria lejos de casa. Nacionalismo español, migración y exilio en Europa y América (1870-2010)* (pp. 41-71). Zaragoza: Prensas de la Universidad de Zaragoza.

GASCÓ CONTELL, E. (1957). *Genio y figura de Blasco Ibáñez. Agitador, aventurero y novelista*. Madrid: Afrodisio Aguado.

— (2011). Nuevos documentos sobre la aventura argentina de Vicente Blasco Ibáñez. *Debats, 111*, 22-29.

— (2012). *Genio y figura de Blasco Ibáñez. Agitador, aventurero y novelista*. Valencia: Ayuntamiento de Valencia.

GIACCIO, L. (2014). Panorama de la estadía de Valle-Inclán en Buenos Aires: sociabilidad y vida cultural. *Cuadrante. Revista semestral de Estudios Valleinclanianos e Históricos, 29*, 163-187.

— (2017). Las «demostraciones» de *Nosotros* a Blasco Ibáñez y Valle-Inclán: estrategias de sociabilidad. *Aletria Belo Horizonte, 27* (2), 323-341.

— (2018). Viajeros españoles como mediadores culturales entre Argentina y España a principios del siglo xix. En: M. Rosso, F. Gambin, G. Calabrese & S. Cattaneo (Eds.), *Trayectorias literarias hispánicas: redes, irradiaciones y confluencias* (pp. 355-366). Roma: AISPI Edizioni.

GIUSTI, R. F. (1965). *Visto y vivido. Anécdotas, semblanzas, confesiones y batallas*. Buenos Aires: Losada S. A.

GIL DE OTO, M. (1915). *La Argentina que yo he visto*. Barcelona: Imprenta B. Bauza.

GIL LÁZARO, A. (2017). Prensa étnica e inmigración. El periodismo español en México en el primer tercio del siglo xx. *Revista Internacional de Historia de la Comunicación, 9*, 37-64.

GODIO, J. (1987). *El movimiento obrero argentino (1870-1910). Socialismo, anarquismo y sindicalismo*. Buenos Aires: Legasa.

GÓMEZ DE BAQUERO, Eduardo (1909, 10 de marzo). Actualidad literaria. Un embajador de las letras españolas en América. *El Imparcial, 2*.

GONZÁLEZ, E. (1965). *El Dr. Juan R. Vidal. El hombre, el político, el gobernante (1860-1940)*.

GONZÁLEZ BLANCO, A. (1914). La novela de la emigración. Los Argonautas. *El Liberal, 3*, 5 de julio.

GONZÁLEZ MARTÍNEZ, E., & REGUERA, A. (Coords.) (2010). *Descubriendo la nación en América. Identidad, imaginarios, estereotipos sociales y asociacionismo de los españoles en Argentina, Brasil, Chile, Uruguay, siglos xix-xx*. Buenos Aires: Biblos.

GONZÁLEZ MARTÍNEZ, E., & González LEANDRI, R. (Eds.) (2015). *Migraciones transatlánticas. Desplazamientos, etnicidad y políticas*. Madrid: Catarata.

GUTIÉRREZ, R., & SÁNCHEZ NEGRETE, Á. (1995). Vicente Blasco Ibáñez en la Argentina. En: M. García (Ed.), *Exiliados. La emigración cultural valenciana (siglos xvi-xx)*, vol. I (pp. 115-127). Valencia: Generalitat Valenciana Conselleria de Cultura.

HALPERIN DONGHI, T. (1987). ¿Para qué la inmigración? Ideología y política inmigratoria en Argentina (1810-1914). *El espejo de la historia. Problemas argentinos y perspectivas latinoamericanas* (pp. 192-238). Buenos Aires: Sudamericana.

— (1998). 1880: un nuevo clima de ideas. En: T. H. Donhgi, *El Espejo de la historia* (pp. 239-252). Buenos Aires: Sudamericana.

HERNÁNDEZ RAMOS, P. (2017). Consideración teórica sobre la prensa como fuente historiográfica. *Historia y Comunicación Social, 22* (2), 465-477.

HERRÁEZ, M. (1999). *Epistolario de Vicente Blasco Ibáñez-Francisco Sempere (1901-1917)*. Valencia: Generalitat Valenciana.

HILTON, S. L. (1999). *Relatos de viajeros de Estados Unidos en Hispanoamérica. Siglo XIX.* Fundación Histórica Tavera. Digibilis: Madrid.

HUGUET SANTOS, M.; NIÑO RODRÍGUEZ, A., & PÉREZ HERRERO, P. (1992). *La formación de la imagen de América en España (1898-1989).* Madrid: OEI.

HUNLEBAEK, C. (2015). *Spain. Inventing the Nation.* London: Bloomsbury.

IGLESIAS, C. (1985). *Blasco Ibáñez: Un novelista para el mundo.* Madrid: Sílex.

IGLESIAS CARO, C. (2000). Fines de siglo y sentimiento de crisis. *España: cambio de siglo.* Madrid: Real Academia de la Historia.

INSUA RODRÍGUEZ, P. (2018). *1492. España contra sus fantasmas.* Barcelona: Ariel.

IRAZUZTA, I. (2001). *Argentina: una construcción ritual. Nación identidad y clasificación simbólica de inmigrantes en la Argentina contemporánea.* Vitoria-Gasteiz: UPV.

JOVER ZAMORA, J. M. (1997). Aspectos de la civilización española en la crisis de fin de siglo. En: J. P. Fusi & A. Niño (Eds.), *Vísperas del 98. Orígenes y antecedentes de la crisis del 98.* Madrid: Biblioteca Nueva.

JUDERÍAS, J. (1914). *La Leyenda Negra y la verdad histórica. Contribución al estudio del concepto de España en Europa, de las causas de este concepto y de la tolerancia religiosa y política de los países civilizados.* Madrid: Tip. de la Revista de archivos, bibliotecas y museos.

— (1997). *La Leyenda Negra. Estudios acerca del concepto de España en el extranjero.* Salamanca: Junta de Castilla y León.

LAERA, A. (2008). Cronistas, novelistas: la prensa periódica como espacio de profesionalización en la Argentina (1880-1910). En: J. Myers (Ed.), *Historia de los intelectuales en América Latina. La ciudad letrada, de la conquista al modernismo* (pp. 495-522). Buenos Aires: Katz Editores, vol. 1.

LAFLEUR, H.; PROVENZANO, S., & ALONSO, F. (1967). *Las revistas literarias argentinas, 1893-1967.* Buenos Aires: CEAL.

LAGUNA PLATERO, A. (1999). *El Pueblo: historia de un diario republicano, 1894-1939.* Valencia: Instituto Alfonso el Magnánimo.

LAGUNA PLATERO, A., & MARTÍNEZ GALLEGO, F.-A. (2020). Jaque al rey, juego de héroe: Vicente Blasco Ibáñez desde París, entre la heroificación y la República. *Historia y comunicación social,* 25 (2), 451-461.

LANTERI, S., & MARTIRÉN, J. L. (2020). Colonización. En: A. Benedetti (Dir.), *Palabras clave para el estudio de las fronteras* (pp. 127-136). Buenos Aires: TeseoPress.

LARA PEINADO, F. (2005). Vicente Blasco Ibáñez (1867-1928): viaje por Oriente y Egipto. *Arbor CLXXX,* 711-712, 869-891, marzo-abril.

LARRAZ ELORRIAGA, F. (2007). Los editores españoles ante los mercados de lectura americanos (1900-1939). *Cuadernos Americanos,* 131-150.

LEDESMA FERNÁNDEZ, P. F. (2018). *El giro hispanófilo: configuraciones de lo hispano en Argentina (1895-1923).* Tesis doctoral. Madrid: Universidad Complutense.

LEÓN ROCA, J. L. (1967). *Vicente Blasco Ibáñez.* Valencia: Prometeo.

— (2002). *Vicente Blasco Ibáñez.* Valencia: Ayuntamiento de Valencia.

LEONI, M. S. (2001). Los Territorios Nacionales. *Academia Nacional de la Historia. Nueva Historia de la Nación Argentina,* vol. 8. Buenos Aires: Planeta.

LINARES BECERRA, L. (1909). Blasco Ibáñez. *El Pueblo, 1,* 13 de mayo.

Llordén Miñambres, M. (1992). Las asociaciones de inmigrantes españoles en América. En: C. Morales & M. Llordén (Eds.), *Arte, Cultura y Sociedad en la emigración española a América* (pp. 9-55). Oviedo: Universidad de Oviedo.

— (1995). La emigración española a América: ritmos, direcciones y procedencias regionales. En: M. Llordén Miñambres (Comp.), *Acerca de las migraciones centroeuropeas y mediterráneas a Iberoamérica: aspectos sociales y culturales* (pp. 56-61). Oviedo: Universidad de Oviedo.

— (1995). Una explicación histórica de la acción mutuo-social de las asociaciones españolas de emigrantes en América. En: M. Llordén Miñambres (Comp.), *Acerca de las migraciones centroeuropeas y mediterráneas a Iberoamérica: aspectos sociales y culturales* (pp. 149-171). Oviedo: Universidad de Oviedo.

Lluch-Prats, Javier (2010). Los trabajos y los días de un editor rocambolesco: Vicente Blasco Ibáñez. En: R. Macciuci (Coord.), *La Plata lee a España. Literatura, cultura y memoria* (pp. 81-100). La Plata: Ediciones del Lado de Acá.

— (2012a). Blasco Ibáñez, editor en Madrid. *Revista de Estudios sobre Blasco Ibáñez, 1,* 91-103.

— (2012b). La antesala del triunfo de un editor y escritor profesional: Vicente Blasco Ibáñez en Argentina (1909-1914). *Revista de Estudios Hispánicos, 46,* 247-268.

— (2015). El legado de una editorial emblemática: Prometeo (Valencia, 1914). En: P. Folguera (et al.), *Pensar la historia desde el siglo xxi: Actas del XII Congreso de la Asociación de Historia Contemporánea* (pp. 1545-1559). Madrid: UAM Ediciones.

Longhurst, C. (1999). La estética de la novela en el cambio de siglo: Blasco y el 98. *Debats, 64-65,* 112-119.

López-Burgos, M. A. (2001). Prólogo. *Libros de viajes,* Catálogos temáticos de la Biblioteca de Andalucía, 3. Consejería de Cultura.

Maida, E. (1971). *La colonización de Vicente Blasco Ibáñez y el contingente valenciano en el Alto Valle del Río Negro. Formación de la colonia Cervantes.* Viedma: Centro de Investigaciones Científicas de Río Negro.

— (2001). *Inmigrantes en el Alto Valle del Río Negro.* Río Negro: General Roca. PubliFadecs.

Mainer, J. C. (2004). *La doma de la Quimera. Ensayos sobre nacionalismo y cultura en España.* Madrid: Iberoamericana-Vervuert.

Malagarriga, C. (1909). De Buenos Aires. Blasco Ibáñez. *El Pueblo, 1,* 16 de julio.

Marcilhacy, D. (2010). *Raza hispana. Hispanoamericanismo e imaginario nacional en la España de la Restauración.* Madrid: Centro de Estudios Políticos y Constitucionales.

— (2016). Las figuras de la «raza»; de la España Mayor a la Comunidad Iberoamericana: perspectivas (post) imperiales en el imaginario español. *Historia y Política, 35,* 145-174.

Marín, M. (1911). Valencia y Blasco Ibáñez. Los que se van con el maestro. Un saludo. *El Pueblo, 1,* 27 de octubre.

Martín Acosta, E. M.ª (2007). Emigración canaria a Argentina: algunos ejemplos de la Comisión Católica Española de Migración a mediados del siglo xx. En: P. Cagiao Vila & E. Rey Tristán (Coords.), *De ida y vuelta. América y España: los caminos de la cultura* (pp. 391-402). Santiago de Compostela: Publicaciones de la Universidad de Santiago de Compostela.

Márquez Macías, R. (Ed.) (2012). *Huelva y América. Cien años de Americanismo. Revista La Rábida (1911-1933).* Sevilla: Universidad Internacional de Andalucía.

Martínez, M. (1906). Una visita a Blasco Ibáñez. *Caras y Caretas, 20-22,* 10 de noviembre.

Martínez de Codes, R. M.ª (1983). Ortega y la Argentina. *Quinto Centenario, 6,* 53-86.

Martínez de la Riva, R. (1929). *Blasco Ibáñez. Su vida, su obra, su muerte y sus mejores páginas.* Madrid: Editores Mundo Latino.

Martínez de Sánchez, A. M. (1991). De cómo Blasco Ibáñez pasó por Córdoba. *Revista de la Junta Provincial de Historia de Córdoba, 14,* 133-146.

— (1994). *Blasco Ibáñez y la Argentina.* Valencia: Ayuntamiento de Valencia.

— (2011). De Blasco Ibáñez y la Argentina. *Debats, 111,* 16-21.

Martínez Martín, J. A. (2001). *Historia de la edición en España, 1836-1936.* Madrid: Marcial Pons.

— (2009). *Vivir de la pluma. La profesionalización del escritor, 1836-1936.* Madrid: Marcial Pons Historia.

Martínez Torrejón, J. M. (Ed.) (2011). *Bartolomé de las Casas. Brevísima relación de la destrucción de las Indias.* Medellín: Universidad de Antioquía.

Mas, J., & Mateu, M.ª T. (2001). *Vicente Blasco Ibáñez, ese diedro de luces y sombras.* Valencia: Biblioteca Valenciana.

Más y Pi, J. (1909). El viaje de Blasco Ibáñez. *El Diario Español, 6,* 18 de abril.

— (1909). Blasco Ibáñez y sus obras I. *El Diario Español, 2,* 25 de mayo.

— (1909). Blasco Ibáñez y sus obras II. Las novelas de Valencia. *El Diario Español, 2,* 28 de mayo.

— (1909). Blasco Ibáñez y sus obras III. Las novelas de la huerta. *El Diario Español, 1,* 29 de mayo.

— (1909). Blasco Ibáñez y sus obras IV. Una resurrección histórica. *El Diario Español, 3,* 30 de mayo.

— (1909). Blasco Ibáñez y sus obras V. Las novelas del momento. *El Diario Español, 3,* 1 de junio.

— (1909). Blasco Ibáñez y sus obras VI. El arte y la vida. *El Diario Español, 2,* 2 de junio.

— (1909). Blasco Ibáñez y sus obras VII. La España del color. *El Diario Español, 3* de junio.

— (1909). Blasco Ibáñez y sus obras VIII. La novela de lo primitivo. *El Diario Español, 4* de junio.

— (1909). Blasco Ibáñez y sus obras IX. La obra de cultura. *El Diario Español, 2-3,* 5 de junio.

— (1909). Blasco Ibáñez y sus obras X. Su influencia sobre la España Nueva. *El Diario Español, 3,* 6 de junio.

Menéndez Pidal, R. (2012). *El Padre Las Casas. Su doble personalidad.* Madrid: Real Academia de la Historia.

Merbilhaá, M. (2015). Emergencias de la mediación intelectual. *La Revista de América* (París, 1912-1914) y la red de escritores latinoamericanos en Europa a comienzos del siglo xx. *Anales de Literatura hispanoamericana, 44,* 253-280.

Mérimée, H. (1986). El novelista Blasco Ibáñez y la ciudad de Valencia. En: E. Corbett, «Un reformador utópico», en *Vicente Blasco Ibáñez, la aventura del triunfo, 1867-1928:* Tinglado 2 Puerto de Valencia, 27 junio - 30 septiembre (pp. 37-50). Valencia: Diputación de Valencia.

Millán, F. (2006). *El ideario político de Vicente Blasco Ibáñez.* Valencia: Diputación de Valencia.

— (2011). Vicente Blasco Ibáñez en América. *Debats, 111,* 6-15.

Mira, J. F. (2004). *La prodigiosa historia de Vicente Blasco Ibáñez.* Valencia: Universidad de Valencia.

Mogorot Solanes, F. (1938). Blasco Ibáñez colonizador. *Caras y Caretas, 111-120,* 28 de agosto.

Molina Martínez, M. (2012). La leyenda negra revisitada: la polémica continúa. *Revista Hispanoamericana, Revista Digital de la Real Academia Hispano Americana de Ciencias, Artes y Letras, 2,* 1-17.

Moreno Luzón, J. (2010). Reconquistar América para regenerar España. Nacionalismo español y centenario de las independencias en 1910-1911. *Historia Mexicana,* vol. LX (1), 237. Ciudad de México (pp. 561-640).

— (2021a). *Centenariomanía. Conmemoraciones hispánicas y nacionalismo español.* Madrid: Marcial Pons Historia.

— (2021b). Conmemoraciones, nacionalismo e historia cultural de la política. En: M. García Sebastiani (Ed.), *12 de octubre: 100 años de hispanoamericanismo e identidades transnacionales* (pp. 13-28). Madrid: Ediciones Complutense.

Moreno Luzón, J., & Gutiérrez Viñuales, R. (2012). *Memorias de la Independencia. España, Argentina y México en el primer centenario (1908-1910-1912).* Madrid: Acción Cultural Española.

Moreno Luzón, J., & Núñez Seixas, X. M. (2013). *Ser españoles. Imaginarios nacionalistas en el siglo xx.* Barcelona: RBA.

— (2017). *Metaphors of Spain. Representations of Spanish National Identity in the 20th Century.* Nueva York: Berghahn Books.

Mörner, M. (1982). European travelogues as sources to Latin American history from the eighteenth century until 1870. *Revista de Historia de América, 93,* 91-149.

Morote, L. (1909). El libro del día. «Los muertos mandan». *El Heraldo de Madrid, 2,* 8 de febrero.

— (1909). Oyendo a Blasco Ibáñez. *El Heraldo de Madrid, 3,* 12 de marzo.

Moya, J. C. (2004). *Primos y extranjeros. La inmigración española en Buenos Aires, 1850-1930.* Buenos Aires: Emecé.

Muñoz Sanz, A. (2012). *La Leyenda Negra. Historia natal y moral de una catástrofe ecológica (1492-1592).* Badajoz: Editora Regional de Extremadura.

Mustieles, J. M. (1914). Un político, un artista y un barbero. *Las Provincias, 1,* 30 de octubre.

Naranjo Orovio, C. (2007). Un nuevo marco de relaciones culturales: España y América Latina, 1900-1939. En: P. Cagiao Vila & E. Rey Tristán, *De ida y vuelta. América y España: los caminos de la cultura* (pp. 11-26). Santiago de Compostela: Universidade de Santiago de Compostela.

Navarro Azcue, C. (2015). Intelectuales en acción: patriotismo y prensa de la colectividad española en Uruguay ante la Guerra de Cuba. En: E. González & R. González Leandri (Eds.), *Migraciones transatlánticas. Desplazamientos, etnicidad y políticas* (pp. 307-325). Madrid: Catarata.

— (2017). Entre España y Uruguay: La prensa de la emigración en torno al 98. El diario «La España». En: M. Garabedian (Comp.), *La prensa periódica española en América Latina. Voces, prácticas y diálogos para la identidad española en la diáspora* (pp. 101-124). Buenos Aires: Leviatán.

— (2017). *Associationism, Leadership and Press of Spaniards in the Batllist Uruguay (1908-1930).* Maryland: Global South Press.

Navarro Azcue, C.; Prado, G. H., & Amadori, A. (Coord. y Eds.) (2014). *Vaivenes del destino: migrantes europeos y latinoamericanos en los espacios atlánticos.* Ediciones Polifemo: Madrid.

Navarro Azcue, C., & Yanes Mesa, J. A. (Coords.) (2019). Dossier: Prensa y emigración española en América. *Revista Internacional de Historia de la Comunicación, 12.*

Navascués, J. (1998). Noventayocho e Iglesia. *AHIg, 7,* 171-182.

Niño, A. (1993). Hispanoamericanismo, regeneración y defensa del prestigio nacional (1898-1931). En: P. Pérez Herrero & N. Tabanera (Coords.), *España/América Latina: un siglo de políticas culturales* (pp. 15-48). Madrid: Aieti/Síntesis-OEI.

Novick, S. (1995). Política y población. Argentina 1870-1989. Una visión desde el Estado. *Estudios Demográficos Urbanos, 10* (2), 431-455.

Núñez Seixas, X. M. (2014). El asociacionismo emigrante español: algunas consideraciones teóricas. En: J. A. Blanco & A. Dacosta (Eds.), *El asociacionismo de la emigración española en el exterior: significación y vinculaciones* (pp. 35-56). Madrid: Sílex Universidad.

Ockier, M. C. (1990). Las cooperativas de riego como instrumentos particulares de apropiación elitista de tierras en el Valle del Río Negro. *Anuario de Estudios Americanos, 47,* 665-753.

Oleza, J., & Lluch, J. (Eds.) (2000). *Vicente Blasco Ibáñez: 1898-1998. La vuelta al siglo de un novelista.* Valencia: Generalitat Valenciana.

Oreja, P. F. (1966). Blasco Ibáñez, Colonizador de Río Negro. *Diario Río Negro,* 12 de noviembre.

— (1975). A 108 años del nacimiento y 47 de la muerte del colonizador de Cervantes. *Diario Río Negro,* 26 de enero.

Ortiz, F. (1911). *La Reconquista de América. Reflexiones sobre el panhispanismo.* París: Sociedad de Ediciones Literarias y Artísticas, Librería Paul Ollendorff.

Ortiz y San Pelayo, F. (1914). *Boceto histórico de la Asociación Patriótica Española.* Buenos Aires: Librería Juan Roldán.

Oszlak, O. (1997). *La Formación del Estado Argentino: orden, progreso y organización nacional.* Buenos Aires: Planeta.

Pardo Bazán, E. (1899). La España de ayer y la de hoy. La muerte de una leyenda. https://www.filosofia.org/aut/001/1899epb4.htm [consultado 09/04/2024].

Pascuaré, A. (2000). Del Hispanismo al Pan-hispanismo. Ideales y realidades en el encuentro de dos continentes. *Revista Complutense de Historia de América, 26,* 281-306.

Payne, S. G. (2017). *En defensa de España: desmontando mitos y leyendas negras.* Madrid: Espasa.

Peiró Barco, J. V. (2000). Blasco Ibáñez y el Paraguay. En: J. Oleza & J. Lluch (Eds.), *Vicente Blasco Ibáñez: 1898-1998. La vuelta al siglo de un novelista. Actas del Congreso Internacional celebrado en Valencia del 23 al 27 de noviembre de 1998,* I, 132-144. Valencia: Biblioteca Valenciana.

Pérez, J. (2009). *La Leyenda Negra.* Madrid: Gadir.

Pérez, M. (2012). *Inmigración y colonización. Los debates parlamentarios del siglo xix.* Los Polvorines: Universidad Nacional de General Sarmiento.

Pérez de la Dehesa, R. (1969). La editorial Sempere en Hispanoamérica y España. *Revista Iberoamericana, XXXV* (69), 551-555.

Pike, F. B. (1971). *Hispanismo, 1898-1936: Spanish conservatives and liberals and their relations with Spanish America.* London: University of Notre Dame Press.

Pitollet, C. (1921). *Vicente Blasco Ibáñez. Sus novelas y la novela de su vida.* Valencia: Prometeo.

Porras Castro, S. (1995). Concepto de la literatura de viajes. Viajeros en España en el siglo xix. *Castilla. Estudios de Literatura, 20,* 181-188.

Powell, P. W. (2008). *La Leyenda Negra. Un invento contra España.* Barcelona: Altera Ediciones.

Prado, G. H. (2007). La Universidad de Oviedo, Rafael Altamira y la JAE: controversias en torno a la gestión de las relaciones intelectuales hispanoamericanas. *Revista de Indias, LXVII* (239), 35-58.

— (2008). *Rafael Altamira en América (1909-1910). Historia e historiografía del proyecto americanista de la Universidad de Oviedo.* Madrid: Consejo Superior de Investigaciones Científicas.

— (2010a). *Las lecciones historiográficas de Rafael Altamira en Argentina (1909). Apuntes sobre Ciencia, Universidad y Pedagogía Patriótica.* Oviedo: Universidad de Oviedo.

— (2010b). Rafael Calzada y los embajadores intelectuales en la Argentina del Centenario. En: M. García Sebastiani (Dir.), *Patriotas entre naciones. Elites emigrantes españolas en Argentina (1870-1940)* (pp. 199-230). Madrid: Editorial Complutense.

— (2013). Rafael Altamira en el Río de la Plata: claves ideológicas de su éxito en la Argentina del Centenario. En: P. Altamira (Coord.), *La huella de Rafael Altamira. Congreso Internacional, octubre 2011* (pp. 137-153). Madrid: Universidad Complutense. Alicante: Biblioteca Virtual Miguel de Cervantes.

— (2015a). Modelos tempranos de acción cultural española en América Latina. *Congreso internacional: Intelectuales, embajadores culturales, diplomáticos, viajeros y su relación con la emigración española en América (siglo XIX- XX)*. Madrid: Universidad Complutense de Madrid, 17 y 18 de septiembre [ponencia inédita].

— (2015b). *Las lecciones iushistóricas de Rafael Altamira en Argentina (1909). Apuntes sobre Historia del Derecho, Derecho Consuetudinario y modelos formativos del jurista*. Pamplona: Analecta.

— (2016). Americanistas, diplomáticos y líderes de la emigración española en el México del Centenario: La embajada intelectual como modelo de acción panhispanista (1909-1910). *Anuario de Estudios Americanos, 73* (2), 723-751.

— (2019). De la cohesión a la integración: Evolución de la Asociación patriótica Española de Buenos Aires en relación con sus primeros órganos de prensa (1896-1904). En: R. González Leandri & A. Minguzzi (Comps.), *Narrativas de la cohesión social en publicaciones periódicas del Cono Sur Americano (1900-1940)* (pp. 95-128). Madrid: Ediciones Polifemo.

— (2021). El *Semanario Ilustrado El Río de la Plata* ante la Asociación Patriótica de Buenos Aires: una intervención cultural durante la Guerra de Cuba (1897-1898). En: N. Tielve García & J. M. Prieto Fernández del Viso (Coords.), *La prensa de la emigración española en América: Visiones y revisiones* (pp. 25-45). Gijón: Ediciones Trea.

PRIETO, A. (1986). La generación del ochenta. Las ideas y el ensayo. En: VV. AA., *Historia de la literatura argentina. Del romanticismo al naturalismo* (pp. 97-120). Buenos Aires: CEAL.

— (2006). *El discurso criollista en la formación de la argentina moderna*. Buenos Aires: Siglo XXI.

PRO RUIZ, J. (1998). La política en tiempos del desastre. En: J. P. Montojo (Ed.), *Más se perdió en Cuba* (pp. 151-260). Madrid: Alianza.

— (2005). La crítica al Estado Liberal y la perspectiva latinoamericanista: los ingredientes ideológicos del nacionalismo español (1890-1940). En: M. Casáus Arzú & M. Pérez Ledesma (Eds.), *Redes intelectuales, y formación de naciones en España y América Latina 1890-1940* (pp. 329-355). Madrid: UAM Ediciones.

QUESADA, E. (1908). *El sociólogo Enrico Ferri y sus conferencias argentinas*. Buenos Aires: Librería J. Menéndez.

QUIJADA, M. (1985). *Manuel Gálvez: 60 años de pensamiento nacionalista*. Buenos Aires: CEAL. Colección Biblioteca Política Argentina, 102.

— (1994). ¿Qué nación? Dinámicas y dicotomías de la nación en el imaginario hispanoamericano del siglo XIX. En: X. GUERRA & M. QUIJADA (Eds.), *Imaginar la Nación*, Cuadernos de Historia Latinoamericana de AHILA 2 (pp. 15-51).

RAMA, Á. (1983). La modernización literaria latinoamericana (1870-1910), *Hispanoamérica. Revista de literatura*, Año 12, *36*, 3-19, diciembre.

RAMA, C. M. (1982). *Historia de las relaciones culturales entre España y América Latina*. Madrid: Siglo XXI. Fondo de Cultura Económica.

REIG, R. (1986). *Blasquistas y clericales. La lucha por la ciudad en la Valencia de 1900*. Valencia: Institució Alfons El Magnamin. Institució Valenciana Dèstudis i Investigació.

— (1986). BLASCO POLÍTICO. *VICENTE BLASCO IBÁÑEZ, la aventura del triunfo, 1867-1928*, Tinglado 2 Puerto de Valencia, 27 de junio - 30 de septiembre, pp. 75-94.

— (2002). *Vicente Blasco Ibáñez*. Madrid: Espasa.

RIBAS, P. (2007). Regeneracionismo: una relectura. En: V. L. S. Fabiani & M. Suárez Cortina (Eds.), *El regeneracionismo en España. Política, educación, ciencia y sociedad* (pp. 47-80). Valencia: Universidad de Valencia.

RIBERA CARBÓ, E. (2016). *Élisée Reclus. La Anarquía y otros textos*. México: Universidad Autónoma del Estado de Morelos.

RIVADULLA BARRIENTOS, D. (1992). *La amistad irreconciliable. España y Argentina 1900-1914*. Madrid: Mapfre.

RIVALAN-GUÉGO, C. (2012). Unir los números a las letras: la intervención del escritor en el sector editorial en el periodo de entresiglos (XIX/XX). *Revista de Estudios Hispánicos, 46* (2), 269-288.

RIVERA, J. (1998). *El escritor y la industria cultural*. Buenos Aires: Atuel.

ROCA BAREA, M. E. (2021). *Imperofobia y la Leyenda Negra: Roma, Rusia, Estados Unidos y el Imperio Español*. Madrid: Siruela.

RODRÍGUEZ NAVAS, M. (1910). *El libro español en las repúblicas hispano-americanas*. Unión Ibero-Americana.

RODRÍGUEZ PÉREZ, Y.; SÁNCHEZ JIMÉNEZ, A., & DEN BOER, H. (Coords.) (2015). *España ante sus críticos: las claves de la Leyenda Negra*. Madrid: Iberoamericana.

D. ROIG SANZ, & Meylaerts, R. (Eds.) (2018). *Literary Translation and Cultural Mediators in «Peripheral» Cultures. Customs Officers or Smugglers?* London: Palgrave Macmillan.

ROLDÁN, D. (1993). *Joaquín V. González, a propósito del pensamiento político liberal (1880-1920)*. Buenos Aires: CEAL.

ROMERO, J. L. (1983). *El desarrollo de las ideas en la sociedad argentina del siglo XX*. Buenos Aires: Ediciones Solar.

ROMERO, A. L. (2007). La política del patriotismo. La conformación de la Asociación Patriótica Española (1896-1898). *Estudios Migratorios Latinoamericanos, 64*, 457-485.

RONTERA, C. (1988). Las ideas sobre inmigración en el debate de la ley N.º 817 y en los periódicos de la época. *Revista de Historia del Derecho, 16*, 287-319.

RUIZ BAUDRIHAYE, J. A. (2014). De libros y viajeros (desde el siglo XIX hasta principios del XX). En: C. Miguel Arroyo & M. T. Ríos Reviejo (Coords.), *Visite España: la memoria rescatada* (pp. 48-65). Madrid: Ministerio de Cultura, Subdirección General de Publicaciones, Información y Documentación.

RÚJULA López, P. V. (1994). Viajeros ilustrados y románticos: consideraciones metodológicas para la utilización de los libros de viaje como fuente histórica. En: A. Ubieto Arteta, *Metodología de la investigación científica sobre fuentes aragonesas*, Actas de las IX Jornadas (pp. 115-122). Disponible en: http://www.cervantesvirtual.com/obra-visor/viajeros-ilustrados-y-romanticos-consideraciones-metodologicas-para-la-utilizacion-de-los-libros-de-viaje-como-fuente-historica/html/cbd1458e-696f-46b1-935e-34395050f771_4.html#I_0_ [consultado 09/04/2024].

SALAVERRÍA, J. M. (1910). Paseos por América. Los conferenciantes europeos. *ABC, 10*, 24 de enero.

— (1910). Nuestros libros en América. *ABC, 5*, 4 de mayo.

SALAS, H. (1996). *El Centenario. La Argentina en su hora más gloriosa*. Buenos Aires: Planeta.

SALES DASÍ, E. (2001). *Bajo el encanto de lo novelesco: Blasco Ibáñez, ochenta años después*. Valencia: Generalitat Valenciana.

— (2020). *Blasco Ibáñez en Norteamérica*. Valencia: Universidad de Valencia.

SÁNCHEZ MANTERO, R.; ÁLVAREZ REY, L., & MACARRO VERA, J. M. (Eds.) (1994). *La imagen de España en América, 1898-1931*. Sevilla: Escuela de Estudios Hispanoamericanos.

SÁNCHEZ SAMBLÁS, M. V. (2009). *Hispanidades trasatlánticas o la reconquista espiritual de América: Vicente Blasco Ibáñez y el nacionalismo argentino en torno al Centenario*. Tesis doctoral. Faculty of the Graduate School. Vanderbilt University. Nashville: Tennessee.

— (2014). *Los argonautas* de Vicente Blasco Ibáñez: anhelos de reconquista hispánica en la emergencia de España y Argentina como modernos estados nación. *Cincinnati Romance Review, 38*, 131-146.

SANZ, L. M. (1909). Blasco Ibáñez. Literato, orador, conferencista. *La Vanguardia, 1,* 13 de junio.

SAN MARTÍN MOLINA, A. (2016). Vicente Blasco Ibáñez in Argentina: Speaker and traveler. En: C. Navarro Azcue & G. H. Prado (Eds.), *Intellectualism and Migration: International networks of European culture in America (XIX-XXI)* (pp. 217-235). Maryland: GlobalSouth Press.

— (2017). Apología y patrocinio: El diario *El Pueblo* ante la aventura agraria de Vicente Blasco Ibáñez. En: M. Garabedian (Comp.), *La prensa periódica española en América Latina. Voces, prácticas y diálogos para la identidad española en la diáspora* (pp. 160-182). Buenos Aires: Leviatán.

— (2019). Vicente Blasco Ibáñez: su visita a la Argentina a través de *El Diario Español*. *Revista Internacional de Historia de la Comunicación, 12,* 134-154.

— (2020a). El viaje de Vicente Blasco a la Argentina: negocio y cultura. *Pasado y Memoria, Revista de Historia Contemporánea, 20,* 93-114.

— (2020b). Vicente Blasco Ibáñez y la prensa étnica. Sus colaboraciones en la revista *España* (1907-1908). En: J. A. Bresciano (Comp.), *Las migraciones europeas a América Latina. Nuevas perspectivas socioculturales a través del estudio de la prensa* (pp. 185-214). Montevideo: Centro de Estudios Interdisciplinarios Migratorios, Facultad de Humanidades y Ciencias de la Educación. Universidad de la República.

SARDÁ, & Seé, J. (1909). Blasco Ibáñez en Argentina. *El Diario Español, 6,* 9 de mayo.

SARLO, B. (1997). Vanguardia y criollismo: la aventura de Martín Fierro. En: C. Altamirano & B. Sarlo, *Ensayos argentinos. De sarmiento a la Vanguardia* (pp. 211-260). Buenos Aires: Ariel.

SCARNO, M. (2000). Desde la otra orilla del Atlántico: utopía y ficción en Vicente Blasco Ibáñez. En: J. Oleza & J. Lluch, *Vicente Blasco Ibáñez (1898-1998). La vuelta al siglo de un novelista*. Actas del Congreso Internacional, vol. I, Valencia, 23-27 de noviembre de 1998 (pp. 67-91).

SCHALLER, E. C. (2005). El Estado Nacional y la colonización agrícola en el Territorio del Chaco. *Revista Junta de Estudios Históricos del Chaco, 2,* 15-38.

SEIBEL, B. (2006). *Historia del teatro argentino. Desde los rituales hasta 1930*. Buenos Aires: Corregidor.

SEKULIC, M. (2019). Viaje al Oriente: Vicente Blasco Ibáñez y la experiencia del otro. *Facta Universitatis, Linguistics an Literature, 17* (2), 177-186.

SEPÚLVEDA MUÑOZ, I. (1991). Medio siglo de asociacionismo americanista español (1885-1936). *Espacio, Tiempo y Forma,* Revista de la Facultad de Geografía e Historia, UNED, Serie V, Historia Contemporánea, *4,* 271-290.

— (1992). La proyección de la imagen de América por las asociaciones americanistas españolas a través de sus publicaciones (1900-1936). En: M. Huguet Santos, A. Niño Rodríguez & P. Pérez

Herrero, *La formación de la imagen de América en España 1898-1989* (pp. 313-330). Madrid: EOI.

— (1994). *Comunidad cultural e hispano-americanismo 1885-1936.* Madrid: Universidad Nacional de Educación a Distancia.

— (2005). *El sueño de la Madre Patria: Hispanoamericanismo y nacionalismo.* Madrid: Fundación Carolina. Centro de Estudios Hispánicos e Iberoamericanos.

SERRANO, A. (1911). Blasco Ibáñez en Madrid. *El Pueblo, 1,* 20 de enero.

SERRANO, C. (1999). *El nacimiento de Carmen, símbolos, mitos y nación.* Madrid: Taurus.

SERRANO CLAVERO, V. (1909). Blasco Ibáñez. Su obra de cultura. *La Nación, 7,* 13 de mayo.

— (1912). Un día con Blasco Ibáñez. *El Pueblo, 1,* 11 de octubre.

— (1910). El Tigre de Blasco Ibáñez. *El Pueblo, 1,* 15 de diciembre.

SEVILLA, D. (1914). La devoción de América. *El Pueblo, 1,* 21 de mayo.

SIRACUSA, G.; Pacheco, L., & KLEIN, E. (2004). Vicente Blasco Ibáñez: utopía de la huerta valenciana en Patagonia. *Actas XIV Congreso AIH, III,* (pp. 561-568). New York: Asociación Internacional de Hispanistas.

SMITH, P. (1972). *Vicente Blasco Ibáñez: una nueva introducción a su vida y obra,* Serie Minor, n.º 1. Santiago de Chile: Colección Anejos de estudios filológicos.

— (1976). *Vicente Blasco Ibáñez an annotated bibliograpy.* Londres: Grant & Lutler.

— (1986). América en la obra de Blasco Ibáñez. *Vicente Blasco Ibáñez, la aventura del triunfo, 1867-1928.* Tinglado 2 Puerto de Valencia, 27 de junio - 30 de septiembre (pp. 113-128).

— (1998). Vicente Blasco Ibáñez en los Estados Unidos (1919-1920). *Blasco Ibáñez, viajero* (pp. 67-74). Valencia: Diputación de Valencia.

— (2014). Blasco Ibáñez, Hollywood y los años de bonanza. *Revista de Estudios sobre Blasco Ibáñez, 3,* 15, 21-35. Valencia: Ayuntamiento de Valencia, Casa-Museo Blasco Ibáñez.

SOMMER, M. (2011). «Colonies-colonization-colonialism». *A Typological Reapprisal, AWE 10,* 183-193.

SORS CIRERA, J. (1910). *Verdades amargas para don Vicente Blasco Ibánes.* Paraná: Est. Tip. A Vapor «El Paraná».

SVAMPA, M. (1994). *El dilema argentino: civilización o barbarie. De Sarmiento al revisionismo peronista.* Buenos Aires: El Cielo por Asalto.

TABANERA GARCÍA, N. (1997). El horizonte americano en el imaginario español, 1898-1930. *Estudios Interdisciplinarios de América Latina y el Caribe, 8* (2), 67-87.

— (2012). Discursos nacionales en la emigración española a Argentina a principios del siglo xx. En: I. Saz & F. Archilés (Eds.), *La nación de los españoles. Discursos y prácticas del nacionalismo español en la época contemporánea* (pp. 207-224). Valencia: Universidad de Valencia.

TERÁN, Ó. (2000). *Vida intelectual en el Buenos Aires fin-de-siglo (1880-1910). Derivas de la «cultura científica.* Buenos Aires: Fondo de Cultura Económica.

TOMÁS, F. (2000). *Las culturas periféricas y el síndrome del 98.* Barcelona: Anthropos.

TORTOSA, P. (1972). *Tres mujeres en la vida y obra de Vicente Blasco Ibáñez.* Valencia: Editorial Prometeo.

— (1998). *Blasco Ibáñez. La mejor novela, su vida.* Valencia: Foro Ediciones.

VACA DE OSMA, J. A. (2004). *El Imperio y la Leyenda Negra.* Madrid: Rialp.

VARELA, J. (1999). *La novela de España. Los intelectuales y el problema español.* Madrid: Taurus.

— (2015). *El último conquistador: Blasco Ibáñez (1867-1928)*. Madrid: Tecnos.

VÉLEZ, P. (2007). *La historiografía americanista en España 1755-1936*. Madrid: Iberoamericana-Vervuert.

VÉLEZ, I. (2010). Emilia Pardo Bazán y la leyenda negra. *Revista El Catoblepas*, 102, agosto, http://www.nodulo.org/ec/2010/n102p11.htm [consultado 09/04/2024].

— Vicente Blasco Ibáñez y la leyenda negra. *Revista El Catoblepas, 108*, febrero, http://www.nodulo.org/ec/2011/n108p10.htm [consultado 09/04/2024].

— (2014). *Sobre la Leyenda Negra*. Madrid: Ediciones Encuentro.

VENTURA GAYETE, E. (2001). Aurelio BLASCO GRAJALES, Vicente DUALDE FURIÓ y Vicente BLASCO IBÁÑEZ. En: J. A. Ferrer Benimeli (Coord.), *La masonería española en el 2000, una revisión histórica*, IX Simposio Internacional de Historia de la Masonería Española. Zaragoza, vol. I (pp. 395-406).

VERDUGO ÁLVAREZ, N. (2018). Enrique Deschamps: un diplomático caribeño ante el hispanismo identitario de los albores del siglo xx. En: P. Cagiao & J. E. E. Caro (Comps.), *España como escenario. Política y acción cultural de diplomáticos latinoamericanos (1880-1936)* (pp. 167-194). Colombia: Universidad de Magdalena.

VICIANO, E. (2014). El fenómeno de *Los cuatro jinetes del Apocalipsis*. *Revista de Estudios sobre Blasco Ibáñez*, 3 (15), 61-79.

VICKERS, P. (2000a). Blasco Ibáñez ante el regeneracionismo y la generación del 98. En: J. Oleza & J. Lluch (Eds.), *La vuelta a un siglo de un novelista*. Actas del Congreso Internacional celebrado en Valencia del 23 al 27 de noviembre de 1998, vol. I (pp. 313-322). Valencia: Generalitat Valenciana.

— (2000b). Blasco Ibáñez y las novelas sociales 1903-1905. En: J. Oleza & J. Lluch (Eds.), *La vuelta a un siglo de un novelista*. Actas del Congreso Internacional celebrado en Valencia del 23 al 27 de noviembre de 1998, vol. I (pp. 464-471). Valencia: Generalitat Valenciana.

VILLANOVA, A., & SOTELO VÁZQUEZ, A. (Ed.) (1998). *La crisis española de fin de siglo y la generación del 98*. Actas del Simposio Internacional. Barcelona: Universidad de Barcelona.

VILLAVERDE RICO, M. J., & CASTILLA URBANO, F. (Dir.) (2016). *La sombra de la Leyenda Negra*. Madrid: Tecnos.

VILLEGAS, E. F. (1907). *Bosquejo histórico de* El Diario Español. Buenos Aires: Establecimientos Gráficos El Roble y Cía.

VIÑAS, Á. (1995). *Literatura argentina y política. I. De los jacobinos porteños a la bohemia anarquista*. Buenos Aires: Editorial Sudamericana.

VIÑUALES, G. M. (2007). Blasco Ibáñez y las grandezas de la Argentina. En: R. Gutiérrez (Ed.), *El reencuentro entre España y Argentina en 1910. Camino al bicentenario* (pp. 69-78). Buenos Aires: Oficina Cultural de la Embajada de España en Argentina.

VV. AA. (1999). *La Generación Valenciana del 98. Blasco. Azorín*. Valencia: Real Academia de la Cultura Valenciana.

WEINBERG, F. (1989). El pensamiento de la generación del 80. *Cuadernos del Sur*, Universidad Nacional del Sur, *13*, 17-38.

ZAMACOIS, E. (1910). *Mis contemporáneos I. Vicente Blasco Ibáñez*. Madrid: Librería de los sucesores de Hernando.

— (1910). *Figuras contemporáneas*. Vicente Blasco Ibáñez. *El Pueblo, 1*, 7 de abril.

ZANETTI, S. (1994). Modernidad y religación: una perspectiva continental (1880-1916). En: A. P., *América Latina. Palabra, literatura e cultura* (pp. 491-534). Sao Paulo: Unicamp.

ZIMMERMANN, E. (1995). *Los liberales reformistas*. Buenos Aires: Sudamericana.

— (1997). Algunas consideraciones sobre la influencia intelectual española en la Argentina de comienzos de siglo. En: J. L. Molinuevo (Coord.), *Ortega y la Argentina* (pp. 61-68). Madrid: Fondo de Cultura Económica.

— (2000). «La proyección de los viajes de Adolfo Posada y Rafael Altamira en el reformismo liberal argentino. EN: J. URÍA (COORD.), *Institucionismo y reforma social en España* (pp. 66-78). Madrid: Talasa.